世界倫理教育

충북대학교 인문 · 사회연구총서 9

세계윤리교육

김 용 환 지음

도서출판 개신

머리말

세계윤리는 전 세계에 통용될 수 있으면서 생활영역 전반에 널리 수용될 수 있는 세계시민성 윤리를 말한다. 세계윤리교육은 개인이익과 자유를 중시하는 개인윤리, 공익과 공동선을 중시하는 국가시민성 윤리와 구별되는 보다 확대된 의미의 세계시민성 윤리교육을 포괄하고 있다. 오늘을 살아가는 현대인에게 세계시민으로서 공동선의 문제, 세계시민의 자질과 능력, 현대 사회의 제반 문제들에 대한 세계시민으로서 해결 방안을 고민하면서 이에 대한 문제제기와 해법을 다루고 있다.

실제로 지역과 종교 간의 차이로 인한 갈등 또한 지구 곳곳에서 일어나고 있다. 더욱 안타까운 것은 이러한 갈등이 서로 자신이 옳다고 주장하는 이념이나 가치의 충돌로 인한 갈등이라는 점과 이 갈등은 한 국가나 국제기구가 해결할 수 없다는 사실이다 그런 점에서 오늘날의 시대는 일종의 통치 불가능한 세계 혹은 공동체가 파편화되는 세계라고 할 것이다.

이런 위기상황을 벗어나기 위해서는, 세계시민으로서의 의식을 형성하는 것이 필요하다. 즉 과거 국민국가 시대의 국가적 가치나 자기정체성에서 벗어나 세계화된 공동세계 속에서 세계 자체를 자신의 정체성과 윤리의 근거로 삼는 노력이 요구되는 것이다. 이때 세계시민으로서의 정체성과 세계윤리를 형성한다는 것은 어느 특정 국가의 이익이나 정체성을 추구하는 논리나 자본주의 혹은 사회주의 등으로 나누어지는 이데올로기의 차원이 아니라, 개별적인 문화, 종교, 이념을 뛰어 넘어 개인 각자가 자신의 정체성을 세계시민사회의 일원으로 규정하고 전 지구적으로 통용이 가능한 생명언어의 발견을 말한다.

국가 간의 경계가 무너지고 세계화가 가속화되고 있는 현 시점에서 민족, 종교, 언어는 단일화 될 수 없으며, 설사 그것이 가능하다고 하더라도 개별성과 다양성을 보존하는 데 바람직하지 않다. 따라서 이러한 최소한의 공통분모를 '세계윤리(global ethics)'의 확립에서 찾는다. 세계윤리란 '보편적 도덕(universal morality)'과는 대비되는 개념으로서, 다양한 삶을 인정하되 그 다양한 삶을 지탱하기 위해 서로 동의할 수 있는 최소한의 지구적 공동성을 확보하자는 것이다. 그런 점에서 세계시민에게 요구되는 덕목은 능동적이고 참여적인 성격 외에 무엇보다도 윤리적 특성에 있을 것이다.

서로 다른 영역의 이해당사자들이 세계윤리규범의 상호작용을 통해 상생을 이루고, 나아가 의사소통의 합의를 바탕으로 공공차원을 열어가면서 공공의 행복을 실현하는 문제는 현대인의 화두가 되어가고 있다. 우리는 이 글에서 세계윤리교육의 어떠한 방안이 바람직한지를 묻고 그 조건을 함께 검토하게 된다. 이는 곧 서로 다른 영역이 맥락을 고려하면서 보편성을 추구하고 상호 의사소통을 실천하는 다중정체성의 확립의 방안이다. 이에 따라 이 책은 세계윤리의 위상, 세계윤리교육의 개신, 세계시민성의 함양, 세계윤리의 공공소통, 세계윤리의 국제규범을 중점적으로 다루고자 한다. 이 책이 나올 때까지 수고를 해주시고 애쓰신 분들에게 깊이 감사를 드린다.

2009년 8월 초순

김 용 환

차 례

제1장 세계윤리의 위상

1. 세계윤리의 형성 _ 13
2. 세계윤리의 정립 _ 19
3. 세계윤리의 과제 _ 21
4. 맥락존종의 방안 _ 28
5. 근대 '통'의 맥락화용 _ 38
6. 현대의 해체와 대위법 _ 57

제2장 세계윤리교육의 개신

1. 세계윤리교육의 목표 _ 75
2. 현행 윤리교과의 세계윤리교육 _ 84
3. 새로운 윤리교과의 세계윤리교육 _ 88
4. 세계윤리교육의 변화요인 _ 93
5. 세계윤리교육의 개신 _ 96
6. 세계윤리교육의 공공지평 _ 107

제3장 세계시민성의 함양

1. 세계시민성의 고양 _ 139
2. 세계시민성의 배경 _ 153
3. 세계시민성의 과제 _ 163
4. 공공시민성의 방편 _ 171
5. 세계시민의 매개 _ 182

제4장 세계윤리의 공공소통

1. 합당성의 공공소통 _ 211
2. 롤즈의 공적 합당성 _ 217
3. 하버마스의 공적 합리성 _ 230
4. 세계시민성의 공공소통 _ 238
5. 정보기술 사회의 공공개신 _ 250

제5장 세계윤리의 국제규범

1. 세계윤리의 국제규범 화용 _ 283
2. 세계윤리와 문화초월의 국제규범 _ 287
3. 세계윤리 국제규범 사례 _ 295
4. 공직부패와 부패척결 _ 314
5. 국제적 노동착취와 공공시민성 정신 _ 325

세계윤리교육

제 1 장
세계윤리의 위상

1. 세계시민성의 고양 | 2.세계시민성의 배경 | 3. 세계시민성의 과제
4. 공공시민성의 방편 | 5. 세계시민의 매개

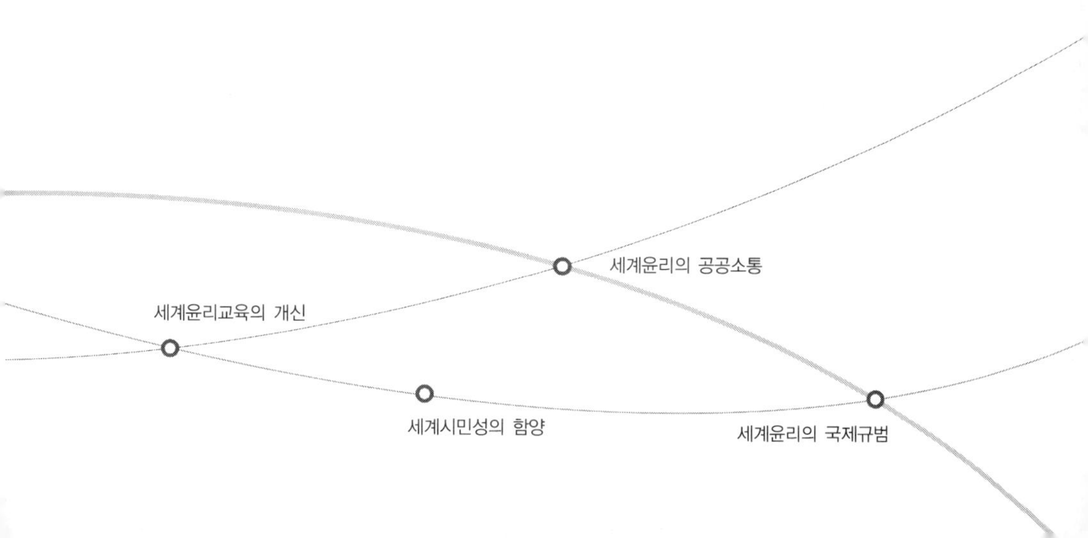

고통 어루만지기

이해는 깊이 바라보는 과정에서 생긴다. 내가 고통을 받는 유일한 사람이 아니다.
우리의 형제자매들도 고통을 받는다.
그들의 고통을 바라보는 순간 우리는 그들을 비난하지 않게 되고 우리의 고통은 멎게 된다.
우리가 다른 사람의 고통을 어루만질 수 있다면 이해는 거기에서 생겨난다.

– 브라이언 피어스의 《동행》 중에서 –

〈Story-Telling: 도둑의 개신사례〉

서로 다른 문화권의 차이와 생활을 이해하는 것은 세계윤리교육의 선결과제이다. 인도의 독실한 성자, 다스는 세기적 예언자인 라마의 성상(聖像)에 경배하곤 하였다. 다스에게는 몇 명의 왕자 출신 구도자들이 있었다. 다스의 라마에 대한 강렬한 헌신에 매혹된 그들은 그가 성직자로서의 의무에 관련된 일에 사용하라고 많은 황금 그릇들을 그에게 주었다. 성자 다스는 사원을 언제나 심지어 밤에도 개방해 두었는데, 그 때 건물에서 90미터가량 떨어진 향기로운 꽃나무의 그늘 아래에서 명상하는 것이 그의 습관이었다. 그가 라마를 향해 깊이 명상하고 있는 바로 그 동안에 다스는 자신의 황금 그릇들이 도난당하리라는 예감을 직관적으로 느꼈다.

그의 두려움은 근거가 없는 것은 아니었다. 다스의 잠겨있지 않은 사원에 금 그릇들이 있다는 것을 알게 된 도둑이 그 그릇들을 훔칠 기회를 잡으려고 매일 밤 몰래 엿보고 있었던 것이다. 그렇지만 그가 일주일이나 연속해서 밤마다 사원에 접근하였는데, 그는 예언자 라마의 살아있는 형상이 활과 화살로 무장한 채 입구를 지키고 있는 모습을 보았다. 이것은 도둑을 당혹스럽게 만들었는데, 왜냐하면 그는 낮 시간에는 문을 지키는 보초가 없다는 것을 알고 있었으며 다스가 라마로 분장했을 리도 없다는 것을 알았기 때문이다. 그는 매일 밤 사원에 들어가기 전에 다스가 자신이 좋아하는 꽃그늘 아래에서 깊은 명상에 몰입해 있는 것을 확인하는 조치를 취했었기 때문이다.

당황한 도둑은 새로운 전략을 시도하였다. 그는 어느 날 신사 차림을 하고서 다스에게 가서 말하였다. "영예로운 선생님. 저는 당신이 밤에도 사원의 문을 잠그지 않아서 진정한 구도자들이 언제든 들어가서 명상할 기회를 갖도록 한다고 들었습니다. 저는 일곱 밤이나 당신의 사원에 들어가서 명상하고 거기에 있는 성스런 진동들을 받으려고 무척이나 원하였지만 감히 들어갈 수 없었습니다. 당신이 고용한 보초가 예언자 라마의 복장으로 활과 화살을 들고서 사원 문을 위협적으로 지키고 있었기 때문입니다. 저는 안으로 들어갈 수 없어서 실망하였습니다."

다스의 눈에서 눈물이 쏟아졌다. 그리고 그는 그 '신사'에게 물었다. "라마가 사원의 문을 지키고 있는 모습을 보았다는 것이 사실인가요? 미안합니다. 사원의 문을 다시는 지키지 말라고 나의 보초에게 요청하겠소. 그러면 당신은 언제든지 즐거이 방문할 수 있을 것이오."

성자 다스는 사원의 금 그릇들을 잃어버릴 수 있다는 자신의 두려움이 예언자 라마로 하여금 자신을 가시화시켜서 사원의 보물을 지키게 하는 수고를 감당하게 하였다는 것을 직관적으로 이해하였다. 다스는 아무에게도 말하지 않았지만 신사의 복장을 한 그 사람이 도둑이라는 것도 알았다.

성자는 사원으로 물러나서 하루 종일 명상하였고 라마에게 다음처럼 기도했다. "주여, 저의 금 그릇들을 가져가시고 저의 보초 역할을 맡아서 밤새도록 잠도 없이 사원의 그릇들을 지키는 일을 중단하여 주소서. 제가 두려움 때문에 당신을 번거롭게 해드려서 부끄럽습니다." 라마는 환영(幻影)으로 나타나서 그의 기도에 동의하였다.

도둑은 사원에 보초를 세우지 않겠다는 다스의 보장을 믿고 또 그날 밤 그가 좋아하는 나무 아래에서 깊은 명상에 잠겨 있는 것을 확인하고서 금 그릇들을 훔치려고 사원을 향하여 정원을 가로질러 성큼성큼 걸어갔다. 밤의 깊은 적막 속에서 사원의 문을 지키는 신은 없었다. 도둑은 발꿈치를 들고서 문으로 살금살금 다가가서 자신이 들어갈 수 있을 만큼 부드럽게 문을 밀어제쳤다. 그는 사원에 아무도 없는 것을 보고 급히 대부분의 금 그릇들을 끌어 모아서 마대 자루에 넣은 다음 부리나케 걸어 나왔다. 도중에 그는 떠돌이 개를 만났는데 그 개는 그를 보고 짖으며 쫓아오기 시작하였다. 도둑은 등에 짊어진 금 그릇들을 쩔그렁거리면서 발걸음을 빨리하여 달음박질쳤다.

다스는 명상을 마친 다음에 나무 아래에서 쉬고 있었는데, 도둑이 돌아올 것을 기대하고 있던 그는 개 짖는 소리와 달음박질치는 소리와 쨍그랑거리는 소리를 들었다. 그는 벌떡 일어나서 사원으로 들어가 보고는 거의 모든 금 그릇들이 사라진 것을 발견하였다.

성자는 남아있던 얼마 안 되는 금붙이들을 급히 모아서 보자기에 싸들고는 개 짖는 소리가 들렸던 방향으로 내달렸다. 다스는 건강한 구도자였으므로 수사슴처럼 달려서 도둑을 금방 따라잡았다. 따라잡힌 도둑은 이제 두려움과 후회에 싸여서 다스의 발아래에 엎드리면서 외쳤다. "자비로운 성자시여, 당신의 금 그릇들을 도로 가져가 주세요. 저는 그것들을 원치 않습니다. 저에게는 부양할 가족이 있으니 제발 저를 경찰에 넘기지 말아 주십시오."

성자 다스는 유쾌하게 웃은 다음에 도둑의 등을 두드려주면서 남은 금 그릇들을 그에게 주었다. 그러면서 다음과 같이 말하였다. "이보게. 내가 자네를 따라잡은 것은 자네를 체포하려고 한 것이 아닐세. 그저 자네가 너무 서두르는 바람에 미처 챙겨가지 못한 여분의 금 그릇들을 자네에게 주려고 한 것일세. 그 금 그릇들은 내가 사랑하는 라마에 대한 명상을 방해하였기 때문에 나는 그것들에서 해방되어서 기쁘다네. 자네는 나보다 더 그것들을 필요로 하고 있지. 그러니 나의 축복과 함께 그것들을 모두 가져가라. 그러나 다음번에 자네가 사원에서 뭔가를 갖고 싶으면 훔치지는 말게나. 훔치는 것은 자네의 영적 생활을 망치니까 말이야. 대신 그것을 달라고 나에게 요구하게나."

도둑은 다스의 집착 없음, 헌신, 용서, 아량에 말문이 막혔다. 그는 무릎을 꿇고 성자의 발을 꼭 잡고서 머리를 조아렸다. 그는 흐느끼면서 다음과 같이 큰 소리로 항변하였다. "영예로운 성자님, 저는 직업적인 도둑입니다. 그러나 저는 당신보다 더 큰 도둑은 본 적이 없습니다. 오늘 당신은 저에게서 모든 것을 훔쳐갔습니다. 저의 육체, 마음, 욕망, 열망, 심정, 저의 영혼까지. 저는 결국 사라져 버릴 물품을 훔치는 도둑은 더 이상 되고 싶지 않습니다. 저는 당신처럼 영혼을 훔치는 도둑이 되고 싶습니다. 신을 위해서 영혼을 훔치는 그런 도둑 말입니다."

마침내 이 도둑은 다스의 제자가 되었고 스승을 따라서 사원으로 갔다. 그 후 그들은 거기서 같이 걷고, 꿈꾸고, 신을 사랑하다가 뱀이 허물을 벗듯이 육체를 벗었으며, 그들의 영혼은 영성세계에서 소생되어서 영원한 안식에 잠기었다.

* * *

Point Up: 앞에 나오는 이야기처럼 세계시민성에서는 도둑에서 벗어나야 한다는 진실을 보여준다. 그리고 진리를 사랑하는 것이 최상이라는 사실도 제시한다. 단 하나의 물질에 대한 욕망이라도 우리의 가슴에 최상의 것으로 남아있게 되면, 그만큼 우주적 진실은 우리로부터 멀리 도망갈 것이다.

우리는 사라지는 사물들에 대한 모든 욕구에서 벗어나야 한다. 이러한 작용이 우리를 소극적으로 만들거나 따분하게 만들지는 않을 것이다. 그 대신에 그것은 기만하지 않는, 불멸하는, 언제나 새롭고, 언제나 증가하는 진실의 기쁨을 영원토록 적극적으로 획득하는 것을 추구해야 될 것이다.

우리의 마음은 빛나기는 하지만 부서지기 쉬운 물질적 쾌락들에 대한 욕구를 품어서는 아니 된다. 언제나 새로운 행복을 받고자 한다면, 세상 사람들이 가장 소중히 여기는 것을 버려야 한다. 타자를 이해하고 다가서는 따뜻한 마음이 세계시민성에서 요청된다.

우리가 진실을 잃어버린다면 우리의 슬픔은 무지하게 클 것이다. 왜냐하면 마지막 날에 우리가 지상의 해변을 떠날 때, 우리는 저승으로 가져갈만한 것이 아무 것도 없을 것이기 때문이다. 우리가 지상에서 물질적 재산을 전혀 획득하지 못하였을지라도 내면 탐구와 타자에 대한 배려로 최대의 노력을 투자하여 삶의 진실을 발견하였다면 슬퍼할 필요가 없을 것이다.

왜냐하면 그 때에는 세상의 눈으로 보면 비록 가난할지라도 진리의 눈으로 보면 우리는 실제로 부자가 되었기 때문이다. 우리가 지상의 해변을 떠날 때, 우리는 세계시민성의 통찰로 획득한, 끝없는 평화라는 불멸의 진리의 보물을 저승으로 가져갈 수 있으며, 거기서 그 보배를 향유할 수 있게 될 것이다.

제1장 세계윤리의 위상

1. 세계윤리의 형성

세계윤리는 '다양한 맥락과 특수성을 가진 지구공동체 구성원들 간의 평화로운 공존을 목표로 하여 최소한의 근본적 합의점(fundamental consensus)을 모색하는 세계시민성 윤리'를 의미한다.[1] 세계윤리는 보편 윤리가치나 원칙들을 모색하고 바람직한 세계의 시민얼굴을 확립하여 지구촌 문제 해결에 기여할 것으로 기대된다. 세계시민으로서의 권리와 책임과 같은 보편윤리의 확립, 세계시민으로서의 공동체의식 확립, 세계시민으로서의 정체성 형성은 세계윤리의 중요한 주제가 되어왔다.[2] 세계윤리는 한편으로 이러한 상이한 주제들에 대한 기초이론의 정립에 대한 논의가 이루어져야 뿐 아니라, 다른 한편으로 각 주제들이 실제 삶에서 어떻게 구현되어야 하는지의 실천차원의 영역고찰이 요구되고 있다.

제 7차 윤리교육과 교과과정에서 세계윤리와 연관된 『시민윤리』 교육에서는 네 가지 뚜렷한 영역이 발견된다. 시민윤리의 중요성 인식과 공동선을 추구, 현대사회에 적합한 생활윤리, 직업윤리, 국가 및 국제윤리가 그것이다. 도덕교육 교과과정은 이에 따라 구성되어 있다. 그러나 그 속에 포함된 세계윤리는 교과과정에서 소외되고 그 가치가 평가절하되어 있다. 또한 세계시민성 윤리에 기초하여 지구공동체 의식 함

---

1) Küng Hans, "the Declaration Toward a Global ethic", in *A Global Ethics :The Parliament of the World's Religions*. New York, Continuum. 1995, pp.18-19 참조.

2) 피터 싱어, 『세계화의 윤리』(서울: 아카넷, 2003), pp. 31-53

양의 도덕교육 목표의식이 결여되어 있고, 단일민족주의를 기초하는 협의의 민족국가의식에서 벗어나지 못한 것이 현실이다.[3)]

현실적으로 세계윤리가 주로 지구공동체 구성원들에게 추상적 윤리규범으로서 다루어지고 있을 뿐 실천규범으로써는 기능하지 못했다. 비록 세계윤리가 지구촌 세계문제를 해결하기 위한 공동의 노력의 기초로서 기능해왔지만, 그 논의의 수준이 구체적이고 실천적이지 않다는 점에서 지금까지는 큰 한계를 지녀왔다. 실제 학교교육 현장에서도 교과서 편제상 뒷부분에 위치하여 제대로 가르쳐지지 않거나 관심 여부에 따라 형식적으로만 가르쳐지는 문제가 노출되어왔다.

이러한 세계윤리 형성 및 위상을 고려할 때 무엇보다 앞으로의 연구와 교육은 보다 실천적이며, 생활세계와 밀착된 구체적인 방향으로 확고한 교과과정의 개편이 이루어져야할 것이다.

이는 방법론적으로 〈표 1〉과 같은 학제적 기반에 근거할 것으로 생각된다.[4)] 이제는 세계윤리교육이 실천이 가능한 방향으로 필요성을 반영하는 새로운 접근방안을 모색할 때다. 방법론적으로는 학제적 접근의

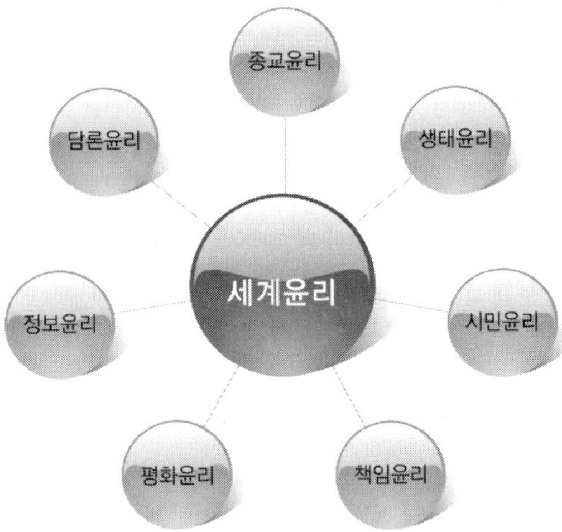

[표 1] 세계윤리의 학제적 기반

3) 고등학교 『시민윤리』 교과서(교육 인적 자원부, 2003), p. 62 "우리나라는 단일민족으로 구성되어 있고 집단주의나 가족주의 의식이 강하기 때문에 대부분의 갈등문제를 쉽게 해결할 수 있다"는 문장은 그러한 인식을 나타내는 하나의 예이다; 일본의 지구촌 시대의 세계화교육에서의 자민족중심주의에 대해서는 최은봉, 「지구촌화 시대의 세계화 교육: 일본의 경험」, 『국제정치논총』, 36(3), 1997 참조.

4) 세계윤리의 주요 콘텐츠와, 가치이념, 방법론이 함께 화용될 수 있는 최소한의 준거 틀로서 내용, 지향성, 방법론의 모색에 근거하여 7영역 기반이 전제된다. 앞으로 세계윤리 이슈의

요청과, 세계윤리의 이론범례를 정립하고, 실천 교육방법의 모색이라는 세 가지 관점에서 세계윤리가 이루어져야 할 것이다. 이를 보다 구체적으로 설명하면 이와 같다.

첫째, 세계윤리의 실천성을 고양하기 위해서는 윤리의 각 영역을 종합적으로 연구하는 학제적 접근이 요구된다. 세계시민은 지구촌 사회에서 급증하고 있는 해결하기 어려운 지구공동체의 공공적 문제들을 유의미하고 효과적으로 해결하기 위해 통합적 사고능력과 공공양심을 가져야 한다. 세계시민이 갖추어야 하는 도덕성은 지구공동체 구성원들에게 개인, 공동체, 국가의 시공간(時空間)에서 요구되는 정체성은 물론 개인이 가지는 특수한 면을 넘어서는 세계적이고 우주적인 공공정체성 확립을 요구한다. 즉, 현 세대의 시공간을 초월하는 정체성 확립을 요구한다. 이러한 점에서 세계시민의 정체성 형성은 학제적인 기반을 요구하며 통합적 접근을 필요로 한다. 세계윤리는 근본적으로 학제담론에 기초한 규범화를 요청하고 있다.

오존층 파괴, 세계화에 따른 남북 간의 빈부격차 심화, 미국주도의 이라크 전쟁, 이스라엘과 팔레스타인 사이의 상호 불신, 남성과 여성 간 갈등과 편견, 언어와 문화 차이로 인한 원활하지 못한 의사소통과 왜곡에 의한 생활면에서의 세계적인 불화, 정보 독점에 의한 제국주의 강화 등 세계시민이 지구적 차원의 공적 문제들을 다룰 수 있는 능력을 함양하기 위해서는 세계윤리의 발생배경과 중점이슈를 전제할 때, 우리는 범례영역으로써 종교윤리, 생태윤리, 시민윤리, 책임윤리, 평화윤리, 정보윤리, 담론윤리 등의 여러 윤리영역에 대한 통합적 이해와 지식을 가져야 될 것이다. 아울러 영역별 범례수준은 그 동안의 담론에서 개념형성, 해석담론, 체계이론의 수준을 각각 요구하는 것으로 확인되었다.[5)]

세계윤리를 구성하는 각 윤리 영역에 대한 통합적 이해와 지식 없이는 지구적 차원의 도덕 문제들을 다각적으로 고찰하고 합리적으로 해결하려는 시도가 방해되는 결과가 초래될 수 있을 것이다. 이러한 학제적 접근의 필요성을 공감하여 세계윤리에 대한 연구는 〈표 1〉과 같이 위의 일곱 가지 윤리영역의 학제적 연구가 모색되는 것이 바람직하다.

확대에 따라 콘텐츠와 방법론의 학제적 확장이 지속적으로 요청되는 과제라고 할 것이다.

5) 졸고, 「지구윤리교육의 세 가지 범례에 관한 연구」, 『국민윤리연구 46호』, 2001, pp. 157-181.

그림 1 이라크전쟁

그림 2 지구온난화 문제

이처럼 다양한 윤리 영역에서 공동으로 세계윤리를 모색하는 일은 윤리의 각 영역에서 이루어지는 맥락을 고려하면서도 동시에 영역 간의 보편성에 대한 상이한 의미 수준에 대해 상통함으로써, 영역을 넘어서는 세계시민성의 공공윤리를 이끌어낼 수 있다.

둘째, 세계윤리의 이론적 기초를 재정립하여 세계윤리의 실제적 구현을 모색할 필요가 있다. 우선 세계윤리가 지구공동체 구성원 전체에게 유의미한 실천윤리로서 자리잡기 위해서는 특수상황을 고려한 맥락화용윤리의 성격을 정립해야 한다. 인권이나 자유민주주의에 근거한 보편윤리는 다원적 문화를 고려하지 않는 탈 맥락적인 이론이라는 비판을 받을 뿐만 아니라 지구촌 문제를 해결하기에 실질적인 안내를 제시하기 어려운 '최소한의 합의'에 불과하거나 그 역시 서구중심 이론에 불과하다는 비판을 받는다.[6]

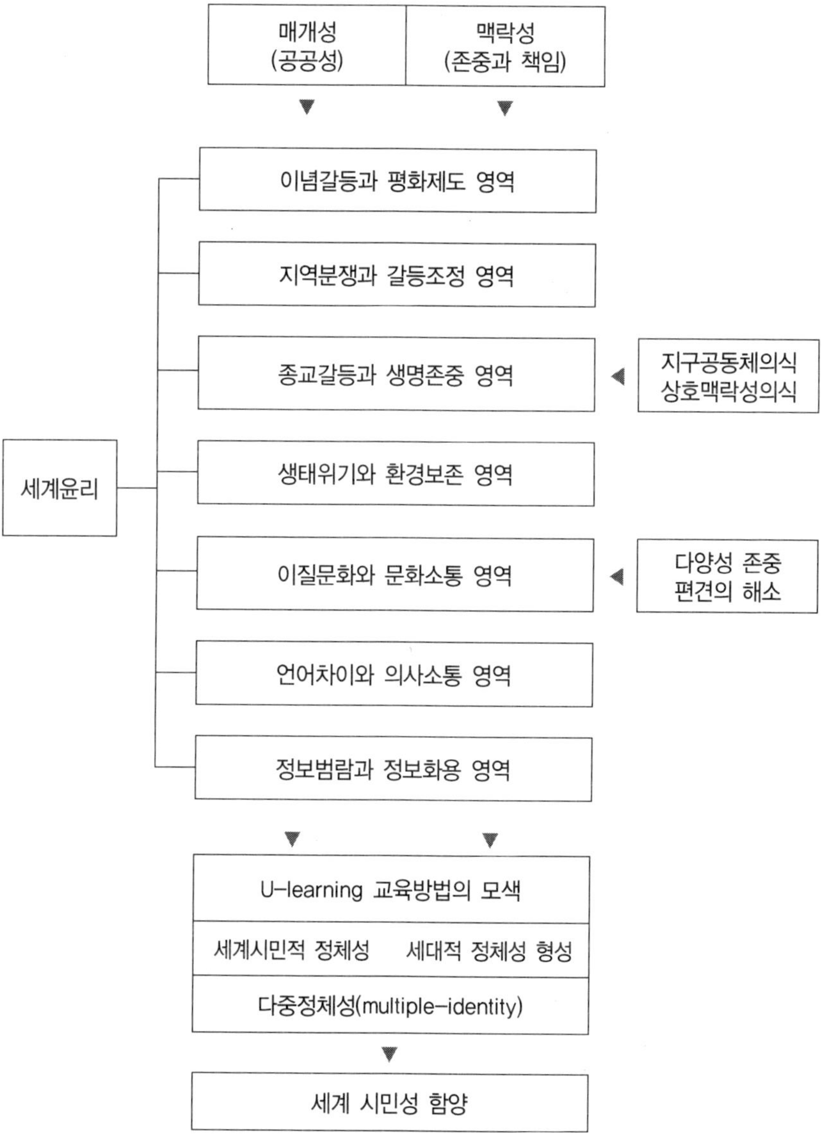

〈표 2〉 세계윤리 연구영역

6) 노찬옥, "다원주의 사회에서의 세계시민성과 시민 교육적 함의에 관한 연구" (서울대 : 박사학위논문, 2003), pp. 9-21.

따라서 지구촌 문제해결에 대한 책임의식과 같은 세계윤리의 실천적 요구를 고려할 때 이론적 기초의 재정립은 반드시 필요하다. 다원문화를 존중하고 윤리적 문제해결에 충분한 지침을 줄 수 있는 맥락성의 정립과 매개화가 요구된다. 맥락과 보편화용의 횡단매개가 가능한 '맥락 보편 화용론(contextual universal pragmatics)'이라는 새로운 세계윤리 접근 방법을 제안하고자 한다.[7)]

이는 곧 다원적, 문화적 맥락들을 보편성을 발견하는 자원으로서 다루는 접근으로, 그 틀 속에서 특수 가치와 문제들을 공론화함으로써 지구공동체의 보편적 문제로 전환함과 동시에 각 윤리영역의 특수한 맥락을 존중하면서도 다양한 윤리영역간의 소통을 통해 실질적 내용의 보편윤리를 발견하려는 시도이다.

셋째, 세계윤리교육을 위한 효과적인 방법을 개발하여 세계윤리가 실질적으로 구현 가능하도록 할 필요가 있다. 우리의 학교교육의 현실을 보면, 세계윤리교육이 이루어지지 않고 있는 것은 아니지만 대단히 형식적이면서 소홀히 다루어지고 있으며, 여전히 지식위주의 고답적인 방식으로 이루어지고 있다. 이러한 점에서 세계윤리가 실천적으로 적용되는데 분명한 한계를 보이고 있다. 이러한 세계윤리교육의 현황을 개선하기 위해서는 시공 제약을 벗어나 유의미한 학습이 전개될 수 있는 유비쿼터스(Ubiquitous) 컴퓨팅의 정보기술을 이용한 세계윤리 U-learning 콘텐츠를 형성할 필요가 있다.

U-learning은 유비쿼터스 컴퓨팅 환경에서 사용자 위주의 인터페이스를 구축하는 것으로 사용자의 환경 자체를 기본으로 하는 것이다. 모든 환경에 컴퓨터 칩을 내장시킴으로써 사용자가 시간과 장소의 제약을 받지 않고 어떤 상황과 환경에서도 네트워크에 접속할 수 있게 만

---

7) Habermas, J., N. Luhmann, *Theories der Gesellschaft*, Ffm. 1971, 200f. 하버마스의 '보편 화용론' 개념과 스트로슨(Strawson, P.F.)의 '맥락'개념을 상호 소통하여 특수성과 보편성을 횡단매개하기 위해 이 개념을 사용하였다. 하버마스는 하이데거의 세계-내-존재라는 개념을 사회세계까지 포용하는 개념으로 확장시키고자 후설의 〈생활세계〉라는 개념을 원용하고 있다. 의사소통적 합리성의 구조계기와 전개과정을 설명하려는 하버마스의 시도가 '보편 화용론'이다. 스트로슨은 일상언어학파(日常言語學派)입장에서 형식논리의 유효성을 인정하면서도 일상문(日常文)의 다양함과 중요성를 부각시켰다. 형식논리로서만 추구(追究)할 수 없는 풍부하고 다양한 일상언어 논리의 의의를 주장하고자 《의미(意味)의 영역 The Bounds of Sense》 (1966)에서 부각시킨 개념이 바로 '맥락을 고려하지 않으면 의미가 완전히 이해될 수 없다.'는 주장에서 '맥락'을 방법론으로 중시하였다. 하버마스의 생활세계에서 형식논리를 중시한 '보편 화용론'과 의미의 맥락을 중시하는 '맥락이론'을 결합하여 세계윤리 방법으로 '맥락 보편화용론'을 적용하고자 한다.

그림 3 U-learning

드는 것이다. U-learning 콘텐츠 개발과 같은 연구는 학습 주체 및 학습 환경에서의 급속한 변화를 수용하여 보다 효과적인 세계윤리교육을 위한 학습 프로그램으로서 기능할 수 있다. 이러한 세계시민성 윤리교육과정을 적극적으로 도입함으로써 지구공동체 구성원으로서의 자질을 함양하고 국제표준 규격의 품성을 갖춘 한국인 양성이 윤리교육과정을 통해 실질적으로 구현되어야 할 것이다.

2. 세계윤리의 정립

세계윤리에 대한 국내외의 문헌들을 분석해 보면, 우선 연구자체가 그리 많지 않을 뿐 아니라 대부분의 연구들이 추상적이고 이론적 논의의 수준에 그치고 있다는 특징을 발견하게 된다. 세계윤리 개념이 보편윤리의 성격을 지니고 있는 탓에 연구자체가 어렵고 따라서 기존의 연구문헌들이 적으며, 세계화와 다문화가 공존하는 현 시대 특징을 고려한 보편윤리는 어떤 성격이어야 하는지의 이론적 논의가 주를 이루고 있어서, 실천적이지 않은 것이 세계윤리상황의 현주소이다.

세계윤리를 소개하는 국내외의 대표적인 문헌으로는 한스 큉(Hans Küng)의 「세계윤리 구상」이라는 저서[8]와 유네스코 철학 윤리국에서 1999년에 발간한 「21세기 윤리를 위한 공동의 틀」[9]이 있다. 특히 한스 큉의 연구는 세계 평화를 위한 세계윤리 모색이라는 관점에서 국내에 소개되었으며, 국내 논의의 주된 담론의 틀로서 인용되고 있다. 이 두 연구는 세계윤리의 정립에 있어 대단히 중요한 연구임에 틀림없지만 많은 연구들이 없다는 점은 세계윤리 연구의 문제점이 아닐 수 없다.

---

8) 한스 큉, 안명옥 역, 『세계윤리구상』(왜관: 분도출판사, 1992).

9) 김여수, 「21세기 윤리를 위한 공동의 틀」, 『철학과 현실』, 제46권, 2000, pp. 130-153.

이렇듯 세계윤리를 직접적으로 논의하고 있지 않지만, 세계화와 보편윤리에 대한 여러 논의들 역시 세계윤리 연구의 일부로 간주할 수 있다.

일례로 세계화 시대의 도래를 지적하며 보편윤리의 필요성을 논의하는 권용혁의 "세계화와 보편윤리"(2001)[10]나, 인권에 기초한 보편윤리에 대한 찬반양론 격인 보편윤리 대 아시아적 가치의 논쟁과 관련된 여러 연구들을 들 수 있다. 임홍빈의 "인권 개념의 철학적 정당화와 문화 다원주의"(2001)[11]나 이승환의 "아시아적 가치의 담론학적 분석"(1998), 장은주의 "문화적 차이와 인권"(2000)[12], 찰스 테일러(Charles Taylor)의 "인권에 대한 비강제적 합의"(1996)[13], 이동희의 "동아시아 콘텍스트와 인권, 보편윤리"(2003)[14]와 같은 연구들이 대표적인 사례이다.

그러나 이러한 보편윤리에 대한 연구가 세계윤리의 연구와 연관성을 가지고 있다고 하더라도 평화의 확립과 다양한 지구적 문제해결과 같은 세계윤리의 종합적이고 실천적인 목표들을 고려한다면, 많은 연구들이 동아시아 맥락과 같은 다원성과 보편성의 충돌과 대립을 어떻게 조화해야 하는지의 '보편윤리의 성격'을 논의하는데 그친다는 점에서, 제한적이며 추상적이라는 한계를 여전히 보여준다.

세계윤리의 위상을 정립하기 위해서는 기존의 연구들이 공통적으로 주장하고 있는 다양한 문화적 맥락을 고려하는 보편윤리를 모색해야 할 뿐 아니라 이에 근거한 '보편윤리의 실질적 내용의 탐색'을 다루는 세계윤리 정립의 도전적이며 획기적인 시도가 절실하다.[15] 이처럼 세계윤리연구는 지역적·문화적 맥락을 고려할 뿐만 아니라 각 윤리 영역의 특수한 담론의 실정을 반영하는 보편윤리를 모색하기 위해, 문화와 각 윤리 영역의 특수성을 존중하면서도, 동시에 문화적 소통과 윤리 영역간의 소통을 통해, 맥락 의존성을 넘어서 보편윤리를 모색하는 맥락보편 화용론이라는 독자적 틀을 개발함으로써 가능하다.

세계윤리 연구를 통한 위상정립의 결과를 교육현장에 잘 적용하고 보다 효과적으로 활용하기 위해서는 교육현장에 실제적으로 적용 가능

10) 권용혁, 「세계화와 보편윤리」, 『사회와 철학』, 제1호, 2001, pp. 109-137.
11) 이승환, 「아시아적 가치의 담론학적 분석」, 『열린지성』, 제4호, 1998.
12) 장은주, 「문화적 차이와 인권-동아시아의 맥락에서」, 『철학 연구』, 제49집, 2000 여름.
13) 찰스 테일러, 「인권에 대한 비강제적 합의」, 『사상』, 1996년 겨울호.
14) 이동희, 「동아시아 콘텍스트와 인권 그리고 보편윤리」, 『사회와 철학』, 제5호, 2003.
15) 노찬옥, 『다원주의 사회에서의 세계 시민성과 시민 교육적 함의에 관한 연구』, pp. 60-65.

한 U-learning 콘텐츠 개발도 이루어져야 할 것이다. 이처럼 세계윤리의 정립을 위해서는 철학적 윤리학적 논의를 영역별로 고찰할 뿐 아니라 현실적으로 세계윤리를 정착시키기 위해 교육내용 개발을 시도하는 것을 연구의 주된 원칙으로 삼아야 한다.

이러한 세계윤리 및 세계윤리교육에 대한 접근방법은 기존의 세계윤리교육 접근방법과 중요한 차이가 있다. 그간 세계윤리에 대한 논의가 적었던 것은 기존의 교육적 논의가 주로 전통적 교수방법에 근거하거나 지식전달이나 활동중심의 편향된 접근을 시도하고 있기 때문이다. 윤리교육의 일환으로서 지구공동체 차원의 문제 해결을 강조하며 여러 해결방안을 모색하거나 국제 봉사활동 단체를 통한 세계윤리교육이 개발되어 있을 뿐이다. 이를 고려해서 윤리 영역별 접근이 이루어지는 동시에 상호협력을 통해 영역간의 관련성이 반영된 교육내용을 개발하고, 그 내용이 컴퓨터 및 휴대용 통신기기들을 이용한 교육 프로그램으로 전환되어야 할 것이다.

이러한 점에서 세계윤리의 교육적 기대효과가 특정 학문영역에 국한된 연구가 아니라 철학, 윤리학, 언론학, 교육학, 컴퓨터 공학 등이 모두 협력하는 학제적 연구가 뒷받침될 때 세계윤리교육의 학제적 연구성과를 기대할 수 있다. 다양한 윤리영역의 매개와 맥락화용을 위한 윤리내용에 대한 논의, 지구촌 사회의 현실적 상황과 실천성을 담보한 연구가 선행되는 가운데 교과과정을 개편해야 할 것이다. 이러한 점에서 이질적 교과내용을 하나의 체계로 구축하는 세계시민성 함양을 위한 교육이 21세기 화두로 부각되었다 할 것이다.

3. 세계윤리의 과제

세계윤리는 전 세계에 통용될 수 있는 맥락화용윤리로서 생활영역 전반에 널리 수용될 수 있는 세계시민성 윤리를 말한다. 세계윤리는 사익과 자유를 중시하는 개인윤리, 국가 공동체의 시민에게 요구되는 국민윤리와 구별되는 보다 확대된 세계시민성 윤리를 요청한다. 시민사회에서 공동선을 추구하고, 민주시민의 자질과 능력을 습득하며, 현대 사회의 제반 문제들을 윤리적으로 해결하려는 능력과 태도를 발달시키는 가운데 세계윤리의 위상을 이룩하였다.

개인윤리	국민윤리	세계윤리	범례특징
개체성 존엄성	과거유산 : 전통문화, 역사	과거유산 : 전통문화, 역사	전통윤리의 매개성 발견과 창조적 변용 –현재의 과제 해결에 적용
	↓계승	↕	
개인의 사적이익 –자유와 가치지향 개인책임	현재의 과제 – 개체 존엄성과 국가공동체 공공복지 사회정의의 조화 – 국가적 책임	개체존엄성, 국가공동체, 지구공동체 공공복지/사회정의 의 조화 – 지구적 책임	책임의 주제와 귀착범위의 변용
	추상↑인식	실제↕인식	
현재세대	과거와 현재세대	미래세대의 요구	미래세대의 요구(욕구, 원리, 복지)에 대한 민감성 – 책임성, 배려 – 도덕적 상상 – 세대간 정의

공공양심의 심화와 확장 →

〈표 3〉 개인윤리, 국민윤리, 세계윤리 코드

민주시민교육, 통일교육, 환경교육, 성교육, 진로교육, 국제이해교육 등의 다양한 학습 주제들을 세계윤리 차원에서 통합적으로 학습할 수 있게 하는 경험을 제공해 주고 있다. 그 체계화와 강조에는 실패하였다. 이러한 점은 교과과정 개편에서 거론할 성격이다.

이제 세계화, 정보화, 다문화가 보다 구체화되고 더욱 생활 깊숙이 영향을 미치고 있으며 지구적 차원의 문제에 공동대처해야만 하는 상황에 놓여 있다. 이러한 지구촌사회의 시대적 요청에 부응하기 위해 기존의 윤리적 접근 방법과 달리 세계의 공공적 양심의 보편윤리를 정립함으로써 세계윤리를 확립해 나가야 한다. 나아가 이에 맥락보편 화용의 원리와 세계시민적 정체성의 틀에 근거하여 실천적 방향으로 세계윤리의 위상을 정립할 필요가 있다.

1. 맥락보편화용

세계윤리는 다원적이고 특수한 맥락을 존중하는 상통매개의 방안으로 주변과 중심의 상호소통이 가능하다. 서로 다른 영역의 이해당사자들이 윤리규범의 상호작용을 통해 서로 이해하고, 나아가 합의를 이루어 이를 바탕으로 세계시민적 상호작용을 이루어 가는 것이 어떻게 가능한지 그 조건을 점검할 수 있는 틀이라 할 수 있다. 그것은 영역의 맥락을 고려하면서도 보편성을 추구하며 상호 의사소통을 해야 함을 말한다. 진리의 보편성을 포기하지 않으면서도 그 과정에서의 각각 다른 길의 가능성을 인정하고 수용하는 화쟁의 논리와 담론구조가 활용될 필요가 있는 것이다.[16] 그러므로 맥락보편 화용론에서는 서로 다른 규범영역 사이에 다양한 원칙을 수용함으로써, 윤리담론의 참여자로 하여금 어느 정도의 갈등여지를 허용하면서 동시에 보편적 합의가 이루어질 수 있는지의 한계를 함께 제시할 필요가 있다.

결국 맥락보편 화용론에 근거한 방안은 공동체나 문화의 독특한 맥락에 의존하면서도, 동시에 서로 다른 문화 간 소통과 합의를 중시하여 맥락의존성을 넘어서 맥락 독립적 보편윤리를 모색하는 시도를 할 수 있는 장점을 보여준다. 그러할 때 보편성과 특수성의 과제를 해결하는 단초를 발견할 수 있으며 다양한 윤리영역간의 소통을 강조함으로써 세분화된 윤리영역의 특수한 논리에 매몰되지 않는 가운데 보편윤리의 실질적 담론을 모색할 수 있다.

그림 4 9·11 테러 현장

지구촌 시대의 도래는 그 어느 시대보다도 많은 문제를 야기하여 인류의 생존 자체를 위협하고 있다. 이른바 지구 생태계의 파괴, 종교적 이름의 폭력과 정치적 명분을 앞세운 침략전쟁과 테러, 핵무기와 대량살상무기, 남반구와 북반구의 불균등 발전에 따른 경제적 불평등과 절대빈곤, 급격한 과학기술의 발달과 물질문명의 역기능으로 나타나는 인간성 파괴·물질주

16) 박병기, 「해소의 논리, 화쟁의 언어」, 『국민윤리연구』, 제60호, 2005. p. 2

의·인간소외, 급격한 사회변동이 초래하는 가치관의 혼란 등은 지구적 차원의 인간생존을 위협하는 위험증후군에 속하는 대표적인 문제들이다.

이러한 문제는 인류가 공동으로 해결해야 하는 것들이다. 이러한 관점에서 세계윤리 문제를 제기하고 세계윤리를 맥락존중의 관점에서 실천할 필요성이 부각되었다. 세계윤리는 하나의 새로운 이데올로기이거나 상부구조가 아닐 뿐만 아니라 서로 다른 종교와 철학들의 특정한 윤리에 편중되어서도 아니 된다.

세계윤리는 인류공동의 미래에 대한 관심에 기초해야 한다. 세계윤리는 지구촌 시대에 세계시민들의 번영과 행복을 위한 세계적 책임과 권리의 공유와 실천을 위한 필요한 가치관이라는 점에서 교육을 통한 내면화가 요구되는 시대적 과제이다. 세계윤리교육의 문제는 인간의 의식개혁과 가치관 문제에 직결된다. 인류가 함께 행복하기 위해서는 희망을 갖고 함께 노력해야 한다. 희망을 가지면 세계가 아름답게 보일 것이다. 세계윤리실천을 위한 지구촌 시대의 교육은 인류가 희망을 갖고 지구를 아름답게 볼 수 있도록 맥락보편 화용에 역점을 두어야 할 것이다.

2. 세계시민성

우리의 생활세계는 지구적, 국가적, 지방적 힘과 자원이 급속히 합류되고 있는 과정에 놓여 있다. 이러한 상황에서 한 개인은 점차 지방, 민족국가, 세계적 측면으로 이루어진 다중복합적인 시민성을 가진 세계시민이 되어가는 인류 구성원으로서의 의무로 부여받게 된다. 민족국가적 정체성에 얽매여 온 개인들은 이제 세계가 직면한 여러 문제들을 인류적 삶과의 관련성에 기초하여 인식하고, 이를 기초로 지구적 관심, 요구 그리고 필요에 기초하여 합리적으로 문제를 해결하는 능력을 가진 세계시민으로 변신하여야 한다. 특히, 핵무기, 환경위기, 생명 위기 등의 지구적 차원의 문제가 우리들의 삶을 심각하게 위협하는 현실에서 세계시민으로서 참여의식을 가지고 지구적 문제를 해결하려는 자세를 보이지 않는다면 문제해결이 불가능하다. 실천방향의 세계윤리를 정립하기 위해서는 세계시민의 정체성 확립이 전제되어야 한다.

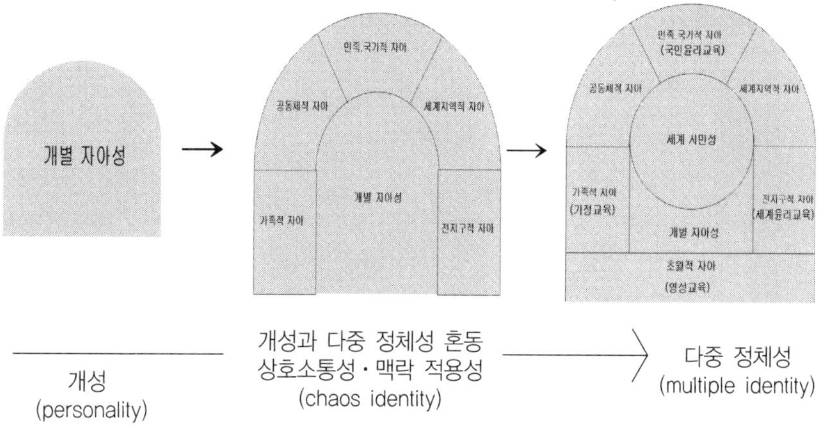

〈표 4〉 세계시민의 정체성 구조

현대다원주의 사회에서의 세계시민은 최대한의 문화적 다양성을 존중하면서도 최소한의 보편성을 추구하는 시민성이 전제된다. 현대다원주의 사회에서의 세계시민 교육 모델은 지식, 기능, 가치, 태도의 목표를 균형 있게 추구하면서, 각 영역의 능력함양을 중심으로 실천될 필요가 부각된다. 세계시민성 함양을 위한 고등학교 관련교과를 개편해 독립교과로 육성 발전시켜야 할 것이다.

〈표 4〉에서 볼 수 있듯이, 세계시민은 개인적 자아 정체성과 국가 정체성을 가진 시민일 뿐 아니라 세계시민으로서의 정체성을 갖는다. 즉 세계시민은 자신의 정체성의 영역을 개별 자아로부터 가정, 공동체, 국가, 세계로 확장한다. 즉, 공공성(publicness)의 확장이다. 공공성은 사회적 긴장을 일으키는 모체로써 여기에서 맥락화용을 가능하게 하는 공공윤리의 지향성이 나타난다.[17)]

세계시민은 다중 정체성(multiple identity)을 가진 시민이라 할 수 있다.[18)] 성숙한 시민이라면 이러한 다양한 정체성을 상황적 맥락에 따라 적용할 수 있으며, 다중 정체성이 발달되지 않은 시민이야 말로 도덕적으로 미성숙하며 세계시민성의 기준에 부합되지 못한다고 할 수 있다. 정체성간의 조화와 균형은 결코 자연스럽고 쉬운 일은 아니다.

17) 한태선, 「세계화의 문화적 의미: 한국 공동체의 비 시민적 특징」, 『한양대 사회과학논총』, 제13집, 1994, pp. 235-238.

18) Derek Heater, Citizenship: *The Civic Ideal in World History, Politics and Education* (London: Longman, 1990), pp. 325-326.

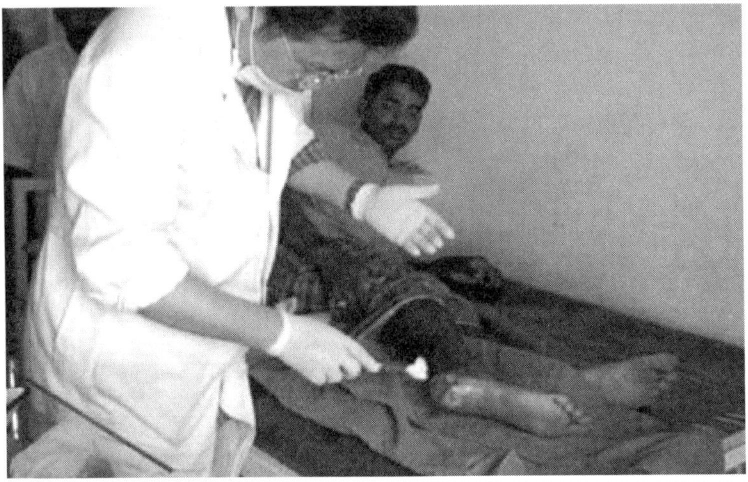

그림 5 해외 의료봉사중인 한국인 의사

정체성의 갈등을 어떻게 조화하고 어떤 정체성이 어떤 사안에서 우선시되어야 하는지는 실제로 세계윤리를 정립하는데 있어서 반드시 해결되어야 할 문제일 것이다. 세계윤리의 확립은 이러한 정체성간의 갈등을 다양한 상호소통을 통해서 세계시민으로서 갖추어야할 정체성 확립 모델을 상정할 수 있다. 그럼으로 예상되어지는 다중정체성에 의한 심한 내적 갈등을 해결하기 위한 관점에 서서 실천 위상을 정립해야한다.

궁극적으로 세계시민이 확립해야 할 정체성은 다중정체성이다. 그것은 사적 자아(정체성)와 공공적 자아(정체성)의 조화이다. 또 현세대를 넘어서 과거 및 미래 세대에 반응하고 책임지는 정체성이다. 이것은 '초경계 자아(transboundary self)', '세대간 자아(intergenerationally self)'로 표현될 수 있다.[19]

초경계 자아는 한 개인의 정체성을 이루는 자아, 가족, 공동체, 국가, 세계, 우주라는 위치에 근거한 경계에 의해 한정되지 않는 정체성이다. 특히 민족국가 정체성을 넘어서는 지구적 의식을 요구한다. 이는 곧 유동성, 맥락 적응을 의미한다. 세대간적 자아는 현 세대의 이익, 요구, 관심에 얽매이지 않고 과거 및 미래 세대와 소통하는 정체성이다. 이러한 정체성이 확립될 때 세계시민으로서의 책임성이 발달할 수 있는 내적 기반이 마련된다.

19) Kim Tae-Chang, "Why Discuss Public-Private Issue in Today's Japan?", 金泰昌·矢崎勝彦 編, 『公共哲學』(東京: 東京大學出版會, 2003), pp.52-59.

오늘날 세계시민은 자신의 개성과 다양성을 유지하면서 아래로부터의 세계시민사회를 구성할 수 있는 능동적이고 참여적인 특성을 갖는 사람을 지칭한다. 이런 점에서 '국민'이라는 개념과 차이가 난다. 일반적으로 '국민'은 근대국가 체제의 구성원을 지칭하는 것으로서, 이는 시민권을 획득 하여 자신이 속하게 된 국가에 대한 권리와 의무로 규정되는 역할수행자를 의미한 다 이러한 '국민'은 국가를 구성하는 수동적인 존재로서의 특성을 갖는다. 즉 국민은 국가의 통치를 받는 수혜자로서의 성격이 강하며, 자기 자신 '능동적인 주체 (active subject)'로서의 지위를 갖는 시민이 되었다고 보기는 어렵다.

반면에 시민은 또한 흔히 민주주의의 기초가 된다고 여겨지는 '민중'과도 다른 개념이다. '민중'은 피지배자적 성격을 갖는 존재로서 저항과 비판의 행위를 하기는 하지만 민주화 이후에 정책적 참여를 담당할 수 있을 정도의 주체적인 능력은 부재하다고 할 것이다. 그리하여 수동적인 '국민'이나 저항적인 '민중'이 능동적이고 창의적인 시민으로 전환되기 위해서는 그들의 역량강화(empowerment)가 필요하며, 이를 위한 가장 좋은 방법은 바로 그들을 시민적 활동에 참여시켜 능동적인 정치적 주체로 거듭나게 하는 것이다. 이에 따라 다양한 콘텐츠 개발이 요청된다.

3. 콘텐츠 개발

세계윤리는 개인이나 국가시민 정체성과 양립할 수 있는 세계시민 정체성의 함양을 목표로 하고, 이를 위해 맥락보편 화용론에 입각하여 특정 지역 공동체나 국가 공동체의 맥락은 물론 각 윤리영역의 맥락을 고려한 보편윤리의 실질적 내용을 모색해야 한다. 이러한 보편윤리의 내용을 바탕으로 접근성이 용이하고, 지적 흥미를 유발하고, 그리고 보편적인 도덕적 가치를 지향하게 하는 세계시민성 함양을 목표로 하는 U-learning 콘텐츠를 개발하여 학교현장에 적용할 것을 목표로 할 필요가 있다.[20)]

U-learning 콘텐츠 개발은 컴퓨터 환경을 이용한 세계윤리교육 프로그램으로서, 세계시민적 정체성을 지닌 가상인물들이 다양한 문제 상

---

20) Adams, Michael & Michael B. Sperling, "Ubiquitous Distributed Learning and Global Citizenship", *The Presidency*, Vol.6, No. 1, 2003. pp. 31-35.

황에 직면하여 지구촌 문제를 해결하는 이야기를 담고 있는 프로그램이라 할 수 있다. 콘텐츠는 피터 싱어의 지적처럼, '세계화의 시대를 우리가 얼마나 슬기롭게 지낼 수 있는가는 하나의 세계에 살고 있다는 생각에 우리가 어떻게 윤리적으로 대응하는가에 달려 있다'[21]는 점을 학습자들이 체득하게 하는 것이 바람직할 것이다. 예를 들어, 세계시민 정체성과 지구공동체 의식의 중요성을 반영하는 등장인물인 '지공'군과 '세민'양을 캐릭터로 삼아 각 윤리영역에서 보편 윤리적 가치나 덕목을 갖춘 인물로서 등장하는 U-learning 콘텐츠 작품을 통해 등장인물과 주변인물들이 겪는 다양한 경험 속에서 자연스럽게 세계윤리의 의미와 중요성을 이해할 뿐 아니라 세계시민 태도를 지니고, 실천할 수 있도록 만들어질 필요가 있다.

이를 위해서는 각 전공영역의 연구자들이 철학, 역사, 언어 갈등, 문화, 지역 간의 분쟁에 대한 이론적 검토를 공동으로 수행할 뿐 아니라 이론적 내용을 시나리오를 제작하고, U-learning 프로그램으로 개발하는 일을 위해 미술 및 문학, 컴퓨터 전공자들이 상호 소통하며 협력해야 한다.

4. 맥락존중의 방안

1. 종교대화와 생명존중

세계윤리발생의 출발점이 되고 맥락을 중시하는 관점에서 우리는 여러 영역 가운데 사례별로 먼저 종교 갈등과 생명존중 영역을 중심으로 세계윤리교육을 위한 방안을 강구하고자 한다. 오늘날 세계적으로 종교 갈등에 의한 생명훼손이 심각하게 나타나고 있다. 절대 신념체계의 옷을 입고 나타난 종교전통이 하나 뿐인 생명을 훼손하는 일에 앞장선다면, 그것이 과연 절대적이라고 말할 수 있겠는가? 이러한 갈등은 종교전통이 종교대화를 진지하게 실행하고 생명존중의 맥락보편의 화용으로 나아갈 때 그 방향이 분명해진다. 세계 도처에서 발생하는 종교 갈등에 의한 생명훼손의 영역에서 맥락보편 화용론을 적용하여 그 해결

21) 피터 싱어, 김희정 역, 『세계화의 윤리』(서울: 아카넷, 2003). pp. 37-38.

방안을 모색할 수 있다. 우리는 맥락보편화 화용이 가능하기 위하여 언급된 방안을 기초로 삼아 다음의 네 가지 조건을 함께 검토할 필요가 있다.

첫째, 절대 신념체계의 옷을 입은 세계종교 전통이 절대 신념의 벽을 넘어 보편 담론으로 상호소통 되어야 한다. 둘째, 절대 신념의 맹목적 편견에 의한 종교대화를 통해 생명훼손의 상처를 치료해야 한다. 셋째, 생명훼손의 치료과정에서는 종교다원성을 수용해야 하기 때문에, 설부른 개종이나 회심이 아니라 자신의 종교전통을 유지하는 입장표명이 존중되어야 한다. 넷째, 세계종교의, 절대 신념체계의 벽을 넘어서서 지구의 주요현안에 대한 문제점을 의식하고 그 해결방안을 강구하기 위한 실천지혜를 공유해야 된다.

인간에게 종교는 필요하다. 종교 신자가 많으면 많을수록 지구촌이 자유와 인권이 보장되는 보다 더 평화로운 세상이 되어야 하지 않을까? 불행하게도 몇몇 종교는 지구촌의 평화를 어지럽히는데 앞장서고 분쟁을 일으키고 있다. 모세를 예언자로 삼는 유대교, 그 유대교를 비판하고 인류 전체의 구제를 설파한 예수 그리스도를 믿는 기독교, 예수가 죽은 지 600여년 후 모하메드를 예언자로 삼으며 탄생한 이슬람교는 한 뿌리에서 나온 종교이다. 세 종교는 천지를 창조한 유일신을 숭배함으로써 진정한 행복을 얻는다는 공통된 구조를 갖고 있으며 나아가 세계에 시작과 끝이 있다고 믿으며 최후에 신의 심판이 있을 것이라는 종말관을 갖고 있으면서도 투쟁을 일삼고 있는데 뿌리부터 상이한 종교는 어떠하겠는가?

종교의 차이는 때로는 사람과 사람을 갈라서게 하고 칼날을 맞대게 하는 요인이 된다는 것을 인류사는 말해주고 있다. 간단히 말하기는 어렵지만 종교 분쟁의 배경을 살펴보면 정치적 불평등이나 경제적 격차 등의 문제가 있고, 통치자들이 자기의 정치적 행동의 정통성을 뒷받침하기 위해 종교를 이용하는 경우도 있다. 문제의 소재가 정치적인 것이든 아니면 경제적 또는 문화적 차이든 일단 종교적인 측면이 강조되면 분쟁은 문제해결의 실마리를 찾지 못하고 점점 수렁 속으로 빠져들기 쉽다.

시간이 지남에 따라 정치적·경제적인 이유는 잊혀지고, 이교도라는 이유 하나만으로 "적"이 되는 무서운 종교분쟁이 되는 것이다. 중동 분쟁이 이런 사실을 증명하고 있다. 다른 종교에 대해 관용을 베풀지 않는 자세로는 영원히 지상에는 평화를 이룰 수 없다. 이교도를 죽이라고

그림 6 교황 추모 촛불 물결

그림 7 종교 갈등이 일어나는 인도 카슈미르 지역

가르치는 종교는 어디에도 없다. 종교문제는 참으로 어렵다. 많은 종교 지도자들이 입으로는 반성하는데 행동으로는 그렇게 하지 않는다. 세계 윤리가 세계 종교인들 입에서 제기되었다는 것은 주목할 만한 일이다. 그러나 그들 스스로 행동으로 보여주지 않으면 또 다시 말장난으로 끝나고 말 것이다. 종교 간의 싸움질은 인간의 편견과 증오심만 키우게 된다. 인간의 편견과 증오심은 다른 인간에 대해서 잔인한 짓을 할 가능성이 높다. 편견과 증오심은 상대적이다.

편견과 증오심이 죄 없는 인간을 얼마나 많이 희생시켰는가? 나치독일, 일본제국주의자들의 만행은 그 대표적인 예이다. 편견과 증오심은 테러리스트를 만들어 언제 어디에서 테러가 발생할지 예측하기 어렵기 때문에 사람들로 하여금 항상 불안케 만들고 공포에 떨게 만든다. 원래 테러라는 말은 라틴어로 '공포'라는 뜻으로 '공포정치'를 의미하기도 하고 정적 암살을 뜻하기도 했다. 오늘날에는 정치적 목적만 아니라 무차별 살인이나 비행기 납치 등 광범위한 무력행위를 뜻한다. 테러리즘은 혁명 혹은 정치개혁을 위한 수단, 반식민지주의나 민족분리·독립주의 등 민족운동을 위한 수단, 서방 세계에 타격을 주기 위한 공산국가의 수단 내지 절망에서 비롯되는 행동이라 할 수 있다. 오늘날에는 광신과 맹신으로 인한 원리주의 테러가 증가하고 있다. 이를 세계윤리에서는 극복할 과제라고 할 것이다.

무엇보다도 종교전통 맥락보편의 화용을 위한 상호소통이 지구공동체의 질적 변화로 역동성을 발휘하려면, 종교경전의 '문자 의미(literal meaning)'를 해체하고 소통담론으로 해석하여 현실에 화용되는 실용적 '종교 전통 대화'가 진행되도록 해야 한다. 이러한 세계종교 소통이 제대로 되면 생명훼손의 다양한 현안문제와 조우하여 다양한 문제해결 능력을 갖출 수 있게 될 것이다.

2. 상호소통과 생태정의

세계화와 정보화가 초래한 시간과 공간의 축약이라는 상황에서 세계는 불가피하게 하나가 되어가고 있다. 민족국가간의 경계가 허물어지고 있다는 것보다는 국가 간의 공유의 폭이 급속히 확대되어가고 있는 것이다.[22] 이러한 상황에서 살아가고 있는 오늘의 현대인은 세계시민이다. 우리의 의복과 음식은 세계 각국의 생산품으로 충족된다.

일상적 경제생활의 세계화뿐만 아니라, 우리의 눈과 귀도 세계를 향해 열려 있다. 우리는 별다른 수고 없이 지구 반대편의 관심거리들을 쉽게 알 수 있다. 심지어 전쟁의 총성이 끊이지 않는 지역의 뉴스를 자신의 안방에서 자세히 볼 수 있다. 그러나 현실적으로 종교적 절대 신

---

22) 피터 싱어, 김희정 역, 『세계화의 윤리』(서울: 아카넷, 2003), p.28

념체계는 이러한 문화현장에서 상호간에 벽을 쌓는 갈등구조를 보여주고 있다.

아울러 전 인류 생활양식의 세계화는 전 지구적 경제 보편화와 과학기술의 눈부신 발전에 힘입은 바 크다. 그 바탕에 깔린 기술 지향적 사고는 환경과 생명의 보존보다는 인간의 경제적 활동성을 강조하며, 우리들로 하여금 경제적 산물의 향유와 기술적 유용함의 만끽으로 유혹한다. 자본주의 성장에 따른 과학혁명의 낙관적 진행은 과학의 이데올로기를 무기로 삼아 기존의 자연생태를 파괴하였다. 인식의 차원에서 자연은 인간의 도구적 객체로 추락하였으며, 대상적 차원에서 자연은 인간의 착취의 대상으로 전락하였다. 그 결과 자연 자원은 지속적인 고갈상태에 직면하고 있으며, 생물종의 다양성은 축소 일로에 있다. 또한 자연의 일부인 인간 역시 이러한 관점에 더 이상 예외가 아니다. 기술공학 발달에 따른 생명훼손과 생태위기 현상을 극복하기 위해 종교 지도자들이 지혜를 결집하려는 노력은 21세기의 주요 화두가 되었다. 세계윤리의 성립배경에는 절대 신념체계의 벽을 무너뜨리고 상호소통하려는 시도가 관건이 된다.

1993년 9월 4일에, 시카고에서 열린 세계종교의회의 대표들은 종교역사에 있어서는 처음으로 '세계윤리를 향한 선언(Declaration Toward a Global Ethic)'을 채택하였다. 또한 1997년 9월 1일에, 전임 대통령들과 수상들의 국제행동위원회(Inter Action Council)에서 처음으로 세계윤리가 요청된다고 하였고 유엔(UN)에 "인류책임에 대한 세계선언(Universal Declaration of Human Responsibilities)"이라는 제안을 제출하였다. 이러한 두 선언문은 서로 분리된 문서가 아니다. 이들은 지구 윤리의 규범을 제시하기 위한 영향 있는 국제적 조직의 긴급한 요청에 대한 반응들이다. 유엔(UN)의 세계통치 위원회(Commission on Global Governance)와 문화 발전 세계위원회(World Commission on Culture and Development) 등의 두 기구에서 1995년의 보고서에서 이러한 이슈들에 대해 한 장을 할애하였다. 같은 이슈들이 다보(Davos)에서 열린 세계 경제 포럼과 유네스코에서 세계 윤리 계획에 대한 새로운 계획들을 다루어왔다. 아시아에서 이러한 이슈들에 대한 관심이 증가하고 있다.

이처럼 인류의 책임에 대한 세계 선언은, 서언에서 밝힌바와 같이 '윤리관점에서 세계 인권선언(Universal Declaration of Human Rights)을 지지하고 토대를 보강하는 것이다. 우리는 모든 사람들의 존엄성을 완전히 받아들이며, 그들의 분리할 수 없는 자유와 평등, 상호간의 연대성 등에 대한 우리의 헌신을 다시 새롭게 하고 강화시키고자 한다.' 이것은 공동체 속에서 책임을 완수함으로서 자신들의 가치를 보여준 사람들만 그 권한을 즐길 자격이 있다는 것을 의미한다. 모든 인권은 정의된 바와 같이 인권을 존중할 의무와 직접적인 관계를 지니고 있다.

이러한 두 선언문의 기본 원칙은 무엇인가? 가장 중요한 핵심을 인용하자면, "모든 인류는 인간답게 대접받아야 한다."는 것과, 황금률인 "당신이 당신에게 하여주기를 바라지 않는 것을 다른 사람에게 하지 말라"는 것이다. 긍정적 표현을 하자면, "당신이 당신 자신에게 하기를 바라는 것을 다른 사람에게도 행하라"는 것이다. 이것을 바탕으로 네 가지의 방향, 세계 종교의회 선언문에서 폭넓게, 국제행동위원회의 제안에서 간결하고 법률적인 형태로 발전되었다.

① 비폭력 문화와 생명존중에로 헌신. 모든 "생명을 존중하자!"
② 연대성의 문화와 공정한 경제체제에 대한 헌신, "성실하고 정당하게 대하라!"
③ 관용의 문화와 신뢰의 삶에 대한 헌신, "진실하게 말하고 행동하라!"
④ 평등 권리문화와 남·여 협력의 헌신, "다른 사람을 서로 존중하고 사랑하라!"

이제 새로운 세계질서가 평화를 증진시키고, 자연친화적이고 종교일치의 (ecumenical) 공동의 파트너십으로 특징지을 수 있는 다원적인 세계사회 속에서 도출된다면 더 나은 질서가 될 수 있다고 확신하였다. 그러나 20세기에 인류는 양차 세계 전쟁과, 대학살 (Holocaust), 원자폭탄 투하로 인한 대량 생명 살상 등을 경험하였다. 문제는 서로 다른 종교 간의 대화와 맥락보편 화용을 통하여 인류사에 밀어닥친 재앙을 막을 수 있는 대안이 절실해졌다. 종교 간의 대화 없이 세계의 평화가 있을 수 없다. 우리의 지구를 위한 보편적인 윤리규범과 종교전통 간의 상호소통을 고려하지 않고서는 세계의 성공적인 화해와 생명존중의 질서는 유지될 수 없다. 그러므로 맥락보편의 화용을 가능하게 하는 종교 간의 대화가 실질적으로 이루어져야 하며, 한국에서는 한국종교연합에서 이를 실천한다. 세계윤리는 한스 큉의 지적처럼, "결코 한 종교, 한 이념이 아니라, 구속력을 행사하는 규범, 가치, 이상, 목표를 필요로 하고 있는 것[23]"이다.

또한 기술지향 낙관주의가 여러 가지 생명훼손을 과학기술의 발전으로 극복할 수 있는 것으로 보고 있는 데 있어 생명현상에 대한 심각성이 발견된다. 의료기술의 발전은 인간 생명의 시작과 끝을 더욱 모호하게 만들고 있으며, 그 결과 인간 생명의 대상화를 촉진시키고 있다. 과학기술은 생명복제술의 시도와 같은 인간 생명의 시작에 대한 문제, 유전자검사와 변이(치료) 가능성, 장기이식과 이종(異種)이식 연구, 인간대상 임상실험과 같은 인간 생명의 과정상의 문제, 뇌사논쟁과 안락사, 그리고 임신중절과 같은 생명의 끝에 즈음한 문제를 제기하고 있다.

과학기술, 그중에서도 의료현장과 밀접한 의료기술의 발전이 불러온 이러한 각각의 문제들의 공통적 특징은 그들이 바로 인간 생명 자체를 대상화하고 있다는 점이다. 이러한 대상화된 인간생명에 대한 딜레마들은, 문제설정 자체가 기술 지향적 낙관주의에서 출발한 바와 같이, 인간의 존엄성을 위협하는 기술편승 대안을 제안하고 있다. 우리는 종교대화와 생명의 거시적인 시각에서 이 점을 경계할 필요가 있다.

다른 한편으로, 이러한 딜레마는 세계차원에서 후발국가로의 기술이전의 신속성 및 범국가적 차원에서 활용 가능한 의료선택의 자유라는 또 다른 관점에서 문제를 안고 있다. 이와 관련하여 고려될 생명현상의 문제들로는 개인 및 특정 국민의 유전정보의 획득과 남용, 경제적으로 열악한 국민으로부터의 장기이식과 임상실험, 특정 국가의 문화적 배경을 배제한 경제적 합목적성 우위의 죽음에 대한 정의, 국가별로 불균등한 의료자원과 기술수준, 국가별로 요구하는 의료기준의 차이와 그것의 악용 등을 예상할 수 있다. 이와 같은 문제는 곧 범지구적 차원에서 세계종교전통의 지혜를 집약하고 인간의 존엄성에 대한 재인식과 인간생명에 대한 실천적 차원의 딜레마 해결을 요구하고 있다. 따라서 생명의료윤리분야의 문제를 전 인류의 시대사명으로, 전 지구적 차원에서 도덕고려 대상으로 규정하는 것은 당연한 귀결이 아닐 수 없다.

기술이 던져준 생명의료분야의 문제들은 그 영향에 비춰 볼 때, 당연히 범국가적 차원에서 논의해야 할 필요가 있다. 아울러 인류의 미래세대를 고려하는 장기적인 도덕적 전망 역시 준비할 필요가 있다. 생태정의에 대한 범지구적 영향력에 지체되지 않도록 하기 위해서라도, 결실을 맺기 위한 상호소통의 지속적 유지와 보편적 합의의 도출, 생명존중의 성찰이 검토되어야 한다. 종교 간의 대화, 기술혁신 과정에서 생명

23) 한스 큉, 안명옥 역, 『세계윤리구상』(왜관: 분도출판사, 1992). p. 17.

존중의 가치를 세계윤리로 공유하려면 맥락보편 화용 방안으로 진행될 필요가 있다.

인류사회는 언제나 문제를 안고 있었다. 과학·기술이 발달하고 사회가 발전했다는 21세기 세계화 시대의 지구촌에서는 인류역사상 그 어떤 시대보다도 많은 사회문제가 발생하고 있다. 오늘날에는 어느 특정 집단이나 지역·국가의 문제가 지구전체의 문제로 빠른 속도로 확산되고 있기 때문에 사회문제의 지구화 현상을 누구도 외면할 수 없게 되었다. 생태계 파괴, 전쟁, 분쟁과 테러, 핵무기와 대량살상무기 등은 인류의 생존 자체를 위협하는 것으로 가장 심각한 전 지구적인 인류 공공의 문제이다.

이러한 문제로 인간 생명의 경시와 존엄성 무시, 각종범죄와 폭력, 경제적 불평등, 성차별, 도덕불감증과 질서파괴, 정의와 불의의 모호성, 멋대로 낙인찍기, 전통적 권위의 와해와 인간교육부재, 돈의 노예화 등으로 인한 인간정신의 황폐를 들 수 있다. 이러한 현상은 이른바 세계화와 함께 세계적인 현상으로 확대되고 있다. 인터넷에 의한 새로운 사회문제는 또 다른 차원의 문제다. 이미 통제할 수 없게 되었다. 우리들의 일상은 점점 더 정신적인 가난에 찌들어가고 있다.

이러한 상황에다 힘이 정의가 되어버린 현실적인 세계 질서 속에서 힘이 약한 나라의 초라함과 비참함은 또 다른 지구촌 문제이다. 강대국 지도자가 "힘없는 국가의 국민도 힘이 있는 국가의 국민과 똑같이 존엄성을 갖고 있으므로 인간적으로 대우받아야 한다."는 말을 할 때 우리는 이 말을 어떻게 받아들여야 할까?

세계윤리문제는 선언만으로는 지구촌 문제를 해결하는데 아무런 도움이 되지 않는다. 지구윤리는 실천을 한다 해도 강대국의 솔선수범이 무엇보다 중요한 인류가 다 같이 지켜야만 하는 윤리에 속한다. 왜냐하면 그것은 그야말로 초국가적, 초문화적, 그리고 초종교적인 것으로서 최소한의 공동가치, 규범과 기본적인 태도가 필요하다는 것을 인류가 공감할 수 있는 단어로 묶을 수 있는 하나의 윤리이기 때문이다. 이른바 지구촌의 생태문제 해결의 과제를 다 같이 분담하고 있는 셈이다.

3. 세계윤리 위상정립

세계윤리 위상정립의 방향으로는 다음의 여섯 가지로 요약할 수 있다.

1) 종교대화 운동의 유형별 맥락 파악
2) 종교다원성가치에 대한 맥락보편 화용 관점에서 현실적으로 활용됨
3) 종교상생과 절대 신념 간의 의사소통의 매개
4) 인간생명의 존엄함과 생명 존중의 책임감 재발견
5) 국제적 생명의료 윤리 정초를 위한 맥락 보편성 정리
6) 생명윤리분야 내용의 U-learning contents 기술지향

낙관주의의 확대가 위태롭게 하고 있는 이 시대에 인간 존엄성을 구하려면 절대의 벽을 무너뜨리고 근대적 인간중심주의 사유를 맥락보편 화용으로 전환시켜야 한다. 근대적인 자만의식으로 가득 찬 세계주체 시민이 아니라, 넓은 의미에서 인간 생명을 비롯한 모든 생명에 대한 깊은 통찰을 실천하고 책임존재로서 인간 존엄성 가치를 되새기는 방향으로 기술 맹신주의와 절대 신념체계간의 벽에서 해방되어 생명존중 의식을 회복해야 한다.

"행위책임에 있어 인간이 생명을 위하여서나, 그들의 자기 목적을 보호하기 위하여 책임을 질 수 있다는 사실"을 직시하고, 자연과 인간을 주체와 객체로 분리하는 근대 환원론적 인간관 및 세계관을 비판적으로 성찰하고 절대 신념체계의 벽을 넘어서는 실천담론이 필요하다. 인류 공동의 당위적 존재양식은 전 세계적 차원의 도덕적 물음이 된다. 이는 직접적으로 당위적 존재임을 의심할 수 없는 인간에 대한 구체적인 논의를 요구한다.

생명윤리 맥락에서 최근 인간 존엄성에 대한 비판적 관점들, 이를테면 종차별주의적 접근 등을 비판적으로 분석하고, 생명의 외경과 책임의 존재로서 인간에 대한 이해를 맥락보편으로 소통시킨다. 이러한 연구와 관련하여, 본 연구는 종교 다원주의와 포괄주의의 소통, 생명의 외경(畏敬) 사상과 책임윤리의 소통을 함께 다룰 것이다. 이를 위하여 종교 다원주의와 종교적 배타주의의 소통을 시도하고, 종교다원문화의 인식을 위한 맥락보편 화용의 틀을 구축하게 될 것이다. 이를 토대로 종교 간의 대화와 생명존중의 생명윤리와의 맥락보편을 위한 소통의 화용 방안으로 심층적으로 구조화하게 된다.

이러한 관점에서 슈바이처는 생명의 외경담론에서 '살아 있는 모든 것에 대한 무한히 확장된 책임'의 가치를 조망하고, 한스 요나스(Jonas)의 인간과 다양한 생명 종들과 공동체로서 공생함을 주요 내용으로 살펴보게 된다. 인간 생명의 수호와 더불어 다른 생명의 가치를 보존할

그림 8 안락사

책임을 지니기 때문에 생명에 대한 무한한 책임은, 절대 신념체계 간의 벽을 무너뜨릴 수 있고, 생명에 대한 존중이라는 보편원칙에서 상호 맥락으로 화용된다.

과학기술의 결과 의료현장에서 나타나고 있는 문제들은 인간생명에 관한 문제 해결마저도 해결하기 곤란한 상황으로 이끌고 있다. 종교전통 간의 관용적인 대화가 끊임없이 이루어지만 그 결실은 미약한 상태이다. 유네스코를 비롯한 국제차원의 의료분야 선언들과 보고서는 생명훼손 문제를 해결하기 위한 시도였다. 과학이 정복해 가고 있는 인간생명에 대한 신적 지위 탈환의 시도가 절대자와 소통하는 당위존재임을 의심할 수 없지만 맥락보편 화용을 통하여 인간에 대한 더욱 진전되고 구체적인 논의를 요구할 수 있음은 당연한 것이다. 이와 관련한 일정 수준의 정리가 세계윤리 연구의 필수과제이다. 이처럼 종교 간의 대화영역, 생명의료 영역에서 국제적으로 시도되는 각종 선언의 의미와 함의를 맥락으로 소통시켜 세계윤리의 맥락화용이 요청된다.

국제적 관점에서 의료현장에서 발생하는 새 문제들, 유전자검사와 변이가능성, 장기이식과 이종(異種)이식 연구, 인간 대상 임상실험 문제, 뇌사논쟁과 안락사, 그리고 임신중절 등에 관한 홍익생명 화용이 요청된다. 각각의 논쟁이 진행형이거나 국가별로 복잡한 경제, 사회, 기술, 문화적 배경을 안고 있음을 감안할 때, 이를 매개하는 맥락보편 화용이 요청된다. 특히 국제적인 차원에서 문제되고 있는 인류 공통의 유전정보 및 기술영향이 전 세계로 파급되고 있는 영역, 국가 간 경제차이로 인한 의료선택의 국제이동이 원활하게 이루어지도록 국제규범이 정립되어야 할 것이다.

이제 세계윤리의 한국적 시발점이 되고 있는 혜강 최한기의 '통'에 관하여 살펴볼 필요가 있다. 비록 조선사회의 근대적 사고이지만 혜강의 '통'에는 세계윤리의 중요한 단서가 발견되고 있다.

5. 근대 '통'의 맥락화용

1. 혜강 '통'의 세계윤리 정신

그림 9 혜강 최한기

조선의 혜강, 최한기는 근대 실학의 독창성과 철학적 기반을 마련한 실학자로서 전통적인 성리학의 형이상학적 사변철학과 결별하면서도 선진유가정신을 제대로 계승한 관점에서, 기중심(氣中心)의 변통철학(變通哲學)을 전개하였다. 변통은 쓸모없는 것을 쓸모 있는 것으로 고치고, 통하지 않는 것을 통하도록 하는 것이다. 그는 유기론(唯氣論)을 체계화하였으며 '기'가 만물의 구성요인이고 '기'가 바로 변화물 자체의 내재성(內在性)으로 파악하였다. 이에 반하여 이(理)는 바로 이 기가 운동 변화하는 법칙성으로 파악하였다.

최한기가 밝힌 '기'는 대기운회(大氣運化)와 통민운화(統民運化)의 조화를 통하여 사회발전을 이룩할 수 있는 원동력(原動力)으로서 자리매김을 한다. 또한 '통(通)'을 횡단매개로 존재론적 신기(神氣)를 인식론적 추측으로 이어주고 매개하면서 대기운화와 통민운화의 상관적인 작용을 가능하게 하였다. 이를 통해 경제유통이 원활히 이루어질 것을 기대하면서 오늘날의 세계윤리정신에 해당하는 세계시민적 평화정신으로서 '조민유화'(兆民有和)에 이르기까지 적극적으로 지구촌 사회의 소통윤리(疏通倫理)를 개진하였다고 말할 수 있다.

이처럼 최한기는 '통'에서 인간과 사회의 여러 문제를 해결하기 위한 하나의 보편가능성 원리와 처방성 원리를 횡단매개 원리로 제시하였다. 아울러 윤리적인 태도로서 '통'의 횡단매개 원리를 겸허하게 받아들일 것을 강조하고 있다. 인간에 포함되는 신기는 마음의 추측으로 인하여, 어떤 '형체'로서 상통하게 된다. 마음이 대기운화, 천지운화의 기를 본받을 때, 그 유행의 이치는 신기 속에 자신의 형체를 드러내야 한다. 즉 마음으로 인해 '형성된 형체가 있어야'(成形于中) 한다는 것이다. 운화의 객관적인 이치가 추측을 통해 구체적으로 파악된 것이 바로 그 형체이며, 윤리적 결단의 주체작용으로서 심기(心氣)를 내세우게 된다.

심기 형성 이전의 추측으로서의 마음과 달리 심기는 일종의 형성된 유형에 해당한다. 그러나 이 심기는 불변하는 것이 아니라 변화하며,

환경과 노력을 통하여 변통하는 성질을 지닌 것이기 때문에 욕구·욕망에 대하여 올바른 방향성을 제시한다. 또한 운화의 체계에서 심기운화라는 조목은 근본적인 것에 해당하므로, 심기는 '한'의 일통(一統)으로 나아가는 소통의 출발이 된다. 이 심기는 매우 구체적인 개념으로서 이것이 실천되는 양상으로 최한기는 도덕적 인간상으로 제시한다. 그것은 활발한 추측으로서의 '통심(通心)'을 지니고 건전한 상식에 입각하여 판단하면서 지성적 매료를 갖춘 인간상이다.

특히 그는 지성적 인간상을 살펴서 인재를 쓰는 데 있어서 소통윤리의 근간이 되는 '통(通)'의 횡단매개 작용을 중시하면서, 신분적 억압, 직업의 차별을 철폐하고 인간이 소지한 각 개인의 능력을 정확히 측정하여 그 잠재력을 개발하고 교육하여 국가와 사회에 필요한 인재로 육성할 것을 강조하였다. 즉 중농(衆農)에서 전사(田師)를, 중고(衆賈)에서 고사(賈師)를, 중공(衆工)에서 공사(工師)를, 중사(衆士)에서 사사(士師)를 선발하고 이들로 하여금 천하의 사·농·공·상(士·農·工·商)을 '통'의 횡단매개 작용으로 삼아 소통윤리를 중시하였다. 이처럼 최한기는 '통'을 횡단매개 작용을 강조하면서 봉건왕정 체제는 유지하더라도 19세기 이후 발전한 사회경제적 변화를 반영하여 근대시민 사회를 육성 발전시킬 것을 주장하였다고 할 것이다. 따라서 이 글에서는 소통윤리의 세 가지 골격에 해당하는 '통'의 횡단매개 원리, '통'의 위계등급 구조, '통'의 도덕성 논증을 차례대로 살펴보면서 '통'에 나타난 '세계윤리정신의 단서를 모색해 본다.

2. '통'의 횡단매개 작용

19세기에 동양과 서양을 포괄하는 철학 체계를 구상했던 최한기는 중국을 중심으로 한 폐쇄적인 우주관에서 벗어나 새로운 세계관을 구축하는 것이 긴요한 일이 아닐 수 없었다. 그의 세계관에서 신기(神氣)를 존재론적 범주라고 말한다면, '통'은 인식론적 범주에 속한다고 할 것이다. 다시 말하면, '신기'가 존재론적 심체(心體)라고 한다면, '통'은 심체에 이르는 인식론적인 횡단매개의 작용을 말한다. 이러한 인식론적 '통'을 횡단매개로 삼아 '신기'의 심체는 광대무변하고 무량하게 작동하여 '능히 있음'과 '능히 없음'을 두루 통섭(統攝)한다.[24] 이러한 통섭을

---

24) Edward Wilson 〈Consilience: The Unity of Knowledge (1988)〉에서 Consilience(通

통하여 '추측'은 신기와 '통'의 횡단매개로 작용한다. 경험의 사건 속에서 혜강이 가장 먼저 주목한 것은 바로 내 몸이다. 경험은 내 몸과 사물의 만남의 사건이며, 몸은 곧 경험의 횡단매개이다.

> 하늘이 낸 사람의 형체는 모든 쓰임새를 갖추고 있는데, 이것이 신기를 통하는 기계(器械)이다. 눈은 색을 알려주는 거울이고, 귀는 소리를 듣는 대롱이고, 코는 냄새를 맡는 통(筒)이고, 입은 내뱉고 거둬들이는 문이고, 손은 잡는 도구이고, 발은 움직이는 바퀴이니, 통틀어 한 몸에 실려 있는 것이요, 신기는 이것들의 주재이다. 빛이 눈을 통해야 천하의 빛이 모두 신기의 용(用)이 되고, 소리가 귀를 통해야 천하의 소리가 모두 신기의 용이 되고, 냄새와 맛과 모든 촉감은 모두 입과 코, 손과 발로 통해야 사물운동이 모두 신기의 용이 된다.[25]

혜강에 따르면, "이목구비는 외형만을 이야기하는 것이 아니며, 이목구비를 통하여 이루어진 신기의 이목구비"를 말한다.[26] 몸이 지닌 감각기관들이 행하는 구체적인 활동들은 모두 몸의 신기가 움직이는 쓰임이다. 대개 사람 몸의 신명한 '기'는 오직 통찰과 물들임의 능력이 있을 뿐이요, 이 밖에 형태를 가지고 말할 단서는 없다. 몸의 감각기관들은 몸이 접하는 경험을 통해 인정과 물리를 거두어 신기에 물들이고, 다시 그것을 내어놓을 때에도 몸을 통하게 된다. 이처럼 혜강은 관념이 아닌 몸과 사물이 직접 부딪치는 사정이 인정(人情)과 물리(物理)를 터득해가는 경험의 시초가 된다. 사람의 신기는 물들임의 능력이며, 사람 몸의 감각기관은 대상 사물을 접함으로써 사물 속에서 인정과 물리를 획득한다.

> 인정과 물리는 여러 감각기관(諸竅諸觸)을 통하여 밖에 있는 것을 거두어 모아 생기는 것이다.[27]

혜강에게 있어 이치란 내 몸이 직접 만지고 느낄 수 있는 유형의 사물을 통해서 얻어지는 물리이다. 그가 "열력(閱歷)하고 경험하며 추이

攝)은 여러 분야를 가로지르며 사실적 이론들을 한데 묶어 한 설명체계를 이끌어내는 것으로, '큰 줄기를 잡는다.'는 의미로서 한중일의 이론적 통섭을 함축한다.

25) 『神氣通』序 : "天民形體 乃備諸用 通神氣之器械也 目爲顯色之鏡 耳爲聽音之管 鼻爲嗅香之筒 口爲出納之門 手爲執持之器 足爲推運之輪 總載於一身 而神氣爲主宰 色從目通而天下之色 皆爲神氣之用 聲從耳通而天下之聲 皆爲神氣之用 臭味諸觸 具通於口鼻手足 而事物之運動 皆爲神氣之用."

26) 『神氣通』序 : "耳目口鼻 豈徒爲耳目口鼻 必有函體之神氣 通於耳目口鼻 爲神氣之耳目口鼻 推達於天地人物所同之聲色臭味 內外相應 彼此參驗."

27) 『神氣通』1-43, 「收入於外發用於外」 : "人情物理 從竅通 而得來於外"

(推移)하고 변통하는 것이 모두 형체에 근원하여 사물에서 끝나는 것이니, 만약 발용의 근원을 닦아 밝히지 아니하면 어찌 발용의 끝을 정돈할 수 있겠는가?"[28]라고 말하듯이, 감각기관을 통한 주체적 경험에 인정과 물리를 터득해가는 것이다. 사람에게는 이미 통하게 하는 신기가 있고 통하는 여러 감각기관이 있으며, 내 몸 밖에는 통하는 것을 증험하는 만물이 있기에 각각 그 신기를 드러내는 상호연관으로 인식과 판단은 그 정치함을 이루어간다. 이에 인간은 이러한 지식과 경험습득을 통해 이치를 통(通)하여 간다. 이러한 통은 형질통(形質通)과 추측통(推測通)으로 나눠진다.

> 하늘이 물건을 내심에 제각기 형질을 갖추게 하였는지라, 빛은 눈에 통하고 소리는 귀에 통하고 맛과 냄새는 입과 코에 통하니, 이것이 다름 아닌 형질의 통이다. 이 형질의 통을 따라 추측의 통이 생기는 것이다.[29]

우선 형질통은 외부에서부터 들어오는 직접적인 사물의 특징과 느낌들을 내 몸으로 받아들이는 것을 뜻하며, 추측통은 이러한 경험으로부터 습득된 형질통에 근거하여 비교하고 헤아리는 것을 뜻한다. 형질통을 따라 추측통이 생기게 되는 것은, 감각의 헤아림을 통하고 난 후에야 그것에 대한 추상적 헤아림이 가능하다는 말이다. 실제로 혜강에게 있어 형질통과 추측통은 논리적으로 구별되어 있지만, 그것은 감각과 지각의 경계를 수시로 넘나든다. 그것은 실천이 인식이 되고 앎이 행위가 되는 논리와도 흡사하다. 형질통은 직접적 몸의 기관들을 통하는 것, 곧 내 몸의 감각기관을 통한 구체적인 활동이다.

> 모든 빛깔은 어떻게 분별할 수 있는가 하면 눈이 있으므로 분별할 수 있는 것이니, 눈이 없으면 모든 빛깔을 분별할 수 없다. 모든 소리는 어떻게 분별할 수 있는가 하면 귀가 있어 분별할 수 있는 것이니, 귀가 없으면 모든 소리를 분별할 수 없다. 냄새 맡는 것과 코, 맛보는 것과 입, 말하는 것과 혀, 잡는 것과 손, 걷는 것과 발, 촉감을 느끼는 것과 피부가 모두 그렇지 않은 것이 없다. 체질은 이미 이렇게 통달하는 도구를 소유하고 있고, 또 만물은 각각 형상과 색채를 드러내고 때에 따라 변동하여 은미한 실정과 모습을 남김없이 나타내고 있어, 어떤 것이나 통할 수 있는 도(道) 아닌 것이 없으니, 이는 바로 하늘이 통을 위해 갖추지 아니한 것이 없는 것이다.[30]

---

28) 『神氣通』序 : "閱歷經驗 推移變通 源於形體 委於事物 若不修明發用之源 何以整頓發用之委哉?"

29) 『神氣通』1-36, 「通之所止及形質通推測通」 : "天地生物 各具形質 色通于目 聲通于耳 味臭通于口鼻是乃形質之通也. 從其形質之通 而推測之通生焉."

혜강은 이러한 여러 감각기관이 서로 통하면 내 몸의 형질통은 더욱 밝아진다는 것을 강조한다. “보는 바를 가지고 듣는 바를 증험하면 보는 바가 더욱 밝아지고 듣는 바를 가지고 보는 바를 증험하면 듣는 바가 더욱 밝아지게 된다”[31]는 것이다. 즉 몸의 각 기관은 서로 고유한 역할을 맡고 있으나, 한 몸 속의 상호 소통은 한층 더 복합적이고 구체적인 형질통을 이루어내기 때문이다.

형질통은 내 몸의 감각기관과 대상사물과의 객관적 상호작용 속에 통을 이루어간다. 이러한 나의 형질을 매개로 한 형질통의 습득에서부터 대상의 인정, 물리를 파악해가는 추측통으로, 다시 추측과 증험과 변통을 거듭 통하여 남김없이 두루 통하는 통의 궁극인 주통(周通)에까지 이르는 것이 통의 처음과 끝이다. 추측은 내 몸의 신체적 동기와 사물과의 경험적 동기의 다양한 연관 속에서 운화의 본성을 결합시킨다. 즉 내 몸의 신기와 사물의 물리가 결합되면서 운화의 본성을 드러낸다. 그리하여 보고 들은 경험의 많고 적음과 멀고 가까움에 따라 분별하고 헤아리는 것의 차등이 생기며, 내 몸의 감각기관이 진취하는 정도에 따라 민첩하게 통달하여 기미를 살피고 나타나지 않은 것까지 보는 경지에 이른다.[32]

이 추측은 선천적으로 주어지는 것이 아니라 거듭된 경험을 통해서 형성된다. 사람은 추측을 통하여 지식과 경험을 확충시키게 된다. 사람은 하늘과 다른 특수한 능동적 기능인 추측작용을 통해, 경험적 사물에서부터 실증적 근거를 끌어내고 증험을 통해 현재의 인정과 물리를 적합하게 변통시켜갈 수 있는 존재다.

> 사람이 하늘(天)으로부터 품수 받은 것은, 일단의 신기와 기가 통하는 여러 구멍(諸竅) 및 사지로서, 활용할 수 있는 것은 이들 뿐 달리 다른 것은 없다. 어릴 때부터 장성하도록 얻은 지각과 사용한 추측은 모두 스스로 자신이 얻은 것이지, 하늘(天)이 내게 준 것이 아니다. 선(善)과 불선(不善)은 그 자신이 스스로 선택한 것이며, 이루고 이루지 못함은 자신의 노력에 달려 있다.[33]

---

30) 『神氣通』1-19, 「九竅無增減」: “諸色 何以得辨 從目而得辨 若無此目 不可以辨諸色矣 諸聲 何以得辨 從耳而得辨 若無此耳 不可以辨諸聲 臭之於鼻 味之於口 言之於舌 持之於手 步之於足 觸之於皮 莫不皆然也 質旣有此通達之具 又有萬物之各呈形色 而隨時變動 畢露隱微之情態 無非可通之道 則是天使之通 無不備也.”

31) 『神氣通』1-28, 「諸竅互通神氣益明」: “夫聽之在耳 而所聽者 神氣也 視之在目 而所視者 神氣也 聽視雖異路 神氣則一也 以所視 證於所聽 則所視益明 以所聽 驗於所視 則所聽益明.”

32) 『神氣通』1-47, 「明生於神力生於氣」: “可見分開商量 隨其閱歷見聞多寡遠近而有差等. 又可見諸竅諸觸 隨其所進通達敏捷 察於機微 覩於未形.”

형질통은 감각기관을 통하여 외부로부터 들어오는 경험을 나의 신기가 받아들이며 다양한 사물의 특징과 느낌들을 내 몸으로 받아들이는 것을 뜻하며, 추측통은 이러한 형질통을 따라 비교하고 헤아리는 것을 뜻한다. 이는 감각적 인식을 통하여 논리적 인식으로 변화해 나가는 모든 과정을 포함하는 것이다. 그러나 분명 감각적 인식과 논리적 인식 사이에는 쉽게 건너뛸 수 없는 틈이 존재하는 바, 혜강은 이 둘 사이에 놓인 틈을 간과하지 않았다. 그러면 형질통과 추측통 사이에 놓여 있는 이 틈을 어떻게 해소해가야 할 것인가? 혜강은 감각을 넘어 논리적 인식에로 통하는 과정 속에 내포된 틈을 극소화하기 위한 방법으로 나의 주관이 아닌 대상사물에 대한 인식의 객관성을 거듭 강조한다.

> 형질의 통을 근거로 추측의 통에 도달하려면 나의 주관을 가볍게 여기고 대상의 사물을 주장하는 객관성이 깊어야 거의 많이 하늘과 사람을 통할 수 있게 되어 잘못이 적다.[34]

추측통의 변증법적 순환 과정은 먼저 내 형체에서부터 근원하며 사물에서 익혀지고 다시 사람들 속에 드러나면서 확장되어간다. 따라서 이러한 추측의 인식은 필연적으로 증험이라는 행위를 통해 사람들과의 만남에 노출되면서 사회적 공공차원의 문제로 나아가게 된다.

> 전일 한 가지 일을 잘못 안 것을 오늘 다른 연구로 말미암아 전의 잘못을 깨닫게 된다. 이처럼 자주 전에 얻은 것의 어긋나고 섞인 것을 알게 되면, 미룸이 점점 정치하게 되고 헤아림도 점점 익숙하게 된다. 스승과 벗의 말은 운화에 질정해보고 견문한 일도 운화에 검증한다. 추측이 여기에 이르러 성실과 광명을 얻게 되면, 박학・심문・신사・명변・독행(博學・審問・愼思・明辨・篤行)이 모두 이 추측 가운데서 이루어지며, 격물・치지・성의・정심・수신・제가・치국・평천하가 다 이 추측 가운데서 통달되는 것이다.[35]

혜강은 추측의 항목으로 다섯 가지를 들고 있다. 첫째, 추기측리(推氣測理)로서 이는 '기'를 횡단매개로 '이'를 추측한다. 둘째, 추정측성

---

33) 『神氣通』1-7,「知覺推測皆自得」: "人之所稟於天者 乃一團神氣 與通氣之諸竅四肢 則須用之具 如斯而已 更無他分得來者矣 自孩至壯盛 所得之知覺 所用之推測 皆自我得之 非天之授我也 善不善 任其人之擇取 成不成在其人之用力."

34) 『神氣通』1-37,「質通推測異通」: "然則因形質之通 而達之于推測之通 主我者輕 主物者深 庶幾通天人而少差謬."

35) 『人政』4-102, 「教推測」: "前日之一事誤解 今日因他究解 而覺得前非 累次自覺前得之差錯 推漸精而測漸熟 師友之言 就質於運化 見聞之事 考驗於運化 推測到此 得其誠實光明 博學審問愼思明辨篤行 括盡於推測之中 格致誠正修齊治平 通達於推測之中."

(推情測性)으로 '정'을 횡단매개로 '성'을 추측한다. 셋째, 추동측정(推動測靜)으로 '동'을 횡단매개로 '정'을 추측한다. 넷째, 추기측인(推己測人)으로 자기 자신을 횡단매개로 삼아 다른 사람을 추측한다. 다섯째, 추물측사(推物測事)로 사물을 횡단매개로 일을 추측한다. 이처럼 추측은 어디까지나 신기와 '통'을 횡단 매개하는 인식작용이다. 마음은 사물을 추측하는 거울이다. 마음은 순담(純澹)하고 허명(虛明)하여 한 가지도 그 속에 없지만, 견문열력이 오래 쌓이어 습염(習染)이 이룩되면 추측이 생긴다.

그가 말하는 견문·열력·습염이 바로 이러한 경험이 된다. 추측은 경험을 토대로 이루어지는 인식작용이다. 추(推)에는 원인이 있고, 측(測)에는 반드시 쓰임(以)이 있다. 원인과 쓰임이 없다면 추측은 성립되지 아니한다. 인과관계를 따라 원인을 캘 뿐 아니라, 그로부터 유추하여 아직 경험하지 않은 범위의 분야까지 예측하려는 것이 최한기가 말하는 추측이다. 다섯 가지 추측사례가 제시된다.

(1) 이기의 관계에서 기가 중심이고 이는 종속에 불과하다.
(2) 동정의 문제에서 세계의 근원은 운동 변화한다.
(3) 지행의 문제에서 선행후지(先行後知)이다.
(4) 가치문제에서 상대주의가 중시되며 시공에 따라 선악기준이 달리 적용된다.
(5) 천인문제에서 천인(天人)은 분리된다.

최한기의 인식론에서 모든 인식은 경험에서 출발한다. 진리는 경험으로 확인되어야 하기 때문에 검증 조건을 중시한다. 인식에 있어서 능동적 역할 중시하며, 실천의 문제도 중시된다. 무엇보다도 최한기의 인식론은 주체와 대상의 교감과 소통이 강조된다. 추측이 미루고 헤아리는 과정을 통하여 참된 지식이나 표준을 축적하는 과정이라고 한다면, '통'은 이러한 횡단매개 작용으로 처음에는 '한 몸'을 통섭하고, 더욱 나아가 통민(統民)에 이르고, 그 가운데를 중심으로 삼아 대기운화를 통섭함으로써 대동사회의 위대한 '한'과 소통하여 통섭한다.

이처럼 '통'은 '하나', '여럿' '가운데'의 의미로서의 '한'을 드러낼 뿐만 아니라, 대동사회로서의 '위대'하며, 통섭의 횡단매개 원리로서 '대강(大綱)'의 '통'으로서 '한'을 함축하고 있다. 이에 따라 우리는 최한기의 '통'은 한국인의 삶의 경험술어(經驗述語)로서의 '한'과 소통하여 이를 횡단매개하고 있다. 다시 말하면 추측으로 신기와 '통'을 횡단매개하고 이 '통'은 '한'과 횡단매개 한다. 이러한 관점에서 최한기의 '통'은 인식주체와 인식객체 사이의 막힘이 없는 '한'의 소통을 전제하고 있다고 말할 수 있다. '통'으로 '개신(開新)하는 소통과정에서 두 가지 통로를 마련하고 있다.

첫째, 무위회통(無違會通)의 '통'이다. 존재론적 신기를 인식함에 있어 최한기는 '어그러짐이 없는(無違)' 관계의 '통'과 서로 감응하여 '딱 들어맞는 것'(適宜)으로 아우르는 것을 상합상응(相合相應)의 '통'이라고 말한다. 이러한 상합상응의 '통'의 인식주체 관점에서 바라보면, '한' 회통의 개신방향이 펼쳐진다. 이 방향으로 횡단 매개하는 과정에서, 육합공간(六合空間)을 벗어난 관념들은 '통'의 담론에서 배제된다. 최한기는 패란(悖亂)을 막는 '통'의 회통 방법을 강조하면서 이렇게 밝히고 있다.

> '국가의 정령(政令)이 멀고 가까운 모든 백성들의 실정을 '통'하면, 장차 잘 다스려 평화를 이룰 모양이 생기고, 친근하고 인식한 자들의 사사로운 정리만 '통'하고 멀고 가까운 모든 백성의 억울한 사정을 가려 막으면 장차 혼란을 조성할 조짐이 생기게 된다. 사람의 몸에 있는 신기가 하늘과 사람의 상도(常道)를 '통'하면 장차 현인이나 성인의 무리가 될 것이고, 자기 일신의 사사로운 음욕(淫慾)에만 '통'하여 천지의 상리(常理)를 해치면, 장차 패란(悖亂)의 무리가 될 것이다.
> 그렇기 때문에 '통'한다면 명목이야 같을 수가 있겠지만 통하는 실지 내용은 자연히 몇 갑절 서로 차이가 나게 마련이다. 그 연유는 통하는 것의 멀고 가깝고 넓고 좁은 차이가 마침내 우열과 선악의 사다리(橫斷媒介)가 되기 때문이다. 무릇 천하의 모든 인물의 신기를 통하면 나의 신기는 참여하여 증험(證驗)하는 힘이 완전히 갖추어지고 자세히 고찰하여 체험하는 것에서 부족함이 없어서 천하의 신기를 통합하여 회통할 때 천하의 교화를 바로 이룰 수가 있게 된다.'[36]

먼저 '통'은 '막힘이 없이 트인 것'으로 나아가는 횡단매개의 원리에 의한다. 이때의 막힘이 없다는 것은 물리적(物理的)인 측면(側面)만을 가리키는 것이 아니라 정신적(精神的)인 측면에도 적용이 된다. 여기서 '통'은 인체(人體)와 인체가 지닌 감각기관(感覺器官)을 '신기(神氣)'가 통하는 횡단매개의 인식작용을 가능하게 한다. 이목구비(耳目口鼻) 등이 모두 음(音)·색(色)·미(味)·향(香)로서의 신기와 통하게 되는 횡단매개의 통로(通路)인 셈이다.

---

36) 崔漢綺, 『神氣通』 券一, 「體通」 <通有大小遠近>

또한, 지행합일(知行合一)의 '통'이다. 최한기의 지성적 실천방향은 지행합일의 개신의 소통에 요체가 있다. 이른바 관념과 실천의 소통을 가로막는 장벽의 해소이며, 앎을 실천에 이어주고 횡단매개의 회통이다. 최한기는 후세 사람이 성실한 도리를 따르지 않을까 걱정하면서 군자가 하늘의 이치를 따르고 사람의 도리를 다함은 모두 성실(誠實)에서 나온 것이라는 생각을 하였다.[37] 그는 『대학』의 명덕이 천인운화를 갈고 닦는 절차탁마의 '통'임을 밝히고 있다.[38]

이처럼 최한기의 '통'에 근거한 횡단매개의 개신방향은 성실, 탁마에 근거하여 내면적 수양에 근거한 외적 실천이 수미쌍관(首尾雙關)의 '한'을 이루는 데 요체가 있다. 사회실천으로 이어지지 아니하고 공공철학 정신이 나타나지 않음으로 개인행복과 공공행복이 더불어 횡단매개 되지 않음을 병폐로 보아, 최한기는 해와 달을 가리면서 방안 등불을 켜는 것과 다를 바가 없는 모순이라고 말한다.[39]

이처럼 '통'의 말미에나 가능한 '득통(得通)'은 논리적 합리성이 아니라 행동하는 지성이다. 실천이 수반되지 아니하는 앎은 사이비 지식이다. '통'에 이르지 아니하는 지식은 과감하게 폐기할 것을 강조한다. 그는 또한 '알지 못하는 것은 모른다고 해야 하는 것이 바로 아는 것'이라고 역설한다. 성의와 정심뿐만 아니라 천하의 백성과 두루 '통'하여야 비로소 '득통'에 이른다고 할 것이다.

3. '통'의 위계등급 구조

1) 인식변통

혜강은 개인적 인식의 차원인 추측은 결국 사회 속의 소통이라는 실현의 차원 속에서 그 의미를 드러낼 수 있다고 판단하였다. 변통이 추측으로부터 연역되고 추측이 변통으로부터 연역되는 것은 논리적인 절차가 아니다. 변통이 추측에서 도출되고 추측이 변통 속에 실현되는 변증법적인 상호작용 속에서 그 양자는 이원적 구조로 분리될 수 없는 인식과 실현의 상호불가분 관계를 맺고 있다.

사람들과의 변통 속에서 비로소 나의 추측은 활동적이 된다. 변통 없

37) 崔漢綺, 『神氣通』 券一, 「體通」 〈通有邪正〉
38) 崔漢綺, 『氣學』 券二, 3.
39) 崔漢綺, 『神氣通』券一, 「體通」 〈通不通極致〉

이는 인간의 추측구조가 제대로 밝혀질 수 없고, 추측 없이는 변통이 의미원천을 드러낼 수도 없다. 내 몸의 감각기관을 떠나서 이루어진 추측의 사유가 관념의 벽을 넘지 못하는 것처럼, 변통의 소통구조 속에 들어서지 못한 추측 역시 추상의 담 속에 갇혀있을 수밖에 없다. 그리하여 혜강은 변통의 공부야말로 추측의 이치를 드러내고 증험하는 것이라고 보았다.

> 만물에 유행하는 이치는 자연의 법칙이 있으므로 더하거나 덜할 수 없으나, 추측하여 생긴 이치에는 상황에 따라 합당한가 합당하지 않느냐 하는 차이가 있으므로 변통할 수 있다[40]

혜강이 변통이라는 맥락 속에 개인적인 추측을 이입시키는 이유는 내 몸의 주관성을 사람들 속의 보편성 속에 이입시켜 소통시킴으로써 최대한의 객관성을 확보하고자 하는 시도이다. 통과 불통은 스스로 단정하고 스스로 만족해 할 수 없는 것이다. 반드시 남에게 증험함으로써 그 불통을 통하게 해야 하며, 그래도 석연치 못하거든 또 사물에 증험하여 천인의 신기가 상통함에 어긋남이 없어야 한다.… 비록 선한 것과 올바른 것에 대해서도 또한 통한 것을 스스로 믿어서는 안 되고 반드시 타자와 사물의 신기에 증험해야 하는 것이니, 더욱이 한 모퉁이가 합하였다거나 어느 한 때에 응하였다는 것을 가지고서 스스로 증험한 것으로 믿어서도 안 된다."[41]

여기서 혜강은 통의 조건을 두 가지로 제시하고 있다. 그것은 '타자[人]'에게 통하는 것과 '사물[物]'에게 통하는 것이다. 혜강은 나의 추측이 타인을 통하여 또 사물을 통하여 증험되고 받아들여진 상태를 '선'이나 '득(得)'의 상태로 이해한다. 그렇지 못할 때 개인의 추측은 변통되어야 하는 것이다. 즉 혜강이 말하는 변통이란 삶의 복잡한 이치를, 그것이 형성되고 소통되는 삶의 문맥 안에서 객관적으로 받아들이려는 시도에 다름이 아니다.

> 남이 통하는 것을 내가 통하지 못하면, 나의 신기에 편벽되고 막힌 것이 있는 것을 증험할 수 있으니, 통하느냐 통하지 못하느냐 하는 것은 제 마음대로 단정하거나 만족할 수 있는 것이 아닌 것이다.[42]

---

40) 『神氣通』1-26, 「理由氣通」: "流行之理有自然之則不可增減 推測之理有宜不宜焉可以變通."
41) 『神氣通』1-29, 「物我證驗」: "通與不通 豈可自斷自足 必須驗之於人 以通其所不通 猶未釋然 又須驗之於物 … 善者得者亦不可自信其通 必也驗之于人與物之神氣 不可以一隅之合一時之應 自信其驗."

이것은 혜강은 인식과 실현이 본질적으로 내 몸을 통해 밀접하게 세계와 연관되어 있음을 강조하는 것으로, 그것은 곧 그 양자가 상호 독립된 실체로서 관계하는 이원적 구조로 분리될 수 없음을 말한다. 이것은 인식과 실현뿐만 아니라 세계와 나의 상호불가분의 관계를 의미하는 것이기도 하다. 곧 나의 경험과 추측은 사람들 사이에서 맥락과 조리를 찾는 변통을 통하여 하늘의 객관적인 운화를 드러내는 통로인 것이다.

2) 실현변통

세계본질과 정체를 응시하려는 혜강의 시선은 존재자, 존재자들의 집합이라는 실체적 관점을 벗어나서 연관, 사이, 틈들의 조직망에로 향해 있다. 즉 세계는 천리, 물리, 사리 즉 이치의 연관의 망이다.43) 이런 연관의 망 관점에서 혜강을 해석하면서, '천리와 물리는 승순(承順)의 대상이라면 사리(事理)는 변통의 대상'44)이다. 승순은 '순순히 따른다.'는 축자적 의미로서 『주역』「계사전」 하 1장의 '천지의 위대한 덕을 생(生)이라 한다.'라는 언명처럼, 우주의 쉼 없는 운행과 생명창조 활동에 응한다는 의미이다. 그러나 변통의 경우, 혜강이 부여한 독특한 의미맥락들을 함께 숙고해야 한다. 혜강은 변통을 이렇게 정의한다.

> 먼저 때와 형편이 같지 아니함을 살피고 다음으로 사물의 마땅한 바를 살펴서 조치하되 옛 사람들과 같거나 다른 것에 구애되지 말고 오로지 현재의 사람들의 형편, 사태의 정황에 적합하게 하는 것. 이것이 진정한 변통이다.45)

혜강이 말하는 진정한 변통은 동일성과 차이를 변별하는 감각에서 출발한다. 먼저 몇 가지 차이를 짚어내야 한다. 우선 시간의 차이로서, 옛날과 지금, 과거와 현재, 이때와 저때가 다르다는 점에서 현재의 시간만이 갖는 독자성을 주목할 수 있어야 한다. 다음으로는 공간의 차이를 숙지해야 한다. 모든 공간은 각각의 특이점으로써 질화(質化)되어 있어서 상호 환원 불가능한 독자성을 지닌다.

---

42) 『神氣通』1-29, 「物我證驗」 : "人之所通 我不能通之 可驗我之神氣有所偏蔽. 我之所通 人不能通之 亦可驗人之神氣有所偏蔽. 通與不通 豈可自斷自足."

43) 『神氣通』3-42, 「變通在初及公私之分」 참조.

44) 손병욱, "혜강 최한기의 기철학에 관한 연구" (정신문화연구원 한국학대학원 : 석사학위논문, 1982), p.44.

45) 『神氣通』3-42, 「變通在初及公私之分」 : "先察時勢之不同 次及事物之攸宜 不必拘於前人之同異 惟摘宜於當今之人情物理 是眞變通也."

심지어 같은 공간이라 하더라도 안과 바깥, 경계, 문턱 등등이 고유 맥락으로 규정된다. 사건의 현재성, 일회성을 살펴야 한다. 같은 장소에서 같은 유형의 사고가 일어났다고 해서 같은 사건으로 취급될 수 없듯이, 사건자체는 아무리 사소한 것이라 하더라도 일회적인 것으로 고유한 것인 한에서 역사성을 지닌다. 이러한 차이들은 사리의 본질에 속하는 것이라 할 수 있다.

그러나 변통을 위해서는 이러한 사리의 차이성뿐 아니라 천리와 물리의 동일성에 대한 첨예한 감각이 요청된다. 여기서 동일성이란 법칙이나 원리의 보편성, 객관성, 제일성(齊一性)을 말한다. 변통은 천리와 물리의 동일성과 사리의 차이성을 화해시키도록 주선하는 것이다. 동일성의 보편적인 원리를 구체적이고 개별적인 상황에 적합하게 적용시킬 수 있도록 조정하는 것이다. 천차만별의 인간사에 대응하는 천차만별의 원리나 법칙 같은 것은 없다. 그것들은 결국 제한된 보편적 법칙들의 범주 안에서 해결의 접합 지점을 찾아내야 한다. 변통은 그러한 접합 지점을 찾는 인간의 능력이다. 그리하여 혜강은 변통의 도는 천지의 신기에 있는 것이 아니라 오직 인사(人事)의 주선(周旋)에 달려 있다고 강조한다.[46]

이처럼 변통은 사람사이의 가장 적합한 바를 만드는 과정이다. 해야 할 도덕적 당위를 찾는 요동이다. 변통은 천지의 신기에 있는 것이 아니라 오직 사람사이의 일에서 두루 미치는 것에 달려있다. 개별사례들은 만남의 구체적 사태에서 현재의 사람들의 형편, 사태정황에 적합하게 하는 것이 변통에 해당한다. 최한기는 변통의 세 단계로 '통'의 등급이 가능하다고 보았다. 그는 이렇게 말한다.

> '세 가지 등급이 있으니, 일을 하기 전에는 대개의 범위를 '통'하는 것이고, 일을 실천하는 도중에는 점진의 '통'이 있으며, 일이 지난 뒤에는 증험의 '通'이 있다. 그러므로 어찌 범위에 통한 것을 가지고 스스로 만족하여 그 뒤에 따르는 증험의 '통'을 소홀히 여기면서 혼자서 기뻐할 수 있단 말인가?'[47]

그렇다면 그가 말하는 범위는 무엇인가? 범위는 일신운화, 교접운화, 통민운화, 천지운화가 그러하다. 일신운화는 수신이라는 '하나'의 몸에 요체가 있고, 교접운화는 제가(諸家)의 '여럿'에 요체가 있으며, 통민운

46) 『神氣通』3-42, 「變通在初及公私之分」.
47) 崔漢綺, 『神氣通』 券一, 「體通」 〈通有始中終〉

화는 '통치'의 가운데에 요체가 있고, 천지운화 또는 대기운화는 세상화평의 '위대'함에 요체가 있고, 그 대소범위는 '대강(大綱)'의 타당성에 요체가 있다고 할 것이다.

최한기는 '한' 몸의 범위만 깨달을 수 있는 사람과 여럿에 대해 점진적 참작을 할 수 있는 사람, 그리고 실제 삶에 적용하여 실천할 수 있는 사람은 다르다고 한다. 이에 따라 그는 각자의 제한된 범위를 벗어나지 말 것을 주문하게 된다.[48] 하등사람이 제 한 몸 잘 간수하지 못하고 교접이나 통민(統民)에 '통(通)'하려고 한다면 지극히 위험한 발상이 된다는 것이다. 그러나 하등은 영원히 하등이 아니며, 개신한다면 상등으로 개신할 수 있게 된다.

개신의 '통'은 바로 자신의 '하나'의 몸에 대한 작은 깨달음을 얻고, 이를 검증하고 확대하는 점진의 과정으로 개신하여 열린 '통'으로 새로워져야 한다. 여기서 점진은 안으로부터 밖으로 이르는 인식지평의 전환이며, 타인이나 세계와 소통하는 가운데 세계나 타인에 대한 편견 없는 '위대'한 '통'으로 나아간다. 위대한 의미의 '한'에 득통하지 않는다면 편협한 주관을 극복하지 못하게 된다. 여기에는 대강의 의미의 '한'으로 변통되는 유연성이 전제되고 있는 것이다. 최한기는 이러한 변통을 이렇게 정의한다.

> '이미 알아서 지나친 것은 물러나게 하고 미치지 못하는 것은 나아가게 하는 것이 변통이다.'[49]

이처럼 일신운화의 통에서 객관세계에 대한 인식관계로의 개신, 나아가 교접운화로의 개신이 이루어져야 하고, 이러한 개신의 과정에서 직접사물을 통하여 검증하는 증험의 단계를 거치지 않으면 진정한 득통에 이를 수가 없다는 것이다. 이는 서구 인식론과 상통하는 것으로 일체의 초경험적 실체개념을 인정하지 아니하려는 실증주의 자세를 보여주는 것이다. 최한기는 유교적인 덕목을 경험준거의 틀로 사용하여 추측하면서 득통에 이르는 과정에 대한 보다 체계적인 담론으로 나아가지 못한 점은 아쉬움으로 남지만, '통'의 방법론의 측면에서 범위제한, 진작과정, 증험실증을 단계적으로 제시한 점에서 탁월함이 보인다.

최한기는 '천지의 '기'는 쉬지 않고 운행하므로 한 바퀴를 돌면 다시

48) 崔漢綺, 『推測錄』 劵一, 〈三等之實功〉
49) 崔漢綺, 『氣學』 劵二, '是爲眞知旣知之 而退基過 進不及是乃變通也'

처음으로 돌아온다.'고 하였다. 그는 모든 존재가 '기'의 응취(凝聚)와 해체의 순환과정이라고 보았다. 인간의 생명도 죽음과 함께 본래 자연으로 회귀하는 과정이며 영혼불멸이거나 귀신이 된다거나 등의 일체의 관념은 허구라고 보았다. 천도를 알고 인도를 바로 세워 '통'이 천인운화의 '통'이며, 이 길은 통달의 개신이다.

원시반본(原始返本)의 순환 질서를 천도의 질서라고 한다면, 인도의 질서에는 하늘의 법칙과 인간의 법칙은 그윽하게 '通'함으로 인간의 삶 속에는 하늘의 당위법칙이 그대로 반영된다. 최한기는 이를 일컬어 '재아지천(在我之天)'이라고 표현하였다. 통달은 이러한 오감체계로서 하늘이치를 통달하는 것이다. 따라서 천인운화의 통은 천인일치이며, 하늘의 질서가 사람의 질서로 회통하는 체인을 의미한다.

체인은 사회 여러 관계에서의 경험과 밀접한 연관을 지닌다. 이는 주관과 객관의 합리적 관계형성이며, 일신운화의 '통'에 의한 개인수양에서, 통민운화의 사회실천으로 개신하고, 이는 다시 '천지운화'에 통달하여, 진지(眞智)로 개신한다. 일신운화를 사적 차원이라면, 통민운화는 공적 차원이 되고, 천지운화는 공공차원이 된다. 따라서 최한기의 '통'에는 공공철학의 방법이 깃들어 있다고 할 것이다. 체인에 통달하려면 경험적, 귀납적, 실증적 방법이 함께 중시된다고 말할 수 있다. 이처럼 최한기의 '통'은 천인운화에 단계적 구조가 중시된다.

4. '통'의 세계윤리 논증

이처럼 최한기의 '통'에는 윤리논증의 첫 번째 요소에 해당하는 처방성(prescriptivity)과 보편화가능성(universalizability)이 담겨 있다. 윤리판단의 처방성과 보편화가능성은 윤리사고가 자율적이면서 합리적이 되기 위한 첫 번째 필수조건이다. 실제문제에 대한 윤리추론은 추측을 통해 두 수준으로 드러난다. 그 하나는 직관적 사고(intuitive thinking)이며 다른 하나는 비판적 사고(critical thinking)이다. 직관적 사고에서 사용되는 비교적 단순원리가 서로 충돌하는 새로운 상황에 직면할 수 있다. 갈등 문제를 해결하기 위해서는 비판적 사고가 필요하다. 비판적 사고는 직관적 원리들에 대한 비판적 기능을 가지며 아울러 그 원리들이 충돌할 때 그것을 해결하는 역할을 갖는다. 윤리추론은 윤리판단이나 도덕원리를 마치 가설처럼 가정하고 그 논리적 결과를 검사함으로써 타당성을 알아보는 방법을 취한다.

윤리논증의 두 번째 포함요소는 상황과 관련된 사실의 검증이다. 이해 관심(interest) 또는 성향(inclination)은 윤리논증의 필수요소이다. 상호간이 대화하고 협력하여 '해야 한다'라는 결정을 내릴 때, '통'의 연결을 생각하여 보편가능성과 처방성을 갖추어간다면, 윤리불일치의 다양한 요소는 '통'의 사실적 검증으로 제거해 나가게 된다. 34세 때인 1836년, 최한기는 자신의 대표작 '신기통(神氣通)' '추측록(推測錄)'에서 서양물리학의 '파동'개념을 처음으로 소개하면서 상황과 관련된 사실검증을 중시하였다. 그는 이 세상은 '기(氣)'로 가득히 차있고 그 기가 진동하여 사방으로 퍼져나가는 것을 '소리'로 보았다. 렌즈와 망원경의 원리, 온도계, 습도계, 빛의 굴절 현상에 대해서도 자세하게 설명하면서 상이한 맥락을 통하도록 함에 있어 보편가능성과 처방성, 사실검증을 통섭하였다고 말할 수 있을 것이다.

이처럼 최한기 수많은 저작을 통해 경험주의 인식론을 확립하여 일체의 선험이론이나 학설을 배격하고 사물을 수학적·실증적으로 파악할 것을 주장함으로써 근대적 합리주의를 싹트게 했다. 이러한 기에 연유하지 아니하면 궁구하는 것이 모두 허망하고 괴탄(怪誕)한 이치이고, 추측에 말미암지 아니하면 안다는 것이 모두 근거가 없고 증험할 수 없는 말일 뿐이다. 따라서 근고잡학(近古雜學)이나 이단학설은 제거하지 않아도 제거될 것으로 보았다.

실리의 근본은 '기'이고 지식을 확충하는 요령은 추측이라고 단언하면서 신기와의 통을 부각시켰다. 이처럼 새로운 동양적 세계관으로 제시함으로 초기 개화사상에서 주창하던 '동도서기(東道西器)'의 이상을 구현한 선구적 모범이라 할 수 있다. 만물을 변화시키는 신기를 주축으로 우주의 신기가 만물을 생성 변화시키는 운화, 신기의 경험 추리하는 활동으로서 추측을 이어주고 매개하는 역할을 통하여 윤리논증을 사실과 매개하도록 하였던 것이다.

공부는 온갖 종류, 계열, 층위의 범주들이 헝클어진 것에 '사물의 마땅한 이치'를 짚어내는 것이다. 표준이 사물의 이치를 저절로 만나는 것이 아니고 사물의 이치가 상황의 '중정'(中正)을 자동적으로 맞추는 게 아니라면 이 당연의 세계에서 결국 공부의 주체인 우리가 그러한 일치를 매개해주지 않으면 안 된다. 이것이 곧 혜강이 말한 '공부'라는 뜻이다. 반복되는 분위기에 물들어 몸에 배인 감각의 능력은 결국 공부에서 완성되어야 한다.

> 체득하고 체득하지 못한 것은 그 말과 행실을 보면 알 수 있다. 체득한 이는 자세한 말이나 대강 하는 말이 다 그 규칙에 맞고, 법도를 따라 제작하는 것은 한결같이 마땅함을 얻지만, 체득하지 못한 이는 이와 달라서 혹 처음에는 틀리다가 나중에는 맞기도 하고 혹 처음에는 맞다가 나중에는 틀리기도 한다.[50]

이러한 공부는 일신이 일회적으로 완성해낼 수 있는 어떤 과제가 아니다. 사람 개개인의 지각은 스스로 획득하는 것이라, 보는 관점에 따라 주장이 같지 아니하고, 주장에 따라 통하는 것이 또한 다른 것이다. 그러므로 나의 공부는 궁극적으로 사람들 사이에서 맥락과 조리를 찾아 공동체의 행복을 지향해나가는 길 위에서 끝없이 계속되어야 한다. 헤겔식으로 표현하자면 끝없는 공부를 통해 '개인의 도덕성은 마침내 인륜으로까지' 고양되지 않으면 안 되는 것'이다.

> 몸은 홀로 나 한 사람의 몸만이 아니라 억조(億兆)의 몸이 있고, 마음은 홀로 나 한 사람의 마음만이 아니라 억조의 마음이 있기에, 억조의 마음을 통합해서 중정(中正)을 뽑아내어 마음의 법을 삼고, 억조의 몸을 통합해서 인도를 집대성하도록 수신에 힘써야 한다.[51]

이러한 공부란 감각과 형질을 따라 추측으로 나아가고 끊임없는 변통 속에서 심화되고 고양되면서 하늘과 사람의 마땅한 바를 찾아가는 내 몸의 직접적 체인을 통해 이루어져간다.

> 비록 성인의 훌륭한 깨우침이라도 다만 체인한 것을 형용하여 말한 것일 뿐 내가 실제 눈으로 볼 수 있는 것은 아니다. 그러므로 배우는 이는 자기가 직접 체인하는 것으로써 최고의 공부를 삼아야 한다.[52]

이 체인은 두루 통함, 즉 주통(周通)으로 나아가게 된다. 주통의 본체는 신기가 하늘과 사람을 통하는 데 있고, 주통의 작용은 신기가 경험한 이치에 있다. 두루 통함과 두루 통하지 못함은 명백한 차이가 생긴다. 그것은 익힘과 쓰임에 통하거나 통하지 못한 차이, 연구하고 사색한 것에 통하고 통하지 못한 구별, 일을 처리하고 사물을 대함에 통하거나 통하지 못한 구분 등인데, 이러한 차이는 다만 기질의 차이 때문이 아니라, 공부를 잘하고 잘못한 것의 차이에서 기인하는 것이

---

50) 『推測錄』4-3, 「靜須自認」: "體認與未得體認 可從其言行而知之 體認者 詳言略言 皆中其規 循度制作 具得其宜 未得體認者 多反于此 或始違而終合 或始合而終違."

51) 『人政』10-39, 「只知身心」: "身非獨一人之身 有億兆之身 心非獨一人之心 有億兆之心 統合億兆心 而抽拔中正以爲心法 統合億兆身而集成人道以爲修身."

52) 『推測錄』4-3, 「靜須自認」: "雖聖人之善諭 只是說道體認之形容 不是自我之目覩也 學者以自己體認 爲極功."

다.[53] 주통의 규모는 이것과 저것을 서로 통하여 쓰게 하고, 앞과 뒤를 서로 미루어 쓰게 하며, 옛날과 지금의 행함을 적실하게 미루어 통하게 하거나, 이미 통하고 있는 것조차 따져보고 미루어서 불변의 실용을 통하게 한다.[54]

결국 주통(周通)의 본말(本末)은 모든 통을 얻어 그 도를 밝히고, 모든 통을 사용하여 그 실질을 경험하고, 모든 통을 전하여 후세 사람들을 이루어주는 것으로,[55] 이것은 인식과 실현이 하나로 꿰어진 궁극적인 깨달음의 실천단계가 이루어짐을 의미한다. 형질통에서 추측통을 이루고 다시 증험과 변통의 공부를 거듭하면서 체인을 통해 개인과 사회에 두루 통하는 주통에로 이르는 혜강의 인식론의 전 과정은 앎으로만 그치는 인식이 아니라 삶 속에서 실현과 아울러 그 차원을 확장시켜가는 성숙의 단계를 의미하는 것이기도 하다.

운화는 '활・동・운・화(活・動・運・化)'의 4가지 양상과 개인・사회・우주의 3단계로 통하고 추측은 인간・사물・우주 사이를 '통'하게 보편가능성과 처방성을 중시하고 있다. 따라서 우주와 인간은 동일한 신기에서 출발하여 운화 추측의 과정을 거쳐 서로 상통하게 된다. 자신의 시대를 '새로운 것으로 낡은 것을 바꾸는' 변통의 시대로 규정한 그는 '차라리 옛 것을 버릴지언정 지금을 버릴 수는 없다'고 하여 진보정신을 표방하고 당대의 과학과 문명이 더욱 발전하고 역사가 발전해나간다는 것을 확신했다.

지역의 범위나 사물의 종류 등 작은 차이를 넘어설 수 있는 '대동(大同)'을 '통'의 보편가능성 원리로 제시했다. 작은 차이에 따른 모든 분열과 대립을 극복하고 크게 통합하는 세계윤리 차원의 대동의 이상세계를 제시한다. 여기서는 국가의 관습을 넘어서고 동서양의 차이를 해소하여 세계가 통합된 한 질서를 이룬다.

운화의 단계 중 가장 상위의 보편가능성과 규범처방성의 원리가 함

---

53) 『神氣通』3-25, 「周通」: "夫以不克周通者 比諸周通者 先自神氣之習用 有通與不通之異 次於研究思索 有通與不通之殊 終至於處事接物 有通與不通之判 是非獨氣質之有異 功夫有得失之不同."

54) 『神氣通』3-24, 「周通有虛實」: "語其周通之本則在神氣之通語天人. 語其周通之用則在神氣所驗之理. 通於此者 推用於彼 通於前者 推用於後. 古今人所未言所未有者. 推得於古今人所行之中以通其用. 古今人所已言所旣有者 推得於沿革損益之中. 以通其所不變之實用 皆是周通之規模也."

55) 『神氣通』3-26, 「周通源委」: "得諸通而明其道 用諸通而驗其實 傳諸通而成後人 是謂周通之源委也."

축된 것이 대기운화(大氣運化)이다. 만물의 근원인 유형의 '기'가 '응취'(凝聚)되고 형성되면서 형질이 갖추어지면 주체적인 성격의 '신기'와 소통되며, 이것이 감각기관을 통하여 경험과 열력을 쌓고 '추측'으로 미루어 헤아리고, 기의 '조리(條理)' 중 특히 유행지리(流行之理)로서 보편가능성이 높은 '운화', 즉 대기운화를 파악하여 그것에 승순(承順)해야 한다는 이치이다. 그리고 이런 '통'의 구조에서 대기운화는 선악을 판단하는 최상위 표준으로서, 물리적으로 자연이지만 윤리적으로 객관적이고 보편적 속성의 원리라고 할 것이다. 최한기는 소통에 대해 겸허하게 수용하는 태도를 중시하기에 우리는 이를 세계윤리 논증으로 파악할 수가 있다.

이처럼 최한기는 소통윤리의 주체로서의 '통심'의 인간은 인식범위가 넓으며 편견과 선입견을 제거하여 한쪽으로 치우치지 않은 인물이다. 또한 타자의 범위가 전체적으로 확내 가능한, 구체적이고 실천적인 인간상이다. 이 때 '통심' 내부의 심기는 도덕적이고 실천적인 능력의 것이다. 이런 심기가 종합적인 성찰 개념임을 고려할 때, 윤리차원에서 타자지향성을 갖춘 인격을 지향하고 있다고 할 것이다. '통심'의 인간상은 마음의 추측 기능에 의해 신기에 습염(習染)된 도덕적이고 실천적 능력으로서의 심기가, 자기에서 벗어나 타자지향의 통합적 의의를 시사하고 있기에 스스로를 개신하게 된다. 이에 세 가지 세계적 방향이 상정된다.

첫 번째 '통심'은 '통'에 근거하여 인지·정의·행동적 영역에 대한 횡단매개이다. 심기 중심의 기학은 도덕적 지식, 정의, 습관화 등의 현대적 개념을 함축하면서도, 또한 인지·정의·행동의 세 영역이 통합적으로 연결되는데 무리가 없다. 최한기 기학 체계에서 인지적 영역은 행동적 영역과 전혀 분리되지 않으며, 오히려 행동적 영역과 함께 인지적 영역이 시작된다. 그것은 선행후지(先行後知)와 추측 개념으로서 드러난다. 또한 최한기의 사유가 몸을 부정하지 않는다는 것은 정의적 영역이 부정되지 않음을 아울러 시사한다. 그리고 이 때 심득(心德) 혹은 감통(感通) 용어로 대변되는 심기는 세 영역이 통합되는 곳이며, 응변(應變)과 체용(體容)을 통해 실천적으로 드러난다.

두 번째 '통심'은 자율성과 사회성에 대한 횡단매개이다. 특히 최한기의 '미루어'(推) '헤아린다는'(測) 추측의 개념은, 개인적 측면에서의 선택의 자유와 관계되며 사회적 측면에서의 기준제시가 조화롭게 접합되는 지점이다. 여기서 미룸은, 근본적이면서도 조민유화(兆民有和)의 대형체(大形體)로 표현되는 거대한 오륜(五倫)을 배우고 습염하는 처방성의 장치를 뜻한다. 그리고 헤아림은, 선택의 자유 및 행동의 일관성과 연결되어 보편가능성으로 그 영역을 확장시키는 장치이다. 또한 이런 추측의 공효(功效)로 드러나는 통민운화는 사(私)와 협(挾)을 공(公)에 매개하여 공공(公共)으로 '활사개공'(活私開公)하는 모습을 보여준다. 여기서 도덕적 자율성과 사회적 공공성의 접점을 이루는 추측의 올바른 방향성을 제시하는 처방의 개념이 심기로 드러난다.

세 번째 '통심(通心)'은 도덕적 주체성과 타자지향성의 횡단매개다. 최한기의 신기 개념은 올바른 주체성의 성립에 중요한 의의를 제공한다. 통심과 추측이라는 기제를 통하여, 몸과 마음이 아우러지는 장소가 바로 신기 개념이다. 이 때 처방의 방향으로서, 최한기는 교접을 통한 타자 지향성을 설정한다. 선과 악의 개념은 타자와의 관계에서 형성된 것이다. 그리고 여기서 주체성과 타자지향성을 함께 아우르는 것이 바로 '통'의 횡단매개를 통하여 수립된 주체성으로서의 심기 개념이다. 이런 심기는 부드럽고 유화(柔和)상태로서, 주체성과 타자성의 개념에 있어 균형 잡힌 시각을 견지하도록 도와주며, 이것은 윤기운화(윤기운화라는 윤강(倫綱)이 정립된 '통심'의 공동체를 횡단매개하게 된다.

이처럼 최한기는 '통'을 횡단매개로 삼아 여러 가지의 일에 대한 경험은 추측과 변통을 거쳐 증험하며, 이런 과정을 통해 얻은 '통심'을 신기에 푹 젖어 들게 습염하여 마침내 인간심기가 구체적으로 형성된다. 이것은 인지·정의·행동이라는 삼자의 횡단매개의 관점을 수립하는 근거가 된다. 그리고 교접운화와 통민운화를 중심으로 '윤기운화'(倫氣運化)와 '조민유화'(兆民有和)라는 세계윤리의 소통기준을 수립해 가는 과정에서, 인간은 '통'의 횡단매개 원리에 의해 주체성·자율성과 함께 사회성, 타자의 세계까지도 '한'의 경험지평으로 획득하게 된다.

오늘날 '통'의 소통방안은 인격통합에 기여할 것이다. 최한기의 '통'의 횡단매개는 근대적 사유이지만 세계시민성이 나타나 있으며 현대에도 공공행복의 소통을 마련하고 있는 셈이다. 이처럼 최한기의 '통'은 개인을 전체와 이어주는 가운데 협력하고 개신하는 공공소통의 윤리를 보여주고 있을 뿐만 아니라, 한국인의 경험지평으로서의 '한'의 가치를 세계윤리와 통섭하는 가능성을 확인하게 한다.

6. 현대의 해체와 대위법

1. 현대의 해체와 탈현대

현대는 그 어느 시대보다 다양하고 다원적인 모습을 보여주고 있다. 단 하나의 패러다임을 사유를 요구한다는 것 자체가 비판과 반성을 생명으로 하는 철학 사유에 거슬린다고 본다면 다양한 목소리와 사고는 오히려 당연한 현상이라 하겠다. 철학적 사유가 다양하게 전개되는 까닭은 현실의 변화가 다양하고, 여러 관점에서 문제를 바라볼 수 있기 때문이다. 철학은 예로부터 경이 또는 당혹감에서 시작한다고 하거니와 당혹감은 현실의 변화와 인간 존재의 부조리에 대한 경험에서 비롯된다고 하겠다.

존재 부조리와 현실 문제에 놀라움이나 당혹감, 또 때로는 분노조차 없다면 좀 더 철저한 철학적 사유가 형성될 수 없다. 이에 현대 해체와 포스트모던 이후의 세계윤리 구상을 어떻게 진행되어야 하는지는 다양한 방안을 모색할 수 있다. 이에 대한 방법으로 해체하고 극복하는 상관의 방법을 들 수 있을 것이다. 이것은 현대를 해체하되 탈현대로 대위하는 방법으로 세계윤리로 접근함이다. 이른바 주요한 개념을 현대적으로 재해석하면서 현대를 해체하는 과정이 전제 되고 있다.

탈현대는 20세기 중반 서구의 예술, 건축 등의 분양에서 등장하였다. 여기서는 모방, 차이 존중, 개별의 중요성을 강조하였으며 풍자(parody)를 통해 엘리트주의를 극복하려 했다. 이러한 언어유희는 들뢰즈와 가타리(G. Deleuze & P. Guattari)에 의하여 '소수집단의 문학을 위하여'에 나타난 지배집단의 언어권에서 소수집단이 지탱해가는 문학으로서 탈영토화(언어), 정치성(개인), 집단성(발화)을 지니며 지배집단의 언어의 규정을 해체시키며 풍자모방을 통한 새로운 구축으로 나타난다. 들뢰즈와 가타리는 이제까지의 주체의 기능은 '보편화'와 '개체화'였다고 한다.[56] 그들은 이 '나'의 보편성을 '전개체적 특이성'으로, '자기'의 개체성을 '비인칭의 개체화'로 대체해야 한다고 말한다.[57]

역사적으로 개체화 문제를 제기했던 것은 아리스토텔레스의 『형이상

---

56) Gilles Deleuze, "Un concpet philosophique", in *Cahiers Configuration*, no 20, hiver 1989, Aubier, pp. 80-90.

57) 최병학, 「解體와 對位; 해체주의 신학의 도전과 대위윤리학의 응전」, 『윤리교육연구 14』, pp.209-212.

학』에 나온 '질료형상'이다. 아리스토텔레스에 따르면 개체는 질료와 형상의 결합체로 이루어져 있다. 그리고 이 논의를 단서로 삼아 '개체화 원리'에 대한 물음, 즉 개체적인 실체를 개체이게 하는 원리에 대한 물음이 어떻게 하여 둔스 스코투스의 '존재의 일의성', 라이프니츠의 '모나드론', 스피노자의 '양태론', 그리고 니체의 '영원회귀'로 계승되었는가를 추적하는 존재론적 논의가 들뢰즈와 가타리의 초기 사상의 맥락을 형성하였다.[58] 들뢰즈와 가타리는 대부분의 저작, 특히 『차이와 반복』, 『의미의 논리』에서 개체화론을 강조한다. 여기서는 '가역적이고, 아나키적이며, 유목의 원리'로 첨예화의 과정을 추적하면서 그 의미를 부각시키고 있다.

동일한 것을 '전개체적인 것'의 관점에서 보게 되면, 개체란 전개체적인 것이 이중화하며, 이것에 대한 비틀기를 산출하며, 이른바 자기 자신을 내부로 말려들게 함으로써 스스로를 변용시키는 특이한 매개의 장이다. 개체화라는 '사건'이 산출하는 불연속성은 시스템 내부의 균열을 낳을 뿐만 아니라 동시에 그 이면인 전개체적인 것을 현재화시키며 시스템 전체를 변환시킨다. 개체화란 시스템의 '내적 차이'를 전개체적인 지평으로 매개하는 작용이다. 따라서 전개체적인 지평은 항상 특이성과 결합되어서 나타난다. 이것이 '전개체적인 특이성'이다. 이를 수용하여 들뢰즈와 가타리는 잠재적인 것은 '차이화 = 미분화(différentié)'이지만, '이화 = 분화(différencié)하는 것'이라는 명제를 반복하여 사용하고 있다.

그림 10 화쟁사상의 원효대사

이와 유사하게 원효화쟁(元曉和諍)은 주와 객, 주체와 타자를 대립시키지도 분별시키지도 않는다. 양자를 융합하되 하나로 만들지도 않는다. 어느 한편에 치우치지 않으면서 중간도 아니다. 주와 객, 주체와 타자가 서로를 비춰주어 서로를 드러내므로 스스로의 본질은 없고 다른 것을 통하여 진리를 드러내고 진리가 아닌 것은 진리와 차이

58) "Gilbert Simondon, L'individu et sa gen se physico-biologique", *Revue philosophique de la France et l'etranger*, vol. CLVI, n01-3, janvier-mars, 1966, p. 115-8; repris dand L'Ile d serte et autres textes, Minuit, 2002, pp. 120-4. [김상운·양창렬 옮김, 『개체와 그 물리적·생물적 발생』에 대한 「들뢰즈의 서평」이라는 제목으로 『자율평론』 14호(2005)에 수록

를 통하여 진리가 아니라고 할 수 있다. 원효는 씨와 열매의 비유로 쉽고 명쾌하게 밝힌다.

> "열매와 씨가 하나가 아니니 그 모양이 같지 않기 때문이요, 그러나 다르지도 않으니 씨를 떠나서는 열매가 없기 때문이다. 또 씨와 열매는 단절된 것도 아니니 열매가 이어져서 씨가 생기기 때문이요, 그러나 늘 같음도 아니니 열매가 생기면 씨는 없어지기 때문이다. 씨는 열매 속에 들어가는 것이 아니니 열매일 때는 씨가 없기 때문이요, 열매는 씨에서 나오는 것이 아니니 씨일 때는 열매가 없기 때문이다. 들어가지도 나오지도 않기 때문에 生하는 것이 아니요, 늘 같지도 않고 이어지지도 않기 때문에 滅하는 것이 아니다. 멸하지 않으므로 없다고 말할 수 없고, 생하지 않으므로 있다고 말 할 수 없다. 두 가장 자리(二邊)를 멀리 떠났으므로 있기도 하고 없기도 하다고 말할 수 없으며, 하나 가운데 해당하지 않으므로 있지도 않고 없지도 않다고 말할 수 없다."[59]

열매와 씨는 서로 같지 않으니 둘을 하나의 사물이나 개체라 할 수 없다. 그러나 씨가 자라 씨의 유전자를 담고 있는 열매를 이루고 그 열매는 그 유전자를 담은 씨를 내니 둘이 다르다고 할 수도 없다. 그러기에 씨나 열매는 홀로 존재한다고 말할 수 없는 것이다. 空한 것이다. 홀로는 공하지만 이것이 공하면 저것은 있다. 씨는 씨를 버릴 때 싹으로 나며 싹은 싹의 자성을 잃고서 자라 꽃을 피우며 열매를 맺는다. 열매는 씨 없이 존재할 수 없으니 공하지만 열매가 땅에 떨어져 썩어 없어지면 씨를 낸다. 씨는 스스로 공하나 썩어 열매를 맺는 것처럼 이것이 없으니 저것이 있고 저것이 없으니 이것이 있다. 또 씨가 있어 열매를 맺고 열매가 있으니 씨가 나오는 것처럼 이것이 있으므로 해서 저것이 있고 저것이 있으므로 해서 이것이 있다.

이중부정을 통해 이중긍정이 성립한다. 이처럼 긍정과 부정을 함께 매개하는 관점에서, 존 케이지(John Cage, 1912-1992)는 음악에 우연적인 요소를 도입하고 불확실성을 작품으로 옮긴 「4분 33초」에서 서사(narrative)구조의 해체, 문학에 있어서 누보로망, 공포 쇼, 팬픽의 인터넷소설 등이 이른바 탈현대 정신에 속한다. 존 케이지 작품인 「4분 33초」는 처음부터 끝까지 무언으로 되어 있다. 악보에는 'TACET'라는 글자만 적혀있을 뿐, 연주자는 규정된 시간 안에서 단 한 번도 소리를

---

59) 『金剛』 卷中, 625-중: "鬧種不一 其相不同故 而亦不異 離種無鬧故 又種鬧不斷 鬧續種生故 而亦不常 鬧生種滅故 種不入鬧 鬧時無種故 鬧不出種 種時無鬧故 不入不出故不生 不常不斷故不滅 不滅故不可說無 不生故不可說有 遠離二邊故 不可說爲亦有亦無 不當一中故 不可說非有非無"

내지 않는다. 음이 없는 음악이 작품으로, 연주할 목적으로서 성립될 수 있다는 것이다. 한 공간에서 주파수를 가진 모든 파형이 소리이자 음악이 될 수 있다는 사상이 담겨있다. 관객들은 연주자가 구사하는 멜로디적인 음악이 아닌 공간속 무음상태의 파형을 갖는 주파수들의 소리를 들음으로서 음악이 되고 듣는 사람에 따라 다른 연주로 들을 수 있다는 철학적인 의미가 배어있다.

존 케이지의 제자로서 백남준은 귀찮아하던 소음을 주의 깊게 듣게 되면 소음이 환상적인 세계윤리 정신의 가치를 남긴다는 것을 깨닫게 해주었다. 현대음악사에서 존 케이지가 남겨놓은 실험정신은 언제나 반복적으로 거론된다. 케이지는 서양음악이 옥타브라는 제한된 음가를 중심으로 구성되어 있다는 사실에 반기를 들었다. 그는 전통악기 대신 우리 주변에서 찾아지는 플라스틱이나 심지어 새털이나 장난감, 인형 등을 활용하여 바이올린이나 피아노를 연주하는 등 종래 음악의 정의를 폭넓게 해체시킨 인물이다. 그의 영향은 백남준이 서양의 전통악기인 피아노와 바이올린을 때려 부수면서 공격적인 행위 음악을 전개시키는데 결정적 영향을 주었던 것이다.

동경대학 시절 백남준은 20세기 서양음악에 관하여 공부하면서 서양음악에 열광하였다. 그러나 케이지는 백남준에게 음악이 옥타브라는 제한된 음가 속에 갇혀 있는 것이 아니라 심지어 소음까지도 음악 속에 포함시킬 수 있을 때 음악은 진정한 의미를 가질 수 있다는 사실을 깨우쳐주었다. 이러한 사고는 바로 서양음악의 전통과 서양 음악사를 뒤집는 것이 가능하며 그것이 동양의 선불교의 배경이라는 사실을 깨닫게 된다. 케이지의 이러한 영향은 백남준에게 즉각적으로 나타나기 시작하였다. 백남준이 피아노를 도끼로 때려 부수는 작업이나 베토벤의 '월광 소나타'를 치다가 갑자기 괴성을 지르는 등의 행위 음악의 대부분은 케이지의 영향이었다.

그림 11 미디어 아티스트 백남준

백남준은 60년대 초 독일의 언론으로부터 '동양에서 온 문화 테러리스트'라는 별명을 얻었다. 거칠고 과격한 퍼포먼스 덕이었다. 그를 테러리스트라는 별명까지 얻게 한 작품으로는 '바이올린 독주'를 비롯하여 '피아노포르테를 위한 연구'

'머리를 위한 참선', 그리고 면도칼로 팔뚝을 자해하는 '선언' 등이 있다. 백남준은 무대에서 쇼팽의 피아노곡을 치다가 갑자기 울면서 이리저리 뛰어다니기도 하고 피아노를 파괴한 뒤 피아노의 내장과 같은 부속품을 꺼내어 내동댕이치고 무대 바닥에 둘러엎었다. 그러고는 가위를 들고 케이지와 데이비드 튜더, 칼 하인츠, 슈톡하우젠이 앉아 있던 무대의 맨 앞줄로 달려갔다. 백남준은 케이지의 재킷을 들어 올려 넥타이를 잘라내었다. 이윽고 준비해간 샴푸를 케이지와 데이비드 튜더의 머리에 들어부었다. 백남준은 이 퍼포먼스의 특징을 설명하는 자리에서 "어떠한 유머도 없다는 점이 중요하다"고 강조하였다. 이 밖에도 뉴욕 아방가르드 페스티벌에서 행한 머리로 글씨 쓰기는 먹물을 머리에 가득 뒤집어쓴 채 족자에 기다란 글씨를 써내려가면서 한국의 참선 세계를 보여주었다. 먹물을 머리에 뒤집어쓰고 머리로 글씨를 쓴다는 자체가 해괴한 행동이었으며 누구도 생각하지 못한 기상천외한 발상이었다.

어떤 것은 영사막을 거꾸로 뒤집어놓거나 관객이 발로 밟아야 기능을 하도록 기능을 조작해놓기도 하였다. 어떤 것은 영사막을 조작하여 하나의 가느다란 선으로 모사하였고 이것을 'TV참선'으로 제목을 정하였다. 또 어떤 것은 관객이 발로 밝을 때 소리가 나도록 조작되기도 하였다. 배치방법도 의도적으로 무질서하게 유도하였으며 관객이 접근하여 매만지거나 건드려야 작동되도록 함으로써 TV문화를 관객의 지배하에 둔 것이다. 이 전시회의 기본적인 개념은 1960년대 대중문화의 성상이며 우상이던 텔레비전을 공격하고 해체시키는 데 있었다.

백남준의 작품 중에서도 대표작으로 꼽히는 'TV 부처'는 외견상 부처가 텔레비전 앞에 앉아 TV에 나타난 자신의 모습을 물끄러미 바라보는 매우 단순한 현상을 연출해낸 작품이다. 작품에 등장하는 소재는 부처와 텔레비전 모니터, 폐쇄회로 카메라, 그리고 부처를 올려놓은 보조대가 고작이다.[60]

동양 종교와 명상의 상징인 부처는 20세기 테크놀로지의 총아인 텔레비전과 정면으로 마주하여 서로가 갖는 이질성과 담론을 한다. 이른바 세계윤리의 담론을 상징적으로 보여주고 있다. TV는 기술문화가 갖는 온갖 회의적이고 소란스러운 자기 존재론적 질문을 부처에게 던지며, 명상의 상징인 부처마저도 과학기술시대 이미지문화의 도구인 카메라에 사냥되어 일종의 이미지의 덫에 걸린 채 자기 확인 과정을 거치

60) 이용우, 『백남준 그 치열한 삶과 예술』, 열음사, 2000. p. 130.

그림 12 TV로댕, 1982

고 있는 과정이다. 여기서 과학기술이 어떻게 인간화된 예술에 기여할 수 있는가에 적절한 대안을 예시해주는 작품이다.

부처가 동양적 명상을 상징한다면 서양적 명상의 상징은 로댕의 생각하는 사람이라는 것을 착상하여 백남준은 'TV 로댕'을 제작하였다. 이 작품에서 로댕의 생각하는 사람은 텔레비전에 올라앉아 깊은 사색에 잠겨 있다. 이 조각의 사색은 더 이상 로댕이 부여하였던 총체적 사색이 아니라 기계문화와 대중문화, 상업자본주의와 광고, 편집된 정보와 자연적 정보 등 텔레비전을 생각할 때마다 떠오르는 오늘날 텔레비전 환경을 총체적으로 고민한 주제로 전환되었다. 이것은 백남준이 부여한 사색이며 20세기 전자 환경 속으로 환속한 '텔레비전 로댕'으로 대위된 것이다. 이른바 해체와 대위를 통한 세계윤리 정신을 여실하게 보여주고 있다고 할 것이다.[61)]

백남준은 TV를 상호 소통적 창조 매체로 활용함으로써 TV 기술과 예술을 동시에 변형시켰다. 그는 TV기술의 핵심에 이른 예술을 창조하기 위하여 끝없이 기술을 개발하였으며, 이미지 창조의 현장에 가담하여 '이미지 세상'을 비평하였다. 그는 참여 TV를 통하여 TV만을 상호 소통 매체로 회복시킨 것이 아니라, 예술을 참여의 예술로 원상복귀 시켰다. 백남준 예술의 세계윤리의 가치는 이러한 영성치유의 성격을 드러내는 데 있다. 그의 예술은 예술과 삶을 동시에 치유하여 예술을 제식으로, 삶을 신화로 대위시킨다. 그는 포스트모던 사회의 가장 리얼한 매체인 TV를 해체하여 가장 원초적인 제식의 도구로 대위시켰던 것이다.

또한 마크 테일러(Mark C. Taylor)는 탈현대 학제적 연구의 선구적인 예시로 볼 수 있다. 그는 종교와 신의 해체를 주창하면서 생명과학과 컴퓨터가 극도로 발달할 21세기에도 종교는 지금과 같은 모습으로 계속될 수 없다는 시각에 서 있다. 물질주의가 지배하는 세계에서 거룩함과 깨달음은 과연 어떤 의미를 지니는 것일까? 현대 문명과 종교의

61) 김홍희, 『백남준과 그의 예술, 디자인 하우스』, 1992. pp. 100~101.

관계를 집중적으로 파헤치고 있는 마크 테일러 교수는 데리다가 근대 서구 사상가들 가운데 헤겔과 키에르케고르를 누구보다도 잘 이해하고 극복하였다고 한다. 그의 해체신학은 데리다의 도움을 통해 헤겔과 키에르케고르의 신학적 유산을 비판하고 극복하려는 노력을 보여 주었다

그가 말하는 해체란 이면에 숨어 있는 차별과 은폐를 드러내는 작업이다. 해체신학은 무신론이 결코 아니며 정립된 교리들 이면에 은폐되어 있는 신학적 사실들을 밝혀내려는 시도이다. 신학은 인간이 말할 수 없는 존재인 신을 말하고자 하는 학문이고 그런 점에서 본질적으로 모순과 차별을 내재한다. 해체신학이 목표하는 것은 바로 이러한 신학의 은폐성을 다시 드러내려는 것으로 말한다.

마크 테일러는 더 이상 신, 신학이라는 용어 사용을 거부하면서 그 대신 거룩함, 종교학 혹은 기호학으로 대체하려고 한다. 특히 중요한 것은 거룩함이라는 용어가 지니는 포용성이다. 거룩함은 순결과 부정, 높음과 낮음, 초월과 내재 등 이중적 동기를 공유하는 단어이다. 기존의 서양 신학이 일방적으로 강조하던 차별적 가치를 지양하고 인간 존재의 보편적 가치를 지향하는 거룩함이라는 단어에서 현대인들은 더 큰 구원의 의미를 발견할 수 있다고 생각한 것이다.

이에 그는 대승불교의 공사상 혹은 진여 개념과의 깊이 있는 비교연구가 필요하다고 주장하면서 그의 해체주의 사상은 서양 근대의 네 기둥을 해체하는 것으로 나타난다. 이른바 '신-역사-자아-책'을 '산종(dissemination)-방황-흔적-텍스트'로 해체하면서 문화 전반에 나타나는 종교의미를 파악하려고 사이버스페이스 존재론을 언급하였다.[62] 그의 학문적 성향은 90년대 이후에 문화의 다양한 영역으로 확장된다. 문화비평, 문학, 영화, 미학, 미술, 건축학, 컴퓨터 공학 등의 영역을 넘나든다. 다양한 문화 속에 감추어진 거룩함의 의미를 추구하기에 이른다.[63] 그의 정수를 엿볼 수 있는 저서는 『방황』이다. 이 책은 테일러의 사상에 독자들의 참여를 유도하는 '사상 실험'(thought experiment)의 작품에 해당한다.

---

62) 테일러는 1984년, 『방황』(*Erring*)을 통해 해체신학의 선두주자로 평가받는다. 그는 현대 문화 전반을 섭렵하면서 문화에 감추어진 종교의미를 드러내는 작업에 몰두한다.

63) *Critical terms for Religious studies* (Chicago: The University of Chicago Press, 1998); *Hiding* (Chicago: The University of Chicago Press, 1997), *The Picture in Question* (Chicago: The University of Chicago Press, 1999).

"오랫동안 서구 신학체계의 기초를 형성해온 관념들을 해체주의 관점으로 비판적으로 다시 읽음으로써, 나는 포스트모던적인 종교적 상상력을 위한 새로운 자료들을 드러내려고 시도할 것이다. 다른 사람들이 나와 더불어 나의 작업에 동참하는 한, 그들은, 내가 믿기로는, 점차적으로 스스로를 독자이자 동시에 저자로서 인식하게 될 것이다."64)

그는 전통적 신학영역에 안주하지 않고 끊임없이 다른 학문들의 경계를 넘나들며 대화를 시도하여 왔다. 1981년 덴마크 코펜하겐 대학에서 키에르케고르 연구로 두 번째 박사 학위를 취득했으며 현대 문화 전반을 섭렵하면서 문화 속에 감추어진 종교적 의미를 드러내는 작업에 몰두했다. '문화의 신학자'로 유명했던 폴 틸리히 이후로 마크 테일러만큼 현대 문화와 신학을 연결시키는데 성공한 사람은 없다고 해도 과언이 아니다.

테일러는 최근에는 라스베가스를 종교학적으로 해석하고, 지구촌 온라인 대학 및 인문학을 위한 테크놀로지 연구소를 만드는 등 '탈현대 문화의 신학자'로 관심 영역을 넓혀가고 있다. 그는 이제까지 16권의 책을 저술 혹은 편집했고 CD와 영화를 만드는 등 왕성하게 활동하고 있다.

무엇보다도 테일러는 현대인의 위상을 신의 죽음, 자아의 소멸, 역사의 종말, 책의 닫힘이 있는 곳으로 보고 있음에 주목하게 된다. 신을 글쓰기로, 자아를 소멸 이후 흔적으로, 역사를 해체 이후 방황으로, 그리고 책의 닫힘을 그 이후 텍스트로 해석하는 것이다. 이처럼 산종은 토착화 신학의 근거이며, 방황은 기독교 세계관의 해체로 동양 세계관의 접목으로, 자아소멸은 간주체성을 제고한 타자흔적으로 세계윤리 맥락화용의 가능성을 제공하는 것으로 이해하였다. 여기에 세계윤리교육이 타자흔적에 대한 고려가 중시되어야 한다고 말할 것이다.

또한 자기 비움은 생명의 살림이다. 이러한 자기 비움은 생명 살림으로 매개되면서 홍익의 세계윤리 가치를 접목시킨다. 자아 못 박힘, 즉 자아희생은 개인적 주체성의 죽음을 승인하는 것이며 자기희생은 자기를 잊어버림이다.65) 이러한 자기망각은 적그리스도인 디오니소스(Dionysos)의 포도주로 유발된다.66) 신화속의 디오니소스(Dionysos)신은 '불완전한 신'이라는 뜻으로 술의 신과 황홀경의 신이다. 그는 "제우

64) *Erring*, p.17
65) *Erring*, 142-143.
66) *Erring*, 145.

스"와 "테베" 시의 창설자인 "카드모스"의 딸 "세멜레" 사이에서 태어났다. 이 신은 로마신화의 박카스(Bacchus)에 해당하며 포도나무와 포도주를 관장하며 술에 취하게 하는 힘을 상징할 뿐만 아니라 모든 속박으로부터 벗어나는 해방의 신, 문명의 촉진자, 입법자, 그리고 평화의 애호자로 여겨지고 있다.

"디오니소스"는 한번 죽었다 다시 살아난 신으로 죽음에서 부활한 구원의 신, 생명력의 신, 잔인함과 즐거움이 공존하는 도취와 쾌락의 신이다. "디오니소스"는 태어날 때부터 고난과 고통을 받고 태어나게 된다. "헤라"는 "제우스"의 사랑을 받는 "세멜레"를 질투하여 "세멜레"에게 복수하고자 하였고, "세멜레"는 "헤라"여신의 충고대로 "제우스"에게 본 모습을 보여주길 간청했다고 전해진다. 이처럼 얼굴 없음과 동일성의 상실의 자기 망각은 디오니소스의 포도주로 비유된다. 결국 테일러의 '외파' 기획은 탈구성적이며 어떻게 시각 예술이 지속적으로 상상력을 위한 자원으로 탈현대 가능성을 광범위하게 보여주고 있다고 할 것이다.

2. 대위법의 활용

대위법(Counterpoint)은 중세시대에 주어진 성가선율과 새로 만들어질 선율의 음정 관계를 음표 대 음표(Punctus contra puntum: 점 대 점) 단위로 대립 또는 대위시켜 살펴본 데서 비롯하였다. 14세기부터 차차 '음표 대 음표' 또는 '대위'라는 말 자체가 디스칸투스를 대체하는 용어로 등장한다. 대위법은 16세기의 다성적 아카펠라(무반주의 소규모 합창곡)에서 그 절정에 도달하였다. 대위법의 핵심적 주제는 어울림음정・안어울림음정과 (2성부 구조를 바탕으로 하는) 성부 진행인데, 전자는 13세기 중엽부터, 후자는 14세기부터 나타나기 시작하였다.

이처럼 선율 대 선율(旋律 對 旋律)의 정선율(定旋律, Cantus Firmus)에 상대적(相對的)인 성격의 대선율(對旋律, Counterpoint)을 부가시키는 기술이 대위법[67]으로 정선율을 동일자로, 혹은 주체로, 대선율을 타자, 혹은 대상으로 이해한다면 동일자와 타자의 문제, 주체와 대상의 문제로 해석이 이루어진다. 이러한 대선율을 작곡하는 방법이 모방(模倣, Imitation)과 캐논(Canon)이다.

체계적으로 형성된 '주체'의 자기동일성이 서구 존재론이며, 그 전개

67) 나운영, 『對位法』(서울: 세광 음악출판사, 1984), p.12 참조.

모습은 나르시시즘(Narcissism)의 지배심리학(psychology of mastery)이고, 정복경제학(economy of domination)이다. 주어(The Subject)가 바뀌지 않고 변함없이 술어(The predicate)만 변하는 주체의 자기 동일성에서 이루어지는 술어변화는 '상주의 오류'(fallacy of eternalism)로서 변화의 과정으로 극복된다.

서로간의 과정적 '머물고 지나감'(stay and go by)은 합생(concrescence)과 길항(counteraction)을 통해 전체조화를 혼돈과 질서의 변증법을 통해 포괄적으로 이루어가는 가운데 조화를 이룬다. 합생과 길항으로 조직화하며 상호소통 얼개를 구성할 경우의 세계윤리는 '소수자의 다수' 가치를 지향하게 된다.68)

이러한 사고의 틀을 도표로 그리면 다음과 같다. 즉 기존의 존재론을 위의 역사로 보고, 그것을 넘어 무위로 가는 인식론과 이를 뒷받침할 관계론 그리고 이러한 바탕 위에 새로운 형이상학, 그리고 윤리학으로 이끌며 각단원에 중심 음을 넣어본 것이다. 이 관점에서 세계윤리의 대위법을 구성해 보면 다음과 같다.

	位	無位	對位
인식론	코스모스(cosmos)	카오스(chaos)	카오스모스(chaosmos)
존재론	존재자의 位 "산은 산이요, 물은 물이다."	존재자의 無位 "산은 산이 아니요, 물은 물이 아니다."	존재자의 對位 "산은 참으로 산이요, 물은 참으로 물이다."
관계론	뉴턴물리학(환원주의 인과의 결정론), 공(公)	현대물리 양자역학, 카오스이론 (비결정론), 사(私)	체계이론을 생명유기체론으로 전환, 공공으로 전환
형이상학	형이상학 남음	해체주의 떠남	떠남과 남음의 횡단매개
윤리론	주체의 동일성(位), 나르시시즘, 지배윤리	차이의 윤리(無位) 타자윤리	생성의 세계윤리

대위법에 바탕을 둔 악곡에서의 모방은 성부가 서로 엄격하게 선율을 되풀이하는 것과 선율 또는 리듬에 다소 변화가 있더라도, 그 기본 형태를 되풀이하는, 다소 자유로운 것으로 나누어 생각된다. 윤리측면

68) 이왕주·최병학, 「대위윤리의 모색」, 『포스트모던 시대의 문화윤리』(부산: 부산대출판부, 2005), pp.71-105 참조.

에서 자타 관계는 근대철학까지는 주체의 동일성으로 자아의 중심, 즉 주어의 중심의 윤리학이었다. 따라서 자아가 타자를 만나면서 차이를 인정하고, 그것이 평등으로 나아가지 않고, 평등을 동일성으로 그리고 차이를 열등성을 파악하여 전자는 차이를 무시한 동화주의를 낳고, 후자는 지배의 정당화로 나아갔다. 이른바 서양의 지배 역사가 이루어졌다.

사실 자타의 관계에 있어서 대위어로 풀어보자면, 플라톤은 이데아로 정선율을 강조했으며, 데카르트는 대선율과 정선율을 나누었지만 그 중심은 어디까지나 생각하는 주체로서 정선율이었다. 칸트는 대선율을 선험적 주관으로 정선율에 귀속시켰으며 헤겔에서 비로소 변증법으로 대선율이 허용되었다고 할 것이다. 그 이후 탈현대에 와서야 대선율을 강조하게 된다, 세계윤리의 관점에서 바라보면, 간주체의 윤리, 타자지향과 생명살림의 윤리, 공사공매(公私共媒)의 맥락보편 화용이 비로소 나타나게 된 것이다.

그러므로 세계윤리는 상이한 주제들에 대한 이론적 기초의 정립에 대한 논의가 이루어져야 하며, 다른 한편으로는 각 주제들이 실제 삶에서 어떻게 구현되어야 하는지의 실천차원의 영역고찰이 함께 요구된다고 할 것이다. 이제 공의 윤리로서의 국민윤리를 자타의 상호작용과 공사공매를 강조하는 공공의 대위로 연결하여 마침내 개인윤리, 국가시민윤리, 세계시민윤리를 아우르는 방향으로 나아가야 할 것이다.

이에 개인윤리와 국가의 시민성 윤리에 중점을 두어 온 윤리교육의 방향을 새롭게 정립하여 세계 시민윤리교육으로 나아가는 것이 바람직하다. 구체적으로는 현재 한국종교연합에서 개최하는 월별 종교 간 대화의 성과를 세계윤리연구에 활용하는 것도 바람직하며, 일본의 교토포럼의 공공철학연구의 성과들을 잘 활용하여 세계시민성의 문제를 심도있게 체계화시킬 필요성을 발견한다. 아울러 윤리교육 현안문제를 확인하고 맥락보편의 접근방안의 국제적 적용 가능성과 제반 문제점을 극복하기 위한 방안을 함께 강구할 필요가 있다.

이처럼 세계시민 윤리의 교과과정 개편은 절실히 요구되는 바이며 이를 위해 국내적 연구와 의사소통은 물론 국제적 연구과정을 수용하기 위한 노력들이 앞으로도 꾸준히 지속되어야 할 것이다. 구체적으로는 특수 문화전통과 윤리영역을 존중하는 맥락보편화용으로 살려 생명유기체 관점에서 대위를 갖출 필요가 있다.

참 고 문 헌

김여수, 「21세기 윤리를 위한 공동의 틀」, 『철학과 현실』, 제46권, 2000.

노찬옥, 「다원주의 사회에서의 세계 시민성과 시민 교육적 함의에 관한 연구」, 서울대 : 박사 학위논문, 2003.

이동희, 「동아시아 콘텍스트와 인권 그리고 보편윤리」, 『사회와 철학』, 제5호, 2003.

임홍빈, 「인권 개념의 철학적 정당화와 문화 다원주의」, 『철학연구』, 제54집, 2001 가을.

장은주, 「문화적 차이와 인권-동아시아의 맥락에서」, 『철학 연구』, 제49집, 2000 여름.

조난심, 「7차 도덕과 교육과정의 특징과 개선 방향」, 『교육과정연구』, 22권 1호, 2003.

최은봉, 「지구촌화 시대의 세계화 교육: 일본의 경험」, 『국제정치논총』 36(3), 1997.

피터 싱어, 『세계화의 윤리』(서울: 아카넷, 2003).

한스 큉, 안명옥 역, 『세계윤리구상』(왜관: 분도출판사, 1992).

한태선, 「세계화의 문화적 의미: 한국 공동체의 비 시민적 특성」, 『한양대 사회과학논총』, 제13집, 1994.

Adams, Michael & Michael B. Sperling, "Ubiquitous Distributed Learning and Global Citizenship", *The Presidency*, Vol.6, No. 1, 2003.

Hans Küng, "The Declaration Toward a Global ethic", in *A Global Ethics,* New York, Continuum, 1995.

Heater, Derek, Citizenship: *The Civic Ideal in World History, Politics and Education*(London: Longman, 1990).

Heater, Derek, *World Citizenship and Government: Cosmopolitan Ideas in the History of Western Political Thought* (New York: ST. MARTIN's Press, 1996).

Jacques Derrida, différance, 김보현 편역, 「차연」, 『해체』(서울: 문예출판사, 1996)

Mark C. Taylor, *About religion*(Chicago: The University of Chicago Press, 1999)

제 2 장
세계윤리교육의 개신

1. 세계윤리교육의 목표 | 2. 현행 윤리교과의 세계윤리교육
3. 새로운 윤리교과의 세계윤리교육 | 4. 세계윤리교육의 변화요인
5. 세계윤리교육의 개신 | 6. 세계윤리교육의 공공지평

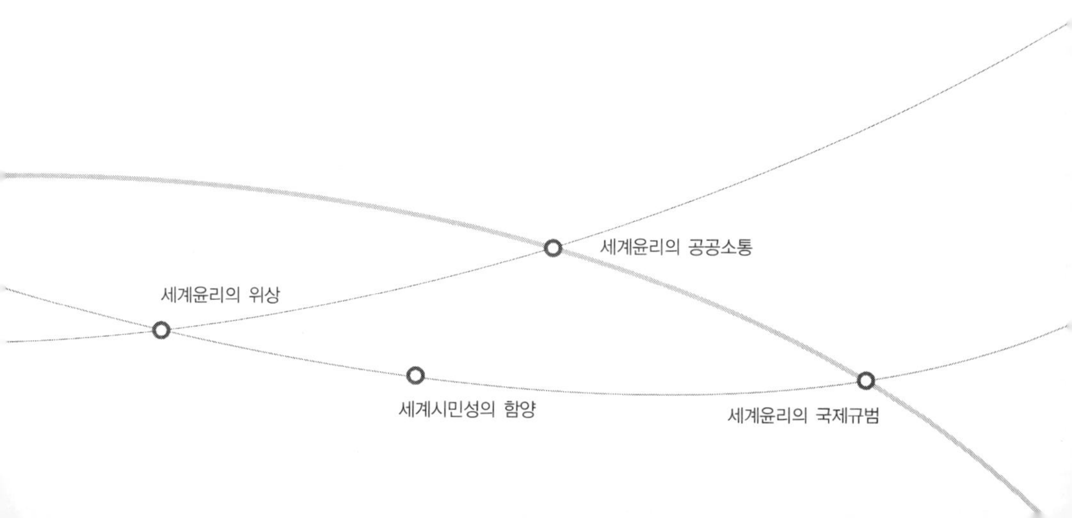

자신의 말을 지키는 사람

당신 주위의 사람들을 잘 살펴보라.
그리고 자신이 하겠다고 말한 것을 반드시 해내는 사람을 찾아보라.
그 사람을 가까이 두고, 그렇지 않은 사람은 멀리 하라.
자신의 말을 지키는 사람은 오늘 하루뿐 아니라
당신의 인생 전체를 풍요롭게 만들어 줄 것이다.
말한 것을 지켜 믿을 수 있는 사람 되기, 오늘 당장 시작하라!

– 짐 스토벌의 《오늘이 그날이다》 중에서 –

〈Story-Telling : 왕이 되지 않고자 한 사나이〉

먼 옛날에 한 정글의 계곡에 인접해 있는 산비탈의 은둔처에 몇 명의 성자들이 살고 있었다. 여기서는 끊임없는 평화의 미풍이 불고 있었다. 성자들은 나무에서 과일을 따먹고, 반짝이는 샘의 살아있는 물을 두 손으로 떠 마셨다. 다이아몬드처럼 빛나는 그들의 눈은 천상의 미소로 빛났다. 그들의 가슴속에서 고동치는 기쁨은 영속적인 위안을 주었다.

그렇지만 어느 날 성자들 중의 한 명이 자신은 영적 행복을 너무나 많이 갖고 있었기 때문에 세속적인 행복을 맛보고 싶다는 생각을 하게 되었다. 그는 하루 동안 왕이 되고 싶었다. 그는 가슴 속에 이런 불타는 욕망을 품고서 왕 노릇하는 재미를 찾아 나섰다.

그는 길을 가는 도중에 다음과 같이 생각하였다. "하늘에 계신 아버지, 저는 당신의 자녀입니다. 제가 하루 동안 왕의 행복을 즐길 수 있는 곳으로 당신은 확실하게 저를 인도해 주시겠지요." 곧 장엄한 궁전 같은 저택이 그의 눈길을 끌었다. 그는 "아, 하늘에 계신 아버지가 나의 꿈이 이루어지게 하신 거구나."라고 외친 다음에 서둘러서 그 저택으로 다가갔다.

그를 막는 파수병이 없었기 때문에 그는 문들을 통과하여 들어갔다. 그는 꽃들로 장식된 정원을 걸어 다녔지만 아무도 만나지 못했다. 그는 궁전의 식당으로 들어갔는데 뜨거운 김이 나는, 맛있는 음식이 식탁에 차려져 있고 그를 환영하는 듯이 기다리고 있었지만, 급사나 하인의 흔적은 보이지 않았다. 그는 생각하였다. "주님은 나에게 잘해주시기도 하지. 그분은 이 궁전과 훌륭한 음식까지 화현하여 두었으니 왕을 위한 것이고 딱 나를 위한 것이네. 이것은 내가 원한 그대로야. 왕으로서의 행복을 바라는 나의 꿈은 실현되었다."

감상적으로 확신한 그는 하루 동안 신이 만들어준 왕이 되는 예비단계들을 즐기기 시작하였다. 그는 목욕을 하였고, 산뜻한 옷들로 갈아입은 다음, 저녁식사를 하러 자리에 앉았다. 바로 그 때 도박을 하러 나가있던 궁전의 하인들이 뛰어 들어와서는 대단히 흥분한 목소리로 소리를 질렀다. "당신은 누구요? 사냥 나가있는 우리의 왕이 금방이라도 도착할 것 같은데 그분의 음식을 먹다니." 성자는 이것을 주님의 시험이라고 생각하고서 차분하고 사랑스런 어조로 대답하였다. "나는 위대한 왕의 친구요. 나는 하루 동안 왕으로서의 행복을 즐기라는 그분의 명령을 받고서 여기에 온 것이라오."

확신에 찬 그의 세련된 태도를 주목한 하인들은 성자가 진정으로 자신들의 왕의 존귀한 손님인 것으로 받아들였고 그가 왕의 식사를 마치도록 하였다. 그 다음에 그들은 그를 왕의 방으로 안내해서 잠자도록 하였는데, 그들은 성자가 언급한 "위대한 왕"이 그들의 세속적인 통치자가 아닌 주님이라는 것을 꿈에도 생각하지 못하였다.

두 시간이 지났다. 왕의 전령이 폐하의 전갈을 갖고 도착하였는데, 왕은 시간이 지체되었으며 세 시간이 지나면 도착할 것이므로 따끈한 식사를 준비해놓으라는 것이었다. 하인들은 걱정스럽게 물었다. "폐하는 한 손님을 보내서 폐하의 식사와 침대를 즐기라고 하지 않았나요?" 그리하여 왕의 전령은 초대받지 않은 낯선 손님이 왕의 음식을 먹어치운 다음 지금은 왕의 침대에서 코를 골고 있다는 것을 알게 되었다. 이런 무례에 분노한 그는 하인들에게 달려가서 그 침입자를 쫓아낼 몽둥이를 가져오라고 다그쳤다.

성자는 자신의 몸에 무자비하게 퍼부어지는 몽둥이세례를 받고서 왕의 행복의 단꿈에서 거칠게 깨워졌다. 그러나 하인들이 그를 때리고 욕설을 퍼부을수록 그는 더욱 웃었다. 격분한 그들은 그를 계속 때려서 마침내 그가 의식을 잃자 궁전의 문들 너머로 내버렸다.

지나가던 형제 성자가 그를 암자로 데려갔다. 형제는 의식이 없는 성자의 입에 우유를 흘려 넣었다. 그리고 잠시 후에 그가 의식을 회복했는지 시험할 요량으로 "누가 당신에게 우유를 먹이고 있는지 아시오?"라고 물었다. 두들겨 맞은 성자는 웃으며 대답하였다. "하루 동안 왕이 되고자 한 이유로 나를 때리는 신이, 그 동일한 신이 나에게 우유를 먹이고 있는 것이오." 다른 은자들은 자신들의 형제인 그 성자의 신에 대한 믿음이 변하지 않는 것을 보고서 기뻐하였다. 이 성자는, 번영할 때에는 신을 경배하지만 역경을 만나면 신을 믿지 않는 사람들과는 달랐던 것이다.

한편 궁전의 왕은 돌아와서 자신이 지시해 두었던 따끈한 음식을 요구하였다. 어떤 자가 침입해서 자신의 음식을 먹었고 두들겨 맞으면서도 웃었다고 하는 이야기를 듣고 왕은 잠시 분노하기는 하였지만 변덕스럽게 마음을 바꾸어서 그 무례한 사기꾼을 찾아내라고 자신의 하인들에게 명령하였다. 그들은 높고 낮은 모든 곳을 찾아보았지만 성공하지 못하고 낙담해서 귀가하려고 성자의 은둔처를 지나치며 말달리다가 그의 커다란 웃음소리를 듣고는 놀랐다. 그들은 말에서 내린 다음 성자를 체포해서 왕 앞으로 데려갔다.

왕과 성자가 만났을 때, 성자는 흥겨움을 자신의 가슴속 통에 담아둘 수 없다는 듯이 어느 때보다 더 큰 소리로 웃기 시작하였다. 왕은 가혹한 벌을 내리겠다는 위협을 가하면서 그에게 왜 웃는지를 말해달라고 거듭 요청하였다. 위협이 실패하였을 때, 왕은 애원하였고, 마침내 그가 두들겨 맞으면서도 어떻게 그토록 진지하게 웃을 수 있었는지를 설명해 주기만 한다면 자신의 왕좌를 성자에게 주겠다는 제안을 하였다.

성자가 대답하였다. "잘 들으시오! 나는 하루 동안 왕으로서의 물질적인 안락을 즐기고 싶다는 미망적인 생각을 품었다가 신에게 매질을 당하였소이다. 그런데 '가벼운 벌로 때웠으니' 나의 웃음이 커졌지요. 생각해 보니 '내가 겨우 하루 동안 왕이 되려고 했다가 그토록 맞아야 한다면 몇 년 동안 물질적 행복에 탐닉하는 왕에게는 얼마나 많은 벌이 내려질지 생각해보라'는 생각이 들더군요. 나는 겨우 하루 동안 신을 잊었다가 매를 맞았어요. 그러니 고맙긴 하지만 나는 왕이 되지 않을 겁니다! 나는 신 안에서 언제나 신선한 행복을 맛보고 있는데, 그 행복은 채찍질당할 걱정거리로 끝나는 일은 없습니다."

* * *

Point Up: 세계시민성의 관점에서 볼 때 우리의 육체는 소통을 위한 빛으로 충만하다는 점이다. 세계시민성의 빛의 광선들은 지혜의 눈이 감기지 않도록 지켜줄 도덕률이다. 세계 다른 지역의 사람들이 행복해 하는 꼴을 여러분이 차마 볼 수 없어 한다면, 세계시민성의 법칙은 여러분이 다른 사람들로부터 불행을 당하도록 확실히 준비할 것이다.

깊은 밤중에 소리 없이 울부짖는 끈질긴 울음 때문에 아파트에서 용납되지 않는 말썽꾸러기 아기들과 같이 상황에 깨어 있어야 한다. 세계시민의 공공행복이 올 때까지 깨어 있음을 포기해서는 아니 될 것이다. 매우 현실적으로 보이는 모든 지상의 친구들은 언젠가 비현실적인 것이 될 것이고, 사라져 버릴 것이다. 그리고 감촉으로 만나기 어렵게 보이는 세계시민성 배후의 진실이 현생에서 진정으로 영속하는 친구로 판명날 것이다. 세계시민성의 진실을 아는 것은 가치 있는 일이다.

세계윤리교육

제2장 세계윤리교육의 개신

1. 세계윤리교육의 목표

세계화가 급속히 진전되어 감에 따라 세계 구성원들 간의 교류 및 접촉이 강화되었다. 과학기술의 발달에 기인하여 시작되어 가속화되고 있는 세계화는 시·공간을 압축시켜 상이한 문화적 배경을 가진 세계 구성원들 간의 심리적 거리를 압축시키고 있다. 세계화는 문화적 획일화의 위험성과 함께 디아스포라[1] 확산을 통해 문화적 다양성이 강화되고 문화 습합이 증가하고 있는 현상이라는 일면 모순적인 형상을 나타내고 있다. 세계화는 세계 구성원들 간에 우리와 그들이라는 도식을 넘어선 인간관계와 의사소통을 요구하고 있다.

이러한 상황에서 맥락에 근거한 특수 윤리의 상호 이해와 세계구성원들에게 공통적으로 적용될 수 있는 보편윤리의 발견과 타자의 문화에 대한 상호존중의 이해 필요성이 더욱 커져 가고 있다. 그간 보편적 도덕성의 정립 이면에는 제국주의적 의도가 숨어있다는 비판적 주장들이 제기되기도 했다. 지구적 차원에서 발생하고 있는 윤리적 문제들이 근원적으로 세계 구성원들 간의 협력을 강요하고 있다는 점은 세계윤리의 당위성을 함축하고 있다. 민주주의, 반부패 등의 도덕적 가치와 상이한 문화적 배경을 가진 세계구성원들로 하여금 지구차원의 윤리적

1) 사역자란 헬라어로 디아포라스 즉, 식사를 시중드는 사람이다. 흔히 믿음을 자라나게 하시는 분은 하나님이시기에 하나님을 기쁘시게 하는 삶, 사역을 해야 한다는 뜻으로 사용되었다. 시중드는 사람이 최고의 서비스를 하는 것처럼 믿는 자들은 말씀을 수용할 수 있도록 최대의 서비스를 해야 한다.

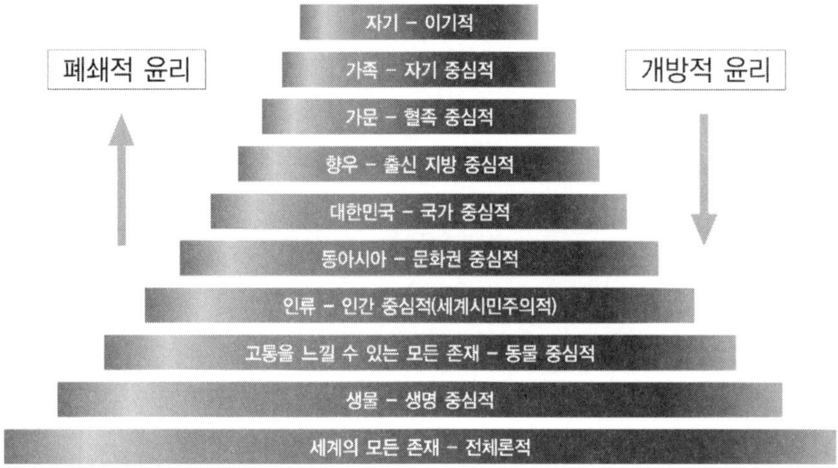

그림 1 세계윤리교육의 개방성

문제들에 대한 공통의 지향을 가능하게 하여 세계윤리의 당위성을 함축하고 있다.

이러한 상황에서 세계윤리는 민족주의와 국가공동체 지향의식의 강한 전통으로 인한 세계윤리에 대한 연구 부족, 세계윤리에 대한 접근에서 윤리 교과의 차별성 부족으로 인한 정체성 확보 미흡, 보편윤리와 특수윤리의 관계에 대한 연구의 부족 등 다양한 문제를 드러내고 있다. 교육과정과 교과서에서의 세계윤리교육 현실, 보다 넓은 공동체와의 연계를 통한 교육방안 등을 중심으로 논의를 전개하려면, 윤리공동체 구성원들이 다양한 관점에서 학문적으로 논의하고 합의하여 개선해나가야 하는 공동문제로서 인식지평을 넓혀가야 할 것이다.

1. 세계윤리의 개념

1) 세계윤리의 정의

세계윤리 정의에는 개념적 모호성이 존재한다. 근본적으로 세계윤리 개념은 무정형이라고 할 수 있다.[2)] 세계윤리의 개념을 정의한 것을 보면 여러 입장으로 구분할 수 있다. 세계의 다양한 민족이나 국가의 특

2) A. B. Desai and T. Rittenburg, "Global Ethics," *Journal of Business Ethics*, Vol. 16, No. 8(1997), p.791.

그림 2 한스 큉

수한 윤리들에서 공통적인 것을 보편적 도덕(universal morality)으로 발견하여 세계윤리를 다양한 사회로부터 절충되어 도출된 가치와 윤리적 행위의 확산으로 본다. 또한 다양한 민족이나 국가의 특수한 윤리가 지향해야 하는 이상적인 도덕 원리, 규범, 가치를 설정하고 세계윤리로 정의하는 경향도 나타난다.

현행 7차 교육과정의 『윤리와 사상』 교과서에서는 세계윤리의 필요성을 논의한 후 세계윤리의 의미를 소개하면서 "전통문화의 가치를 현대적 생활방식에 부합되게 해석함으로써 이념적 논쟁에서 탈피하여 세계 공동체의 윤리적 합의를 도출하려는 기본 방향을 지니고 있다. 따라서 개개인의 심정적 변화를 통한 집단의 변화, 그리고 지구촌 구성원의 의식 변화에 의한 삶의 질 개선에 주안점을 두고 있다"고 설명하고 있다. 그리고 큉(H. Küng)이 세계윤리의 기본 방향으로서 제시한 비폭력 문화와 생명존중의 실천, 연대성 문화와 경제 질서의 존중, 관용의 문화와 진실한 언행의 실천, 평등의 문화와 남녀 간의 동반자 정신 네 가지를 세계윤리 특징으로 설명한다.

이러한 설명과정에서 세계윤리를 "초국가적, 초문화적 윤리, 모든 사람의 복지를 지향함으로써 공감을 얻을 수 있는 윤리, 그리하여 전체 인류를 위해 구속력을 발휘하는 윤리,"[3] "배려의 범위가 가장 넓혀진 윤리로서 미래 세대까지를 포함한 모든 사람들을 배려하고, 더 나아가 이 지구상의 모든 생명체와 생태계 전체를 보전해야 할 책임을 일깨우는 윤리로서 정의하고 차별, 모순, 투쟁의 윤리'와 대립적인 것으로서 설명하고 있다.[4] 또한 소단원 마무리에서는 "세계윤리는 인간중심적 윤리관에서 동물생명 중심적 윤리관으로, 더 나아가 무생물도 포함한 전체론 윤리관으로 윤리적 관점을 확대한 윤리이다"고 정의하고 있다.

이처럼 『윤리와 사상』 교과서에서는 세계윤리에 대한 불분명한 정의들이 발견되고 있어서 학생들로 하여금 개념의 정확한 이해를 어렵게 하는 측면이 있다. 이에 따라 세계윤리를 다양한 민족이나 국가들의 특

3) 서울대학교 국정 도서 편찬위원회, 『윤리와 사상』(서울 : 교육인적자원부, 2006), p.127.
4) Ibid., p.122.

수한 윤리에서 도출된 보편적 도덕으로서 지속적으로 재발견하고 대위법으로 설정하면서 세계 공동체 구성원의 의사결정과 행위기준으로서 공공영역으로 확산될 필요가 있는 것이다.

한스 큉의 세계윤리 구상을 위한 관점에서 우리는 세 가지 문제를 고찰해 볼 필요가 있다. 먼저, 근대 대표적인 무신론적 입장들, 즉 포이에르바하의 인간학의 무신론, 마르크스의 사회정치학의 무신론 그리고 프로이드의 심리분석의 무신론과 대항하여 세계윤리 정신을 세우는 문제이다.

또한 가장 기본적인 수준에서 드러나는 허무주의(Nihilismus)에 대한 대안을 세계윤리 관점에서 도출하는 것이다. 이성적인 근본적 신뢰와 인간적이고 도덕적인 삶을 위한 무조건적인 전제에서 자율적 윤리가 세계윤리를 위한 토대라는 점이다.

마지막으로 세계종교의 틀을 세움에 있어 칼 바르트의 '변증법적 관점'의 한계이다. 이러한 근본 문제점들의 해결은 세계종교들과의 건설적인 대화를 지속적으로 전개하여 공공소통을 제대로 이룩하는 할 것이다. 그러면서도 특정종교 중심의 수렴을 피하면서 공공소통을 이룩하는 과제를 안고 있다.

2) 세계윤리의 시민성

세계화가 진전됨에 따라 지구시민성(global citizenship)이나 세계시민성(world citizenship)이라는 표현을 자주 접하게 되었다. 이러한 세계시민성이 실제적인 의미를 가지고 이러한 것을 학생들에게 실재로서 생생하게 실감되게 하려면 이러한 작업이 요청된다. 세계윤리는 우리가 자신이 속한 특정한 공동체나 국가에 대한 의무만이 아니라 세계구성원으로서 가진 도덕적 의무에 기반을 둔다.

우리가 세계 공동체의 구성원이라는 인식으로 인해 가능해지는 '타자'로서 인식해 온 존재에 대한 도덕적 의무로서 의사결정과 행위 대안의 결정에서 판단의 기준으로 활용되는 것을 의미한다. 세계윤리의 근원적 문제는 개인들이 세계 공동체와의 관계에서 인식하는 시민윤리를 국가와의 관계에서 가지는 시민윤리와 동일하게 인식하느냐와 실천적인 의미를 공공으로 드러냄에 있다.

개인들이 다양한 공동체에 결합되는 방식은 시민성의 종류와 기능을 구별시킨다. 개인들은 법적·정치적·집단적 정체성, 어떤 공동체들의 구성원으로서 가입함에 의해 공동체와 결합된다. 이러한 결합에 의해 개인들은 공동체에 대한 의무를 지고 또 공동체에 의해 보호받는 권리를 향유하는 시민성을 가지게 된다.

먼저 시민들은 자신이 속한 공동체의 법을 준수하고 안보와 번영에 기여할 의무를 가지는 동시에 공동체의 통치에 참여할 정치적 권리, 다른 시민들과의 평등에 기초한 자유, 안전, 번영을 법적으로 보호받을 권리, 국가의 물질적 번영과 문화유산에 참여하는 사회적, 문화적 권리를 가진다. 법적, 정치적 가입의 측면에서 시민성의 기능은 시민이기 때문에 국가가 관심을 가지는 대상인 사람들과 그렇지 않은 사람들을 구별하는 것이다. 시민권을 거부당하고 박탈당하는 것은 시민적 권리의 일부 또는 전부에 대한 접근을 거부당하는 것이다.

또한 개인들은 집단적 정체성에 의해 결합될 수 있다. 이러한 관계의 시민성은 공동 조상, 공통의 가치, 공유된 생활방식, 공통의 언어, 문화유산, 문화적 아이콘, 열정, 공동 운명 의식의 공유를 포함하는 민족성에 근거한다. 법적, 정치적 가입과 종종 겹치지만 언제나 그런 것은 아니다. 구성원들의 소속감이 단지 공동생활 또는 공동 직업을 추구하는 과정에서의 공동 활동, 이익이나 관심을 공유함에서 발생하는 집단 구성원으로서 결합될 수 있다. 학문 공동체와 같은 공동체들은 정치적, 법적 시민성이나 민족성을 공유하지 않지만 상호 접촉하고, 어떤 책임에서 협력하고, 중요한 공동 이익을 가지고, 상호 동정심의 유대에 의해 결합된다.

그리고 개인들은 '이방의 관계'(the relationship of foreignness)로 표현되는 상호 관계를 가질 수 있다. 불필요하게 잔인하거나 비인간적이어서는 안 된다는 의무 외에는 어떤 의무도 가지지 않으며, 상호 의존 의무를 가지지 않는다고 고려하는 사람들에게, 또 우리에게 어떤 의무감도 느끼지 않을 것이라고 기대하는 사람들에 대해 취하는 관계이다. 이러한 개인들은 우리 국가, 민족, 공동체에 속하지 않지만 자연상태에서처럼 만인의 만인에 대한 투쟁에서 경쟁자의 입장에서 있음을 말한다.

세계윤리의 시민성은 이러한 현실적 관계성을 공공으로 대위하게 된다. 민족, 국가, 지역이라는 인위적 설정을 넘어서서 세계 공동체의 한 구성원으로서 결합되어진다. 그 속에서 다른 존재에 대한 의무를 가지고 또 보다 나은 삶을 살 수 있는 가장 중요한 권리를 향유하는 시민성으로 대위하면서 공공영역을 끊임없이 요구하게 된다.

2. 세계윤리교육의 개념

1) 개념의 정의

세계윤리교육은 인식, 감정, 행위능력을 준비시키는 데, 인지적, 정의적, 행위적 세 측면에서의 도덕성을 통합적으로 발달시키고자 한다. 즉 세계윤리교육은 세계의 특수한 윤리 원칙과 보편적인 규범을 이해하는 능력, 도덕적 추론능력을 활용하여 지구윤리 문제에 대해 합리적으로 의사를 결정하고 문제를 해결하고자 하는 능력, 그리고 민족국가의 경계를 넘어선 전 지구적인 윤리적 문제들을 민감하고 공감적으로 받아들이는 능력에 기초하여 세계의 보편윤리를 자신의 일상생활, 지역사회, 국가공동체의 삶에서 습관적으로 실천할 수 있는 능력을 발달시킬 수 있도록 교육하는 데 주안점을 두고 있다.

2) 세계윤리교육의 인간상

세계윤리교육은 세계윤리의 실천성을 담보하여 세계 공동체에 도덕적인 실제적 변화를 불러일으킬 수 있는 공공의 양식에 토대를 둔 인간을 육성하기 위해 몇 가지 공공의 인간상을 전제해야 한다. 무엇보다도 생명 존엄성에 대한 존중, 자신과 타자를 공공으로 횡단매개하는 대위를 중시하여 자타를 함께 살리는 방향이 요청된다. 이에 공공가치를 살려내는 인간, 홍익생명을 중시하는 인간, 공사공매를 매개하는 인간, 국제규범을 실천하는 인간으로 집약할 수 있다.

(1) 공공가치를 살려내는 인간

세계윤리교육에서 길러내고자 하는 인간상은 모든 인간이 동일한 욕구와 선택능력을 가지지만 모든 인간이 각기 다른 취약함을 가진다는 점에서 공공가치를 살려내는 인간이다. 각 개인의 경험이 가지는 제한성을 고려할 때 모든 인간은 인지적, 정의적, 행위적 측면에서 취약함을 가지고 있다. 또 이러한 취약성은 다른 동물들과의 관계에서 자연적응이라는 관점에서 볼 때 분명해 진다.

이러한 인간의 보편적 취약성을 인식하고, 그것에 근거하여 세계의 다양한 집단, 민족, 국가 간의 다름, 그 구성원들 및 다른 생명체와의 차이를 공감적으로 이해하면서 사적, 공적 차원을 통해 공공가치를 적극 실천하려는 인간성이 요구된다. 그래야만 각기 다른 경계 내에 속한 존재들이 현안의 윤리적 문제에 대해서 다양한 대안을 가지고 있음을 인정하고 지적 정직성에 기초하여 보다 합리적인 대안을 협력적으로 함께 추구해 나갈 수 있게 된다. 이러한 인식능력을 가진 인간은 세계화가 급속히 진전됨에 따라 이질적인 문화 간의 접촉이 가치갈등으로 나타날 가능성이 함께 증가하는 상황에서 공공가치를 살려내는 능력을 형성하게 된다.

(2) 홍익생명을 중시하는 인간

세계윤리교육에서 길러내고자 하는 인간상은 모든 생명에 유익함을 살펴서 이를 가치관으로 중시해 나갈 필요가 있는 것이다. 생명으로서 인식하는 존재들의 다름을 참아내어 주는 마음을 가진 존재, 즉 관용하는 인간상을 전제한다. 생명의 유익함이란 모든 인간 집단, 민족, 국가 간에 생명가치가 필수적인 요소로 존재한다는 것을 느끼는 인간이다. 그러나 그러한 능력이 가치 상대주의적 관점에 서 있는 것이 아니라 자기오류를 수정하고 변화시키고자 하는 생명의지에 기초해 있는 인간이다. 그러한 인간은 세계적으로 확산되는 다양한 윤리적 문제들을 민감하게 인식하고 여러 대안들 중 가장 합리적인 것으로 합의된 것을 홍익생명 가치로 실천할 수 있을 것이다.

20세기에 홍익인간의 가치를 표방하면서 소태산 대종사(少太山 大宗師)는 일원상의 진리를 대각으로 선언하였다. 그는 '파란고해의 일체생령을 광대 무량한 낙원으로 인도'하기 위하여 원불교를 개교하였다. 대종사는 대각을 이룬 후 '석가모니불은 진실로 성인들 중의 성인이라' '나의 연원(淵源)을 부처님에게 정하노라. 불법(佛法)으로 주체 삼아 완전무결한 큰 회상을 이 세상에 건설하리라'고 천명하기에 이른다.

이로 볼 때 원불교는 그 연원을 불교에 두고 있음을 알 수 있다. 그러나 외면상으로 두드러지게 나타나는 것은 신앙의 대상을 상징함이 다르며 교단의 형성과정, 운영방식, 제도 등을 보면 기성불교와는 다른 각도에서 조직된 교단이다. 그러나 사상적 근본 진리 면에서는 상통하고 있다. 그러나 다양한 불교의 신앙과 수행방법을 통합 활용하여 서로 융통하게 하고, 기성불교에서 일반화된 제도를 답습하지 않으려고 하는 원불교의 불교개혁 방향은 불교의 개혁을 넘어서 홍익인간의 새로운 방향을 제시한 것이라고 볼 수 있다.

세계윤리 관점에서 소태산 대종사가 제창한 혁신의 표준은 시대화(時代化), 생활화(生活化), 대중화(大衆化)이다. 시대화란 어느 시대에 처하든지 그 시대성을 저버리지 아니하고 잘 동화하면서 높은 차원으로 사람들을 지도해 나갈 수 있도록 짜인 법이라는 뜻이며, 생활화란 직접 생활 속에서 불법(佛法)을 찾고 깨달아서 그에 따라 생활해감을 말한다. 불법은 곧 생활의 지혜를 밝힌 가르침이라는 뜻이다. 대중화란 서민화(庶民化)요, 시민화(市民化)란 뜻이다. 이른바 20세기 초에 세계시민으로서의 자각을 나타낸 것이라고 할 것이다.

(3) 공사공매를 매개하는 인간

세계윤리교육에서 길러내고자 하는 인간상은 자기 민족이나 국가의 경계를 넘어서 있는 존재들이 어떻게 생각하고 느끼며 실제로 어떠한 상황 속에서 살아가고 있는지를 알고자 할뿐 아니라 공사의 차원을 함께 매개하는 사진, 영상, 글을 통해서 그들의 문제를 알게 되었을 때 글을 읽어가면서, 사진과 영상을 보면서 생생하게 공감할 수 있는, 온전히 그들의 입장에서 보고, 느끼고, 생각할 수 있는 인간이다. 우리는 때때로 아름다운 음악을 들을 때, 아름다운 그림이나 건축물 또는 글귀를 읽으면서 심미적 정서를 느끼게 될 때면 가슴 속에서 뭉클거리는 마음을 느끼면서 눈물이 날 듯 한 격정이나 감정을 경험한다. 세계윤리교육에서 강조하는 정의적 요소는 학생들을 바로 그러한 느낌을 가지고 타자를 그리고 타자가 가진 윤리적 문제를 공사공매의 차원으로 이어주고 연결하여 생생하게 느낄 수 있는 인간을 의미한다.

(4) 국제규범을 실천하는 인간

세계윤리교육에서 길러내고자 하는 인간상은 상생의 국제규범을 몸소 실천하는 인간이다. 세계 공동체의 구성원들이 살아가는 이유가 궁극적으로 보다 정의로운 사회에서 더 행복한 삶을 살아가기 위한 것이라면, 궁극적으로 평화로운 공존을 위한 국제규범을 실천함으로써만 획득될 수 있다. 세계윤리교육에서는 머리로 이해하고 마음으로 느끼는 도덕성이 아니라 드러나고 합의된 국제규범을 실천하는 도덕성이다. 그래야만 세계적인 윤리적 문제의 해결을 위해 다양한 참여활동을 통해 세계 공동체에 실질적인 변화를 불러일으키는 것이 개신이 가능해진다.

근대는 인간이 주체임을 밝혔다 하지만 근대의 '자기중심적 휴머니즘'은 인간사의 갈등과 충돌을 강화시켰으며, 이런 근대 휴머니즘은 윤리적으로 보완되어야 했었다. 즉 인간이 신 앞에서 무한한 한계를 느끼면서 경건함을 견지하고, 신에 대한 경건한 응답으로서 낯선 타인과 협력하여 지구에 대해 책임을 지는 '윤리적이며 영성적 휴머니즘'이 필요한 것이었다.

따라서 탈근대사회의 혼돈된 문제를 해결하기 위해, 무엇보다도 세계윤리의 수립이 중요하다. 오늘날 지구에 살고 있는 인류는 서로 다른 문화, 다른 국적, 다른 가치관, 다른 생활방식을 갖고 있는데, 세계화 속에서 이들이 함께 삶을 영위하기 위해서는 그들이 믿고 있는 가치체계로부터 최소한의 공통점을 찾아 그것을 윤리원칙으로 삼아야 한다는 것이다.

현대사회의 위기를 과학기술이 발달했지만 그 남용을 저지할 지혜가 부족하고, 경제가 발전했지만 타인과 환경에 대한 배려가 부재하며, 결국 민주주의가 수립 됐지만 세계윤리 는 없는 까닭이다. 요컨대 자유와 평등을 강조하지만 지나치게 물질문명에 경도된 채 타인을 배려하는 윤리적 태도가 부족하다는 것이다. 자본주의는 물론이거니와 그 반작용으로 등장한 공산주의도 체제를 유지하기 위해 경제적 통제뿐만 아니라 정신적 통제를 가한 나머지 결국 인간을 고양된 존재로 만드는 데 실패했다. 이에 자본주의와 사회주의 양면에 적용할 수 있는 세계윤리의 국제규범이 중시되고 있다.

2) 교육의 목표 및 내용 요소

세계윤리교육은 학생들이 보편성과 특수성의 횡단매개 이해, 도덕적 문제와 생명가치에 대한 도덕적 민감성, 국제규범의 지속적인 실천력을 함양하도록 하는 것을 교육의 목표로 삼는다. 이러한 목표는 필수적 교육을 요소로서 요청한다.

(1) 보편성과 특수성의 횡단매개 이해

- 지구적인 차원의 보편적 윤리문제 인식
- 보편적인 도덕원리와 규범인식, 세계윤리는 본질적으로 규범적 처방이다. 그것은 국가 경계, 문화적, 사회적 차이를 초월한다. 그래서 보편적이고 초국가적이고 간문화적인 윤리적 행위 기준을 지향하기에 횡단매개가 요청된다.
- 도덕규범의 보편성과 특수성에 이해 : 상이한 규범이 동일한 결과를 발생시키는지, 동일한 규범이 상이한 결과를 발생시키는지에 대해 이해하고 기술할 수 있거나 상이한 특수윤리들로부터 보편적

인 도덕 원리나 규범을 발견하고 그 특징을 기술할 수 있기 위해서는 공사공매의 횡단매개가 중시된다.

- 도덕적 의사결정능력과 횡단매개 능력
- 공공의 입장에서 도덕문제 바라보기 : 공공의 입장에서 동일한 문제에 대해 다른 사고나 가치판단을 할 수 있는 가능성을 이해하고 그 내용을 자신이 입장이 아닌 공과 사의의 입장에서 동일문제에 대한 생각을 상상해보고, 그 공통점, 유사점, 차이점을 정리할 필요가 있다.

(2) 생명가치에 대한 도덕적 민감성

- 생명 문제에 대한 도덕적 민감
- 도덕적 문제에 관련된 생명유기체로서 공감
- 세계구성원의 욕구와 자발적 선택능력의 존중

(3) 국제규범의 지속적인 실천력

- 세계구성원의 욕구와 선택능력 동등하게 존중하기가 상황과 맥락을 살펴 실천해야 할 것이다. 다양한 편견을 인식하고 그것에 저항하면서 편견과 차별의 대상자들을 그러한 상태에서 벗어나도록 돕는 행동을 지속적으로 실천함
- 세계의 도덕공동체 활동에 적극적으로 참여해야 할 것이다. 세계공동체 구성원의 복리를 증진하기 위한 다양한 참여활동에 적극적으로 참여하면서 공공의 도덕규범을 실천함

2. 현행 윤리교과의 세계윤리교육

현행 7차 교육과정에서 고등학교 수준에서 도덕 교과의 세계윤리교육은『고등학교 도덕』,『시민윤리』,『윤리와 사상』세 과목을 통해 이루어지고 있다. 그 중『윤리와 사상』과목에서 가장 중심적으로 다루어지고 있다. 그러나 도덕 교과의 세계윤리교육은 교육 목표, 교육 내용, 교수학습방법 등에 있어서 도덕과의 정체성을 분명히 드러내지 못하고, 세계윤리의 구체적인 사례를 제시함으로써 학생들의 흥미를 유발하거나 우리나라의 현실문제와의 관련성을 통해 보다 명확하게 문제를 인식하게 하는 접근이 부족하다는 한계를 보인다.

1. 『고등학교 도덕』

고등학교 『도덕』 교과서에서는 현대 사회와 도덕문제, 도덕 공동체의 구현과 공동선의 추구에서 도덕 공동체 구현의 지침으로서 정의, 공정성, 자연을 포함하는 모든 구성원에 대한 책임과 배려를 들고 민족국가적 경계를 넘어서는 모든 인간에 대한 배려, 후세대에 대한 배려, 인간중심주의의 극복과 생명 존중의 실천 노력을 강조하고 있다. 세계 도덕 공동체의 구성원은 "도덕적 관심의 대상인 도덕 공동체 안에 모든 사람이 포함될 수 있음을 인식하는 것이다. 우리가 어느 특정 집단, 민족, 국가, 인종에 속해 있든지 아무런 구애를 받지 않는다.[5)]고 기술하고 있다. 세계 공동체의 구성원으로서 가져야 하는 도덕적 인식을 강조하면서도 세계윤리를 다루고 있는 내용이 적다는 것이 문제점으로서 발견된다.

새 교육과정에 따른 교과서에서는 세계윤리 내용들이 세계윤리에 대한 내용이 독립적으로 다루어지는 부분이외의 부분들에서도 통합되어 자연스럽게 다루어지도록 구성할 필요가 있다. 국내에 거주하는 외국인 노동자나 새로운 터전을 배려하여 그들을 위해 봉사하는 모습을 담은 사진, 인도네시아의 지진 해일, 파키스탄의 대지진 시에 민족과 국가의 경계를 넘어서서 자신을 희생하면서 구호활동을 펼치는 119 소방대와 민간인들의 사진 자료를 함께 제시함으로써 세계 도덕 공동체의 윤리 문제에 대한 공감적 인식, 다문화 공동체로서 도덕적 민감성과 의지를 효과적으로 발달시킬 수 있도록 구성해야 할 것이다.

2. 『윤리와 사상』

현행 7차 교육과정에서 세계윤리주제를 실질적으로 다루고 있는 과목은 '윤리와 사상'이다. 특히, 윤리의 흐름과 특징, 세계윤리에서는 (1) 세계 윤리의 필요성과 의미 (2) 세계 윤리의 등장 배경, (3) 세계 윤리의 전망을 16쪽에 걸쳐 집중적으로 다루고 있다.[6)] 그러나 그 양에 비해 다루어지고 있는 내용의 윤리학적 근거가 취약하며 세계윤리에 대한 기본적인 정의가 누락되어 있다. 세계윤리에 대한 차별적 접근이나

---

5) 서울대학교 사범대학 국정 도서 편찬위원회, 『고등학교 도덕』(서울: 교육인적자원부, 2006), pp.93-94.

6) 서울대학교 사범대학 국정 도서 편찬위원회, 『윤리와 사상』, pp.120-135.

정체성이 약한 한계를 드러내고 있다. 본문에서는 생태계 파괴와 환경 오염, 핵확산 및 핵전쟁의 위협, 인구 폭발과 식량 문제를 중심적인 문제로 다루고 있을 뿐이다.

사실문제들을 그러한 문제들을 중시해야 하는 윤리적 근거, 그러한 문제를 다룸에 있어서 가르쳐져야만 한다. 그런데 윤리적 원리나 덕목들을 제대로 다루고 있지 못하고 있는 한계를 드러내고 있다. 저출산·고령화의 세계적 확산으로 인해 근로자가 감소하고 노인이 증가하는 현상은 선진국이나 개발도상국에서 동시에 나타날 전망이다. 이러한 현상은 세대 간의 평등, 노인의 권리에 대한 존중, 생명의 존중, 책임의 분담에 대한 헌신, 국내 문제에 따른 타 민족이나 국가에 대한 도덕적 무관심의 극복과 배려지원 등의 가치변화를 요구한다. 인구 폭발과 식량 문제 역시 전 지구적인 인구혁명으로 표현되면서 확산 추세에 있는 저출산·고령화로 인한 인구문제에서의 새로운 변화양상과 전망[7]을 교과서 내용에 반영하지 못함에 따라 취약성을 드러내고 있다.

『윤리와 사상』 교과서는 민족주의 문제를 안고 있어서 세계윤리를 충분히 반영하지 못하고 있다. 자아실현과 인격 완성에서는 '가치 있는 삶을 위해 희생하신 분들'이라는 제목에서 안중근, 김좌진, 윤봉길 세 분의 사진을 싣고 있다.[8] 그런데 이 세 장의 사진은 기본적으로 국가에 대한 충성이라는 가치를 실천한 영웅들을 통해 애국의 가치를 강화하는 데 그치고 만다.

따라서 세계윤리교육을 위해서는 이러한 사진과 함께 애국의 가치와 함께 사랑의 가치를 실천한 인물들의 사진을 통해 보편적 가치를 가르칠 필요가 있다. 일제 강점기에 신사참배를 반대하여 고통을 겪었고, 6.25 전쟁 중에 자신의 두 아들을 북한군 게릴라들에 의해 잃었음에도 불구하고, 살인자를 용서하여 양아들로 삼고 함께 살았던 인물의 사진을 게재하고 이를 통한 사랑, 용서 등의 공사공매의 윤리가치를 가르칠 수 있도록 해야 할 것이다.

3. 『시민윤리』

현대 사회 문제와 시민 윤리, 문화·예술·종교와 윤리에서는 관용

---

7) 박동석 외, 『고령화 쇼크』(서울 : 굿인포메이션, 2006), 1부 1,2장 참조.
8) 서울대학교 사범대학 국정 도서 편찬위원회, 『윤리와 사상』, pp.29.

그림 3 세계윤리 교재

을 세계윤리의 요소로서 강조하고 있다. "역사, 언어, 민족 등 단일문화를 가져 온 우리 민족은 다른 문화에 대한 배타성이 강한 면이 있다. 이는 외국인 노동자나 국내 외국인에 대한 태도를 비롯하여 집단 따돌림, 지역주의, 연고주의 등으로 극단화되기도 한다. 이러한 문화적 배타성은 과거 민족정체성을 한 국가공동체에서는 문제가 없었지만 문화 다원주의를 원칙으로 하는 세계화 시대에는 적절하지 못한 자세이다. 문화 다원주의 사회에서 상이한 인종, 문화, 종교 집단이 안정과 평화를 유지할 수 있을까? 문화적 차이에 대한 관용의 태도를 가질 때에 가능하다. 다양한 공동체 구성원들이 흔쾌히 동의할 수 있는 투명하고 일관된 관용의 원칙과 제도를 만들어 감으로써 적대행위의 원인을 줄여 나가야 한다."[9]고 기술한다.

이와 같은 기술의 경우 "이러한 문화적 배타성은 우리사회 내에서의 갈등에 머물러 민족국가간의 갈등은 적었지만"이라는 내용으로 대체하거나 "문화적 배타성은 같은 민족 구성원들에게만 도덕적일 것을 주장할 뿐 다른 민족 구성원들에게는 비도덕적일 수 있다. 2차 세계 대전을 일으킨 독일이 전후에 자국의 과거의 비인도적 행위에 대해 국제적 용서를 구하고 전범들을 적극적으로 처벌하는 노력은 문화적 배타성에 기인한 잘못들을 극복하는 좋은 사례 등을 제시할 필요가 있다.

그 기술에 있어서 민주 시민으로서의 지녀야 할 능력으로 "우리나라는 단일 민족으로 구성되어 있고 집단주의와 가족주의 의식이 강하기 때문에 대부분의 갈등문제를 쉽게 해결할 수 있다"[10]는 내용이 기술과 "우리나라는 단일 민족 국가이다. 따라서 우리는 단일 민족으로서 강한 동질감을 가지고 있어 국가 정체성을 가지는 일이 비교적 용이하다. 닫힌 민족주의란 폐쇄적으로 우리 것만을 고집하고 남의 것을 부정적으

9) 서울대학교 사범대학 국정 도서 편찬위원회, 『시민윤리』(서울 : 교육인적자원부, 2006), pp.119-120.

10) op. cit., p.62.

로 취급하는 태도로 단일민족에서 나타나기 쉽다. 따라서 민족국가의 생존의 번영의 길은 열린 민족주의, 열린 마음으로 외국인이나 이방인을 대하고, 그들과 교류하는 데서 찾을 수 있다"고 말함으로써 맥락의 강조점을 일관되게 제시하지 못하는 한계점을 노출하고 있는 것이다.

단일민족이라는 신화를 지속시킴으로써 순혈주의를 재생산하고 있는 반면에 현실적으로 이미 외국인과의 결혼이 증가하면서 국내에 80,000여 명의 외국인 신부가 살고 있으며, 앞으로 우리나라의 인구구성 및 문화가 다원화, 다문화 추세가 증가할 것이라는 점에서 이러한 내용 기술은 지양되면서 다문화 사회의 세계시민성을 집중적으로 거론할 필요성에 직면하고 있다. 우리 사회의 첨예화된 갈등들이 집단주의와 가족주의의 부정적 측면에 기인한다는 점을 도외시하면서 단일 민족으로서의 강한 동질감을 앞세운다면 세계시민으로서 다중 정체성에 혼란을 야기할 것이다.

3. 새로운 윤리교과의 세계윤리교육

새로운 윤리교과에서는 세계윤리교육의 목표를 보다 효율적으로 이루어낼 수 있는 교육과정 상의 토대가 마련되었다. 앞으로는 세계윤리가 차지하는 중요성이나 비중이 커져갈 것이다. 교육과정의 강화에 기초하여 교육과정에서 제시된 세계윤리교육의 목표와 내용을 어떻게 교과서에 구현하느냐에 따라 세계윤리교육의 성패가 결정될 것이다. 윤리교과에서의 세계윤리교육이 가져야 하는 목표, 내용, 교수·학습방법 상에서의 정체성을 어떻게 설정하느냐에 따라 효율성은 달라질 것이다. 이러한 점에서 이 장에서는 교사와 학생들의 요구를 반영한 교과서 상의 세계윤리 구성, 교수·학습방법과 관련되는 몇 가지 사항을 살펴본다.

1. 내용구성의 방향

도덕교과 내용구성에서 다루어지는 세계윤리의 내용은 낙태, 안락사, 인간복제 등의 생명윤리, 환경윤리, 정보윤리, 인터넷 윤리, 인구문제와 윤리, 전쟁과 윤리, 핵기술과 윤리, 민족국가의 편견을 해소하는 윤리 등의 주제를 핵심적인 것으로 포함한다. 특히 윤리학적 접근을 강화하는 창의적인 내용 구성, 도덕과의 정체성을 강화하는 교수·학습방법을 통해 윤리 교과에서의 세계윤리교육의 정체성을 강화해 나가야 할 것이다. 그러한 노력이 이루어질 때, 윤리 교과에서의 세계윤리교육은 제자리를 찾을 수 있을 것이다.

도덕과 교과서는 실현하고자 하는 목표와 가르치고자 하는 내용, 효과적인 교수학습 방법과 평가 방안 등 도덕과 교육과정에서 추구하는 것들을 학교 현장에서 구체적으로 실현하는 데 결정적인 역할을 하게 된다. 세계윤리 교육과정의 기본 정신을 잘 반영하고 가르칠 거리가 풍부하고 실효성이 높은 도덕과 교과서를 만들어냄으로써 도덕과 교육의 질을 심화시키고 학생들의 도덕적 성장과 변화에 실질적으로 기여할 수 있는 내용이 중시된다. 세계윤리교육은 그러한 교과서의 구성 방향 하에서 그 실천적 중요성을 발휘할 수 있다. 이러한 점에서 세계윤리교육의 충실성을 담보하기 위해서는 내용구성의 방향이이 설정되어야 한다.

1) 보편과 맥락의 공공화용

세계윤리교육이 추구하는 목표, 내용, 방법 등이 충분히 녹아 든 것이 확인될 수 있도록 내용이 구성되려면 한국적인 맥락에 근거한 세계적용가능성을 모색하는 것이 필요하다. 세계윤리를 학습하는 대상인 학생들은 오늘의 한국이라는 특수한 상황 속에서 살아가고 있으므로 교과서에서 다루는 세계윤리의 문제들은 한국 상황과 관련되어 다루어져야 한다. 그러므로 새 교육과정의 교과서에 실린 세계윤리의 내용은 한국 맥락에 근거한 도덕원리와 규범을 다루면서도 세계의 보편적 가치규범과 공공화용 할 수 있어야 한다.

2) 지역과 국가와 세계를 통섭하는 내용

도덕성은 일반적으로 인지적, 정의적, 행위적 측면으로 구성된다. 도덕성은 가치규범에 대한 이해, 그것에 기초한 도덕적 판단능력, 바람직한 가치규범을 의욕하며 실천하고자 하는 의지와 열정, 도덕적 문제에 대한 도덕적 민감성, 그리고 행위적인 측면에서 그러한 가치규범을 일상생활에서 도덕적 행동 양식으로 습관적으로 실천하는 기술과 능력으로 구성되어 있다. 따라서 세계윤리교육은 지역과 국가 그리고 세계차원의 윤리적 문제를 횡단매개하는 인식이 전제되어야 한다. 이러한 세계윤리 문제를 해결하는 데 참여하고자 하는 의지, 지역사회나 국가적 수준에서 전 지구적인 윤리적 문제해결을 해결하기 위한 다양한 노력에 습관적으로 참여하는 실천력을 골고루 발달시킬 수 있도록 구성되어야 한다. 이러한 점에서 세계윤리를 다루는 교과 내용은 어떤 한 가지 단일 학문적 접근법이나 방법론, 혹은 특정한 영역만을 강조하는 것이 아니라, 다면적이고 학제적이며 통섭의 입장에서 도덕성을 다루어야 한다.

3) 세계시민성으로 실천참여를 고려한 내용

세계윤리교육이 학생들이 실제로 사회를 변화시키는 것을 경험할 수 있도록 시민적 효율성을 추구한다. 세계윤리의 내용은 학생들이 세계윤리 수업에서 능동적인 주체로서 교과서에 흥미와 관심을 가지고 적극적으로 참여할 수 있도록 안내하는 학습 자료로서 기획하여 궁극적으로 학습자 주도적인 세계윤리 탐구가 가능하도록 구성되어야 한다. 이를 위해 교수·학습 활동의 다양성, 전 지구적인 윤리 문제들에 대한 다양한 해석과 대안 모색, 구체적이고 현실적인 다양한 사례 및 이슈의 활용, 그리고 비판적이며 반성적인 사고의 촉진, 지역사회나 국가적 수준에서의 참여활동과 연계할 수 있도록 내용이 구성되어야 한다.

세계윤리 내용은 학생들이 수동적으로 이해해야 할 대상이 되어서는 안 되며, 학습을 통해 새롭게 해석하거나 개신하여 새로운 깨침으로 발견해야 할 대상이어야 한다. 그러므로 윤리적 탐구공동체의 형성을 추구함으로써 학생들이 세계윤리 수업에서 능동적인 주체가 되도록 해야 한다. 이를 위해서 다양한 교수·학습활동이 가능하고, 자료중심, 쟁점중심, 도덕딜레마중심, 내러티브중심, 활동중심, 도덕모범제시 등 다양한 모형이 각각 독립적으로 사용되거나 다른 것들과 결합되어 사용될 수 있도록 구성되어야 한다.

4) 다중정체성을 고려한 내용

세계윤리 문제에 대한 기술에서 다양한 관점과 시각이 균형을 이루어 학생들이 합리적인 판단을 내릴 수 있도록 다중정체성의 역할을 실행하도록 구성되어야 한다. 동서양의 도덕원리나 규범들 중에서 어느 하나만을 배타적으로 강조한다든가 편향된 이념시각을 편중되게 다루면 다중정체성에 혼란을 야기할 것이다.

또한 사회가 합의를 이루지 못한 내용이나 이념적으로 편향된 시각의 내용들이 교재에 실릴 경우 학생들의 가치관이나 정체성 형성에 혼란을 줄 수 있다. 그러므로 사전 지구적 차원의 윤리문제들에 대해서는 다양한 시각과 자료들을 종합적으로 제시하여 다중정체성에 혼란을 일으키지 않고 균형감각을 살려 학생들이 합리적인 선택을 할 수 있도록 안내해야 한다.

2. 교수 · 학습의 개선 방향

1) 능동적 참여의 교수 · 학습

세계윤리교육은 지역사회에서 출발해야 한다는 점을 알려준다. 지역사회에서부터 구체적인 도덕적 실천이 이루어져가고 점차 확대되어 나가야 한다. 지역사회에 장애인들을 위한 편의시설이 미확보 되었을 때, 그러한 문제를 인식하고, 장애인들의 불편함을 생생히 느끼고, 개선하기 위한 활동 대안이 무엇인지 숙고하여 동료 학생들과 협력하여 지역사회에서의 변화를 불러일으키는 계획을 실천하는 것은 지구차원의 윤리문제들에 대한 합리적 의사결정력과 문제해결력을 증진시키는 기반을 형성하는 것이다. 결국 능동적 참여를 이끌지 못하면 세계윤리교육의 결실은 어려울 것이다.

2) 다중매체 활용의 교수 · 학습

민족이나 국가의 경계 밖의 세계구성원들의 삶을 이해하고 그들의 도덕적 가치의 특성에 대해 이해하기 위해서는 관련된 다큐멘터리, 영화, 소설 등의 다중매체를 수업에서 적극적으로 활용되어야 한다. 세계윤리에 대한 정의적 차원의 학습을 위해서는 타자로서 인식해 온 사람들이 자신들의 윤리적 가치를 회복하기 위해 얼마나 처절한 삶을 살아가는 지에 대한 생생한 이해와 공감이 요구된다. 티베트의 망명정부와 난민들이 살아가면서 티베트의 독립운동의 거점인 인도 북부의 다람살라(Dharamsala), 인도네시아에서 억압에 저항하면서 민족독립투쟁을 벌여 온 아체족의 활동을 담은 다큐멘터리 영상물은 세계구성원의 인권, 정의, 평화, 생명존중의 윤리에 대한 수업에 있어서 영상자료로서 활용될 수 있을 것이다. 세계윤리교육 수업의 효율성과 효과성을 확보하기 위해서는 다중매체의 여러 자료를 제시할 필요가 있다. 특히 동영상 수업자료, 영화, 애니메이션 자료 등을 공공수준으로 탑재하여 제공할 필요가 있다.

그림 4 주입식 학습(左)과 차별되는 영상 활용 학습(右)

3) 횡단매개의 교수 · 학습

세계윤리교육은 시민단체의 다양한 교육프로그램이나 캠페인과 횡단매개하는 교육을 해나갈 필요가 있다. 민족과 국가의 경계를 넘어선 타자들에 대한 도덕적 공감과 실천을 위해서는 먼저 구체적인 활동으로부터 시작할 필요가 있다. 세계윤리교육에서 생명윤리에 대한 교육은 생명에 대한 소중함을 인식하고 느끼고 보호하는 것을 실천적으로 체험하는 것이 중심이 되는 학습으로 이를 이어주고 연결하는 횡단매개의 경험이 요청된다.

이를테면, 막사이사이상을 수상한 박원순 변호사가 활동하고 있는 희망제작소는 임산부 배려 캠페인을 벌이고 있다. 이 캠페인은 초기 임산부의 건강과 생명을 배려하기 위한 운동이다. 초기 임산부의 태중에 있는 새로운 생명을 보호하기 위해 배지를 달아주는 운동을 벌이는 것이다. 그리고 태교프로그램 등과 연계하여 낙태문제를 다루면 교육효과가 증진될 수 있을 것이다.

아울러 학생들이 이러한 활동에 참여한다면 생명의 존중을 구체적으로 어떻게 실천할 수 있는지, 사회적 참여활동의 기술이 무엇인지, 그러한 활동을 통해 사회가 구체적으로 어떻게 변화되는지 경험적으로 학습할 수 있도록 해준다. 이를 통해 세계시민으로서의 다중정체성을 느낌으로 실감하게 된다. 시민단체에서 이루어지고 있는 '임산부 배려 캠페인'은 학교에서의 생명의 가치 교육과 시민단체의 캠페인이 협력적 결과를 만들어낼 수 있는 좋은 사례이다. 생명에 대한 가치를 학습할 때 이는 인간을 포함한 모든 생명, 눈에 보이지 않는 과거와 후세대의 생명, 공공영역의 인간에 대한 존중으로 확대시킬 필요가 있다.

4. 세계윤리교육의 변화요인

1. 도덕 · 윤리교사 양성과정의 변화

세계윤리 내용 요소가 궁극적으로 학교 현장에서 충실하게 구현되려면 도덕과 교육과정 및 교과서 구성만이 아니라, 개정 교육과정과 일관된 방향에서 도덕·윤리교사 양성을 위한 대학 수준의 교육과정의 개편이 함께 이루어질 필요가 있는 것이다. 교원양성대학 교육과정에서 세계윤리에 대한 교육은 해당 내용을 가르치는 교과목의 개설 여부, 교과목의 전공 필수인지 전공 선택인지 여부, 해당 교과목을 담당하고 있는 교수의 전문성이나 성향, 학생들의 해당 교과목 선택 여부, 강의 운영방식 등에 따라 결과가 달라질 수 있다.

도덕·윤리교사를 양성하는 사범대학 윤리교육과의 현행 교육과정과 교육과정 개편안 그리고 교육과정에 대한 분석 결과 교원양성 대학교육과정에서 이에 대한 교육이 전반적으로 충실히 이루어지지 못하는 구조적 문제를 가지고 있다. 대부분의 대학의 교육과정에 있어 세계윤리와 관련 있는 과목은 응용윤리, 사회윤리, 현대윤리의 제 문제 등으로 전공 선택과목으로 설치되어 운영되는 실정이다. 이러한 점을 고려할 때 세계윤리교육을 내용 요소로 제대로 하기 위해서는 예비교사들이 교육과정에서 습득할 수 있도록 사범대학 윤리교육과의 교육과정이 우선적으로 개선되어야 한다.

2004년 6월 9에 고시된 교육인적자원부의 교육과정검정 실무편람에 따르면, 도덕·윤리 표시과목의 기본이수과목 또는 분야는 (1) 도덕·윤리교육론 (2) 윤리학개론, 동양윤리사상, 서양윤리사상, 한국사상개론, 윤리고전강독(또는 동서양고전강독, 또는 논술) (3) 민주주의론, 국가안보론, 통일교육론, 시민교육론, 도덕(발달)심리학이다. 비고 사항으로서 (1) 분야에서 1과목, (2), (3)분야에서 2과목(6학점) 이상 이수 사항이 제시되어 있다. 이러한 상황에서는 교사가 핵심적으로 알고 있어야 하는 세계윤리 지식에 대한 교육이 제대로 이루어진다는 것을 보증할 수 없다. 따라서 기본이수과목에 대한 세계윤리교육 영역에 대한 비중이 가시화되어야 할 것으로 판단된다.

2. 교원임용제도의 개선

세계윤리를 가르치는 도덕과 교육의 내실화에 중요한 영향을 미치는 요인 중 하나는 대학수학능력시험에서 윤리교과의 반영 비율 또는 대학들 중 윤리 교과를 선택 또는 지정으로 반영하는 대학이 얼마나 되는가 하는 것이다. '7차 교육과정 속의 윤리교과 현황과 개선방안-심화 선택과목을 중심으로'에 따르면, 2005년 대학입시에서 윤리 관련 학과가 있는 18개 대학(14개 국립사범대학, 4개 사립 사범대(경성대, 동국대, 서원대, 성신여대))에서 윤리교과를 지정한 대학은 4개 대학(강원대, 경북대, 한국교원대, 경성대학)에 불과하다. 그리고 4개 대학 중 윤리 교과를 지정한 대학은 1개 대학(한국교원대)뿐이다.[11]

대학입시에서 윤리교과를 반영하는지 여부는 대학의 자율성을 고려할 때 권장이기는 하지만 윤리 관련 학과가 개설되어 있는 대학부터 먼저 윤리교과를 내신에 반영하도록 하는 것은 윤리교사의 전문성 신장과 세계윤리교육의 내실화를 위한 가장 기본적인 교과 내외적 요구이다. 예비 도덕·윤리교사들을 선발하는 과정에서 윤리에 대한 기본적 이해를 갖춘 학생을 선발하는 것과 함께 교원임용고시에서도 교과에 대한 전문성, 특히 세계윤리 관련 내용을 반영하여 전문성을 신장할 방안을 마련할 필요가 있다.

현실적으로 교원임용고시의 출제경향 및 문항은 교원양성대학의 교육과정 및 예비교사들의 대학교육과정에서 전공 교과목 선택, 궁극적으로는 미래의 수업에 대한 준비 정도에 큰 영향을 미칠 수밖에 없다. 교육인적자원부가 제안한 바 있는 '교원 양성체제 개편 종합방안(시안)'에 따르면, 앞으로 교원임용고시는 1차 시험-지필고사(교육학, 전공), 대학 재학 시 성적, 가산점, 2차 시험-전공논문형 시험(교과교육학+교과내용학+교육학), 3차 시험-교직적성 심층면접 및 수업실기로 구성될 것이다. 이와 함께 교원자격증에 필요한 교직과목 이수학점을 20학점에서 33학점으로 상향 조정하는 것을 제안하였다. 이러한 제안이 실현된다면 예비교사들의 윤리 교과에 대한 전문적 지식, 교수·학습방법의 구사능력 등이 제고할 수 있을 것으로 기대된다.

따라서 교원임용고시의 출제의 방향, 출제문항에서 앞으로 그 중요성

---

11) 신동수, 「7차 교육과정 속의 윤리 교과 현황과 개선방안-심화선택과목을 중심으로」, 한국윤리교육학회 2003년 추계 학술대회 논문집, 『중등 8차 교육과정개정을 대비한 도덕·윤리과 운영의 개선안』, 2003, pp.7-11.

그림 5 교원임용시험 응시자들 출처: 수원일보

이 증가할 수밖에 없는 세계윤리에 대한 통시적이고 깊이 있는 이해와 실천적인 도덕적 문제해결능력을 학생들이 발달시킬 수 있도록 하는 데 요구되는 적절한 교수·학습방법 구사 능력을 평가하는 것을 교원임용고시에서 강화함으로써 교원양성대학의 교육과정에서 세계윤리의 내용을 심화하여 가르치도록 하고 예비교사들 역시 세계윤리 관련 교과목에 대한 준비를 심화시켜 가도록 제도적 장치가 요청된다.

3. 시민사회와 연대강화

세계윤리교육은 그 이론적, 실제적 측면에서의 개선과 함께 더 시민사회와의 연계를 통한 교육의 강화에 힘써야 한다. 이러한 점에서 도덕교사와 연구자들은 시민들로 하여금 도덕 교과의 세계윤리교육이 지향하는 교육 목표와 내용을 공유하고 세계윤리교육의 내실화를 지지할 수 있도록 하기 위해 부모교육을 활용한 세계윤리교육 방안을 마련하고 시민사회에 제공하는 방안을 강구해야 한다.

첫째, 대학입시의 논술시험과 시민교육으로 세계윤리교육을 다루는 방안이다. 시민들이 여가를 활용하여 자기계발을 하거나 여가를 선용하고자 하는 욕구가 점증하고 있지만, 그러한 욕구를 충족시킬 수 있는 사회적 제도와 기반 시설이 부족한 실정에 놓여 있다는 점이다.

따라서 휴무 토요일에 학교의 시설과 인적 자원을 활용하여 학부모나 일반 시민을 대상으로 하는 세계윤리교육 프로그램을 구성하여 제공하는 것을 고려한다. 구체적으로 다양한 영상자료를 활용하면서 공공차원의 시사적인 윤리문제를 중심으로 토론 및 논술 교육을 진행하는 것이다. 교육 형태는 학부모와 학생이 함께하는 교육 형태, 학부모들만이 참여하는 교육 형태로 나누어 운영하되 세계윤리교육 내용을 체계화하여 낙태, 안락사, 인간복제 등의 생명윤리, 환경윤리, 정보윤리, 인터넷 윤리, 인구문제와 윤리, 전쟁과 윤리, 핵기술과 윤리, 민족국가의 편견을 해소하는 윤리 등의 주제를 중심으로 흥미 있게 운영된다면 그 사회적 파급 효과는 매우 클 것으로 기대할 수 있다.

둘째, 정보·통신기술과 교통수단의 발달로 인한 민족국가간의 교류 및 접촉의 급속한 확대, 동시에 세계화를 가능하게 했던 과학기술의 발달이 가진 부정적 효과의 지구적 파급으로 인해 민족국가들에게 거부할 수 없는 운명으로서 강요되어진 세계시민성에 토대를 둔 협력방안의 필요성은 세계윤리에 대한 교육의 필요성을 강하게 요구하고 있다.

셋째, 이러한 문제 들은 세계윤리 개념의 불명료성이나 합의의 미흡, 같은 맥락에서 문제점으로서 존재하는 세계윤리교육의 목표, 내용, 방법의 구체화, 윤리교과의 세계윤리교육의 정체성 및 타 교과와의 연계적 교육 구상 등에 대한 아이디어를 꾸준히 개발하여야 한다. 도덕·윤리교육 관련 연구공동체 구성원들의 지소적인 관심, 연구 공동체 구성원들과 연대 등이 지속적으로 추구되어야 한다.

넷째, 세계시민성에 대한 성찰과 자각이 병행되어 세계 공동체의 구성원으로서 가져야 하는 도덕적 사고와 판단력, 도덕적 민감성, 보편적 도덕원리와 규범의 일상적 실천능력을 배양해야 한다. 이를 위해서는 세계윤리교육의 내용 요소의 선정 및 명확화, 세계윤리교육의 목표, 내용, 방법 등의 설정 및 구체화, 이를 뒷받침하는 지원체제 및 내실화 방안에 대한 공동체적 연구가 지속적이고 체계적으로 이루어져 나가야 할 것이다.

5. 세계윤리교육의 개신

오늘날 텔레비전·컴퓨터 등의 전자통신 매체(媒體)의 개발과 교통수단(手段)의 눈부신 발달로 말미암아 모든 나라가 하나의 마을처럼 상호

의존관계를 맺고 살아가게 되었다. 지구촌 문화를 촉진시킨 것은 컴퓨터의 거대한 통신망, 즉 인터넷이다. 지구촌에는 다양한 문화, 도덕, 종교, 인종, 민족, 이념 등이 있다. 세계화 시대에 이러한 지구촌에서 살아가야 하는 우리 인류는 윤리교육을 어떻게 해야 할까? 지구촌 시대를 살고 있는 인류는 이제 이러한 물음에 대답할 수 있어야 한다. 지구촌 시대에서의 인류의 삶은 지역 및 국가의 삶을 넘어서야 한다.

1. 윤리교육의 변화

문화는, 인류가 자연 상태에서 벗어나 삶의 목적이나 이상을 실현하고자 습득, 보존, 창조, 전달, 계승하는 생활 방식의 총체다. 이러한 생활 방식은 의식주를 비롯하여 언어, 관습, 도덕, 법, 종교, 사상, 예술, 제도 등을 통해 나타난다. 윤리규범은 대부분이 지난 시대로부터의 관습적 윤리규범이 전승(傳承)된 것으로 그 사회의 전통적 가치체제가 반영된 행위의 규범이다. 이러한 윤리규범은 사회·문화에 따라 다를 수 있다. 윤리교육의 방법에는 사회적 윤리규범의 전달과 내면화를 목적으로 하는 내용적 접근이 있다, 이에 비해 일련의 절차에 의해 문제에 대해 사고하고 판단하여 해결하는 것을 목적으로 하는 형식적 접근이 있다.

전통사회에서의 윤리교육이 내용적 접근을 중심으로 한 까닭은 아이들에게 윤리규범을 전달하여 그것을 내면화하게 하는 것만으로도 그 사회의 구성원으로서 윤리적 삶을 살아가게 하는데 별로 문제가 없었기 때문으로 풀이할 수 있다. 일원화 사회는 으뜸 되는 가치관이 하나였다.

전통사회의 예로 조선조 사회를 생각해 볼 있다. 500여 년이라는 세월에 걸쳐 조선조 사회에 영향을 미쳤던 윤리규범은 주로 삼강오륜(三綱五倫)이었다. 특정한 도덕규범이, 한 사회에서 세대의 변화에도 불구하고 지속되었던 것은 윤리교육으로서의 내용적 접근이 옹호될 수 있는 근거가 된다고 생각된다. 전통사회에서는 윤리적 문제가 발생해도 그것을 해결하려는 과정에서 그들 간에 윤리관의 차이로 인한 문제가 생기지 않는 편이었다.

그림 6　삼강오륜의 장유유서(長幼有序)

전통사회에서는 세대 간에 도덕관의 차이로 인한 갈등이 없어서 도덕적 문제가 발생해도 그것을 비교적 쉽게 해결할 수 있었다고 말할 수 있다. 이러한 현상은 전통사회에서는 윤리적 문제 해결을 위한 도덕적 사고하기 내지는 판단하기로서의 형식적 접근의 윤리교육이 별로 필요하지도 요구되지도 않았다는 점이다.

그러나 오늘의 사회는 빠르게 변화하며 발전하고 있다. 대부분의 우리 인류는 지난 반세기 전만 하더라도 인터넷에 의한 전자우편, 전자뉴스, 데이터베이스(database), 화상전송 등 국경을 넘나드는 변화된 세계화 시대의 도래를 생각하지 못했다. 이러한 변화와 발전은 앞으로 더욱 가속화 될 것이다. 이러한 추세는 닥아 올 미래의 인류 사회가 얼마나 그리고 어떻게 변화하고 발전할 것인가의 예측을 어렵게 한다. 지구촌 시대에서의 통신·과학·기술 분야에서의 변화는 이러한 변화에 비례하여 인류의 가치관 및 도덕관에도 변화의 영향을 미칠 것이다.

세계화 시대의 윤리교육이 내용적 접근을 '중심으로' 한다거나 내용적 접근만으로 이루어지는 것은 곤란하다. 윤리내용만으로는 오늘의 세계화 시대를 살아가야 하는 윤리적으로 교육된 인간을 충분하게 길러낼 수 있다고 생각하기 어렵기 때문이다. 비록 세계화 시대라 하더라도 현실적으로 어렵다고 생각된다. 설사 그러한 제시와 전달이 가능하다 하더라도, 개인 각자의 의식 속에는 그가 출생하여 성장한 사회·국가

그림 7 글로벌 도시 안산시(출처 : 동아닷컴)

의 문화와 전통에 영향을 받은 구체적인 윤리규범들이 있을 텐데, 세계 시민들을 만족시킬 수 있는 윤리규범을 제시하고 전달하여 공유하기를 바라는 것은 불가능할 것 같다.

구체적 윤리규범에 의한 내용접근의 윤리교육은 세계 시민을 대상으로 하기보다는 사회·국가가 단위가 되어 사회·국가의 구성원을 대상으로 각각의 사회·국가에서 이루어지게 하는 것이 바람직하기에 지역과 국가 세계를 횡단매개할 필요가 있다. 이에 윤리교육은 내용과 형식에서 변화를 초래하게 된다.

2. 세계윤리교육의 규범

세계윤리 규범은 크게 휴머니즘과 상호성의 두 원칙으로 집약된다. 당연하게 타인에 대한 경외와 책임을 강조하게 된다. 윤리에 대한 이와 같은 태도는 '상호주관적 접근방식(inter-subjective approach)' 혹은 '의사소통적 접근방식(communicative approach)'에 근거한다고 볼 수 있다. 이는 국민윤리에 대한 '근본주의'(fundamentalist)이거나 '자유주의적' (liberalistic)' 접근방식과는 다른 것이다.

먼저 근본주의적 접근방식이란 보편적 가치가 존재한다는 전제 아래 자신의 가치체계를 보편성으로 둔갑시켜 타인에게 강요하는 것으로서, 이는 오히려 편협하고 문화적 제국주의를 초래할 위험을 지니고 있다. 반면 자유주의적 접근방식은 자 유를 인간의 최고 가치로 상정하고 이의 실현을 위해 자유시장적 질서와 가치관을 확산시키는 것으로서, 이는 결과에 책임을 지는 것에 둔감하며 인간사회의 불평등 을 심화시킬 우려가 있다. 이와 달리 상호주관적, 의사소통적 접근방식은 서로 다른 문화와 가치관의 차이를 인정하고 그것을 존중하면서도 상호 소통과 연대를 통 해 기본적인 인간의 조건을 마련하고 그 다양성이 갈등하지 않도록 공동의 원칙을 설정하는 것이다.

또한 상호주관적, 의사소통적 윤리가 가능하려면 먼저 타인에 대한 존중이 필요하고 이는 나 자신의 책임감에서 비롯된다. 즉 인간이 책임의식을 갖고 이것이 책임윤리로 이어져야 하며, 이는 우리가 나 자신의 내부만 들여다보는 것이 아니라 나의 눈길이 자신을 벗어나 외부로 향할 때 가능하다는 것이다. 그런데 여기서 가장 중요한 것은 단지 신과 타자의 존재에 대한 존재론적 인정이나 인식론적 파악이 아니라 이 존재들에 대한 윤리적 경외이다. 즉 신이나 타자를 접했을 때 그것의 낯설음이 놀라움으로 변형되어야 하며, 이 변형과정 속에서 우리는 그 존재에 대한 응답을 궁극적으로는 책임으로 전환시켜야 하는 자각이다.

지구촌에서 사회와 문화를 달리하는 사람들 간에 윤리적 문제가 발생했을 때 서로의 전통적 윤리규범을 내세우고 주장하면서도 더불어 살아갈 수 있을까? 아마도 그렇게 하는 한, 더불어 살아가기는 어려울 것이다. 서로 간에 갈등이 생길 수 있기 때문이다. 한 사회·국가의 전통적 윤리규범은 양보하거나 포기할 수 있는 성질은 아니다. 세계시민들이 함께 수용하고 공유할 수 있는 그러한 보편적 윤리규범을 먼저 수립하는 것이 필요하다.

살아가면서 기본적인 윤리규범으로 '거짓말 하지 않기', '도둑질하지 않기', '남에게 해롭게 하지 않기'를 생각해 볼 수 있다. 이 세 가지는 기본적인 윤리규범일 것이다. 이들 세 가지 중에 가장 기본적인 윤리규범은 '남에게 해롭게 하지 않기'라고 말할 수 있다. 이를 적극적으로 진술하면, '남에게 이롭게 하기'가 된다. 한국인에게 오랫동안 '홍익생명의 영성작용'으로서 '한'에 대한 이해가 있다. 여기서 '한'의 정신은 '남을 도와주는' 것이다. 이는 곧 정신적으로든 물질적으로든 그의 처지를 고려하려 그에게 이익 되게 하는 것으로 볼 수 있다. 이러한 배려도 타인에게 관심을 가지고 그의 처지를 고려하여 그에게 이익 되게 할 때 이루어질 수 있는 일이다. 배려는 '한'의 개념이 중심적으로 작용하는 행위이다.

다른 사람을 존중하는 것도 그의 이익을 내가 나의 이익을 고려하듯이 하는 공공의 행위이다. 우리는 남에게 구속 되거나 무엇에 얽매이는 것을 바라지 않는다. 즉 자유를 원한다. 하지만 내가 자유를 원하는 만큼 다른 사람도 자유를 원한다. 내가 자유를 원할 때 나는 동시에 다른 사람의 자유도 고려해야 한다. 다른 사람의 자유를 고려하는 것도 결국은 그의 이익을 고려하는 행위로 볼 수 있다. 여기에 우리는 '누구든 사람으로서 차별 대우를 받아서는 안 된다'는 원칙을 발견하게 된다. 나의 욕구와 다른 사람의 욕구가 대립하여 갈등을 일으킬 때는 나의 것과 그의 것을 공정하게 고려하여 충족시켜야 한다.

여기서 '공정'과 '평등'은 둘 다 '공공'의 측면을 달리하여 작용한 것으로 볼 수 있다. 상대방을 공정하게 다룰 때, '공(公)'이 나타난다. 그리고 그러한 '공(公)'을 다 같이 살려내려고 할 때, 함께하는 '공(共)'이 나타난다. 실제로 우리가 다른 사람을 자신과 평등하게 대우하는 것은 그의 이익을 평등하게 고려해서이다. 여기서 우리는 공정한 이익 고려와 타인에 대한 평등한 대우의 작용으로서 '공공(公共)'의 윤리가 중요함을 발견하게 된다. 우리에게 타인에 대한 사랑의 감정이 전혀 없다면, 이해관계가 얽혀진 문제에서 타인의 이익을 나의 이익과 동등하게 고려할 가능성은 거의 없을 것이다. 그리고 우리가 그러한 도덕적 행위를 하지 않는다고 해서 그것에 어떤 강제적 제재가 따르는 것도 아니다. 이는 공공윤리가 실천면에서 어디까지나 자발적, 자율적 행위임을 상기시킨다.

지금까지 기본적인 윤리규범에서 가장 기본적인 요소는 공정성이며 생명에 대한 평등한 사랑이라는 것을 알 수 있었다. 그리고 타인의 처지를 고려하여 그에게 이익 되게 하는 것이 윤리행위가 된다는 것도 알 수 있었다. 이러한 윤리행위는 타인생명에 대한 사랑이 전제된다. 우리는 타인생명에 대한 공감적 사랑이 작용하지 않고서는 그의 이익을 고려하고자 하는 동기를 가지기 어렵다. 동기가 없으면 행위는 산출되지 않는다. 그런데 고려의 대상이 두 사람 이상일 때에는 그들의 이익을 공평하게 고려해야 한다. 그렇지 않을 경우, 서로 간에 갈등을 야기 시키는 또 다른 윤리적 문제가 생길 수 있기 때문이다.

따라서 '공정'과 '평등'이 '공정한 이익 고려의 원칙'으로서 '공공가치'가 되어 세계시민들을 대상으로 할 수 있는 도덕규범이 될 수 있다고 생각된다. 세계시민들 간에 도덕적 문제가 발생했을 때, 그것을 해결하는 과정에서 실제로 손해나 희생이 수반될 수 있는 적극적인 사랑의 윤리규범을 기대하는 것은 현실적으로 어렵지만, '공정한 이익고려 원칙'으로서 '공공가치'를 살려내고자 한다면, 세계시민성은 기대할 만한 가치가 되는 것은 생명가치를 공유하기 때문이다.

3. 공공의 윤리교육

공공윤리는 공공가치의 윤리이며 세계윤리교육은 세계시민성 함양을 위한 공공가치의 윤리교육이다. 공공은 '공정한 이익 고려원칙'에 있다. 여기서 '이익'이라는 말은 정신적으로나 물질적으로 '보탬', 즉 '도움'이 되기에 홍익생명의 의미를 갖는다. 슬픔이나 괴로움에 처해 있는 사람을 위로하여 그의 슬픔을 달래주거나 괴로움을 덜어주는 것은 그에게 정신적으로 도움을 주는 행위이다. 즉 생명에게 이익 되게 하는 행위이다. 배고픈 사람이 음식물을 원할 때, 내가 가진 음식물을 나누는 것은 그에게 물질적으로 도움을 주는 행위가 될 수 있다. 이 역시 그에게 이익 되게 하는 행위이다. 여기서 타인의 슬픔을 달래주거나 괴로움을 덜어주는 행위, 또는 타인에게 음식물을 나누어주는 행위는 구체적인 내용이다.

이에 비해 공정한 이익 고려원칙에서 '공정한'이라는 말은 슬픔이나 괴로움 또는 배고픔에 처한 사람들을 위로하거나 음식물을 나눌 때, 그러한 위로와 나눔을 '공평하게' 해야 한다는 말이다. 그렇게 하는 것이 그들을 '생명으로서' 대우하는 것이기 때문이다. 여기서 '공정'은 추상

그림 8 희망 나눔터 구미현장

적인 형식, 즉 절차나 방법이다. 하지만 공정성은 그 자체만으로는 작용하지 못한다. 공정성이 작용하려면 구체적인 내용이 있어야 한다, '무엇을 공정하게'에서와 같이 '무엇'에 해당하는 어떤 구체적인 '내용'이 있어야 한다. 예를 들어 배가 고픈 사람들이 한정된 음식물을 남보다 더 많이 먹으려는 갈등 상황에서 '서로가 음식물을 공정하게 나누어 먹어야 한다.'는 도덕 판단을 내렸을 때, '공정성'은 '음식물'과 같은 어떤 구체적인 내용이 있어야 작용한다. 즉 윤리성에서 '형식'은 '내용'이 있어야 작용한다. 이는 또한 형식적 접근의 윤리교육은 개념상 내용과 무관하게 이루어질 수 없다는 뜻이다.

세계윤리교육은 지역과 국가를 달리하는 세계시민들을 대상으로 내용적 접근의 윤리교육은 어려울 것이다. 내용적 접근에 의해서는 보편적 윤리교육이 이루어지기 어려우니 맥락존중의 윤리교육을 위해서는 형식적 접근이 이루어져야 한다. 이에 대해 첫 번째로 생각해 볼 수 있는 절차는 생활 속에서 발생한 어떤 문제가 윤리적 문제인가를 인식하는 일이다. 어떤 문제가 윤리적 문제임을 인식했으면, 그 문제에서는 어떻게 하는 것이 윤리적 행동이 되는가를 사고하여 판단해야 한다. 그러므로 '윤리적 문제 인식하기'에 이어 세계윤리 문제 해결의 과정에서 요구되는 두 번째 절차는 '윤리적 사고하기'다. 세 번째 절차는 윤리적 사고하기에 기초하여 이루어지는 '윤리적 판단'이다. 윤리적 문제해결의 과정에서 요구되는 마지막 절차는 '윤리적 판단 대로 행동하기'다.

이들 네 가지 절차는 윤리적 문제를 합리적으로 해결하자면 요구되는 논리적 요소들이다. 즉 이러한 절차는 특정한 윤리적 문제가 안고 있는 구체적인 내용과 무관하게 윤리적 문제를 합리적으로 해결하자면 요구되는 요소들이다. 이처럼 윤리적 문제해결의 과정에서 요구되는 논리적이고 합리적인 절차 내지는 요소들을 적용, 활용하여 모순점을 해결할 수 있는 능력을 방법적 측면에서 길러주고자 하는 교육이 이른바 형식적 접근의 윤리교육이다. 형식적 접근은 다양한 지역·국가세계의 문화와 무관하게, 즉 탈문화적으로 이루어질 수 있다. 이는 곧 형식적 접근의 윤리교육으로 맥락존중의 세계윤리교육의 방법이 될 수 있음이다.

4. 윤리적 사고하기

세계윤리교육의 현실은 이러한 형식적 접근의 윤리교육이 생활에서 이루어질 수 있을 것으로 기대하기가 어려운 실정이다. 즉 가정에서 이루어지는 가정교육이나 사회에서 이루어지는 사회교육에 의해 이루어질 수 있을 것으로 기대하기 어려운 실정이다. 생활 속에서 형식적 접근의 윤리교육이 이루어지려면 환경적 조건이 형성되어야 한다.

학교에서 이루어지고 있는 각각의 교과는 나름대로 학생들의 인격형성이나 도덕성 발달에 기여하는 바가 있음에 틀림없다. 하지만 그러한 기여는 이른바 잠재적 교육과정으로부터 기대되는 효과로 보아야 할 것이다. 수업 중에 윤리적인 문제로 볼 수 있는 것들이 있다고 하더라도 윤리교육을 목적으로 그 문제를 다루기는 어려운 실정이다.

윤리적 문제의 해결은 윤리적 사고하기에 기초한 합리적 사고의 과정이고, 그 과정에서는 일련의 지식, 기술, 능력, 절차 등이 요구된다. 즉 나름대로의 윤리적 사고의 형식이 요구된다. 우리는 현실적으로 이러한 윤리적 사고의 형식이 교과교육을 통해 다루어질 수 있을 것으로 기대하기 어려운 실정이다. 따라서 윤리적 사고하기를 다루고 전개할 수 있는 전문적인 도덕 교사와 교실, 교재 등의 인적, 물적, 환경적 조건이 마련되어 있어야 한다.

윤리적 문제 해결의 과정은 윤리적 사고하기가 중심이 된다. 윤리적 문제 해결의 과정에서 요구되는 네 가지 논리적 절차에서, 즉 (1) 어떤 문제가 윤리적 문제인가를 인식하고, (2) 어떻게 해야 윤리적 행동이 될 수 있는가를 사고하고 (3) 판단하여, (4) 판단대로 행동하기에서, 앞선 세 가지 절차는 윤리적 사고하기의 연속적 과정으로 볼 수 있다.

먼저 윤리적 문제 인식하기에서 윤리적 문제를 인식할 수 있으려면, 인식을 위한 준거가 있어야 한다. 윤리적 문제란 그 문제에 관련된 사람들의 이익을 내가 나의 이익을 고려하듯이 공정하게 고려해야 하는 문제이다. 떤 문제가 윤리적 문제인가를 인식하는 과정은 그 자체가 윤리적 사고하기의 부분임을 알 수 있다.

두 번째 절차인 윤리적 사고하기는 문제 해결의 과정에서 윤리판단에 앞서 그리고 윤리판단을 위해 요구되는 가장 본질적인 윤리적 사고하기의 과정이다. 윤리적 사고는 사실에 근거하여 이루어져야 한다. 이를 위해서는 그 문제에 관련된 윤리규범에는 어떤 것들이 있는가를 살펴보아야 한다. 그 문제에 관련된 사람들이 가지고 있는 정서·감정은 무엇인가에 대해서 살펴보아야 한다. 윤리적 문제를 사람들 간에 갈등이 발생한 문제라고 할 때, 윤리적 문제는 그 자체가 사람들의 얽혀진 정서·감정의 문제를 담고 있기 때문이다. 그러므로 윤리적 문제를 해결하기 위해서는 그 문제에 관련된 윤리규범과 그 문제에 관련된 사람들의 정서·감정이 무엇인가와 같은 사실에 기초하여 어떻게 하는 것이 그들의 이익을 공정하게 고려할 수 있는가에 대해 철저하게 사고해야 한다. 이러한 사고를 위해서는 윤리적 상상을 통한 공공차원으로의 전개가 요청된다.

윤리적 사고하기에 이어 이루어지는 세 번째 절차인 윤리적 판단하기는 본질상 윤리적 사고하기의 계속이다. 윤리판단을 하기 위해서는 판단의 준거로 작용하는 어떤 우선적인 윤리적 원리가 있어야 한다. 윤리적 원리를 준거로 하여 이루어지는 윤리적 판단은 규정적(規定的, prescriptive)이고 보편화 가능(普遍化可能, universalizable)한 판단이어야 한다. 규정적 도덕 판단이 되어야 공(公)의 판단이 되어 행동으로 실천될 수 있고, 보편화 가능한 도덕 판단이 되어야 다른 사람들에게 영향도 미칠 수 있고, 그들로부터 동의와 협조를 구하여 함께(共) 할 수 있기 때문이다.

이처럼 윤리적 문제 해결 과정은 윤리적 사고하기가 중심적으로 작용한다는 것을 알 수 있다. 또한 이러한 윤리적 사고하기의 과정은 일련의 절차, 즉 형식으로 구성된다는 것을 알 수 있다. 여기서 우리는 이러한 형식적 접근의 윤리교육은 가정이나 사회 또는 학교의 일상적인 생활 속에서 이루어질 수 있을 것으로 기대할 수는 없다는 것도 알 수 있다.

전통 사회에서의 윤리교육은 그 사회의 전통 문화에 영향을 받은 사회적 윤리규범을 어른들이 아이들에게 전달하고, 아이들은 그러한 윤리규범을 내면화하여 그 사회의 구성원으로서 더불어 살아갈 수 있도록 하는 것을 목적으로 했다. 이러한 도덕교육은 이른바 내용적 접근의 윤리교육이다. 물론 우리는 지금도 여전히 이러한 내용적 접근의 윤리교육을 하고 있다. 이러한 윤리교육이 아니고서는 누구도 윤리적 삶에 입문할 수 없기 때문이다. 이 점에서 내용적 접근의 윤리교육은 지금도 여전히 필요하고 중요하다.

하지만 우리는 오늘날 지구촌 시대에 살고 있다. 지구촌 시대에 우리의 삶의 테두리는 전통 사회에서의 촌락에 한정되지 아니하고 이른바 지구촌으로 넓혀진 상태다. 그러므로 세계화 시대에 세계시민을 대상으로 하는 윤리적 교육은 내용적 접근만으로는 부족하다. 더욱이 수많은 지역·국가의 구성원들로 구성된 지구촌의 세계시민의 입장에서는 서로 다른 사회·국가의 전통 문화에 영향을 받은 도덕규범들을 공유하기도 어려운 실정이다.

먼저 문화다원성을 중시하는 다원주의가 세계윤리 대안은 될 수 없다. 문화다원성을 극단적으로 주장하는 입장은 다원주의 입장은 윤리상대주의로 귀결된다. 따라서 이는 보편윤리나 세계시민의 규범담론의 틀로서는 타당하지 않다.

다음으로, 기존의 보편성의 확립에 대한 반성적 성찰이다. 예를 들면, 유네스코주관 보편윤리 사업이 출범한 1997년 5월에 개최되었던 유네스코 집행부 이사회를 시작으로 '보편윤리'가 열띤 토론의 대상이 되었다. 대부분의 회원국 이사들이 그 필요성을 강조하면서 보편윤리 과제의 성공적 수행을 격려한 반면, 일부 국가들 특히 중국, 사우디아라비아, 쿠바 등이 반대하고 나선 것은 매우 시사적이다. 이들의 논지는 일관되게 보편주의가 서구 패권주의의 도구가 될 수 있다는 것과 문화다양성이 존중되어야 하는 것처럼 윤리규범의 다양성도 존중되어야 한다는 것이었다. 이것은 보편합의 도출의 어려운 단면을 보여주면서 기존의 서구중심 보편윤리의 문제점을 노출시킨 것으로 볼 수 있다.

이처럼 서구 중심적 보편주의는 보편윤리가 실천적으로 수반했던 문제들 때문에 비판받아 온 한편, 기존의 서구 중심의 보편윤리가 근대 초기에 누렸던 주요 패러다임의 위치를 상실해 가고 있다. 근대 계몽주의 사조가 형성된 이래, 서구에서 나타난 보편윤리는 비서구적 사회에서도 엄청난 설득력과 우위를 점유하고 있었으며, 그들에게 미래를 보장할 수 있는 유일한 길로 인식되었다. 그래서 이와 상반되는 비서구 사회는 서구화의 기치 아래 전통적 진리, 전통적 가치, 전통적 생활양식을 기꺼이 포기하고 서구화의 정도 수준으로 사회규범을 변용시켜 당시 사회의 진보와 퇴보 척도로 통용시켰다.

세계화 시대는 세계시민들이 공유할 수 있는 공공윤리의 규범이 요구된다. 그것은, 특정한 사회·국가의 문화와 무관하게 세계시민이라면 누구라도 수용하여 공유할 수 있는 것이어야 한다, 한 사회·국가의 전통 문화와 무관한, 즉 중립적인 것이어야 한다, 따라서 세계시민이 공유할 수 있는 보편적인 도덕규범은 절차 내지는 방법이 작용할 수 있는 '공공의 형식'으로 구성되어야 한다.

'공정한 이익 고려법칙'이라는 공공법칙이 지구촌 시대에 세계시민의 입장에서 맥락을 살리고 함께 공유할 수 있는 윤리적 규범이라고 생각된다. 이는, 세계시민들이 지구촌에서 서로 간에 갈등을 일으키는 도덕적 문제에 처했을 때 서로의 욕구나 이익을 공정하게 고려함으로써 더불어 살아갈 수 있도록 작용하는 생명의 원칙이 될 수 있다고 생각하기 때문이다. 공정한 이익 고려원칙에서 '이익'은 윤리적 문제에 관련된 구체적 내용이지만, '공정한 이익 고려법칙'으로서의 윤리규범은 형식적 접근이 된다. 이 규범은, 그 문제에 관련된 사람들의 이익을 '공정하게' 고려하는 절차로 구성된 윤리적 문제 해결의 과정에서 작용하게 된다.

이러한 형식적 접근은 윤리적 문제를 해결하는 능력을 함양하는 것을 윤리교육의 목적으로 한다. 그리고 문제 해결 과정은 윤리적 사고하기가 중심이 되어 이루어진다. 윤리적 사고하기는 다른 교과에서의 사고하기와 마찬가지로 윤리수업을 통해서 이루어질 때 가장 바람직하고 그 효과도 기대할 수가 있다.

그러나 오늘날이 세계시민이 더불어 사는 시대이지만, 우리는 누구도 그가 속해 있는 한 지역·국가의 문화의 영향에서 벗어나 살아갈 수 없다. 그러므로 한 지역·국가의 구성원은 여전히 그 지역·국가의 윤리규범을 내면화하는 내용적 접근의 도덕교육이 필요하다. 하지만 지구촌 시대에 세계를 삶의 테두리로 하여 살아가야 하는 세계시민의 입장에서는 구체적인 내용과 무관하게 작용하는 도덕적 문제해결 능력을 함양하는 형식적 접근의 윤리교육이 요청되는 것이다. 이러한 필요성은 공공의 윤리규범에 기초한 형식적 접근이 이루어져야 하며, 지구촌 시대에 인류가 지향해야 할 새로운 세계시민성 교육의 공공지향을 이루게 된다.

6. 세계윤리교육의 공공지평

1. 세계윤리교육의 자유정신

세계윤리교육은 공공지향의 특징을 갖는다. 공공지향은 인간의 삶에서 인간으로서 해야 할 일은 삶의 순간에 해야 할 공공의 가치에 의미를 부여하는 것이다. 삶의 순간에 만나 자기와 더불어 순간을 살아가는 타인을 응대하며 함께 공공으로 살아가는 일이다. 이 경우 공공은 자타의 긴장을 고려한 실존으로 다가온다.

일제강점기에 실존의 긴장을 공공지평으로 확대시켜 세계윤리 정신

그림 9 만해 한용운

으로 승화시킨 겨레 얼을 빛낸 인물로 우리는 만해 한용운을 떠올리게 된다. 공공지평으로서 자유에 대한 한용운의 탐구는, 『유심(唯心)』 3호(1918년)에 발표된 '자아(自我)를 해탈(解脫)하라'는 글로 표현됐다. 이 글에서, 한용운은 범부의 일생을 '절대적으로 계박(繫縛)'인 것으로 평가하고, 그 '계박'의 상황을 자유의 정반대 개념으로 본다. 여기에서 '계박'의 개념은 매우 광범위하다. 이는 인간을 핍박하는 기아와 혹한 같은 물질상황에서도, 인간 사회의 부조리도, 그리고 외물(外物)에 얽매여 있는 인간 자신의 흐려진 의식 상태도 같이 포함한다. 이와 같은 '계박'을 한용운은 물질세계의 필연적인 조건으로 인식하고 은둔 생활과 같은 '계박으로부터의 물질적 도피'를 쓸모없는 일로 여겼다. 한용운에 의하면, '계박'으로부터 자아를 해탈할 인간의 자유와 책임을 행사하려면, 그 방법은 바로 도덕적 수양(修養)과 실천이다. 한용운의 '계박'개념은 물심양면의 다양한 측면들을 총망라하듯이, 그의 도덕적 수양·실천방법은 매우 광범위하다고 말할 수 있다.

세계윤리의 길, 자유행사의 길로서 수양과 실천은 지식의 획득, 각종 사업을 포함하지만, 그 중심에는 불교적 진리의 득도(得道)라는 절대가치가 자리 잡고 있었다. 세상의 허망함을 체험한 득도(得道)는 한용운의 이상적 자유이념이었다. '자아를 해탈하라'에서 강조하듯이, 이 같은 자유인은 '계박'도 '계박'을 가하는 외물(外物)도 원망하지 않는다. 그가 '계박'을 벗어날 책임과 권리가 자신에게만 있다는 진리를 알기 때문이다.[12] '자아를 해탈하라'라는 글은 표면적으로 개인의 정신적 발전의 문제만 다루고 있지만, 사실 간접적으로 독립운동의 방향을 제시하는 측면이 있다. 외물의 '계박'은 외인들의 식민 통치이지만, 이를 벗어날 권리와 책임이 자신에게 있다는 점을 기억하면서 정치적 박해의 '계박' 현상에 대한 원망을 자제해야 한다는 것이다. 이는 곧 한용운의 독립운동 실천의 방법론이었다. 한용운은 자유이념을 불교사상의 해탈의 자유이념을 통하여 수양적·정신 발전적·비폭력적 방향으로 재해석하였다.

한용운의 세계윤리 정신으로서 자유이념은 3·1 운동 직후 드러났다. 그가 1919년에 감옥에서 쓴, 『조선독립의 서』는 자유이념의 찬탄이며,

12) 『유심』 제 3호 민족사, 1996.

자유주의의 선언이었다. 그는 비폭력 운동가답게 '자유는 만물의 생명이요 평화는 일생의 행복이라'고 하여 자유의 비폭력적 본질을 힘써 강조한다. 그리고 그는 자유의 절대성을 강조하였다. '자유가 없는 사람은 죽은 시체고, 압박을 당하는 사람의 주위는 무덤이다.' 그가 또한 애써 부각시키려는 것은, 자신을 터럭처럼 가벼이 여기면서라도 자유를 얻는 것은 진실한 인간의 권리이며 의무이다. 자유 없이 본연의 인간다운 자세를 취하지 못하기 때문이다.

세계윤리 정신으로서 자유이념은 소우주와 대우주의 모든 차원에서 『조선독립의 서』를 쓰는 한용운의 생명이었다. 조선에 관한 부분에서는 한용운이 조선을 위한 자유, 즉 독립을 요구한 것은 국가주의적·집단주의적 차원이라기보다는 인도주의적·개인중심의 차원이었다. 한용운은 조선인 개개인의 자유 필요성을 강조하고, '국민 개개인을 위한' 독립을 요구했다. 한용운의 이와 같은 개인중심의 사상은, 양계초의 국가·민족 중심주의와 본질적으로 달랐다. 그는 자유이념에 대한 개인의 욕망과 같은, 민족 집단, 인종집단의 '남의 간섭을 받고 싶지 않은 자존성(自存性)'을 강조함으로써 종교적 자유이념을 찾으려고 하였다.[13]

이처럼 자유·비폭력으로 평생토록 일관했던 그의 사상의 실천 지침서는 한국인의 세계윤리 정신의 근가에 해당하는 '공약 삼장'이었다. 그리고 각종의 권위주의와 배타성이 아직까지 사회에 강한 영향을 미치는 상황에서, '자유정신'과 세계주의를 표방했던 한용운의 정신은 근대화의 횃불이 되었다. 한국 독립운동 전개의 한 분수령을 이룬 1919년, 독립선언서의 정신을 가장 집약적으로 잘 표현한 것은, 그 끝에 첨삭된 '공약 삼장'(公約 三章)이었다.

- 금일(今日) 오인(吾人)의 차거(此擧)는 정의(正義)·인도(人道)·생존(生存)·존영(尊榮)을 위하는 민족적(民族的) 요구(要求)니 오직 자유적(自由的) 정신(精神)을 발휘(發揮)할 것이오. 결코 배타적(排他的) 감정(感情)으로 일주(逸走)하지 말라.
- 최후의 일인(一人)까지 최후의 일각(一刻)까지 민족(民族)의 정당한 의사(意思)를 쾌히 발표하라.
- 일체(一切)의 행동은 가장 질서를 존중하야 오인(吾人)의 주장(主張)과 태도(態度)로 하여금 어디까지든지 광명정대(光明正大)하게 하라.

---

13) 『한용운전집』 제 1권, 신구문화사, 1974, pp.354-6.

독립선언서 자체가 육당 최남선(1890~1957)에 의해서 기초됐지만, 이 공약 삼장은 세계윤리 정신의 기치를 내세운, 만해 한용운(1879~1944)이 썼을 것으로 추정한다. 공약 삼장이 한용운의 저작임을 밝히는 증거는, 불교계 독립운동가, 김법린(金法麟; 1899~1964)의 회고록에서 발견된다. 독립선언서 기초위원(起草委員)으로 최린, 최남선 및 한용운 3인이었는데, 최남선 씨는 선언서에 서명치 않고 초안(草案)만을 집필하고 한용운은 그것을 수정키로 하고, 최린 씨는 그 기초 책임자로 정했다.[14]

이처럼 한용운이 독립선언서를 전체적으로 재검토·수정하는 과정에서 최남선의 텍스트에 부족한 점을 보완하기 위해서 공약 삼장을 덧붙인 것으로 보인다. 이외에도 민족 대표 중의 마지막 생존자이었던 이갑성(李甲成; 1889~1981)도 만해가 공약 삼장을 추서(追書)했다는 증언한 바 있다.[15] 반면에 신용하는, 독립선언서 작성에 대한 일경의 추궁을 받은 사람이 주로 한용운이 아니라 육당, 최남선이었다는 주장과, 만해 추서설(追書說)이 만해의 문도에 의해서 선포됐다는 주장 등 여러 새로운 주장도 나타났다.[16]

공약삼장에 관한 육당 전담설(全擔說)에 나타난 여러 문제점들에 대해서 김상현이 자세히 논구하였다. 만해가 선언서의 원고를 보관한 적이 없다고 하더라도 1919년 2월 24일 원고 보관의 책임자이었던 최린의 집에서 원고를 보았다는 사실과 원고를 자신의 의견대로 교정하기까지 했다'고 만해 스스로 시인한 점[17] 등을 기반으로, 추정이 가능하다. 만해가 2월 24일 최린의 집에서 선언서의 원고를 검토하면서 공약 삼장을 덧붙였을 가능성을 시사한다. 김상현은 김관호(金觀鎬) 등의 만해 문인들의 생생한 증언을 바탕으로 공약삼장이라는 형식이 불교의 삼보(三寶)사상의 연관성을 밝혔다. '최고의 마지막 순간까지' 철저성을 보인 사실도 한용운의 사상과 신념에 부합되며, 이러한 자유이념은 20세기에 한국에 나타난 세계시민성의 발로라고 말할 수 있다.

---

14) 『신천지』 제1권 제3호, 1946년 3월.

15) 『동아일보』, 1969년 1월 1일 7면.

16) 신용하, 「3·1독립운동 발발의 경위」, 『한국근대사론』, 지식산업사, 1977, pp.86-8, 육당연구의 홍일식과 독립운동연구의 박걸순은, 다른 시각에서 육당 전담설(全擔說)을 지지하였다. 육당 전담설은, 독립선언서와 공약 삼장을 구분치 않은 채 육당의 글로 파악했던 3·1 운동 직후의 일경(日警)의 집필자 이해를 답습한다.

17) 『한용운전집』 제 1권, 신구문화사, 1974, pp.386.

그림 10 2008 만해축전

인간은 만인을 선택하는 공공으로 자신을 선택한다. 즉 인간관계 속에서 공공의 일이 생겨나고 그것을 해결해가는 과정이 삶이다. 윤리교육이 삶 속에서 자신의 말과 행위를 선택하고 행복하기를 훈련시키는 작업이라면, 내일을 향해 기투하며 성실하게 공공의 삶을 향유해가는 실존 인간을 위한 윤리교육이 되어야 한다. 이에 대한 공공으로서 다양한 인간관계에서 가치선택을 위하여 현실적으로 만다라를 사용하거나 영화를 활용하여 세계윤리교육을 시도할 수 있다.

도덕수업에서 만다라를 제작함으로써 내면세계의 갈등을 상징적으로 표현하게 되면, 규범의식과 현실의식의 갈등을 바깥세계로 투사하거나 객관화시킬 수 있다. 만다라 일원상에 그림을 그리는 행위 자체가 화합의 느낌을 가져다 줄 수 있다는 점에서 도덕적 상상력은 일종의 자기치료행위가 될 수 있다. 만다라에 있어 중심화는 성스러움과 질서의식을 부여하는 경우가 있다. 만다라의 어느 한 지점은 생의 역동성을 떠올리게 한다. 만다라의 상징은 시각적인 자유연상을 기본으로 하여 그려지기 때문에 만다라 상징의 탐색은 무의식을 자극하게 되면서 도덕의식에 대한 긍정적 에너지 또는 부정적 에너지를 노출하게 만든다.

만다라를 통한 상징, 은유, 메시지가 담긴 이미지는 도덕적 상상력에 새로운 시각적 진실성을 부여하게 한다. 따라서 신호체계와 상징체계 양쪽의 이해는 도덕적 상상력에서 균형감각을 일깨우게 할 것이다. 이처럼 만다라를 통한 상징체계는 타인에 의해 창조되는 신호체계와는 달리 만다라를 그리는 자신이 스스로 만든 것이며, 자신의 내면의식에

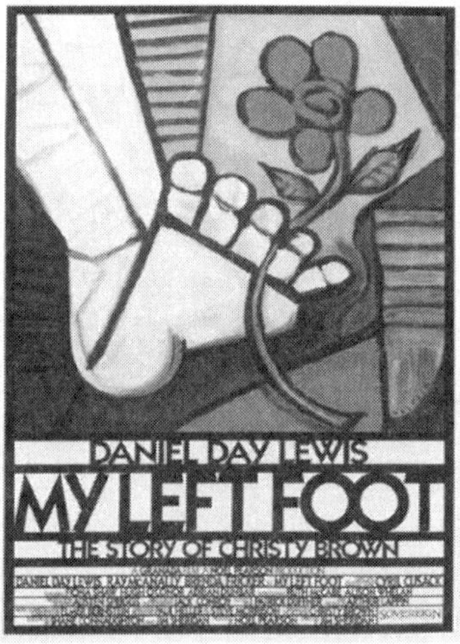

그림 11 나의 왼발

보다 근접하는 것을 효과를 나타내게 된다.

이 과정에서 외부·육경(六境 : 眼境, 耳鏡, 鼻鏡, 舌境, 身境, 意境)이 작용하고 내부·육근(六根 : 眼耳鼻舌身意)이 반복 경험됨에 따라서 잠복성(潛伏性)이 내재되어 경계가 생긴다. 경계 영향과 육근동작의 반복에 따라 육식(六識 : 眼識, 耳識, 鼻識, 舌識, 身識, 意識)이 형성되며 그 강도에 따라 제7식(第七識: 末那識)이 형성되고, 제7식 강도에 따라 제8식(第八識 : 阿賴眈識)이 형성된다.

제7식 말나식은 기억저장탱크이며, 제8식 아뢰야식은 잠재의식 저장탱크이다. 제8식 강도에서 제9식이 마침내 발생하니, 밝고 맑은 아마라식(阿末羅識)이다.[18] 이러한 9식이 전의(轉依)를 통해 지혜로 바뀌게 됨을 금강계만다라에서는 성신회로 표현한다. 금강계 만다라는 9식을 전환시켜 5지혜로 변형함을 다룬 것으로 시각형식은 유식사상을 반영하고 있다. 이에 대한 영성의미는 의례를 통해 도상이 내면화하여 형성된 의미체계이다.

도덕수업 시간에서 만다라를 적용한 미술활동 프로그램을 실시한 결과 정서지능 전체뿐만 아니라 정서지능의 모든 하위영역, 즉 정서의 인식과 표현능력, 정서에 의한 사고 촉진능력, 정서적 지식활용능력, 정서의 반영적 조절능력에서 실험집단과 통제집단 간에 통계적으로 유의한 차이가 있는 것으로 나타났다. 이는 만다라를 적용한 미술활동 프로그램이 참여자의 정서지능을 향상시키는데 효과가 있음을 밝혀주고 있다.[19]

---

18) 아마라는 아말라(阿末羅)·암마라(菴摩羅)·아마락가(阿摩洛迦)로도 음역하는데, 제8식인 아뢰야식이 미망(迷妄)을 버림으로써 청정(淸淨)상태에 이른 상태이다. 그러므로 청정·무구(無垢)·백정(白淨) 등으로 의역되며, 제9식에 해당한다. 마라(摩羅)는 원래 악(惡) 또는 더러운 때라는 뜻을 담고 있는 말로 이것이 없다는 의미이다. 이 식은 본래 깨끗한 것이지만 태어날 때에 무명(無明)이 끼어 온전하게 깨끗한 상태를 잃었다. 다만 깨끗한 것이 감추어져 있으므로 장식(藏識)이라고 하며, 진(眞)·망(妄)이 함께 있다하여 진망화합식(眞妄和合識)이라고 한다. 현장(玄奘) 이후의 신역(新譯)인 《해심밀경(解深密經)》에서는 이러한 깨끗한 식을 상정(想定) 제9식 아마라식이라고 하였다. 제9식이라고 하여 식이라는 이름이 붙어 있지만 사실은 반야(般若)이다.

그리고 세계윤리 수업에 영화를 활용할 수도 있을 것이다. 태어나서 완전한 독립적 인간으로 성장하는 인간사를 줄거리로 하면서도 다양한 인간관계를 보여주는 『나의 왼발(My Left Foot』은 아일랜드에서 선천적 뇌성마비로 태어나 세계적인 화가, 시인, 소설가로서 자신의 삶을 살아낸 크리스티 브라운의 자전적 소설을 영화한 작품이다. 크리스티(다니엘 데이루이스)는 더블린의 가난한 집안의 13명의 형제 속에서 뇌성마비로 태어난다. 의사는 아이가 식물인간이 될 거라고 하지만 가족들은 그를 포기하지 않고 사랑으로 돌본다. 온 몸이 마비되고 움직이기 힘들었지만 아버지가 만들어준 수레를 타고, 형제들의 도움으로 축구를 하는 등 동네 아이들과도 어울린다. 유일하게 신경이 살아있는 왼발을 이용해 그는 글씨를 쓰기 시작했고 그림도 그리기 시작한다.

성장한 그는 한 여인을 사랑하게 되었으나 그녀는 약혼자가 있었다. 그 사실을 알고 괴로워하는 크리스티에게 가족들은 그의 방을 만들어 주고 그가 그림을 그릴 수 있도록 도와준다. 그는 그 곳에서 자신의 장애를 극복하고 그림을 그리며 『나의 왼발(My Left Foot』이라는 자서전을 쓴다. 유명한 화가가 된 크리스티는 어느 자선 음악회에 초대를 받게 되고 그곳에서 만난 메리에게 자신의 이야기를 들려주게 된다. 예측되지 않는 부조리한 삶과 대면하여 실존하는 존재가 할 수 있는 공공을 리얼하게 보여주는 이 작품은 자신의 존재를 현시하는 공공을 보여 준다.

화면을 통해 인간의 동등성과 차이를 드러내는 확인을 반복하며 현존하는 존재자로서의 마음을 공공으로 자극받게 된다. 이는 비장애인이 장애인을 바라보는 충격에서부터 장애라는 현상을 넘어 현존하는 인간 동등성을 확인하게 되며 또다시 인간 개별자의 차이로 나아가 공공으로 받아들이는 마음의 변증과정이다.

타자를 응대하는 마음의 변증과정이 지속적으로 유지되어 공공행위로 이어지고 그 행위가 더불어 사는 현명함으로 자리 잡기 위해서는 공공을 지향하는 거경(居敬)이 요청된다. 이는 곧 나와 차이를 보이는 장애인을 같은 인간으로, 공공의 시각으로 바라볼 수 있는 인식전환의 문제이다.

---

19) 백양희,「만다라를 적용한 자기통찰이 동성애청소년의 성역할 정체성 및 우울에 미치는 사례연구」,『만다라와 미술치료』, 학지사, 1998. p.22

2. 세계윤리교육의 공공거울

1) 삶의 투시와 공공거울

부조리한 삶이란 어쩔 수 없는 죽음, 내일이 오늘과 다르지 않다는 사실, 무익하고 희망도 없는 일에 끝없이 종사하는 삶이다. 카뮈는 시지프 신화에서 부조리를 주제로 다루고 있다.[20]

> "참으로 진지한 철학적 문제는 오직 하나뿐이다. 그것은 바로 자살이다. 인생이 살 만한 가치가 있느냐 없느냐를 판단하는 것이야말로 철학의 근본문제에 답하는 것이다."

첫 문장이 이렇게 도발적이다. 살 만한 가치가 없다고 생각한다면 스스로 죽으라고 한다. 처음에는 '부조리'에 대한 이야기로 시작한다. 누구나 부조리함을 느끼게 되는 걸까? 내게 기억나는 경험이 있다면, 무슨 일을 하다 말고 '이걸 내가 왜 하고 있는 거지?'라고 자문하게 될 때다. 일이든 뭐든 습관적으로 뭔가를 하다 말고 문득 그런 생각이 들 때가 있었고, 그러고 나면 온갖 회의의 감정과 생각에 휩싸이곤 한다.

> "무대장치들이 문득 붕괴되는 일이 있다. 아침에 기상, 전차를 타고 출근, 사무실 혹은 공장에서 보내는 네 시간, 식사, 전차, 네 시간의 노동, 식사, 수면 그리고 똑같은 리듬으로 반복되는 월, 화, 수, 목, 금, 토, 이 행로는 대개의 경우 어렵지 않게 이어진다. 다만 어느 날 문득, '왜?'라는 의문이 솟아오르고 놀라움이 동반된 권태의 느낌 속에서 모든 일이 시작된다. (중략) ... 권태는 의식을 깨워 일으키며 그에 뒤따르는 과정을 야기한다. 뒤따르는 과정이란 아무 생각 없이 생활의 연쇄 속으로 되돌아오는 것일 수도 있고 아니면 결정적인 각성일 수도 있다."

부조리에 대한 해결책으로서 몇 가지를 얘기하는데, 첫 번째가 자살, 두 번째가 희망, 그리고 세 번째가 까뮈가 주장하는 결론이다. 두 번째가 가장 쉬운 선택인 것임에 틀림이 없다. 사실 카뮈가 권하는 세 번째 해결책은 그리 새로운 건 아니다. 카뮈 자신도 니체의 영향을 많이 받았지만, 니체가 '신은 죽었다'고 하면서 했던 애기나, 카잔차키스가 '영혼의 자서전'에서 자신의 삶의 이야기 끝에 들려주는 애기와 같아 강한 개성을 가진 영혼에게 적합한 해법이다.

---

20) 알베르 카뮈, 김화영 역, 『시지프 신화 - 알베르 카뮈 전집 4, Le Mythede Sisyphe』, 책세상, 1997. pp.7-10

'인간은 어떻게 해서든 살아남아야 한다.'는 말은 역설적으로 '인간은 어떻게 해서든 죽어야 한다.'와 상통한다. 인생이 살만한 가치가 있느냐 없느냐를 판단하는 것 자체가 인간을 극단으로 내모는 발효제의 역할을 하는 것이라 생각된다. 여기서 발견되는 한 가지 출구는 인간의 삶에 충실하면서 유일신을 섬긴다면 인간은 죽어서 무조건적으로 구원을 받을 것이라는 유신론자와 신 따위는 애초에 존재치 않으며 인간의 삶은 현생으로서 끝난다는 무신론적 실존주의자로 크게 나뉠 것이다.

인간은 아름다운 대지에서 무한자유를 누리며 살고자 희망한다. 인간의 운명은 그렇지가 않다. 자유의 대가로 받는 시지프의 벌은 끝없는 무의미의 창출이다. 지옥에서 바위를 산꼭대기까지 굴려 올리면 산꼭대기에 올라서는 순간 그 바위는 그 자체의 무게로 말미암아 다시 굴러 떨어지는 것이다. 그러면 또 다시 바위를 굴려 올려야 하는 것이 시지프의 운명이다. 시지프에게 만약 공공의 가치가 나타나면 그는 희망을 찾아 행복한 인간이 될 것이다.

삶의 지겨움을 참지 못하여 일탈된 행동을 선택하고 자유로운 인간임을 천명한다 하더라도, 삶의 부조리함에서 벗어나는 것이 아니다. 자신의 삶이 그 자체 현존하는 자연으로 보일 때 삶의 부조리성과 대면하게 된다. 이렇게 정지된 상황으로 돌출하는 낯설음을 인식하는 자기 자신을 보는 자기는 이방인이다. 영원히 나는 나 자신에 대해 이방인일 것이다. 이 이방인은 타자이다. 끝나지 않을 것 같은 반복되는 일과 속에서 공부는 의미를 상실한 채 단지 기계처럼 자신의 삶을 살고 있다. 부조리한 인간 실존을 위해서, 부조리한 삶을 느끼고 암울한 부조리를 넘어 서는 가능성을 시지프의 인내에서 배울 수가 있다.

세계윤리의 공공교육은 부조리한 삶의 투시와 나아가 삶 속에 공공재를 찾아 희망을 발견하는 인간교육이어야 한다. 이러한 부조리한 삶의 투시를 위한 공공재의 차원에서 〈영화〉 매체를 활용할 수 있다. 화면 속에서 인간이 태어나서 가족의 손길로 성장하고 또래와 더불어 놀이를 즐기고 사랑의 감정을 배우는 인간 삶을 경험하면서 타자와 자기 현존을 공공으로 보게 된다. 동등에서 자기와 타자에서 개별자를 반복적으로 바라보면서 이 과정을 겪는다. 이러한 변증 과정에서 자신의 현존하는 삶 속에서 비장애인 내가 타인인 장애인을 공공으로 바라보고 의식하는 이방인이 되며 대타자인 또 다른 자기를 보게 된다.

영화는 활용하기에 따라 미학적 복합물로서 공공 역할을 감당하게 된다.[21] 사진에 촬영된 사물의 존재는 반대로 마치 지문처럼 모델의

그림 12 바위를 올리는 시지프의 운명

존재를 닮는다. 영화를 보는 관객들은 연기자에게 자기를 투사시켜 동일시로 나아가게 되고 상호 전이 효과를 보여 연기자들이 하는 말과 행위들이 모방상이 된다.

장애인의 삶의 부조리한 모습들을 적나라하게 표출시킨 『나의 왼발』은 영화를 보는 이에게도 현존하는 자신의 삶으로 전이되도록 한다. 영화를 본다는 설렘으로 화면에 집중하려던 관객은 처음 대면한 화면에서 갑작스레 드러난 발가락의 낯설음에 "저게 뭔데!"라는 불편함으로 웅성거리다 서서히 차분해진다.

화면 속에 일부로 녹아들어간 학생들의 진지함이 저절로 "저 사람 진짜 장애인 이예요?"를 묻게 한다. 실존하였던 전신마비 장애인 크리스티를 『나의 왼발』영화에서 다음 질문이 "진짜로 있었던 이야기예요?"이다. 크리스티 브라운이 실존 인물이라는 진실성을 확인하는 것이다. 영화라는 예술세계의 경이로움에 대한 자각이며, 순간에 포착되어 진실하게 다가오는 부조리한 삶의 목격이다.

다음은 《나의 왼발》 에 나오는 서사의 내용이다.

21) 기 엔느벨르 엮음, 안병섭 옮김, 『앙드레 바쟁의 영화란 무엇인가』(서울 : 집문당, 1998), p.65 참고.

크리스티 브라운은 선천성 뇌성마비로 전신이 비틀리고 마비된 채 왼발만을 움직일 수 있는 소년이었으나, 어머니의 끝없는 희생과 사랑으로 남달리 깨끗하고 맑은 영혼을 갖고 성장하면서, 그림에 소질을 보인다. 독창적인 작품으로 두각을 나타내던 19살 때 뇌성마비 전문의 아일린 콜을 만나 불분명하던 발음도 상당히 교정되고, 의사소통을 할 수 있게 되면서 크리스티는 미모의 여의사 아일린을 사랑하게 된다. 그러나 아일린은 약혼자가 있고, 실연의 고통에 한때 자살까지 기도하던 크리스티는 강인한 정신력과 오기로 절망을 딛고 일어서, 자신의 소년 시절과 열명이 넘은 형제자매들, 청년기의 슬픈 사랑을 진솔하게 서술한 자서전을 내놓아 작가로서도 성공한다. 아일린 콜의 부탁으로 뇌성마비 장애자 후원모임에 나간 크리스티는 여기서 간호사 메리를 만나, 신체의 장애를 극복한 집념으로 메리의 사랑을 얻기에 이른다.[22]

영화의 시작은 고요의 긴장 속에 자판기 위를 기어가는 발가락만이 클로즈업 된다. 발의 어설픈 동작은 레코드를 겨우 발가락 사이에 끼워들고 느릿하게 움직여 레코드판에 걸자 불협화음의 오케스트라 음이 발작적으로 튀어나왔다 멈추고, 조금 뒤 발가락이 레코드판을 다시 조정하자 편안한 음들이 화면을 차지한다.

카메라는 담담하게 주인공의 얼굴로 다가가 장애인의 전형을 드러낸다. 이 장면이 끝나면 하얀 색 폭스바겐 두 대가 낮은 건물들 사이를 지나고 있다. 바이올린의 가락이 바빠지면서 발가락이 음악을 감상하는 장면과 여인네들의 몸단장과 하얀 폭스바겐의 장면들이 교차 편집되어 잔치의 분위기로 몰아간다. 이렇게 온 가족이 참석한 장애자 후원음악회를 현재에 두고 주인공 크리스티 브라운의 탄생에서부터 유아기 → 현재 → 소년기 → 현재 → 청년기 → 현재 → 성년기 → 현재진행 → 화면 속에 결혼했다는 자막으로 미래를 알리는 정지된 현재로 짜인 서사구조로 구성되어 있다.

그림 13 나의 왼발

유아기에 묘사된 낯설음은 어린 크리스티를 어깨에 메고 2층 계단을 오르고 있는 만삭의 어머니의 모습이다.

22) http://movie.naver.com/movie/bi/mi/basic.nhn?code=16830

크리스티는 어머니의 시지프 바위가 된다. 그러나 장면이 바뀌어 어머니가 2층에서 굴러 떨어지고, 다급한 현실에 대응하기 위해, 마비된 육체를 던져 곤두박질로 계단을 내려가는 어린 크리스티의 모습. 또 다른 장면은 듣는 이의 숨이 멎을 것 같은 거친 숨소리 따라 발가락 사이에 끼워진 분필이 써낸 글자 "엄마"라는 장면은 현존 삶 속에 실존하는 크리스티를 예언한다.

"엄마"라는 언어의 기의(記意)는 모든 인간들에게 내통하는 인간 조건의 동등성[23]이다. 부모가 자식을 키워내고 시간이 경과하여 자식이 부모를 봉양함은 인간 삶의 굳어진 틀이다. 형과 누나가 가출하고 아버지가 죽는 장면 속 사건의 전환에 따라 시지프 바위의 역할이 바뀐다. 틀 속에 더불어 살아야 하는 부조리한 인간 삶을 살아내려는, 삶을 향한 크리스티의 의지를 느낄 수 있다. 누구나 사소한 장애를 가지고 살지만, 왼발 하나로 산꼭대기를 향해 자신에게도 어김없이 공평하게 부과된 무거운 바위를 굴려가는 크리스티의 의지는 잔인한 인간의 부조리이다.

억울한 누명 앞에서 자신의 변호를 위한 소리조차도 낼 수 없는 장애임에도, 불쌍한 영혼들을 위로하기 위해 더 많은 할로윈 날에 촛불을 밝히라고 표명하는 파괴되지 않은 선의지, 인간의 부조리를 드러내는 장면이다.

크리스티가 공공거울에 비친 자신의 모습을 정확하게 목격하게 된 것은 무료 재활원에서이다. 자기와 닮은 뒤틀린 육체들을 보고 그것들과 자신은 다르기를 갈망하는 반항. 하지만 문을 잠그고 모든 것을 거부하는 크리스티에게 자신의 삶을 받아들이게 하는 또 다른 부조리한 인간 아일린 콜 박사. 자신을 향해 뱉어진 "꺼져!"라는 말을 더 정확히 발음할 수 있게 해 주겠다는 콜 박사의 제의에 미소를 지을 수밖에 없다. 셰익스피어의 글귀들에 대한 감상을 묻는 콜의 질문에 "병신은 행동할 수 없다."는 답으로 드러낸 크리스티의 마음에 싹튼 연정은 오히려 공공재의 발견으로 나아가 삶을 잊고 삶에 의미를 부여하는 에너지로 바뀐다.

---

23) 한나 아렌트, 이진우·태정호 옮김, op .cit., p.235 : 말과 행위의 기본조건인 인간의 다원성은 동등성과 차이성이라는 이중의 성격을 가진다. p.236 : 인간의 차이성은 특수성과 같은 것이 아니다. 인간이 존재하는 모든 것과 공유하는 '특수성'과 살아있는 모든 것과 공유하는 '차이성'은 인간에게서 유일성이 된다. 그리고 인간의 다원성은 유일한 존재들의 역설적인 다원성이다.

타자들과 소통이 가능한 발음으로 대화를 나누면서, 그들과 공통의 삶을 꿈꾸는 크리스티는 왼발로 그린 그림들로 벽면을 장식한 전시회를 연 후, 고조된 감정을 주체하지 못하고 주변 사람들에게 콜 박사를 향한 자신의 마음을 드러낸다. 하지만 그는 콜 박사가 약혼 한 현실을 알고 거부하려는 울부짖음만을 결국 남기게 된다. 의미를 잃은 삶을 포기하려는 크리스티는 자살조차도 불가능하게 만드는 장애인의 완벽한 부조리에 또다시 직면한다.

좌절한 인간 삶에 반전을 유도하는 것은 희망과 사랑이다. 영원히 배신하지 않을 믿음을 보여주는 어머니의 사랑은 곡괭이를 집어 들고 땅을 파는 장면을 구성한다. 이 모성에 연유한 가족사랑은 크리스티의 작업실을 완성하는 아버지와 형제들 모습이 이어진 다음, 부친의 장례식을 마치고 그가 살아생전에 진 외상 술값을 대신 갚아 준 후 술집을 부셔버리는 절정으로 치닫는다. 이는 부조리한 아버지 세대의 삶이 모두 끝났음을 보이는 것으로, 홀로서기에 성공한 인간 크리스티를 암시한다.

동생의 도움으로 타자기를 구하고 왼발로 자서전을 써서 판매 수익금을 어머니에게 드리는 것으로 해결점을 찾은 다음, 다른 장애자를 위한 후원 사업에까지 관여하게 된다. 자신을 위한 홀로서기만이 아니라 자기와 더불어 살아가는 타인들과 마주하는 공공의 삶을 함께 열어간다는 것이다. 여기서 크리스티의 장애가 사라지는 것은 아니다. 크리스티는 여전히 누군가가 술병에 빨대를 꽂아 주어야만 술을 즐길 수 있다. 발가락에 꽃을 꽂아 전달하는 이 부조리를 받아들이는 또 다른 부조리한 인간이 크리스티와 결혼한다는 메리 카이다. 이 둘이 크리스티가 태어난 땅 더블린을 위해 축배를 드는 장면을 끝으로 화면은 정지한다.

인간 크리스티의 모습과 장애인 크리스티의 모습을 보면서 공공의 자기를 다시 보았을 것이다. 이로써 인간의 동등성과 타자를 넘어 장애인으로 태어나 자신의 부조리한 삶을 살아내고 있는 크리스티에게서 장면마다 생생하게 눈앞에 드러나는 '현존하는 삶 속에서 해야 할 말과 행위'의 공공차원을 확인하였을 것이다. 현재 진행되는 시간 속에 최선의 삶으로 응대하는 순간을 버티어 내며 자신의 인생을 살아내는 것이 공공의 삶이다.

2) 공공의식과 타인응시

영화의 화면으로 나아가 다시 자신의 의식으로 돌아와 자기와 타인을 공공으로 바라보는 관찰자가 자신의 대타자 모습으로 철학적 성찰의 단계에 이르게 한다. 그런데 이러한 인간의 차이성과 특수성을 볼 수 있는 철학적 성찰은 삶에 행복감으로 충만하게 하는 것은 아니다. 자신의 의식에 드러나는 인간의 다원성을 확인하면서 삶에서 해야 할 말과 행위를 선택해야 한다. 이처럼 선택하여 드러나는 '일'을 함으로써 공공재의 발견을 통한 사랑하며 실천하는 삶이 자연스레 형성된다.

현재의 삶을 살기 위해서는 타자와 마주하여야 한다. 어떤 방식으로든 그 얼굴을 마주해야 한다. 일상생활 가운데에서 우리가 타자를 만날 때는 그의 고독을 뒤로한 채 예절이라는 너울을 통해 이미 자신을 은폐한 상태에서 그를 만난다. 장애인과 친구로서의 관계를 형성하기 위해서는 희망을 찾아 관계를 형성하는 공공의 습관을 길들여야 한다. 내일 할 말과 행위를 미리 암기하여 둘 수는 없지만 인간이 살아가기 위해 매순간 선택하여 습관들인 것들은 순간에 드러나 현재를 이루며 삶을 지탱시키는 것이다. 영화가 전해주는 현실감 있는 삶의 부조리, 그 상황에 대응하여 삶을 유지하는 인간의 부조리함에서 내 안의 타인과 공공으로 현시한다. 그 현시하는 타인과의 관계를 조망하면서 자신을 관조할 때 비로소 부조리 너머의 자신을 보게 된다.

낯선 세상을 바라볼 수 있는 시선이 자신과 더불어 살아가는 타인을 향한 사랑의 마음으로 승화할 때, 인간은 희망의 창을 열 수가 있다. 장애인을 자기와 동일시할 수 있는 성숙함과 자신의 행위를 성찰할 수 있는 여유와 사람을 사랑할 수 있는 아름다운 행동으로 매개하려면 마음이 공공으로 깨어있어야 한다.

자기 앞에 현시하는 나와 타인의 차이성과 동일성을 바라보고 깨끗한 마음의 상태를 유지한다. 나와 같은 인간에게 해야 할 말과 행위, 그리고 나와 다른 인간에게 해야 할 말과 행위를 선택하여 드러난 존재자의 모습은 친절과 배려이다. 부조리한 삶 속에 드러나는 타인을 사랑으로 응시하는 가운데 현시하는 것이 공공의 모습이다. 이를 위해서 우리는 깨어있어야 한다. 전통에서는 실천으로 평상심과 거경을 주문하고 있는 데, 이는 세계윤리 차원에서도 크게 원용 될 수 있는 것이다.

3. 세계윤리교육 시간에 만다라 활용

시간에서 만다라를 적용한 미술활동 프로그램을 실시한 결과 정서지능 전체뿐만 아니라 정서지능의 모든 하위영역, 즉 정서의 인식과 표현능력, 정서에 의한 사고 촉진능력, 정서적 지식활용능력, 정서의 반영적 조절능력에서 실험집단과 통제집단 간에 통계적으로 유의한 차이가 있는 것으로 나타났다. 이는 만다라를 적용한 미술활동 프로그램이 참여자의 정서지능을 향상시키는데 효과가 있음을 밝혀주고 있다.[24] 우리는 만다라가 도덕적 상상력에 있어 공간범주, 시간범주, 개념범주를 통하여 나타나기에 역동적 가능성을 다음과 같이 살펴볼 수 있을 것이다.

1) 공간화용

전체가 구회(九會)로 구성된 금강계만다라는 보리심이 깨침에 이르는 일련의 과정을 묘사하고 있다. 그 중심부에 해당하는 성신회에 초점이 맞추어져 있고, 성신회는 다시 금강계의 중심표상이며 9식 전의로서의 오불에 집중되어 있다. 이 오불은 금강계만다라의 전체적인 모습을 표상하며, 성스러운 공간으로서의 역동성을 나타내고 있다. 상징적으로 그것은 인상, 색상, 좌상에 의해 금강계의 공성이념을 표현하고 있다.[25]

『금강정경(金剛頂經)』 중심의 금강계 만다라는 수행을 통해 대일여래와 일체하는 심리적 과정을 표현하고자 아홉 개의 정방형 구역으로 나누어져 있다. 일상적 체험의 관점에서 보면 이는 오른쪽 아래의 항삼세삼마야회로부터 출발하여 왼쪽으로 돌아 나선형으로 나아가서 중앙에 이르고 있다. '항삼세(降三世)'라는 것은 과거・현재・미래의 세 개의 시간적 차원을 뛰어넘는다는 것이다. 말하자면 수행은 영원의 차원을 시향하는 노력을 뜻하고 있다. '삼마야'는 부처가 갖고 있는 도구와 손으로 결합한 도장의 모양 등을 가리킨다. 이것은 마음의 내적 영역을 탐구해 나가는 실천의 과정을 상징하는 표현이다.

제4의 일인회(一印會)는 오직 대일여래만이 홀로 그려져 있을 뿐이지만, 그것은 수행자가 마음의 본질을 드러내는 영역에서 시작하여 한 걸음 힘껏 내딛는 것을 상징하고 있다고 해석할 수 있다. 이렇게 해서 차츰 마음의 심층 영역에 들어가 중앙의 갈마회에 이른다. 여기에는 대일여래를 중심으로 무수한 부처의 이미지가 밀집되어 있다.

앞의 시각형식을 관상하는 과정을 '향상문(向上門)'으로 부르고 있다. 향상문은 일상적 자기가 무의식의 영역으로 깊이 들어감으로써 자기실

---

24) 백양희, 「만다라를 적용한 자기통찰이 동성애청소년의 성역할 정체성 및 우울에 미치는 사례연구」, 『만다라와 미술치료』, 학지사, 1998. p.22

25) 김용환, 『만다라: 깨달음의 영성세계』, 열화당, 1992, 153-156.

현으로 나아가고, 인간으로서 자기본질을 알며, 우주생성의 원천에 합일함에 이르는 과정을 보여 주고 있다. 이 과정을 내려간 것이 향하문의 관점이다. 전자가 마음의 변용에 대한 인식과정의 분석임에 견주어, 후자는 그것에 따라 밝혀지는 도덕 수업의 단계로 '심성 존재론'이다.

(1) 인상과 색상

방위	여래	역할(모습)	인상(印相)	색상	빛깔의 의미
동방	아촉여래	항마성도(降魔成道)	촉지인(觸地印)	푸른	견고한 보리심
남방	보생여래	복덕서원(福德誓願)	여원인(與願印)	노랑	빛나는 불법의 원만한 복덕
서방	무량수여래	자비의 평정한 마음	선정인(禪定印)	붉은	큰 자비심
북방	불공성취여래	공포심 제거	시무외인(施無畏印)	초록	성취에 대한 부단한 노력
중앙	대일여래	우주의 대생명 활동	지권인(智拳印)	흰색	절대성과 영원성

【금강계만다라의 인상과 색상】

중앙의 대일여래는 '心王', "권속은 왕비같이 많고, 자나[大日]는 그 중앙에 자리 잡고 있구나. 자나는 누구인가? 본래 심왕이구나."[26] 자기 자신을 자기의 내면으로 향하게 함으로써 보이지 않는 근원의 영역과 서로 마주 보게 되며 심층의식의 접근이 가능해진다.

(2) 좌상

대일여래와 四여래의 상호의존관계는 좌상(座相)에 의해 초공간적 역동성으로 발전하고 있다. 이것은 각각의 여래들을 지탱하고 있는 동물의 속성으로 비유되고 있다. 동→남→서→북으로 점점 빠른 동물을 설정하여 중앙의 대일여래로 힘차게 다가가는 형상이다. 걸어가다 뛰고 날다가 빛처럼 빠르게 가는 과정은 초월적 역동성을 표현한다. 깨달음을 완성하려는 강한 영성열망을 반영하고 있다.

---

26) 勝又俊教, 『弘法大師著作全集』, 山喜房佛書林, 1973, p.98. 대일여래는 주위에 많은 보살을 거느리고 중앙에 앉아 있다. 대일여래는 원래의 자기 마음의 본질(만다)를 뜻한다.

방위	여래	좌상(座相)	속 성
동방	아촉여래	코끼리	느리고 무겁다.
남방	보생여래	말	민첩하고 질주할 수 있다.
서방	무량수여래	공작	하늘을 날 수 있다.
북방	불공성취여래	금시조	빛과 같이 빠르다.
중앙	대일여래	사자	태양의 심장(광명의 지혜)

【금강계만다라의 좌상】

2) 시간화용

금강계 만다라는 의례를 통하여 내면화하는 과정에서 시간의 가역성(可逆性)을 경험하게 하는데 '일상적 시간의 무화'라고 한다. 그것은 금강염송차제의 반복적 의례 효과에 의해 일상적인 시간의 흐름과 분리되기 때문이다. 이러한 일상적 시간의 무화는 열반을 지금 여기에서 경험하려는 영성적 열망을 반영하고 있다.

금강염송차제의례는 정교한 체제를 갖춘 것으로서 시간의 가역성을 분명하게 인식하게 하는 논리적 정합성을 유지하고 있다. 유가의 일상적 시간의 무화(無化)는 제감(制感) → 집지(執持) → 정려(靜慮) → 삼매(三昧)의 네 단계의 과정에 의해 도덕적 화용으로서 영성적 자유 실현의 과정을 추론할 수 있게 된다.[27]

27) Mark Epstein, 전현수 외 옮김, 『붓다의 심리학』, 학지사. 2006, pp.273-275참조.

<table>
<tr><th>단계</th><th colspan="2">의미</th><th>오상성신관</th><th>의미</th></tr>
<tr><td>1. 제감</td><td colspan="2">감각작용의 진정</td><td>통달보리심
(通達菩提心)</td><td>자기마음을 월륜의 형태로 본다. 중생이 바라밀의 덕을 구족하고 있음을 깨치기 위해 대상을 향한 의식을 자신의 마음의 형상에 일단 집중한다.</td></tr>
<tr><td>2. 집지</td><td colspan="2">정의(情意)작용의 진정</td><td>수보리심
(修菩提心)</td><td>내면세계의 일점을 집중한다.</td></tr>
<tr><td>3. 정려</td><td colspan="2">사유(思惟)작용의 진정</td><td>성금강심
(成金剛心)</td><td>자기마음의 월륜에 금강형을 의식적으로 사유하게 한다. 이는 산란된 사유작용을 통어하여 영성교감이 자연스럽게 이루어지기 위한 방편이다. 이 금강형은 다섯 지혜를 상징하는 오고저(五鈷杵)이다.</td></tr>
<tr><td rowspan="2">4. 삼매</td><td rowspan="2">기억작용의
진정</td><td>유상삼매</td><td>증금강신
(證金剛身)</td><td>여래의 지혜 속에 몰입되어 여래의 금강신만 의식될 뿐 다른 물질계는 지각되지 않는다.</td></tr>
<tr><td>무상삼매</td><td>불신원만
(佛身圓滿)</td><td>자신과 여래와의 경계마저도 분쇄되었기 때문에 자신과 법계와 월륜의 금강은 무차별의 전일성을 이루게 된다. 즉, 일상성으로 복귀했지만 보는 이와 대상이 혼연일체를 이루고 있다.</td></tr>
</table>

【금강계만다라의 시간범주】

4. 세계윤리교육의 평상심 태도

1) 평상심은 '열린 마음(開心)'이다.

평상심은 결코 특수한 시간에 특수한 장소에서 특이한 사람들만이 행할 수 있는 방법이 아니다. 언제 어디서나 누구든지 행할 수 있는 열린 마음이다. 본마음·참된 본성이 언제 어디서나 누구에게든 갖추어져 있기 때문에 마음이 열려있는 사람에게는 자연 그대로, 두두물물(頭頭物物)이 평상심으로 연결된다. 마음이 닫힌 사람 앞에 비록 불·보살과 달마조사가 당장 나타난다 해도 크게 얻는 바가 없다는 의미이다.

2) 평상심은 '편안한 즐거움(安樂)'이다.

평상심은 안락(安樂)이다. 안락은 편안하고 즐겁다는 뜻이다. 편안하고 즐겁기 위해서는 우선 만족해야 한다. 만족하기 위해서는 더 이상 추구하는 바가 없어야 한다. 일체의 소원을 놓고 쉬어야 한다. 심지어는 깨닫고자 하는 마음도 헐떡임에 불과하다. 일체의 생각분별(思量分別)과 '나'라는 생각, 또는 깨치고자 하는 마음도 모두 놓아버리고 다만 앉아 있을 뿐이다. 사대(四大)로 된 몸과 의식(意識)에 대해서도 '나'와 '내 것'에 얽매이지 않아야 된다. 생각의 분별(思量分別)이나 지견(知見)의 이해 및 알음알이로써 깨치고자 한다면 만겁이 흘러 미륵보살이 하생(下生)한다 해도 깨치기가 쉽지 않을 것이다.

3) 평상심은 '바로 지금(當下)'이다.

평상심은 '바로 지금'이다. 이미 지나가 버린 과거에 대한 회한이나 후회, 설움 등 일체를 놓아버리고, 아직 오지 않은 미래에 대한 막연한 기대나 걱정 따위도 떨쳐 버린 채, 오직 바로 지금 여기에서 산란이 제거된, 평상심에 몰두할 뿐이다. 바로 지금 여기에서 오직 밥 먹을 뿐, 바로 지금 여기에서 오직 잠잘 뿐, 바로 지금 여기에서 오직 대화할 뿐, 바로 지금 여기에서 오직 일할 뿐, 바로 지금 여기에서 오직 살아갈 뿐, 바로 지금 여기에서 오직 죽을 뿐이다. 이처럼 평상심은 바로 지금 이 자리에서 '다만 할 뿐'이다. 몸도 잊고 마음도 잊는(身心脫落) 상태에서 상념에서 벗어나게 된다.

4) 평상심은 '닦는 데 속하지 않음(不屬修)'이다.

평상심은 '닦는데 속하지 않음(不屬修)'이다. 닦아서 터득한다면 닦아서 이루어졌으니 다시 부서질 것이다. 즉 인과(因果)에 매어 있는 것이다. 그렇다고 해서 닦지 않는다 하면 그냥 범부이다. 자성(自性) 즉 본마음·참됨은 본래 완전하다는 것이다. 그러므로 선(善)이라고 취한다거나 악(惡)이라고 버린다거나 공(空)을 관찰하여 선정에 들어간다거나 하는 것은 공연한 일이다. 한 생각 망념만 없으면 즉시 생사근본이 없어지며 위(僞)없는 진귀한 보배를 얻게 된다. 그러므로 평상심은 오직 이 한 생각, 망념만 없애면 될 따름으로 닦음을 필요로 하지 않음이다.

5) 평상심은 '무심간화(無心看話)'이다.

평상심은 '무심간화(無心看話)'이다. '집중간화(集中看話)'는 처음부터 지속적으로 화두에 몰두하고자 노력함으로써 삼매에 이르는 방식이다.

무심간화는 이와 달리 무심으로 출발한다. 한 생각 망념이 일어나기 전의 무심이 최선이다. 그러다가 문득 이러한 무심상태가 흔들릴 때에 얼른 화두를 챙기는 것이 무심간화이다. 역순경계(逆順境界)가 나타나 한 생각 망념이 일어나는 순간 화두를 챙김으로써 평상심으로 돌아간다. 무심간화는 철저히 현실지향이다. 자성청정심의 평상심이기에, 현재에 몰두하며 흔들리면 화두 챙겨 본마음을 회복할 뿐이다. 무심간화의 평상심(平常心)은 평등(平等)이며, 소요(逍遙)이며, 돈오(頓悟)이며, 자연(自然)이며, 광활(廣闊)이며, 풍류(風流)이고, 자유(自由)이며, 무언(無言)이다.

6) 평상심은 거경이다

비장애인과 장애인을, 인차이성과 동일성을 바라볼 때, 대타자의 시선이 드러난다. 마음에 일어난 변화는 현존하는 삶 속에서 끝없는 자극들과 혼돈을 반복하며 변증하게 된다. 이 혼돈의 마음을 쪼개어 진지로 드러나는 노력이 거경이다.

> 경이란 주일무적(主一無適)이다. 한 물건에 접하면 접한 바에 그치고 한 일에 응하면 응하는 바에 중지하여 다른 것에 마음을 팔지 않는다. 곧 마음이 능히 하나로 꿰뚫어 사물이 지나가면 곧 맑게 되어 명경과 같이 깨끗하게 된다.[28)]

궁리(窮理, 사물의 근본원리와 인과관계 탐구)와 거경(居敬, 정신이 항상 깨어있게 유지함) 공부는 서로 수미가 된다. 반드시 두 가지 공부가 서로 함께 나아가야 한다. 이럴까 저럴까 머뭇거리지 말고, 언제 어디서든 자신이 처한 상황에서 힘을 써야 한다. 마음을 비우고 사물의 근본원리와 인과관계를 관찰할 뿐, 절대로 선입견을 가져서는 안 된다. 조금씩 공부를 쌓아나가는 중에 순수해지고 익어가는 것이다. 완전히 체득하기 전에는 결코 포기해서는 안 된다.

그 사물의 이치가 남김없이 이해되고 깨어있음이 전일하게 되는 것은, 모두 공부가 깊이 나아간 뒤에 자연히 얻어지는 것이다. 사물의 이치를 연구하여 이를 실천에서 증험해야 비로소 '참된 지혜'가 될 것이며, 항상 깨어있음을 유지하여 마음이 한 순간이라도 둘로 셋으로 갈라지지 않아야 비로소 '참된 체득'이라고 할 수 있는 것이다.

이처럼 함께 터득하게 되면, 거경으로 마음은 깨끗하게 맑아지고 천

---

28) 花潭集 券二 送沈敎授序 ; 持經觀理 其方也 敬者主 一無適之謂也 接一物則 止於所接 止於所應 無間以他也 則心能一及事 過物去而便收歛湛然當如明鑑之空也.

리는 환하게 나타나며 우주이치와 상통한다. 자연으로 나간 정신이 다시 자기에게로 회귀함이다. 비장애인인 학생이 화면을 통하여 장애인을 바라보면서 자기의 내면의 장애를 바라볼 수 있는 있음이며, 장애인의 내면에 나와 공통된 인간성을 공공으로 볼 수 있음이다. 즉, 인간의 다원성 속에서 인간 동일성을 목격하고, 타자를 인정하는 대타자의 자리에 임하게 된다. 사랑으로 타인을 바라보는 마음이 드러나 깨어있는 상태가 천리(天理)와 소통하는 거경(居敬)으로 이어지게 된다.

7) 평상심은 집의이다

비장애인과 장애인이 더불어 행복할 수 있는 현명함에 이르기 위해서는 맑게 드러난 마음이 말과 행위로서 나타나야 한다. 이 말과 행위를 가능하도록 마음을 모우는 것이 집의(集義)이다. 이는 자신의 의견을 가져 타인을 사랑하는 마음으로 발전시켜 실천하는 의지이다. 장애인과 직면했을 때, 자기가 불편하다는 편견의 장애 저 너머에 있는, 보이지 않는 공공이 보인다면 장애인과 더불어 사는 삶이 가능하고, 이를 실천하려는 집의(集義)는 발동될 것이다.

이처럼 부조리한 삶 속에서 장애인과 나는 동등한 인간임을 느끼고, 유일성 속에 장애인과 나의 특수성과 차이성을 인정하고 더불어 살기 위한 구체적 배려의 마음을 기르고 실천하게 하는 것이 중요하다. 교실에서 비장애인이 장애인과 짝이 되어 서로 간에 인간 본성을 공유하고 타자를 인정하며 서로를 배려하는 말과 행위로 드러나게 하는 태도가 세계시민성에 요구되는 공공의식이다. 이렇게 《나의 왼발》 영화를 통하여 타인과 더불어 하는 삶의 양식이 현존하는 삶 속에서 자연스럽게 드러날 때 행복공창(幸福共創)을 희망하거나 꿈꿀 수가 있다.

'오체불만족'이라는 책을 쓴 오토다케라는 사람의 경우, 그는 태어날 때부터 팔다리가 없는 선천적인 장애인이었다. 그럼에도 불구하고 모든 사람들과 잘 어울리고 공부도 열심히 해서 일본의 명문 대학인 와세다 대학에서 정치학을 공부하고 자신이 팔다리가 없는 신체의 장애를 어떻게 극복했는지 글로 써서 '오체불만족'이라는 책을 펴내었다.

그런데 이 오토다케가 그동안 선생님이 되기 위한 공부를 다시 해서 초등학교 선생님이 되었다고 한다. 오토다케는 모두에게 어려움을 이겨내는 마음과 태도를 공공으로 가르쳐 주기 위해서 선생님이 되었다. 오토다케는 '장애는 불편하지만 불행하지는 않다.'라고 말하였다. 공공이 나타나 장애는 오히려 삶의 의미와 희망으로 바뀌었다. 실망하거나 포기하지 않는 긍정적 마음과 태도는 어려움 속에서도 큰 성공을 이뤄내는 힘을 갖게 한다.

오토다케는 자신이 장애를 극복할 수 있었던 것은 부모님, 좋은 선생님, 그리고 다정한 친구들의 도움이 있었기 때문이라고 했다. 우리는 어려움에 처한 친구가 마음의 용기를 얻을 수 있게 따뜻한 마음으로 격려하고 상대방을 존중하는 태도를 가져야 할 것이다. 세상은 나 혼자 살아가는 것이 아니라 서로의 문화, 서로의 삶의 방식을 인정하고 모두가 더불어 살아가는 공공의 차원이 있다. 나와 다르다는 이유로 상대를 인정하지 않고 무시하는 행동은 서로에게 상처를 줄뿐이다. 나와 조금 다르다는 이유만으로 무시하거나 소외시키지 말고 우리 친구들이 장애를 극복하고 제 역할을 다할 수 있도록 도와줄 때 공공의 세계시민성이 드러날 것이다.

자기의 현재를 공공으로 선택하고 그 선택에 의해 보다 행복한 다음 상황을 불러오고, 그러한 반복 속에 타인과 더불어 사는 공공지혜의 습관을 갖도록 해야 하는 것이다. 영화와 글 읽기 혹은 훈화를 통해 새로운 깨달음의 기회는 제공된다. 형식적인 장애인을 위한 봉사활동을 넘어 무엇인가를 찾고자 하는 의지로서 봉사활동 기관을 방문하는 자세를 가지게 된다. 이러한 학습이 반복적으로 이루어지는 중에 서로에 대한 의식이 바뀌고, 태도가 바뀔 것이다. 이것이 살아있는 세계윤리교육이고, 어떠한 상황 속에서도 인간 본연의 모습을 찾아 자신을 버티어 내고, 삶이 부조리하지만 더불어 삶을 지탱하는 방향이다.

『아이 엠 샘』에서는 정신지체 아빠 샘을 다룬다. 아빠를 너무나 사랑하는 딸 루시가 일곱 살 때 학교와 사회복지기관은 그녀를 시설로 옮기고, 주 2회의 면회만을 허락한다. 일곱 살 아이의 지능을 가졌기에 아빠로서의 권리와 책임감을 박탈당한 정신지체 아빠 샘이 주변 사람들의 도움으로 딸 루시를 되찾게 되는 과정을 그린 감동적인 영화에서 우리는 공공의 거울에 비친 자신을 보게 된다.

행복은 매일 똑 같이 반복되는 일상이 어느 순간 거울 속 단절된 형상으로 드러나며 밀려오는 부조리에 직면 하면서도 공공의 삶을 즐기는 여유를 누릴 수가 있는 것이다. 세계윤리교육 수업에서 삶 자체를 가르칠 수는 없지만, 타자의 시선으로 자신의 삶을 돌아보게 하는 경험은 철학적 성찰의 태도를 가능하게 한다.

참 고 문 헌

김영진 옮김, 폴 테일러 지음, 『윤리학의 기본원리』(서울 : 서광사, 1985).

남궁달화, 『현대 도덕교육론』(파주시 : 교육과학사, 2008).

신현종, '세계화의 본질과 특징'(http://yu.ac.kr/~shinhj/html/ra4. htm)

한상길・임상록, "세계화 시대의 인간교육에 관한 연구," 『교육학연구』, 36권 4호, 1998.

Buller, P. J., J. Kohls and K. S. Anderson, "The Challenge of Global Ethics," *Journal of Business Ethics*, Vol. 10, No. 10, 1991.

Cahill, L. S., "Toward Global Ethics," *Theological Studies*, Vol. 63, No. 2, 2002.

Cone, D., "The Role of Educators in Promoting Global Ethics," *Journal of Family and Consumer Sciences*, Vol. 93, No. 5, 2001.

Desai, A., B. and T. Rottenburg, "Global Ethics," *Journal of Business Ethics*, Vol. 16, No. 8, 1997.

Noddings, N., *Educating Moral People*, New York: Teachers College Press, 2002.

Peters. R. S., *Moral Development and Moral Education*, London : George Allen & Unwin, 1981.

Tye, K. A., "Globalizing Global Education to Nurture World Citizens," *Education Digest*, Vol. 69, No. 4, 2003.

White, P., *Civic Virtues and Public Schooling: Educating Citizens for a Democratic Society*, New York: Teachers College Press, 1996.

Wringe, C., *Moral Education*, Dordrecht: Springer, 2006.

http://movie.naver.com/movie/bi/mi/basic.nhn?code=16830

http://kr.movies.yahoo.com/Movie/MovieInfo/movie_view.php.movie_id=3150

http://news.media.daum.net/society/affair/200507/15/nocut/v9600698.html

세계윤리교육

제 3 장
세계시민성의 함양

1. 세계시민성의 고양 | 2. 세계시민성의 배경 | 3. 세계시민성의 과제
4. 공공시민성의 방편 | 5. 세계시민의 매개

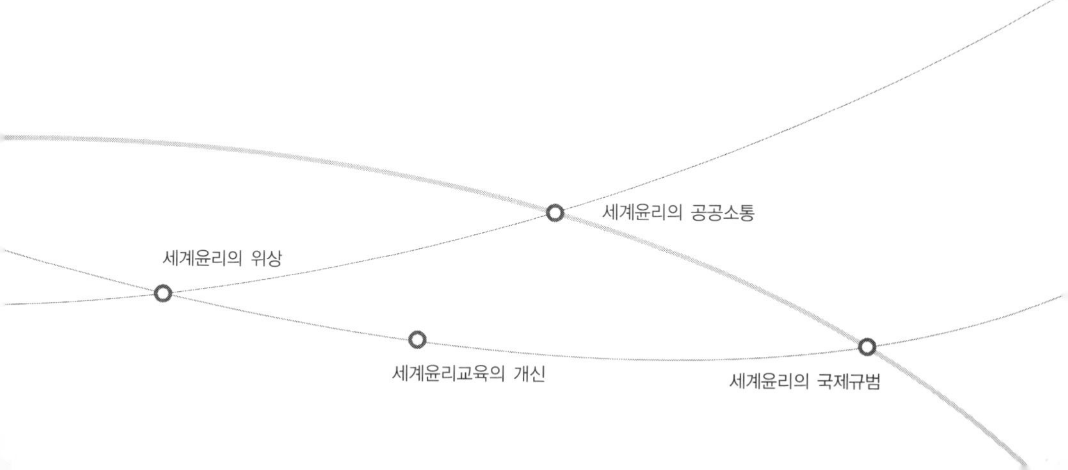

나는 누구인가

"삶에서 정말 중요한 것은 당신이 갖고 있는 소유물이 아니라 당신 자신이 누구인가 하는 것이다.
단지 생활하고 소유하는 것은 걸림돌이 될 수도 있고 짐일 수도 있다. 우리가 가지고 있는 것이 아니라, 그것으로 우리가 어떤 일을 하느냐가 인생의 진정한 가치를 결정짓는 것이다."

– 헬렌 니어링의 《아름다운 삶, 사랑 그리고 마무리》 중에서 –

〈Story-Telling : 넝마 한 장의 교훈〉

어떤 정글의 어두컴컴한 오지에 성스런 스승과 그의 제자들이 살고 있었다. 사악한 욕망들이 출몰하는, 감각을 마취시키는 환경에서 벗어난 이 수행자들은 충족되지도 않으면서 늘어나기만 하는 세속적 욕망들의 수고로움에서 해방되어 소박하고 자연스런 생활을 영위하였다. 스승과 제자들은 습관적으로 동이 틀 때 일어나서 사방으로 퍼져나가는 햇살과 함께 신의 품속으로 자신들의 기도가 퍼져나가게 하였다. 그들은 정글에서 나는 과일과 식물의 뿌리로 생활하면서 숲으로 덮인 언덕들의 낮은 돌출부에 있는 자연동굴들에서 잠을 잤다.

라마라는 한 제자는 자신의 호화스런 부모의 집의 고급스런 환경을 특별히 포기하고 지극히 소박한 삶을 살기 위해서 이 정글의 암자에 참여했었다. 라마는 지나치게 비판적이고 형이상학적으로 까다로운 성품을 지니고 있었다. 그는 시간이 지나면서 암자의 검소한 수양상의 의무들에서도 트집을 잡기 시작하였다. 라마는 너무 극단적으로 나가지 말라는 경고를 받았었지만 어느 날 자신의 스승에게 말하였다. "존경하는 선생님, 저는 한 가족을 버리고 여기서 더 큰 다른 가족에 합류했을 뿐이라는 생각이 듭니다. 저는 저의 집에서 의무들을 수행했었는데 여기서 그와 똑같은 일을 해야 합니다. 집에 있을 때 우리 가족은 서로 좋아하고 식사를 같이 하며 음식과 청소에 대한 걱정을 하고 꿈을 꾸며 잠을 잤습니다. 그런데 여기서의 우리도 이와 같은 일들을 하는 것으로 압니다. 스승이시여, 당신의 암자에서의 물질적인 의무들에 저는 질렸습니다. 그 의무들은 제가 집에서 수행하였던 세속적인 의무들의 대체물에 지나지 않습니다. 저는 이 모든 물질주의에서 벗어나서 멀리 떨어진 황야의 묵상의 사원에서 살고 싶습니다."

스승은 경고의 말이 담긴 대답을 하였다. "아들아, 떠나도 좋다. 그러나 네 자신의 잘못된 생각들 속에서만 사는 것으로 미망에 빠지지 않도록 조심하여라. 네가 세속적인 사람들보다 어쨌든 더 훌륭한 선한 사람들과의 교제를 회피할지라도, 자신을 미혹케 할 네 자신의 산만한 생각들의 광기어린 군집에서 달아나는 것은 몹시 어려울 것이다."

라마는 스승의 경고와 동료 제자들의 애원을 무시하였다. 그는 고독한 장소를 찾아서 선뜻 길을 나섰다. 그는 모든 장애물에서 벗어나기 위해서 암자생활에서 사용하던 소박한 소지품들을 모두 버리고 허리에 두르는 옷으로 사용할 넝마 두 장과 물을 마시기 위한 발우만을 챙겼다. 마침내 그는 정글의 변두리에 있고 마을에서 가까운 언덕의 꼭대기에서 매우 조용한 장소를 발견하였다. 그는 거대하고 그늘이 많은 나무 아래의 암반에서 살았다.

재칼과 코요테와 정글 호랑이들의 울부짖음을 들으며 잠에 빠져들긴 하였지만 첫날밤은 평화롭게 지나갔다. 그러나 동이 텄을 때 젊은 은둔자 라마는 머리 위 나무 가지에 걸쳐두었던 다른 한 장의 넝마를 작은 쥐가 파먹어서 작은 구멍들을 뚫어놓은 것을 발견하고는 당혹해하였다.

그리고 그의 발우는 소리를 내지 않는 야행성 도둑인 원숭이에게 도둑맞았다. 라마는 생각하였다. "하늘에 계신 아버지, 저는 당신을 위해서 모든 것을 버렸는데 이제 당신은 저의 발우를 가져가버리고 쥐를 보내서 저의 진짜 마지막 재산인 넝마 쪼가리를 갉아먹게 하였습니다."

바로 그 때 마을 사람 한 명이 바위 곁을 지나가다가 그 성자를 발견하고는 멈추어서 그에게 경의를 표하였다. 걱정에 싸인 라마를 본 마을 사람이 물었다. "존경하는 성자님, 무슨 걱정거리가 있습니까?" 갉아 먹힌 넝마에 대한 이야기를 들은 마을 사람은 조언을 하였다. "성자님, 쥐들을 쫓아버리기 위해서 고양이 한 마리를 키우는 것이 좋지 않을까요?" "그것 참 그럴듯한 생각이오. 그러나 고양이를 어디서 구하지요?"라고 성자는 걱정스럽게 물었다. "흠, 그거야 쉽게 해결할 수 있습니다. 제가 내일 고양이 한 마리를 갖다 드리지요."라고 마을 사람은 대답하였다. 다른 친절한 마을 사람이 그에게 새 발우를 주었다.

다음 날 라마는 비단결 같은 페르시아 고양이 한 마리를 자신의 재산목록에 올렸다. 쥐들은 마른 넝마 한 조각이라도 먹기 위해서 고양이라는 죽음의 신과 맞닥뜨리는 모험을 해야 한다는 것을 더 잘 알았기 때문에 넝마의 문제는 자연스럽게 해결되었다. 라마는 자신의 고양이에 줄 우유를 얻으려 매일 마을로 갔다.

일 년이 지날 때까지 마을 사람들은 그 성자와 고양이에게 공짜 우유를 싫어하는 기색 없이 제공하였는데, 어느 날 우유를 청하러 온 성자를 보고 마을의 원로가 말하였다. "성스런 라마시여, 우리는 당신에게 우유를 제공하느라 지쳤습니다." "그렇지만 제 고양이는 어떻게 살란 말이지요?"라고 라마는 되물었다. "암소 한 마리를 키워보시지요?"라고 마을의 촌장이 제안하였다.

"제가 어떻게 소를 구할 수 있지요?"라고 라마가 물었다. "제가 당장 한 마리를 드리겠습니다."라고 마을의 원로는 관대하게 제안하였다. 라마는 기쁜 마음으로 소 한 마리를 끌고서 자신의 소박한 집으로 돌아갔다.

이제 라마와 그의 고양이와 소는 즐거운 가족을 이루어서 상호간의 애정의 언어로 서로를 격려하였다. 그 소는 "성자의 소"로 알려졌다. 그러나 그 소는 성자 같은 소는 아니었다. 그 소는 강도에 가까운 행위를 하면서 마을사람들의 논을 마구 짓밟았다.

다시 일 년이 지나면서 상당히 너그러운 대우를 받은 성자의 소가 논의 벼를 무차별적으로 먹어치웠다고 한탄하는 이야기가 많이 나돌았다. 마침내 마을사람들의 관용과 용서가 한계에 도달하였다. 어느 날 그들은 무리를 지어 성자에게로 가서 그 무례한 소가 저지른 약탈행위에 대하여 불평하였다. "그럼, 도대체 제가 어떻게 해야 소를 먹여 살리지요?"라고 라마가 물었다.

"땅을 직접 소유해서 경작해 보실래요? 25에이커의 땅을 드리겠습니다." 라고 마을사람들은 한 목소리로 말하였다. 성자 라마는 이 말을 듣고 기뻐하였다. 그는 마을의 아이들을 모아서 신의 이름으로 그들의 열의를 이끌어내서, 그들로 하여금 오두막 암자를 짓고, 그의 땅을 경작하고, 그의 고양이와 소를 기르고, 얼마 안가서 자신의 농장에서 필요한 모든 힘든 일을 하게 하였다. 대가도 없이!

마을 사람들은 말없이 성자의 이 모든 특권들을 만 2년 동안이나 용인해 주었는데, 그들은 더 이상 자신의 아이들에게 집안일을 시킬 수 없다는 것을 깨달았다. 부모들은 떼를 지어 성자 라마한테 가서 불평하였다. "성스러운 분이여, 우리는 당신의 농장에서 일하는 우리의 아이들을 더 이상 빌려줄 수 없습니다. 아이들이 없어서 우리의 농장이 방치되고 있거든요."

"그럼, 당신들의 아이들이 도와주지 않는다면 나의 농장은 어떻게 꾸려나가야 되지요?"라고 라마가 물었다. "아내를 맞이해서 당신의 아이들을 낳아서 키워보시지요? 우리 중의 누구라도 결혼할만한 딸을 당신에게 기꺼이 주고자 할 겁니다. 당신은 굉장히 영적인 남편이 될 것이기 때문에 그렇게 하는 것은 영광이 될 겁니다."라고 마을 사람들은 일제히 외쳤다. "그것 참 훌륭한 생각입니다."라고 라마도 외쳤다.

한 달이 지나고 라마가 결혼 준비를 거의 마쳤을 때, 직관으로 그 사실을 안 그의 스승이 구출하러 왔다. 라마를 만난 스승이 말하였다. "너는 물질적 의무들에서 벗어나기 위해서 암자를 떠난 것으로 알고 있는데, 이제 보니 너는 고양이와 소도 키우고, 땅과 집도 있네. 그리고 너는 결혼도 한다지. 무슨 일로 이렇게 되었는가?"

라마가 외쳤다. "네, 스승님. 이것은 모두 넝마 한 장 때문에 일어난 일입니다! 넝마를 지키기 위해서 고양이를 기르게 되었고, 고양이를 먹이기 위하여 소를 키우게 되었고, 소에게 꼴을 먹이기 위해서 땅을 받았고, 이제 마을 사람들이 아이들을 빌려주지 않기로 하였기 때문에 농장에서 일할 아이들을 갖기 위해서 결혼할 계획까지 세웠던 것입니다."

스승과 제자는 한바탕 호탕하게 웃었고, 그 후 라마는 새로 얻은 가족과 농장을 버리고 자애로운 지혜의 영향을 받으며 살기 위해서 정글 암자로 돌아갔다.

* * *

Point Up: 아무도 약간의 물질적 의무를 수행하지 않고는 살 수 없다는 것을 이 이야기는 보여준다. 물질적인 마음을 가진 친척들 속에서보다는, 자신만의 기분과 습관의 지배를 받는 마음을 가진 사람들 속에서보다는 지혜의 인도를 받는 사람들 속에서 물질적 의무들을 수행하는 것이 더 좋다. 사람은 물질적 생활이나 영적 생활의 어느 극단으로 치우쳐서는 절대로 안 되며, 점진적인 걸음으로 감각에 쏠리는 마음을 정복해야 한다.

우리가 진리를 위해서 세상을 살아간다면, 내면에서 발생하는 세속적인 생각을 공공으로 발전시키고 있는지를 살펴보아야 한다. 그렇지 않으면 여러분이 어디를 가든 사적 감정이 남아 세속적인 환경을 끌어들일 것이다. 우리가 공공으로 추구하게 되면, 영성생활에 필요한 것들이라는 명목으로 물질적인 사물들에 얽히지 않도록 하면서 소박한 삶을 살게 되고 유익한 행위가 행복으로 이끌 것이다. 농축된 물질적 생존을 물질적 필요라는 넝마 한 장을 구출하겠다는 핑계로 복잡하게 만들지 않는 것이 지혜로운 공공의 방편이다. 세계시민성의 가치도 이러한 복잡성에서 벗어나는 데 관건이 있다.

세계시민성은 세계화(Globalization)에 근거한다. 세계화는 각 국가경제의 세계경제로의 통합을 의미한다. 이른바 국가 및 지역 간에 존재하던 상품, 서비스, 자본, 노동, 정보 등에 대한 인위적 장벽이 제거되어 세계가 일종의 거대한 단일시장으로 통합되어 나가는 추세를 말하는 것이다. 세계화는 상품, 서비스, 자본 등의 국제적 이동을 촉진시키는 생산, 금융, 정보 등의 새로운 거대한 조직이라고 볼 수 있다. 이 조직이 공공으로 이루어지지 않으면 오히려 태풍의 눈이 된다.

세계화 속에서는 정치력, 경제력 등, 힘의 이동이 한 나라 국경 내의 일정한 영역에서 세계 모든 나라의 영역으로 촉진된다. 이 세계화 속에서는 생산, 판매, 투자, 저축 등 모든 경제활동이 어느 한 나라나 한 지역의 영역에서 벗어나 세계 도처에서 이루어지게 된다. 따라서 세계화는 경제적 의사결정이 국가의 국경이 고려되지 않고 단행된다. 세계화는 이른바 '국경 없는 세계'(Borderless World)를 창출해 나가고 있다. 관건은 공공으로 이행되느냐의 문제가 세계시민성의 토대다.

세계화는 최근 국가 간에 상품, 서비스, 자본 등의 이동을 촉진시키고 정보의 교환을 확대시키는 정보통신기술과 그 인프라(Infrastructure)가 발달됨에 따라 급진적으로 확대되어 나가고 있다. 맥러한(M. McLuhan) 및 피오레(Q. Fiore)가 1967년 『매체는 메시지』(The Medium is the Message)라는 그들의 저서에서 전자기술이 발전·통합됨에 따라 지구촌(Global Village)이 생기게 된다고 주장한 이래 불과 몇 십 년 만에 지구촌이라는 것이 출현되고 이를 상징하는 세계화가 성큼 다가왔다.

세계시민성은 지구촌을 근거한 개념으로 지구촌이라는 용어는 오늘날 정치, 경제, 사회, 문화 등 모든 부문에 걸쳐 매우 매력적인 언어로 사용되고 있음을 알 수 있다. 이처럼 세계화는 대륙의 기류나 해양의 조류와 같은 것이어서 저지되거나 억제될 수 없는 일종의 범세계적 조류로 인식되고 있다. '공동선택이론'으로 노벨 경제학상을 받은 미국 조지 메이슨 대학의 제임스 부캐넌(J. Buchanan) 교수는 "세계화는 필연적인 조류이기 때문에 거부하거나 방어할 수 없으며 이에 적응 이외는 다른 대안이 있을 수 없다"고 강조한 것은 주목할 만하다. 이에 따른 세계시민성의 함양이 관건이 되고 있다.

세 계 윤 리 교 육

제3장 세계시민성의 함양

1. 세계시민성의 고양

지구에 인간이 생존하기 시작하면서 이런저런 문제는 항상 존재해 왔다. 이러한 사실은 인간 자체가 문제존재이기 때문일 것이다. 지구촌 시대의 도래는 그 어느 시대보다도 많은 문제를 야기하여 인류의 생존 자체를 위협하고 있다. 이른바 지구 생태계의 파괴, 종교적 이름의 폭력과 정치적 명분을 앞세운 침략전쟁과 테러, 핵무기와 대량살상무기, 남반구와 북반구의 불균등 발전에 따른 경제적 불평등과 절대빈곤, 급격한 과학기술의 발달과 물질문명의 역기능으로 나타나는 인간성 파괴·물질주의·인간소외, 급격한 사회변동이 초래하는 가치관의 혼란 등은 지구적 차원의 인간생존을 위협하는 위험증후군에 속하는 대표적인 문제들이다. 인간에 의해 비롯된 것이든 아니든 간에 지구촌은 언제 재앙이 덮칠지 예측하기 어려울 정도로 많은 문제를 안고 있다. 이러한 문제는 인류가 공통의 목적의식을 통해 해결해야 하는 것들이다.

세계윤리는 하나의 새로운 이데올로기이거나 상부구조가 아닐 뿐만 아니라 서로 다른 종교와 철학들의 특정한 윤리에 편중되어서도 안 된다. 세계윤리는 인류공동의 미래에 대한 관심에 기초해야 한다. 세계윤리는 지구촌 시대에 세계시민들의 번영과 행복을 위한 지구적 책임과 권리의 공유와 실천을 위한 필요한 가치관이라는 점에서 교육을 통한 내면화가 요구되는 시대적 과제이다. 세계윤리의 문제는 인간의 의식개혁과 가치관의 문제에 직결된다. 인정사정없이 위협받고 부서지는 지구촌에 사는 우리는 진정 행복한가를 스스로에게 물어보아야 한다. 인류가 함께 행복하기 위해서는 희망을 갖고 함께 노력해야 한다. 희망을 가지면 세계는 아름답게 보일 것이다. 인류가 희망을 갖고 세계를 아름답게 볼 수 있도록 하려면 공사(公私)의 문제를 잘 이해하고 이를 고통의 목적으로 승화시켜 나가야 할 것이다.

개인차원에 있어서나 사회차원에 있어서 세계시민성의 함양을 위해서는 기본적인 전제가 필요하다. 세계시민이 되고자 한다면 서로 차이가 있다손 치더라도 최소한의 공통분모가 있어야 한다는 것이다. 하지만 이 공통분모는 근대국가시대에서와 같이 통일 민족, 통일 종교, 통일 언어가 아니다. 국가 간의 경계가 무너지고 세계화가 가속화되고 있는 현 시점에서 민족과 종교 그리고 언어는 단일화될 수 없으며, 설사 그것이 가능하다고 하더라도 개별성과 다양성을 보존하는 데 바람직하지도 않다.

따라서 최소한의 공통분모를 '세계윤리(global ethics)의 확립에서 찾는다. 세계윤리란 '보편적 도덕(universal morality)'과 대비되는 개념으로서, 다양한 삶을 인정하되 그 다양한 삶을 지탱하기 위해 서로 동의할 수 있는 최소한의 세계시민의 공동성을 확보하자는 것이다. 그런 점에서 세계시민에게 요구 되는 덕목은 능동적이고 참여적인 성격 외에 무엇보다도 윤리적 특성을 들 수 있다.

안토니오 네그리(Antonio Negri)는 과연 사적인 것과 공적인 것에 대한 논의들을 어떻게 보고 있을까? 그는 자유주의 담론에서의 사적인 것과 공적인 것을 넘어 '공통의 목적론'을 구성하고자 시도하였다. 그에게서 다중의 몸은 사회적 혼란을 생산하는 것이 아니라, 네그리에 의하면 공통적인 것을 생산한다. 그 이유를 네그리는 우리가 공유하고 있는 언어, 상징, 이념, 관계 등에서 본다. 결국 우리는 의사소통의 결과가 새로운 공통 언어, 상징들, 이념들 그리고 관계들이라 할 수 있을 것이다. "다중이란 특이성과 공통성의 동학으로부터 생겨난 주체성이다"[1)]

왜냐 하면 그에게서 특이성은 오로지 공통(the common)에 근거하여 사회적으로 의사소통하고 또 상호 행위를 전개하기 때문이다. 이런 규정 가운데에서는 노동 역시 이런 언어적 수행을 전제로 한다. 경제 영역에서는 사적인 것이 공적인 것(Pubic)을 공격하여 모든 것을 재산권에 종속시켜 사적인 것으로 만들어버렸다.[2)] 공적인 것의 사적사용에

---

1) Michael Hardt and Antonio Negri, *Multitude : War and Democracy in the age of Empire*, The Penguin Press New York, 2004. p.198.

비용을 지불하는 관계가 되어버린 것이다. 이렇다면 사적인 것은 '사유 재산권을 가진 사회적 주체의 자유와 권리'를 의미하게 된다. 이에 반해 네그리와 하트가 생각하는 대안적인 법체계는 바로 사회적 주체들의 특이성을 표현해주는 사적인 것의 개념 틀이며, 또한 국가 관리가 아닌 '공통적인 것(the common)'에 근거한 공적인 것의 개념 틀을 생각하고 있다.

그렇다면 사적인 것과 공적인 것의 낡은 대립을 떠나서 어떻게 공동의 재화와 서비스의 사유화에 저항할 수 있을 것인가? 이 질문에 대해서 네그리-하트는 ① 모든 것은 시장에서 결정된다는 신자유주의적 원칙의 오류를 검증해야 한다고 한다. ② 공통적인 것의 법 이론은 "일반의 이해(general Interest)"나 "공적 이해(the public Interest)" 등의 개념들을, 이런 재화나 서비스의 관리에 공동으로 참여하는 것을 허용하는 틀로 대체한다.

그렇다면 자연히 제기되는 질문은 네그리-하트는 이런 영미권의 논의 맥락에서 자주 등장하는 공적인 것(the public)의 대체 개념으로 염두에 두고 있는 '공통의 이해(the common Interest)'를 어떻게 이해하고 있는가 하는 문제다. 그들은 이 '공동의 이해'가 국가의 통제에 의해서 성립된 것이 아니라 사회적, 생체 정치적 생산을 협동하여 수행하는 그런 특이성(개체들)에 의해 전유된 '일반적 이해'로 이해하고 있다. 말하자면 이것들은 관료들에 의해 관리되는 것이 아니라, 다중들에 의해 민주적으로 관리되는 '공적 이해'여야 한다는 것이다. 그것은 레닌주의 혁명 이론과 같은 종류의 것은 아니다. 사랑과 덕이 있는 존재론적 변혁을 이야기하고 있는 바, 여기서도 원칙적으로 그들은 지금은 아직 도달하지 않은 '최상의 풀뿌리 민주주의'로서의 코뮌주의를 주장하고 있는 것이다. 이렇게 본다면 '공통의 것'이야말로 주권의 새로운 형식으로, 주권을 대체하는 사회 조직의 한 형태로, 민주적 주권이라 할 수 있을 것이다.

다중의 재생산을 가능하게 해주는 그런 재화와 서비스를 생체 정치적 통제(bio-political control)를 통해 특이성으로서의 개체(singularity)가 관리한다는 것이다. 이것을 네그리는 지난 세기의 야코비즘과도 구분하고 사회주의와도 차별화하면서 전통적인 공과 사의 개념 모두에 반대하면서 이를 뛰어넘는 개념 틀을 그의 '공동의 것(the common)'의

2) Ibid., p.203.

개념에서 보고 있다. 그가 보기에 19~20세기를 지배했던 이런 사조들은 궁극적으로는 절대주의적 국가관이 공화주의 국가의 법적 형태들로 번역된 것에 지나지 않았다. 즉, 국가의 세습 물건이 공적인 것으로, 주권의 속성이 일반 이해의 원리로 변화하였다는 것이다.

이런 네그리의 관점은 국제 관계를 사유하는 데에도 그대로 관철된다. 그가 보기에 국제 관계는 사적 관계로, 개별 국가들이 사적인 계약 주체로 등장하고 있다. 그는 이런 맥락에서 역설적이게도 세계화 과정을 긍정적으로 본다. 왜냐 하면 이를 통해 사적 계약 주체로서의 국민 국가들이란 패러다임이 깨져나갈 것이기 때문이다. 이 국가들의 자리에 대신 들어서는 것은 '공통적인 것'의 관점이다. 그리하여 그들은 다음과 같이 말하고 있다. "국내법에서의 특이성과 공동체의 개념 바로 그것처럼, 공과 사 너머, 자유롭고 평등하게 다양한 특이성들이 협동할 수 있도록 하는 것은 사회적 관계의 법적 틀을 갱신하는 데에 공헌하게 된다. 국제 관계에서도 특이성들과 공통체가 지구에서 평화롭고도 민주적으로 같이 살아가는 데 필요한 세계시민성의 고양을 형성해준다."[3)]

그림 1 파라만한사 요가난다

일찍이 파라마나사 요가난다(Paramahansa Yogananda, 1893-1952)는 모든 종교의 근원은 하나의 원리에서 비롯되었다는 것을 강조하면서 신성의식(divine consciousness)과 소통을 위해 몸소 실천하면서 세계시민이 한 형제애를 가지기를 바라는 사명에서 세계시민성 고양에 앞장서게 되었다.[4)] 그는 1920년 미국 보스턴에서 개최된 세계종교회의에 인도대표로 참석했으며 1925년에는 로스앤젤레스에서 자기실현 동지회(S. R. F)를 창설하여 요가정신을 널리 가르쳤던 세계시민성의 사표가 되었다. 세계시민성 고양의 목적은 육체의 병과 마음의 부조화 그리고 혼의 무지에서 벗어나서, 인류 전체를 보다 큰 자신으로 보고 거기에 봉사하고, 선에 의해 악을 대체하고, 기쁨에 의해 슬픔을 치유하고, 친절에 의해 잔인을 극복하며, 앎에 의해 무지를 제거하여 형제애를 가진 세계시민성을 고양하고자 하였다.

이러한 세계시민성 함양에서 철학적, 윤리적 지식만으로 인간을 고뇌

---

3) Ibid., p.208.

4) Paramahansa Yogananda, *The Divine Romance*, Self-realization Fellowship, 1994. pp.3-8.

에 찬 개체적 존재의 미몽으로부터 벗어나게 할 수 없다. 이를 일찍부터 깨달은, 크리슈나(Lord Krishna)는 세계시민은 자신의 육체를 지배하고, 의지에 의해 순수 에너지로 그것을 전환할 수 있는 성스런 과학을 제시하였다. 일반 대중들에 적용하기 위함이다. 호흡의 신비는 정통요가 기술을 사용하지 않고서도, 신비주의자들에 의한 초월적 신앙의 힘으로써 해결되었다. 사실 불교, 기독교, 이슬람, 기타의 성자들이 무호흡, 부동의 황홀상태라는 삼매경[5]을 겪지 않고서는 누구도 신(神)을 제대로 인식할 수 없다. 그러나 무차별삼매, 즉 지고의 삼매경에 도달하게 되면 성자는 호흡을 하던 하지 않던, 몸을 움직이든 움직이지 않던, 그에 관계없이 신안에서 철저하게 자신을 확립하게 된다고 알려져 있다.

17세기의 기독교 신비가인 브라더 로렌스(Brother Lawrence)경은 한 그루 나무를 봄으로써, 처음으로 신의 실현(God-realization)의 경지에 이르렀다고 한다. 거의 모든 사람이 나무를 바라보았지만, 유감스럽게도 나무의 창조주를 본 사람은 거의 없을 것이다. 대부분의 사람들은, 종교에서 소수의 성자들에서 발견되는 "일편단심"의 신앙심을 지속시킬 수 있는 능력을 갖추고 있지 않다. 그러나 크리야 요가 기술을 행하며 매일 도덕적 훈련을 지키고, "주여, 나는 당신을 알고자 간구하나이다."라고 성실하게 부르짖을 힘만 있다면, 자기의 신성을 마침내 인식하게 될 것이다.

사람은 자기 자신의 인과응보의 인업(因業)을 극복하지 않으면 안 된다. 인과의 철칙을 알면 세계시민은 그 속박에서 최종적으로 자신을 해방하는 방법을 발견하려고 노력할 것이다. 인과의 노예성이 미몽에 어두워진 마음의 욕망에 뿌리박고 있는 한, 세계시민은 스스로 정신통제[6]에 관심을 기울여야 할 것이다. 다양한 인과의 무지의 장벽이 걷혀질 때, 세계시민으로서 처음으로 자기를 그 본래의 모습대로 관찰할 수 있게 된다. 삶과 죽음의 신비는 호흡과 밀접한 관계를 맺고 있다. 무호흡은 불멸이다. 이러한 진리를 깨달은 예언자들은, 호흡이라는 유일의 열쇠를 이용하여 정밀하고 합리적인 무호흡의 과학을 수립한 것이다.

신께서 육체와 영혼을 미묘하게 연결하는 매개체로서 호흡을 만드신

---

5) 차별삼매(사비칼파 사마지)에 이른 기독교 신비주의자로서는 아빌라의 聖, 테레사를 들고 있다. 그녀의 몸은 너무 확고하게 고정되어, 수도사들이 그녀 자세를 분산시키려 했지만 움직일 수가 없었다.

6) 바가바드-기타 VI:19-23 참조.

것임을 고대 헤브라이의 예언자들이 잘 이해하고 있다고 지적한다. 창세기에 이르기를: "주 하느님께서 지상의 먼지로써 사람을 만드시고 생기(生氣)를 그 코에 불어 넣으셨다. 그리하여 사람은 살아있는 영혼이 되었다."[7] 인체는 흙의 먼지에서도 발견되고 있는 화학적 및 금속 물질로 구성되어 있다. 인간의 육체에서 호흡의 매개에 의해 영혼에서 육체로 유입되는 생명전류가 차단된다면, 활동을 유지할 수도 없으며 에너지나 운동현상을 나타낼 수도 없을 것이다. 정묘한 생명에너지로서 인체를 작동시키는 생명전류는 편재하는 영의 옴(Aum)의 파동이다.

영혼의 근원에서 육체세포에 빛나는 생명의 반영, 즉 실상이 육체에 대한 인간 집착의 유일한 원인이다. 분명히 인간의 육체가 단지 점토덩어리라고 한다면, 인간에 대해 경이감을 표할 이유는 조금도 없을 것이다. 일반적으로 세계시민은 자신의 본질을 육체라고 오해하고 있다. 왜냐하면 영혼에서 나온 생명전류는 호흡에 의하여 강력한 힘으로 육체로 흘러들어가서, 인간은 그 결과를 원인으로 혼동하고 육체가 자신의 생명을 가진 듯 생각하여 이것을 우상숭배하고 있기 때문이다.

인간의 현재 의식 상태에서는 육체와 호흡을 의식하고 있다. 수면 중에 활동하고 있는 잠재의식상태에서는, 정신은 육체와 호흡으로부터 일시적으로 분리되어 있다. 더욱 초월의식 상태에서는 세계시민은 생명이 육체와 호흡에 의존하고 있다는 미망에서 해방되어 있다. 신께서는 호흡에 의존하지 않고 살고 있다; 그러므로 신의 심상인 영혼은 무호흡상태에서 처음으로 그 자체대로 자각될 수 있는 것이다.

영혼과 육체의 호흡 끈이 진화의 인과응보에 의해 분리될 때, "죽음"이라는 급작스러운 변화가 수반된다. 육체 세포는 본래의 무력한 상태로 돌아가는 것이다. 그러나 크리야 요기의 경우에는 호흡 끈이 카르마의 필연성에 의해 급작스럽게 끊어지는 것이 아니라, 과학적 지혜에 의해 자의대로 절단된다. 실제적인 경험을 통하여 자기의 불멸성을 깨달은 요기는, 보통 사람과 같이 죽음을 통해 목격되는 육체에 대한 어리석은 의존성에 환기될 필요는 없는 것이다.

"크리야 영성소통은 육체훈련과 정신도야와 옴의 명상으로 구성되어 있다."[8]

파탄잘리(Patanjali)는 신을, 명상 중에 들리는 옴이라는 우주음

---

7) 창세기 2:7

8) 요가-수트라 Ⅱ:1 생명력의 조절의 결정적인 기술은 요가-수트라 Ⅱ:49에 언급되고 있다.

(cosmic Sound)으로 언급하였다. 옴은 창조적 언어, 즉 진동적인 원동력의 음이다. 이는 신의 존재에 대한 증거[9]이기도 하다. 영성소통의 초심자라도 옴의 신비스러운 음을 들을 수가 있다. 이 지복의 영적인 고무를 받으면 구도자는 자기가 신성한 영역과 교감하고 있음을 확신하게 된다. 파탄잘리는 크리야 영성소통 또는 생명력의 지배에 대하여 다음과 같이 말하고 있다.

"해탈은, 들숨과 날숨의 과정을 중단하는 것에 의하여 완성되는 '기의 조절'(pranayama)에 의하여 이룩된다.[10]

성, 바울은 크리야 영성소통과 유사한 기술을 알고 있었다. 이것으로서 그는 생명 전류를 감각에 흐르게 하거나 차단할 수 있었던 것이다. 그러므로 그는 다음과 같이 말할 수가 있었다. "형제들아 내가 그리스도 예수, 우리 주 안에서 가진바 너희에게 대한 나의 기쁨을 두고 단언하노니 나는 날마다 죽노라."[11]

성 바울은 그리스도 의식의 환희와 영성소통이 가능하게 된 것이다. 이 축복된 상태에서 그는 감각이라는 미혹의 세계에서 자유로운, "죽어있는"존재를 의식할 수 있었다. 신과의 교감에 있어 초기 상태의 차별삼매에서, 영성소통의 의식은 우주신령(Cosmic Spirit)에 몰입된다. 이 때에는 생명력이 몸으로부터 떠나게 되기 때문에, 육체는 '죽은 상태', 즉 경직되고 움직이지 않게 되는 것이다. 그러나 더욱 높은 영성상태, 무차별 삼매에 도달하면, 그는 하등의 육체적 경직을 취하지 않고도, 각성된 의식 상태에서 일상의 일에 종사하면서, 완전히 신과 일치하게 된다.[12]

---

9) 아멘이며 충성되고 참된 증인이며 하느님의 창조의 근본이신 이가 말씀하시되(요한 계시록 3:14), 태초에 말씀이 계시니라. 이 말씀이 하나님과 함께 계셨으니 이 말씀은 곧 하느님이시라. 말씀 또는 아멘은 태초에 하느님과 함께 계셨고 만물이 그로 말미암아 지은 바 되었으니 지은 것이 하나도 그가 없이는 된 것이 없느니라. (요한복음 Ⅰ:1-3) 베다의 성스러운 옴(Aum)은 티베트에서는 훔(Hum), 모슬렘에서는 아민(Amin), 이집트인, 그리스인, 기독교인에게는 아멘(Amen)으로 묘사되었다. 히브리어 뜻은 '확실하며, 충실한(faithful)'이다.

10) 요가 수트라 Ⅱ:49

11) 고린도 전서:15장귀절 바울이 여기서 의미하고 있는 것은 그리스도 의식의 보편성이다.

12) 산스크리트어의 비칼파(bikalpa)는 "차별, 일치하지 않음"이다. 사비칼파(sabikalpa)란 "차별있는 상태"의 삼매의 경지를 나타내며 니르비칼파(nirbikalpa)란 "차별없는 상태"의 경지를 나타낸다. 즉 사비칼파 삼매에서는 아직 신과 분리된 상태임을 느끼게 된다, 무차별 삼매에서는 신령(Spirit)과 일치감을 실현한다.

영성소통에서 우주의식의 비밀은 호흡의 지배와 밀접한 관계에 있다는 것을 발견했다. 이것은 세계지식의 보물에 있어 인도의 독특하며 불면한 공헌이다. 생명력은 일반적으로는 심장의 고동을 지속시키는 데 흡수되고 만다. 그러나 이것은 무호흡 상태의 안정과 고요한 방법으로 고차원의 활동을 하기 위해서는 자유롭게 되지 않으면 안 된다."

'한' 또는 '크리야' 영성소통 방식은 생명에너지를 상징적 우주 인간 황도대의 12궁에 해당되는, 여섯 개의 척추중추(연수, 경부, 흉부, 요부, 선골부, 미저골부)의 상하를 회전하게 한다. 민감한 척추의 주위를 이 에너지가 30초간 회전함으로써 미묘한 영적 진보를 촉진하게 되는 것이다. 30초간의 크리야는 자연적 영성소통의 1년에 해당된다고 한다.

여섯 개의 내적인 별을 갖고 있으며, 전능한 영안의 태양 주위를 돌고 있는 인간의 유체(astral system)는 태양과 황도대의 12궁과의 상호관계와 연관된다. 그러므로 모든 인간의 내면 우주는 외면 우주의 영향을 받으며 소통하게 된다. 인간의 지상 환경이나 천상의 환경은 12년을 주기로 하여 자연적 진화를 촉진하고 있다. 인간이 자연스럽게 우주의식에 도달하고 인간 두뇌의 완성을 위해서는 100만년의 기간이 필요하다고 말한다.

하루에 8시간 30분 동안에 1000회에 달하는 크리야의 영성소통을 하게 되면, 이러한 하루는 자연 진화의 1천년에 상당하는 효과를 준다. 크리야 영성소통은 자연적으로는 1백만년만에 얻게 되는 동일한 결과를 총명한 자기의지에 의하여 3년 이내에 성취할 수 있다. 물론 크리야 영성소통의 초심자는 1일에 불과 14회부터 28회만 크리야의 영성소통을 하도록 하고 있다. 이처럼 크리야 영성소통의 좋은 씨알은 조화로운 세계시민성의 의식진화를 계속하도록, 의식의 고양에 기여할 것이다. 전환하게 한다. 영적으로 진보하면, 요기는 호흡을 상념 또는 마음의 활동으로 인식할 수 있는 것이다.

그림 2 2009년 6월 동경에서 개최된 크리야 영성소통

매일 아침과 저녁에 크리야 영성소통의 길을 통하여 자기를 육체 의식에서 해방하고 생명력을 대뇌나 척추중추의 여섯 개의 소발전기와 합일하게 하는 영성소통 기술을 실행함으로써 의식을 고양하면서 우주에너지를 통해 다시 충전하게 된다. 크리야 영성소통은 그의 모든 육체세포에 파괴될 수 없는 빛을 침투하여 그것을 영적으로 자화(磁化)상태로 보존하여 명징한 의식, 뚜리야(turiya consciousness)로 전환시키게 된다.

뚜리야의 의식 상태는 삼매(Samādhi) 또는 열반(Nirvana), 순수 또는 우주의식(cosmic consciousness) 등의 초월의식이 있다. 크리야 영성소통은 개인경험과 개인성을 초월해 있는 뚜리야의 의식 수준, 즉 의식의 순수상태에 도달할 수 있다고 한다. 이때의 자아는 세계시민성으로 새롭게 변화한 것이라고 볼 수 있다. 아래의 그림으로 요약해 본다.[13]

뚜리야는 의식과 잠재의식, 그리고 무의식에 걸친 모든 영역을 동시적으로 자각하는 각성상태라고 한다. 그는 생명력을 의식적으로 내면우주 세계로 향하게 하여 미묘한 척추 에너지와 재결합시킴으로써 몸과 두뇌 세포는 영적인 불로약(不老藥)으로 갱신된다. 적절한 식사, 일광,

13) Paramahamsa Niranjanananda, *Yoga Darshan, Deogar*, India: Sri Panchdashnam Paramahamsa Alakhbara Bara, 1998, pp.18~27 참조.

조화적인 사상을 통해서 자연에 순리적으로 적응한다면, 신성소통을 원만하게 하기 위해서 1백만 년이 소모된다. 그러나 영성소통을 수행하는 크리야는 자연 법칙을 장기간 동안 주의 깊게 준수 할 필요에서 해방시켜 세계시민성을 발휘하도록 전환하게 한다.

세계시민이 고뇌하면서 자기 영성의 불멸의 황금을 단련하지 않으면 안 되는 곳이 세계시민성을 실현하는 철석같은 지구에서이다. 탐욕스러운 죽음에 대한 유일한 증여 물로써 고심하여 획득한 황금 보물을 손에 넣을 때, 세계시민은 윤회전생의 숙명으로부터 완전히 해방될 수 있다. "아직까지 신을 본 자는 없다. 미몽의 상대성[14]에 놓여 있는 시간의 지배에서의 기간은 누구도 무한자를 인식할 수가 없다. 신의 품안에 계신 독생자에게 있는 그가 비로소 현현한 형태로 그임을 선언하게 된다.[15]"

존재수준	정묘체 Sukshma Sharira/Astral Body		
의식수준	조대적 gross, Sthula	정묘적 subtle, Sukshma	
의식상태	각성 상태 wakefulness, Jagriti • 불안과 흥분 상태 – 감마파 30Hz 이상 • 각성 상태 – 제타파 13~30Hz	꿈꾸는 상태 dream, Swapna • REM 수면 : 60~70Hz • 수면, 몽면(꿈꾸는 수면) : 쎄타파 4~7Hz • 각면(yoga nidra), 최면, NLP • 명상 – 하위 사마디	깊은 수면 상태 deep sleep, Sushupti(Nidra) • 숙면 : 델타파 0.4~4Hz
의식구분	(좁은 의미의)의식 consciousness • 변화와 소멸의 과정을 되풀이 함 – 생주이열	잠재의식 subconsciousness	무의식 unconsciousness

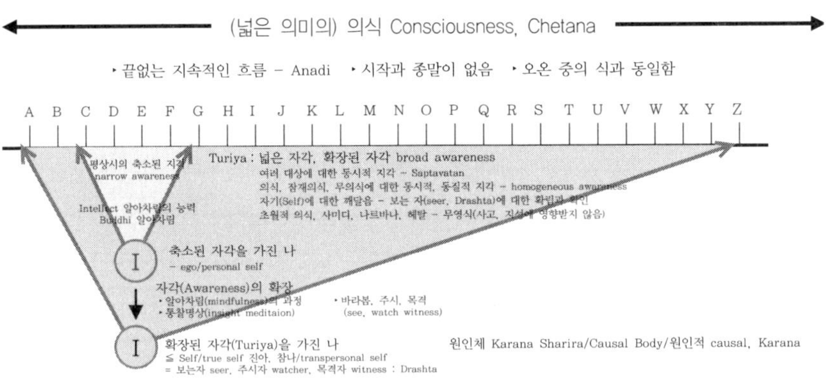

그림 3 자각의 진보과정

14) 지상의 주야의 주기는 인간으로 하여금 만유가 마야 속에 있는 것임을 끊임없이 상기하게 한다. 마야의 이원적인 섬유의 베일을 벗김으로써, 요기는 초월적 통일성을 직감하게 된다.

진실로, 진실로, 내가 너희에게 이르노니," 그리스도께서는 설하셨다, "아들은 아버지가 하시는 것을 보고 행하는 이외에는 아무것도 할 수가 없고, 아버지가 하시는 것은 그 아들도 똑같이 할 수 있다."[16]

신이 현상계에 자신을 나타내시는 그 세 가지 성격은 인도 경전에서는 창조주 브라마, 보존자 비슈누, 파괴자-혁신자 시바로서 상징되고 있다. 이들 삼위일체적인 활동은 파동 치는 삼라만상 속에서 끊임없이 작용하고 있다. 절대자는 인간의 이해력을 벗어나 있기 때문에, 삼위일체 관으로서 그것을 예배하고 있다.[17]

창조적-보존적-파괴적인 신의 성격은 신의 궁극적인 성질, 아니 그의 본성에는 속하지 않는다. 왜냐하면 만유는 단지 신의 창조적 유희에 불과하기 때문이다.[18] 그의 본질은 삼위일체의 모든 신비를 파악한다고 하더라도, 파악할 수 없을 것이다. 왜냐하면 법칙적인 원자 움직임에 나타난 신의 외적인 성질은 단지 그의 표현이며 그 자신을 드러낸 것은 아니기 때문이다. 주의 궁극적 성격은 "아들이 아버지에게로 올라갈 때"[19]에만 알 수 있는 것이다. 해탈한 인간은 파동영역을 넘어서, 파동이 없는 원계(Vibrationless Original)에 들어간다.

"나는 이것을 위하여 탄생하였고, 이것을 위해 세상에 왔다. 즉 진리에 대하여 증명하기 위해서이다. 진리에 속하는 모든 이들은 나의 목소리를 듣는다."[20] 신의 아들은 자신의 생애를 통하여 이를 "증거"하신다. 그는 진리를 스스로 체현하였던 것이다. 거기에 설명을 가한다면, 그것은 관대한 사족(蛇足)이 된다.

진리는 사변철학이 아니며 지적 통찰력도 아니다. 진리는 실체와의 횡단매개이다. 세계시민으로서 진리는 자기의 본성, 영혼으로서의 자기에 대한 확고한 지식이다. 예수는 그의 생애의 모든 행위와 언어를 통

15) 그리스도 의식, '옴 파동을 통하여 만물을 인도하고 있는 현화의 완전예지'는 절대조화의 다양성을 나타내기 위하여 창조되지 않은 신성의 품속에서 발현하고 있다. 요한복음 1:18 참조

16) 요한복음 5:19

17) 삼위일체에서 나온 서로 다른 개념 : Sat, Tat, Aum ; 아버지, 아들, 성령. 브라마-비슈누-시바는 신으로서의 면, 아들로서의 그리스도 의식의 면, 파동 치는 만유의 면을 시사하고 있다. 삼위일체의 협조자로서 에너지는 옴 또는 성령의 상징이다. 이는 만유를 파동에 의해 지탱하는 유일하며 원인적인 힘이다.

18) 요한 계시록 4:11

19) 요한복음 14:12

20) 요한복음 18:37

하여 자기 존재의 진리, -즉 그의 원천은 신에 있다.—를 인식하고 증명하였다. 편재하는 그리스도 의식과 완전히 일치하고 있던 그는, "진리에 속하는 모든 이들은 나의 목소리를 듣는다."라고 단언할 수가 있다.

불타(Buddha)께서도, 지상에서의 짧은 인생동안을 인간이 도덕성의 완성을 이룩하기 위해 최대한 선용한 것을 목적으로 지적하시고, 형이상학적 원리로 조명하는 것을 거부하셨다. 중국의 신비가 노자(老子)는 "아는 자는 말하지 않으며, 말하는 자는 道를 모른다."라고 분명히 지적하시고 있다. 신의 궁극적 신비는 "공개토론"의 대상은 아니다. 신의 비밀스러운 코드를 판독하는 힘은 사람에게 사람으로 전달 될 수 있는 기술이 아니다. 여기에 주(主)만이 스승인 것이다.

"진정하여라. 그리하여 내가 신(神)임을 알아라."[21]

그 편재성을 결코 과장하지 않는, 주(主)의 음성은 청정한 침묵에서만 듣게 되는 것이다. 창조적 옴 파동으로써 우주를 통해 울리고 있는, 원음(Primal Sound)은 신과 일치를 이루고 있는 신자를 위하여 지각될 수 있는 말로써 수시로 변형되는 것이다. 인간의 이해가 미치는 한, 신의 창조 목적에 관해서는 베다(Vedas)에 설명되어 있다. 예언자들은 각각의 인간이 무한자의 특수한 속성을 독특한 방법에 의해 나타내도록 하고자 영혼으로써 신(神)에 의해 창조된 것이라고 설명한다. 이와 같이 모든 사람이 신의 개성의 한 면을 부여받고 있기 때문에, 신(神)에게 있어 동등하게 고귀한 것이다.

베다의 진리는 모든 진리가 그러하듯 인도에 속한 것이 아니라 신(神)에게 속한 것이다. 베다의 신성한 철리(哲理)를 담을 수 있는 순수한 마음의 소유자인 위대한 예언자들은 인류 전체에 봉사하기 위해 다른 천체가 아닌, 바로 이 지구상의 일원으로써 태어난 인류의 구성원들이었다. 민족이나 국가의 차이점은 진리의 영역에서는 무의미한 것이다. 왜냐하면 진리에 있어 유일한 필요조건은 수용할 수 있는 영적인 적합성이기 때문이다.

신은 사랑이라고 한다. 그렇다면 인간 사이를 매개하는 사랑이 있다면 신성 소통은 어려운 일이 아닐 것이다. 그러므로 청지창조의 그의 계획은 오직 사랑에만 그 뿌리를 내릴 수 있다. 이 단순한 사랑이야 말로 어떠한 현학적 철리(哲理)보다도 인간의 마음에 위안을 주는 것이

21) 시편 46:10. 요가 과학의 목표는 진실로 "神임을 알도록"하기 위해 필요한 내적 고요함을 획득하도록 하는 데 있다.

아니겠는가? 실체의 핵심을 통찰한 성자들은, 신성한 우주경륜이 존재한다는 것과 그것은 바로 아름답고 환희에 찬 것이라는 점을 증언하고 있다. 예언자 이사야(Isaiah)에게, 신께서는 다음 말씀으로써 그의 의지를 계시하시고 있다.

"나의 입에서 나오는 창조적 옴으로서 말은 결코 공허하게 나에게 돌아오지 않으며, 내가 기뻐하는 바를 이루며, 내가 그것을 보낸 곳으로 번성을 이루리라. 너희들은 즐겁게 나와, 평화로 인도되어 갈 것이다 : 산과 언덕은 소리 높여 너희 앞에서 노래할 것이며, 들판의 수목들은 모두 손뼉을 칠 것이다.(Isaiah 55:11-13)

고뇌에서 벗어나려는 21세기 세계시민은 이 훌륭한 약속의 성취를 동경하고 있다! 이 충만한 진리는 신성한 유산을 다시 상속하기 위해 용감하게 분투하고 있는 신의 모든 신자들에 의해서 실현 가능한 것이 되었다. 세계시민에게 크리야의 신성한 역할은 이제 시작된 것에 불과하다. 전 인류의 비참함을 극복하기 위한 과학적인 자기실현의 기술이 존재한다는 것을 알게 되면 세계시민성을 의식적 차원으로 진정 고양시킬 수 있을 것이다!

바야흐로 경제 분야의 교류와 상호 의존이 심화되면서 전통적인 국가 단위의 지역적 경계를 초월하여 세계 경제 체제가 구축되고 있으며, 문화적 영역에서는 지구적 표준화의 확산과 동시에 지역과 국가의 특수성에 주목하는 상반된 흐름이 활발하게 진행되고 있다. 그리고 또 다른 한편에서는 전 지구적 차원에서 환경, 인권, 전쟁, 빈곤 등의 문제가 제기되면서 특정 국가와 지역의 이해관계를 넘어 국가 간의 상호 협력과 공동 대응의 필요성이 점점 커지고 있다. 이러한 세계변화의 흐름은 공동체와 그 구성원간의 관계에 기초한 시민성의 방향과 내용에도 영향을 미치고 있다. 세계주의와 세계화를 비교하여 살펴보면 〈표 1〉과 같다.

<표 1> 세계주의와 세계화

항 목	세계주의(Globalism)	세계화(Globalization)
기 반	윤리적, 도덕적	정치적, 사회적
관 념	이상적	현실적
사 상	자연주의	물질주의
유 형	다양성	표준화와 획일화
목 표	인류의 공존번영 추구	경제주체의 이익중심
환경문제	지구환경 보전	지구환경 파괴(천연자원 약탈)
정 신	상호의존	자유경쟁과 상호대립
상호관계	세계화 치유	세계주의 파괴

이처럼 세계화는 경제적 폐해, 사회적 혼란, 환경적 위기 등 여러 문제를 초래하고 또한 세계주의의 정서를 파괴하는 경향이 있는 데 비해 진정한 의미의 세계주의는 이에 대처하는 유일한 무기라고 볼 수 있다. 세계주의는 지구상의 모든 인류를 1 대 1의 선린 적인 의존관계를 긴밀화시키지만 세계화는 이들을 1 대 1의 경쟁적인 대립관계를 조성해 나가고 있다.

세계주의는 세계 모든 나라의 국민들이 하나로 뭉쳐 일체감을 가지고 조화 속에서 생존해 가기를 바라는 관념이다. UN이 세계평화를 위해 창설된 것은 이 세계주의에 입각하고 있는 것이다. 또한 환경주의자들이 '하나뿐인 지구' 보전이라는 이념 하에서 '지구공동'(Global Common)의 이념이나 '지속 가능한 개발' (Sustainable Development)을 표방한 것도 이 세계주의에 바탕을 두고 있는 것이다. 따라서 세계시민성은 세계주의에 근간을 두고 있다.

세계주의 관점에서 국제 사회에서 요구되는 의식, 태도 및 행동을 세계적 소양이라고 한다면, 국제 관계에 대한 지식과 이해 및 전 지구적인 문제에 대한 관심과 해결 능력이 바로 세계적 역량이라고 할 수 있다. 하지만 현실적 차원에서 개별 국가의 구성원이 이러한 소양과 역량을 갖춘다는 것이 그리 간단한 문제는 아니다. 더욱이 국가시민성의 내용과 세계시민성의 요구가 갈등하거나 충돌하는 경우에 특정 국가의 국민이 보편적 가치와 지구적 사고를 바탕으로 세계 시민으로서 행동한다는 것은 매우 복잡하고 어려운 문제가 아닐 수 없다. 여기서는 이와 같은 국가시민성과 세계시민성의 조화 가능성과 구체적 방안의 모색을 다룬다.

이와 같은 문제에 답하기 위해서 먼저 세계시민과 세계시민성에 대한 관심이 새롭게 제기된 배경을 지구적 사회 변동의 맥락에서 살펴볼 필요가 있다. 그리고 세계시민성이 터하고 있는 이른바 세계주의의 이념적 토대를 고찰함으로써 하나의 주권을 지닌 세계 정부와 세계시민성 관념의 현실성을 비판적인 시각에서 검토할 것이다. 이를 바탕으로 정보화 세계화 시대 세계시민성의 방향을 지구적 의식과 책임감을 지닌 이른바 지구적 시민성의 관점에서 제시하고, 그 구체적인 대안으로 깊은 시민성과 국가 간의 시민성의 관점에 대하여 살펴보고자 한다.

2. 세계시민성의 배경

1. 세계화와 상호경쟁 위기

세계화를 통해 단일 세계의 구성이 진행되고 있음에도 불구하고, 개인 각자가 통일감과 정체성의 위기를 겪으면서 자신의 삶에 대한 통제력을 상실하고 있다는 불안감을 반증한다. 이런 위기상황을 벗어나기 위해서는, 모랭(Edgar Morin)의 주장처럼, 세계시민으로서의 의식을 형성하는 것이 필요하다. 즉 과거 국민국가 시대의 국가적 가치나 자기 정체성에서 벗어나 세계화된 공동세계 속에서 세계 자체를 자신의 정체성과 윤리의 근거로 삼는 노력이 요구된다.

이때 세계시민으로서의 정체성과 세계윤리를 형성한다는 것은 어느 특정 국가의 이익이나 정체성을 추구하는 논리나 자본주의 혹은 사회주의 등으로 나누어지는 이데올로기의 차원이 아니라, 개별적인 문화, 종교, 이념을 뛰어 넘어 개인 각 자가 자신의 정체성을 세계시민사회의 일원으로 규정하고 전 지구적으로 통용 가능한 세계화는 기업, 은행 등 경제주체가 이윤의 극대화, 시장의 독점적 지배, 경쟁대상의 제거 등을 도모하기 위해 의사결정의 기준을 오직 효율성에만 두고 세계적 영업활동의 강도를 강화시켜 나가는 현상이라고도 볼 수 있다.

이는 곧 초국적기업이 모국의 규범과 국익을 무시한 채 '현지나라'(Host Country)의 주권이나 국민정서와 마찰을 일으키면서 생산, 판매, 무역, 금융, 운수, 통신 등의 영업활동을 세계적으로 파고드는 것은 세계화의 추세를 나타내는 것이다. 그리고 거대한 규모의 금융자본이 투자수익이나 또는 금리 및 환율의 차이에서 생기는 이익을 취득하기 위해 때와 장소를 가리지 않고 끊임없이 이동되는 것도 세계화의 경향을 드러내는 것이다.

또한 인터넷무역(Internet Trade), 텔레마케팅(Tele-marketing), 전자결제시스템 등 최첨단 정보통신기술을 이용한 혁신적 시스템이 세계통상에 괄목할만하게 활용되고 있는 것이야말로 세계화를 여실히 보여준다. 이에 따른 세계화는 실업의 대량화, 생활수준의 하락, 빈부격차의 확대, 기업의 합병 및 파산, 외국자본의 횡포, 외국에 대한 종속성 심화, 국가주권의 위축, 문화적 충격, 기아·자살·이혼·폭력·매춘·범죄의 유발, 가계부도, 가정해체 등 부정적 충격을 초래시키는 경향이 있다. 그리고 세계화는 비자발적 이민, 이에 따른 인종차별 및 갈등, 이민에 대한 공포, 외국인에 대한 증오 및 공포, 종교마찰 등을 초래시키기도 한다. 세계화는 심지어 지구환경의 파괴, 생태계의 훼손, 부존자원의 남획, 생존기반의 붕괴 등을 발생시키는 경향이 농후하다

이처럼 세계화는 개별 국가 경제를 뛰어 넘어 세계 경제 체제를 형성하고 있으며 이것은 과거의 단순한 국제적 분업 체계 이상의 의미가 있다. 이처럼 개별 국가의 지리적·공간적 경계를 넘어서는 세계 경제가 구체화되는 배경에는 컴퓨터, 통신위성, 인터넷 등을 활용하는 고도의 정보 통신 기술 혁명이 자리하고 있다.

세계화는 흔히 자본, 노동, 상품, 기술, 정보, 이미지, 환경이 주권과 국경의 벽을 넘어서 조직, 교환, 조정되고 있는 현상을 의미한다. 전지구적 상호경쟁의 심화 또는 국지적인 것(localities) 상호간의 사회적 관계가 세계적으로 확대·심화되어 어느 한 곳에서 일어나는 일이 다른 곳에 영향을 주고받는 현상이다.[22)]

세계화 현상에 관한 논의는 기본적으로 자본주의 경제를 중심으로 하는 세계 경제 체제의 형성과 관련되어 있다. 과학 기술의 발달은 교통과 통신 및 정보 처리 기술 등을 발전시켰고 이로 인해 국경을 초월한 사람, 물자, 자본 및 정보의 소통과 교류가 용이하고 활발해졌다. 그 결과 시장 기능이 공간적으로 확장되고 심화됨으로써 경제 주체간의 상호 의존성이 증대되었다. 물론 세계 경제 체제가 형성되는 과정에서 국가 간의 과도한 경쟁과 갈등, 이해관계의 충돌에 따른 역기능이

22) A. Giddens, *The Consequences of Modernity* (Stanford: Stanford University Press, 1990), p. 64.

제기되고는 있지만 전 지구적인 차원에서 경제 질서의 새로운 패러다임이 형성되고 있는 것이다.

오늘날 세계는 근대에서 탈근대로 전이하고 있다. 1648년 베스트팔렌 조약 이후 성립된 근대 국민국가체제가 뿌리 채 흔들리면서, 우리는 한 국가 내의 국민으로서가 아니라 그 경계를 넘어 선 세계시민으로 사유하며 행동한다. 이는 단순히 경제 적 세계화 때문만이 아니라, 과학기술의 발전에 따른 정보화와 민주주의의 확산 동 으로 인해 삶의 전 부문에 걸쳐 진행된 세계화 때문이다.

이런 상황 속에서, 근대적인 국민국가 체제의 원칙들은 더 이상 실효성을 갖지 못한다. 국가의 영토가 확정된 가운데 모든 가치 있는 것들은 국경 안에 존재한다는 원칙, 단일한 세속적 권력이 각 영토를 관할하고 대외적으로 그 영토를 대표한다는 원칙, 그리고 국가보다 더 높은 권위는 없다는 원칙 등이 점차 사라지고 있는 것이다(Mathews 21ɑ)( ),47).

원래 국가(state)란 용어는 상패, 상황, 헌법, 관계, 복지를 의미하는 라틴어 스타투 스(status)에서 기원하며, 이태리 르네상스기에 사용된 스타토(stato)를 기점으로 국가라는 개념이 근대 국가를 일컫는 단어로 자리잡기 시작했다. 특히 마키아벨리의 『군주론』은 "모든 국가들(Tutti gli s빼yo이라는 어구로 시작하는데, 이는 국민, 영토, 주권을 포괄하는 근대적 의미의 국가 즉 국민국가라는 단어를 그가 처음 사용한 것으로 평가받고 있다(장준호 2006, 277). 세계화는 국가와 국가, 기업과 기업, 그리고 국민과 국민 사이에 있는 국경을 무시하고 있다. 세계화는 사회와 사회, 기업과 기업, 그리고 개인과 개인 간에 추진되어 가고 있는 복합과정(Complex Process)이라고 볼 수 있다. 세계화는 최첨단 정보통신기술이 발달되고 WHO체제가 출범됨에 따라 더욱 더 확대되어 나가고 있는 것이 사실이다.

세계화와 국제화의 기본적인 차이점은 ① 경제적 의미의 국경, ② 국가의 경제주권, ③ 시장(상품. 서비스. 금융) 개방의 정도 등에서 나타난다. 국제화시대에는 경제적 의미의 국경이 존속하고 국가의 경제주권이 존중을 받았다. 그러나 세계화시대에는 경제적 의미의 국경은 소멸되어 나가고 있으며 국가의 경제주권도 위축되어 나가고 있다. 그리고 국제화시대에는 국내시장의 대외개방이 한정적이었으나 세계화시대에는 무제한적이다.

세계화 과정에서는 각국의 국민경제는 하나의 세계경제 즉 상호의존적 경제(Interdependent Economy)로 통합되어 나가고 있다. 그 결과 종래 세계 모든 나라 안에서 이루어지던 경제활동은 세계적으로 추진되어 나간다. 그리고 종래 규제에 묶여 있던 국제적 프레임워크도 세계적으로 개편되어 나가고 있다. 그것은 세계시장 환경에 부응하여 개편되어 나가는 것이다. 세계화 현상은 시장 메커니즘의 확산과 그에 따른 인적·물적 자원 및 정보의 이동에 의해 근대 국가의 속성인 영토성과 주권의 의미가 희석되는 현상이라고 말할 수 있다.

세계화가 본격적으로 확대되기 시작한 것은 우루과이 라운드 다자간 무역협상이 타결되어 WTO 체제가 출범되고 이와 더불어 최첨단 정보통신기술이 발달된 1990년대 초반부터라고 볼 수 있다. 물론 세계화가 그 이전에도 시도되어온 것이 사실이다. 제2차 세계대전 후에 설립된 GATT 및 IMF 체제 하에서 무역자유화와 자본이동자유화의 물결을 타고 세계화는 조짐을 보여 왔다. 그 당시에는 상품과 자본의 이동을 저해하는 장벽이 존재한데다가 정보통신기술이 제대로 발달하지 못했기 때문에 세계화는 별로 주목을 받지 못했었다.

1930년대 영국 등 선진열강들이 각각 경제블럭을 구축하고 특혜관세제도를 마련하여 식민지, 속령, 종속국에 상품수출, 자본수출, 식량 및 공업원료 확보 등을 추진했던 것도 세계적 국가전략의 일환이다. 그리고 당시 이들 열강들이 생산의 집중 및 집적, 은행의 집중과 이 양자의 결합으로 형성된 거대한 금융자본으로 세계시장을 지배하고 또한 수출입의 독점권을 행사했던 것도 분명히 세계전략인 것이 사실이다.

제2차 세계대전이 종식되고 GATT 및 IMF 체제가 설립됨에 따라 종래 열강 국들의 세계전략은 변동되지 않을 수 없었고 새로운 국제경제질서가 형성되지 않으면 안 되게 되었다. 이 양익체제는 국제적 협의·협조정신 하에서 무역자유화의 실현과 각국 통화가치의 안정을 도모하기 위해 출범되었기 때문에 이 체제 하에서 세계화가 싹 트기 시작하였다.

그러나 당시 세계화는 극히 초보적이고 제한적이라고 볼 수밖에 없다. GATT 체제 하에서 수차례에 걸쳐 일반관세협정이 체결되고 또한 도쿄 라운드를 비롯하여 다자간 무역협정이 몇 차례 체결되었으나 세계무역의 광범위한 자유화는 실현되지 않았다. 각국에 설치된 관세장벽과 비관세장벽 등 무역장벽이 철폐되거나 완화되지 않았기 때문이다.

탈근대의 세계화 과정 속에서 국민국가 개념은 중대한 문제점을 노정한다. 무엇보다도 국민국가의 주권, 국민, 영토에 있어서의 배타성은 세계화와 충돌한다. 즉 국민국가는 자국 내의 것은 자신의 관할권 내에서 인정하고 그렇지 않은 것은 배제하는 경향이 있는데, 이는 오늘날과 같이 국가 간의 경계선이 허물어지고 열린 세계로 나아가는 현실과 유리되어 있다. 아울러 근대 이때 칸트가 말하는 평화연맹은 국가들 간의 연맹을 일컫는다. 근대적 국가체제에 익숙했던 그로서는 오늘날과 같이 국가의 경계선이 무너지는 것을 상상하지 못하였던 것이다.

오늘날의 국제적 자본이동을 저해하는 장벽을 완화하기 위해 양자간 및 다자간 협정이 체결되었으나 세계적 자본이동의 자유화가 달성되지 않았던 것이다. 1993년 12월 우루과이 라운드가 타결되고 이어 1994년 4월 WHO 체제가 출범됨에 따라 그 동안 시도되어 오던 세계화는 새 국면을 맞아 급진적으로 확대되기 시작하였다. 그것은 WTO 협정에 따라 종래 세계무역을 규제해오던 관세장벽과 비관세장벽이 현저히 철폐되거나 완화되었기 때문이다. 서비스 이동에 대해 최혜국대우와 내국민대우가 부여되었기 때문이다. 그 결과 세계 모든 나라의 시장은 하나의 거대한 단일시장으로 통합되어 나가게 되었다. 그 시장통합화의 보조도 일치하고 있다.

세계화를 이처럼 촉진시키고 있는 것은 우루과이 라운드 다자간협정 못지않게 컴퓨터 발달에 따른 정보통신기술의 경이적인 혁명이다. 컴퓨터의 발달로 전자정보초고속망이 세계 도처에 거미줄처럼 깔려짐에 따라 지구상에는 '거리의 소멸' 현상이 초래되었다. 그리고 그것은 시간을 경이적으로 단축시켰다. 이제 시장접근은 세계 어느 시장을 막론하고 광속으로 이루어지게 되었다.

그림 4 세계무역 (출처 : 연합뉴스)
그림 5 전자상거래

세계의 무역은 인터넷교역이나 전자상거래로 바뀌게 되고 서비스거래는 전자정보초고속망을 통해 괄목할 만 하게 이루어지게 되었다. 국제자본이동도 이 전자정보초고속 네트워크를 따라 광속으로 이루어지고 있다. 따라서 정보통신기술의 혁명은 세계시장의 통합을 촉진시키고 세계화의 확대를 가속시키고 있는 것이다. 앞으로 세계화를 촉진시키는 것은 다자간 투자협정이 될 것이다. 머지않아 타결될 이 투자협정은 세계 각국의 투자 장벽을 제거하고 국제자본이동을 촉진시킴으로써 세계화를 더욱 가속화시키기 때문이다.

세계 경제 체제의 형성으로 인한 경제의 표준화와 단일화가 정치적 이념적 대립과 대결을 약화시킬 수 있지만, 개별 국가의 문화적 특수성에 기초한 지역화 현상은 더욱 가속화될 수 있고, 이는 나아가 문화 간의 충돌로까지 이어질 수 있는 것이 세계화이다.[23] 이렇게 본다면 세계화는 경제적 영역에서 보듯이 모든 분야가 하나의 보편적 표준으로 수렴하는 것 이상의 의미가 있는 것이다. 요컨대 세계화는 단선적으로 진행되는 것이 아니라 개별 국가의 다양한 정치적 문화적 특수성이 결부되고 반영되는 중층적이고 복합적인 현상으로 전개되고 있는 것이다. 21세기 세계 시민과 세계시민성에 대한 관심이 새삼스럽게 증가하고 있는 이유 가운데 하나는 이처럼 세계화로 지칭되는 사회 변동 과정을 거치면서 여러 국가와 민족이 과거와 비교해 볼 때 유례가 없을 정도로 밀접한 상호 의존 관계를 형성하게 되었다는 사실에서 찾을 수 있다.

2. 지구촌의 공공성 문제

세계윤리는 '보편적 도덕(universal morality)'과는 대비되는 개념으로 다양한 삶을 인정하되 그 다양한 삶을 지탱하기 위해 서로 동의할 수 있는 최소한의 지구촌의 공공성을 확보하자는 것이다. 그런 점에서 세계시민에게 요구 되는 덕목은 능동적이고 참여적인 성격 외에 무엇보다도 윤리적 특성이다. 세계시민성에 관한 관심과 논의가 확대되고 있는 이유는 지구촌 문제를 제대로 인식하고 해결하기 위해서는 전통적인 국민 국가 중심의 사고와 행위를 뛰어넘어야 한다는 요청이 있기 때문이다.

과학 기술의 발달에 따른 부작용과 인간 삶의 환경의 급격한 변화는 그에 상응하는 복잡다기한 난제들을 야기하고 있다. 실제로 자본주의경제의 세계화(Globalization)가 놀라운 속도로 확대되어 나가고 있다. 그것은 최첨단정보통신망의 발달로 지구상의 '거리의 소멸'(Death of Distance) 현상이 초래되고 WTO협정의 발효로 경제적 의미의 국경이

23) M. Walzer, "Mlticulturalism and Individualism," *Dissent*, Spring 1994, pp. 89-91.

점차 사라지고 있기 때문이다.

이 세계화로 엄청난 규모의 '국적 없는 돈(Stateless money)'이 이윤을 찾기 위해서 세계도처의 금융시장을 뒤지고 있으며 막대한 규모의 상품이 세계 모든 시장에 파고들고 있다. 하루 동안 세계시장에서 거래되는 서비스규모만 하더라도 대단하다. 이러한 세계화는 자본주의 세계경제의 발전과정에서 예상을 뒤엎고 빨리 다가온 셈이다.

자본주의경제의 세계화에 견인적인 역할을 해온 일부 선진국들은 그들의 경제사상 유례를 찾을 수 없이 성장과 안정 그리고 복지를 구가해 왔다. 그러나 이에 아무런 준비나 대책 없이 휩쓸린 신흥시장경제국가들은 미증유의 경제적 파탄과 '죽음의 고통'을 겪고 있다. 이들 신흥시장경제국가들은 마치 불빛을 따라 몰려드는 불나비와 같은 처지에 있는지도 모른다.

세계화에 견인역할을 해온 나라라고 해서 부정적 충격을 받지 않은 것은 아니다. 그들 나라에서도 여러 가지 사회경제적 병리현상이 속출되고 있다. 한편 세계화에 휩쓸린 나라들의 비극적 죽음을 부른 충격은 말할 필요도 없다. 어느 나라에서나 자본주의 경제의 세계화는 국가 간, 기업 간, 계층 간 무한경쟁을 초래시켰고 이는 드디어 '이전투구 경쟁(Dog-Eat-Dog Competition)'을 격화시키고 말았다. 인류가 직면하고 있는 문제들은 특정 사회나 개별 국가 단위의 처방을 넘어서는 전 지구적인 차원의 접근과 상호 협력을 통해서 해결될 수 있다.

현대사회 위기를 과학기술이 발달했지만 그 남용을 저지할 지혜가 부족하고, 경제가 발전했지만 타인과 환경에 대한 배려가 부재하며, 결국 민주주의가 수립됐지만 윤리는 없는 까닭이라고 진단한다(Kling 1991, 12-15). 요컨대 자유와 평등을 강조하지만 지나치게 물질문명에 경도된 채 타인을 배려하는 윤리적 태도가 부족하다는 것이다. 자본주의는 물론이거니와 그 반작용으로 등장한 공산주의 도 체제를 유지하기 위해 경제적 통제뿐만 아니라 정신적 통제를 가한 나머지 결국 인간을 고양된 존재로 만드는 데 실패했다. 그 동안 냉전시대를 지탱해온 정신은 세계윤리에서는 넘어야할 장벽이 되고 있다.

21세기 우리가 직면한 당면 문제를 합리적이고 민주적으로 해결하기 위해서는 인류 전체의 생존과 보편적 가치의 관점에서 접근할 필요가 있는 것이다. 특정 지역과 국민 국가의 특수성과 이해관계만을 지나치게 강조하게 될 경우에는 지역 이기주의나 편협한 민족주의에 매몰되어 지구 공동체 전체가 추구해야 할 가치를 위협함으로써 오히려 문제

해결을 방해할 수 있기 때문이다.

생태정의의 문제에 대하여 인간이 정말 책임을 다하는 윤리적 존재가 되는 것은 쉬운 일이 아니다. 이는 자칫하면 선언적인 말에 그치기 쉬운 말이기도 하려니와 나약하고 부족한 인간이 생태적 책임을 다하는 대의를 짊어질 만한 대단한 존재인가에 대해서도 의문 이 제기되기 때문이다.

인간은 선할 수도 있고 그렇지 않을 수도 있다 그런 점에서 윤리로 충만한 이상적인 국가의 완성은 불가능하다. 우리는 죄를 짓기도 하고 휴머니즘을 침해하기도 한다. 하지만 인간의 가장 독특한 특징은 자유로운 존재라는 데 있다. 인간이 "자유로이" 더 나은 세상, 비교적 이상적인 세상을 만드는 일은 가능하다. 이처럼 윤리와 책임의식으로 충만한 세상이 아니라 적어도 윤리와 책임의 의미를 알고 그것에 다가가는 생태정의의 세상은 가능하다는 것이다.

근대는 인간이 주체임을 밝혔지만 근대의 '자기중심적 휴머니즘'은 인간사의 갈등과 충돌을 강화시켰으며, 이런 근대 휴머니즘은 윤리적으로 보완되어야 한다. 즉 인간이 신 앞에서 무한한 한계를 느끼면서 경건함을 견지하고, 신에 대한 경건한 응답으로서 낯선 타인과 협력하여 지구에 대해 책임을 지는 '윤리적 휴머니즘'이 필요한 것이다 이른바 휴머니즘이 세계윤리이다.

지구 생태계, 인권, 전쟁, 빈곤 등의 문제를 직시하고 해결하기 위해서는 특정 집단이나 지역, 개별 국가의 입장에서 벗어나 인류 전체의 관점에서 그것의 해결을 위해 노력할 필요가 있다. 이는 개별 국가의 특수한 이해관계를 초월하여 보편적인 가치를 추구하고 그것을 위해 행동하는 세계시민성의 함양을 요구한다. 이러한 맥락에서 요청되는 바람직한 세계시민성의 모습은 지구와 인류에 대한 책임감을 가지고 이를 보호하기 위한 참여 의식을 가진 존재 또는 초국가적 사회 운동에 참여하는 양태라고 말할 수 있다.[24)]

세계화를 하나의 현상이나 개별 국가가 취하고 있는 혹은 취해야 하는 전략의 차원이 아닌 규범적 차원에서 접근한다면, 세계시민성에 대한 관심은 강력하게 제기 될 수밖에 없다. 경제적·기술적 차원에서 진

---

24) D. Heater, *World Citizenship and Government* (London: Macmillan Press Ltd., 1998), pp. 170-176; R. Falk, "The Making of Global Citizenship," in B. van Steenbergen(ed.), *The Condition of Citizenship* (London: Sage Publications Ltd., 1994), pp. 132-139.

행되고 있는 세계화가 개별 국가들 사이의 불평등과 격차를 야기할 수 있다면, 이를 극복하고 상호주체성의 가치에 기초한 세계 공동체를 구현하기 위한 과제가 바로 세계시민성이다.

이처럼 세계시민성은 어느 한 개인이나 집단, 국가의 힘만으로는 해결할 수 없는 인류 공동의 문제를 합리적이고 민주적으로 해결하기 위해, 그리고 더 나아가 인류 전체의 보편적 가치를 가꾸고 추구하기 위한 요청이라고 할 수 있다. 세계화가 진행되면서 개별 국가들의 다양한 문화와 가치가 병존하는 가운데 때로는 갈등과 마찰을 빚기도 한다.

세계윤리는 크게 휴머니즘과 상호성 원칙으로 집약된다. 여기서는 타인에 대한 경외와 책임을 강조한다. 세계윤리에 대한 이와 같은 태도는 '상호주관적 접근방식(intersubjective approach)'이거나 혹은 '의사소통적 접근방식(communicative approach)'에 근거한다고 볼 수 있다. 이는 윤리에 대한 접근에 있어 '근본주의(fundamentalists)' 또는 '자유주의 (liberalistic)' 접근방식과는 다른 것이다.

근본주의 접근방식이란 보편적 가치가 존재한다는 전제 아래 자신의 가치체계를 보편성으로 둔갑시켜 타인에게 강요하는 것으로서, 이는 오히려 편협하고 문화적 제국주의를 초래할 위험성을 지니고 있다. 반면 자유주의적 접근방식은 자 유를 인간의 최고 가치로 상정하고 이의 실현을 위해 자유시장적 질서와 가치관을 확산시키는 것으로서, 이는 결과에 책임을 지는 것에 둔감하며 인간사회의 불평등을 심화시킬 우려가 있다. 이와 달리 공공의 관점은 상호주관적, 의사소통적 접근방식이다. 서로 다른 문화와 가치관의 차이를 인정하고 그것을 존중하면서도 상호 소통과 연대를 통해 기본적인 인간의 조건을 마련하고 그 다양성이 갈등하지 않도록 공정한 이익 고려의 원칙과 같은 공동원칙을 설정하는 것이다.

그러나 다원주의 추세 속에서도 인류가 공통으로 직면한 문제를 해결하기 위해서는 세계적인 상호 의존과 협력이 절실히 요청된다. 세계화가 심화될수록 세계는 더욱 밀접한 상호 의존 관계에 놓이게 되고, 인류가 직면한 문제의 범위도 점점 지구 전체로 확대되고 파급되면서 어느 한 국가의 힘만으로는 해결할 수 없는 상황이 전개되고 있다. 세계화 시대에는 지구 전체를 고려하는 지구적 세계관과 관점이 요청된다. 세계 시민이 되기 위해서는 지구촌의 전체적인 맥락에서 합리적인 판단을 내려야 하고 또 그에 따라 행동할 수 있어야 한다.

전통적인 지역 중심적 세계관과 비교해 볼 때, 지구촌에서 핵심적인 관심은 지구적 사고를 할 수 있는 자세와 능력이다. 세계화는 긍정적 효과를 초래시키기도 하고 부정적 효과를 초래시키기도 한다. 우선 긍정적 효과로서는 ① 효율의 극대화, ② 자원배분의 합리화, ③ 규모의 경제이익 초래, ④ 자유무역의 실현 등을 들 수 있다. 한편 부정적 효과로서는 ① 세계경제에 대한 일부 선진국의 패권적 지배, ② 경제주체의 대외의존도 심화, ③ 비교열위산업의 퇴출, ④ 국가 및 계층 간 소득의 양극화 등을 지적할 수 있다.

이러한 효과는 어느 경제주체에게서나 다 같이 드러나는 것은 아니다. 국가, 기업 등 경제주체에 따라 각각 다르게 나타난다. 세계화를 이끌어 나아가고 있는 나라에서는 긍정적 효과가 많이 나타날 것이고 이에 끌려가고 있는 국가에서는 부정적 효과가 두드러지게 드러나게 마련이다.

그러나 세계화를 견인하는 국가라고 하더라도 긍정적 효과만이 발생되는 것은 아니고 부정적 효과도 초래되지 않을 수 없다. 그 부정적 효과는 세계화에 마지못해 끌려가는 나라에게는 심각한 경제적·사회적·문화적 문제를 발생시킨다. 세계화가 확대됨에 따라 노출되는 부정적 효과는 인류에게는 일종의 재앙이 되고 있다. 그것은 1996년 스위스 다보스에서 '지속가능한 세계화'를 주제로 삼고 개최된 세계경제포럼에서 세계화가 계층 간 소득배분의 불균등을 초래시키고 근로자의 생존을 위협함으로써 자본주의의 심각한 재앙을 몰고 올 것이라는 한 발표자의 주장을 보면 충분히 알 수 있다.

이러한 파국을 방지하면서 하나의 세계를 위해서는 그것과 어울리는 질서와 규범이 필요한 데, 세계시민성 즉 세계 시민으로서의 소양과 역량이 바로 세계화에 따른 새로운 규범이라고 할 수 있다. 모든 것이 지구적 차원에서 고려되고 논의되는 것이 오늘의 모습이다. 세계화가 과학 기술 문명의 발전으로 촉진된 것은 사실이지만, 그 이면에는 전 인류를 매개하는 보편적 가치가 전제되어야 한다.

이상의 논의를 요약하면 다음과 같다. 먼저 세계화로 인해 이미 형성된 하나의 지구촌에서 각 개인들과 각 국가들의 개별성이 서로 충돌하지 않기 위해서는 우리 각자는 개별성을 유지하면서도 지구적 공동성을 모색하는 세계시민이 되어야 한다는 것이다.

또한 이런 시민은 수동적인 국민, 저항적 민중, 획일적인 대중과 달리, 능동적 이고 참여적인 특성과 윤리적 특성을 동시에 지녀야 한다. 그리고 현대사회의 여러 갈등과 충돌문제가 비윤리성에서 비롯되었다고 보고, 다른 종교, 다른 문화, 다른 가치관들 사이에서 최소한의 원칙을 지키는 세계윤리의 정립은 중시되어야 한다. 끝으로 자기중심적인 휴머니즘에서 벗어나 초월성을 경외하며 세계시민성의 책임의식을 갖는 윤리적 휴머니즘을 지향한다.

그것은 바로 인간 개개인이 천부적으로 소유하고 있는 생명으로서의 가치이다. 이처럼 21세기의 세계시민성은 국민이라는 의식보다는 생명이라는 의식에서 출발해야 한다.[25] 여러 가지 차이에도 불구하고 우리 모두가 생명을 지닌 인간이라는 사실을 인정하는 것 따라서 모든 인간의 내재적 가치와 존엄성에 대한 동등한 인식이 세계주의의 터전이 되어야 한다. 이것이 바로 오늘날 세계시민성에 대한 관심이 새삼 제기되면서 강조되는 이유이다.

3. 세계시민성의 과제

2차 대전 후 두 블록으로 나뉘어 서로 대치하던 냉전체제가 종식되었으며, 이와 더불어 정보화의 가속은 세계 전체를 하나의 공간으로 묶어가고 있다. 그리하여 단일시장의 형성과 세계표준의 설정으로 특정되는 세계화(globalization)의 추세 속에서 지구촌의 시간적·공간적 간격은 더욱 좁혀졌다. 이런 상황에서는 17세기 이후 유지되어 왔던 국민국가 중심의 국제 질서는 더 이상 유지될 수 없게 되었으며, 초국가적 기업들의 국경을 넘어선 경제 활동, ED를 비롯한 지역통합체의 활성화, NGO들의 국제적 연대를 통한 활동 등과 같이 국가라는 경계선을 넘어서는 새로운 양상들이 펼쳐지고 있다.

이처럼 정보화와 세계화의 심화는 인류의 삶에 있어서 시공간의 압축을 의미한다. 그물망의 세계에서 개별 국가의 경계를 넘나드는 활동이 확대되면서 지구 공동체에 대한 관심이 커지고 그에 대한 논의가 활성화되고 있다. 특정 지역에서 발생한 사안이 국경과 대륙을 넘어 전 지구적인 관심사로 부상하고 있으며, 개별 국가의 노력만으로는 해결할 수 없는 인류 공동의 과제들이 양산되고 있다. 따라서 전통적 국가시민

25) Y. N. Soysal, "Toward a Postnational Model of Membership," in G. Shafir(ed.), *The Citizenship Debates* (Minnesota: University of Minnesota Press, 1998), pp. 191-195.

성의 범주를 뛰어넘는 전 지구적 차원의 세계시민성에 대한 관심이 제기되는 것은 당연하며 이에 따른 과제도 다양하다. 이것은 결국 세계 정부가 과연 출현할 수 있는가, 세계 시민이 현실적으로 가능한 존재인가 하는 것에 대한 담론의 가능성이다.

국가시민성이 개별 국가의 구성원인 시민들에게 부여된 지위와 권리 또는 그들에게 요구되는 시민으로서의 자질과 태도 등으로 정의된다면, 세계시민성의 근거는 세계시민을 횡단매개하는 방안의 발견이나 하나의 세계 정부나 세계 국가의 출현 가능성에서 찾을 수 있다. 그러나 현실적으로 세계 시민의 관념은 공허하고 추상적 수사에 머물 수 있고, 하나의 주권을 지닌 세계 정부의 구상 역시 실현 가능하지도 바람직하지도 않다.[26] 이에 따라 세계시민성의 본질은 공허한 세계 시민의 관념이나 하나의 주권을 지닌 세계 정부의 시민들에게 요구되는 자질과 태도 혹은 그들에게 부여된 권리의 차원이 아닌 다른 차원, 국가시민성을 횡단매개하는 방안에서 파악하고 접근하는 것이 필요하다.

1. 세계주의의 이념

세계시민성의 이념은 세계주의(cosmopolitanism)에서 연원하는 바가 크다.[27] 오늘날 세계주의는 지구촌에 만연한 갈등과 대립의 불안과 불확실성 속에서 일종의 도덕적 지주의 역할을 하고 있으며, 또한 다문화주의를 뒷받침하는 사상적 기초가 되고 있다. 그 가운데 최근의 세계시민성 관념과 관련해서 주목할 수 있는 것이 바로 스토아(Stoa) 학파의 세계주의이다. 스토아는 모든 사람들을 동료로 간주해야 한다고 주문하다. 그리고 한 무리가 공동 목장에서 공동의 규율에 따라 살듯이 인류에게도 하나의 삶과 질서가 있어야 한다고 주장함으로써 오늘날 회자되고 있는 하나의 세계 국가라는 관념을 표현하고 있는 것으로 보인다.[28]

오늘날의 시대는 일종의 통치 불가능한 세계 혹은 공동체가 파편화되는 세계로도 특정 지워진다. 이와 같이 상반된 두 현상은 세계화를 통해 단일 세계의 구성이 진행되고 있음에도 불구하고, 개인 각자가 통

26) 변종헌, 「세계시민교육의 방향과 과제」, 『아시아교육연구』, 제2권 2호, 2001, p. 78.
27) M. C. Nussbaum, "Kant and Stoic Cosmopolitanism," *Journal of Political Philosophy* Vol. 5, No. 1, 1997, pp. 1-25.
28) H. C. Baldry, *The Unity of Mankind in Greek Thought* (Cambridge: Cambridge University Press, 1965), p. 159.

일감과 정체성의 위기를 겪으면서 자신의 삶에 대한 통제력을 상실하고 있다는 불안감을 반증한다. 이런 위기상황을 벗어나기 위해서 모랭(Edgar Morin)의 주장처럼 세계시민으로서의 의식을 형성하는 것이 필요하다. 즉 과거 국민국가 시대의 국가적 가치나 자기정체성에서 벗어나 공공의 방법으로 세계 자체를 자신의 정체성과 윤리의 근거로 삼는 노력이 요구되는 것이다.

이때 세계시민으로서의 정체성과 지구적 윤리를 형성한다는 것은 어느 특정 국가의 이익이나 정체성을 추구하는 논리나 자본주의 혹은 사회주의 등으로 나누어지는 이데올로기의 차원이 아니다. 각자가 자신의 정체성을 세계시민사회의 일원으로 규정하고 전 지구적으로 통용가능한 사람들은 도시 국가(city state)와 규모가 큰 세계 도시(cosmopolis)의 시민으로 태어나지만, 이 둘 사이에 충성심의 갈등이 나타나게 될 때에는 도시 국가보다 세계 도시에 대한 시민의 의무가 언제나 우세하다고 봄으로써 하나의 세계국가와 세계시민성을 보여주고 있다.

역사적으로 칸트에게 있어서 세계시민성은 과장된 것이 아니다. 오히려 세계시민성은 시민법과 국제법을 보완하며 인권과 인류의 영구적 평화를 위해 불가피하다고 간주한다. 칸트의 사상은 가족, 인종, 문화적 집단, 민족, 국가가 아닌 개인을 일차적인 관심의 대상으로 간주하는 세계주의에 반영되었다. 세계주의의 흐름 속에서 개인은 계급, 성, 피부색, 종교, 교의 등을 이유로 차별받지 않는 존재로 간주되며 이에 따라 세계가 조국이 되는 것이다.

이를 기초로 타인에 대한 관심과 배려가 국경선에서 멈추어서는 안되며, 개인은 국가만이 아니라 다양한 정치체제의 구성원이 되어야 하고, 따라서 정치적 충성과 헌신이 마을, 지역, 국가와 세계 등으로 폭넓게 확산되어야 한다는 것이 세계주의의 주장이다.[29)]

그러나 세계주의 연원이었던 스토아학파의 사상이 포용력을 결여하고 있다는 지적은 세계 시민의 관념과 세계시민성의 이상에 대한 이성적 판단을 요구하고 있다. 스토아주의의 편협성을 문제 삼는 시각에서는 세계 도시에 대한 스토아의 애착은 진정한 시민과 친구들을 위한 것이고, 거기서 우정은 현명하고 선량한 사람들 사이에만 존재하는 것이었다고 지적한다.

따라서 스토아 사상은 본래 모든 지역의 문화적 다양성을 확대하기

---

29) T. W. Pogge, "Cosmopolitanism and Sovereignty," *Ethics* Vol. 103, No. 1, 1992, p. 58.

보다는 제국의 확장에 보다 적합한 철학이었다는 것이다. 말하자면 스토아의 세계 도시는 정복을 통해 성취된 것이라고 주장한다.[30] 따라서 세계주의나 세계시민성에 부정적인 시각은 서구의 자유민주주의 세계시민성을 말함이다. 그리고 이때의 세계는 중심부에서 벗어난 국외자들이 서구적 가치를 인정하고 기꺼이 이에 순응하고자 할 때 합류하고 동참할 수 있는 세계이다. 결국, 세계주의는 국경을 파괴하지도 초월하지도 않는다는 것이다. 이러한 세계주의 이념의 토대는 특정 지역이나 국가, 즉 서구 세계의 이해관계를 반영한 것에 불과하다.

세계주의와 세계시민성의 확장은 유럽 제국의 역사와 연계되는 유럽적인 관념을 함축한다. 세계시민성의 이상은 비서구 세계를 문명세계로 인도하는 것이 그들의 역사적 사명이라는 또 다른 오리엔탈리즘이다. 요컨대 유럽의 해외 식민지 건설 과정에서 나타난 세계주의는 식민지 국가를 문명화한다는 사명감(civilizing mission)을 반영하거나 제국주의적 팽창 의도를 은폐하는 이데올로기로써 작동한 측면이 있다. 그리고 이것은 단일의 인류 운명 또는 하나의 인류 문화가 가능하며 또 그렇게 되어야 한다는 기본적 생각에서 비롯된 것이다. 그러나 이러한 유럽적 관념의 확산을 위한 노력은 하나의 보편적 문화가 아니라 문화의 사멸을 의미하는 것이라는 점에서 극복할 과제이다.[31]

2. 국가 없는 상태위기

동일한 운명과 문화를 공유하는 세계시민이나 세계시민성 관념에 회의적인 관점에서는 또한 국가가 없는 상태의 부정적 측면에 주목한다. 말하자면 국가 없는 상태는 매우 위험하다.[32] 예컨대 유엔인권선언이 인간으로서의 가치와 권리의 보편성을 주장함에도 불구하고, 이를 보장하고 유지할 수 있는 일차적인 책무는 여전히 국가의 몫이기 때문이다. 물론 그와 같은 가치와 권리를 누구보다도 앞서 부정하거나 남용할 수 있는 것 또한 국가이며, 이는 법의 지배를 중시하는 자유 민주주의 국가의 경우도 예외일 수 없다. 그럼에도 불구하고 주권 국가의 시민이

30) L. Hill, *op. cit.*, p. 72.

31) I. Berlin, "The Ingathering Storm of Nationalism," *New Perspectives Quarterly* Vol. 8, No. 4, 1991, p. 10.

32) M. Walzer, *Spheres of Justice: A Defense of Pluralism and Equality* (Oxford: Basil Blackwell, 1983), p. 32.

아니라면, 양도할 수 없는 인간의 권리 또한 보장될 수 없을 것이라고 주장한다.

국가 없는 상태의 가장 큰 불행은 권리를 주장할 수 있는 권리 자체가 부정된다는 점이다. 권리가 없다는 의미는 사람들이 생명, 자유, 행복 추구, 법 앞의 평등, 사상의 자유 등을 박탈당하는 것이 아니라 그들이 더 이상 어떤 공동체에도 속하지 않는다는 것이다. 국가에 속하지 않는 사람들이 처하게 되는 곤경은 법 앞에 평등하지 않은 것이 아니라 그들을 위한 법이 존재하는 않는다는 것이다.[33] 많은 국가들 사이에 존재하는 하나의 국가일 때 개별 국가로서의 의미가 있듯이, 시민들도 언제나 특정 국가의 동료 시민들 사이에서만 시민이 된다. 따라서 시민의 권리와 책임은 동료 시민들과 그가 속한 국가의 영토적 경계, 이 두 가지에 의해서 결정되고 제약되는 것이다.[34] 이러한 맥락에서 볼 때 하나의 주권을 지닌 세계정부는 세계시민성을 위한 필수 조건이 아니라 모든 시민과 시민 의식의 종말을 초래할 수 있다.

국가가 여전히 구성원들에게 가장 중요한 권위의 원천이고 충성의 대상이라는 점을 고려한다면, 조만간 하나의 세계 정부가 출현할 가능성은 매우 희박하다.[35] 국가만이 공공정책을 수립하고 집행할 수 있는 명령과 지휘계통을 지니고 있으며, 생태학적·군사적 문제에 관한 국제적 합의를 도출할 수 있는 주된 행위자다. 세계 공동체는 약자의 보호자도, 국가 없는 사람들을 받아 주는 공동체도 아니다. 오히려 세계 공동체는 개별 국가의 이익을 위해 행동하는 국가들의 공동체이고, 따라서 개인들을 보호하는 역할을 수행할 수는 없다.

헤겔(G. W. F. Hegel)은 시민사회의 구성원과 시민을 구분하고 있다. 경제적 주체인 시민 사회의 구성원이 사적 존재(private person)로서 국경을 초월한 경제 활동을 할 수 있는 존재라고 한다면, 참여자(participant)인 시민은 국경에 의해 구분되는 시민으로서의 권리와 의무의 체계에 구속되는 공적 존재이다.[36] 따라서 공통의 운명을 느끼는

33) H. Arendt, *The Origin of Totalitarianism* (London: George Allen & Unwin, 1967), pp. 295-296.

34) H. Arendt, "Karl Jaspers: Citizen of the World?" in *Men in Dark Times* (New York: Harcourt, Brace and World, 1968), p. 82.

35) P. Kennedy, *Preparing for the Twenty-first Century* (New York: Random House, 1993), p. 336.

36) 변종헌, *op. cit.*, p. 73.

가운데 한 국가의 시민이 될 수 있는 것은 경제적 주체가 아닌 정치적 시민이다. 그리고 정치적 참여자의 정체성인 시민권과 시민 의식은 국가의식에서 추구될 수 있다.

아롱(R. Aron)은 국가 시민(state citizen)과 경제 시민(economy citizen)을 구별함으로써 이른바 다국적 시민성(multinational citizenship)의 가능성에 대해 부정적인 입장을 보여 주었다.[37] 그에 따르면, 국경을 초월해서 하나의 경제 공동체에 속하는 경제 시민은 사적 차원으로 소속된 공동체에 대한 의무가 없다.

반면에 공적 국가 시민은 공동체를 지킬 의무가 있다. 권리와 의무의 상관관계는 국가와 국가 시민 사이에 존재하는 것이다. 따라서 유럽공동체의 시민이 될 수 있는 것은 경제 시민이지 국가 시민은 아니다. 세계화의 추세 속에서도 민족주의의 생명력은 지속되는 것으로 보인다. 세계경제 체제의 등장이 개별 국가와 민족의 특수성을 강조하는 흐름과 모순되지 않는 가운데, 민족주의의 영향력이 유지되고 있다.[38]

이러한 맥락에서 세계연합의 출현 그리고 세계시민성의 관념이 민족주의나 공동체에 대한 충성심을 전적으로 대체할 것으로 기대하기는 어려울 것이다.[39] 즉 민족이나 국가시민성이 해체되지는 않을 것이다. 실제로 지난 세기 세계사에서 우리가 확인한 것은 다민족 국가가 여러 개의 민족 국가들로 해체되는 과정이었으며, 구소련의 붕괴 이후 그 공백을 메운 것도 역시 민족주의였다. 지구상의 많은 국가들이 관심을 갖는 것은 여러 국가와 다양한 민족을 아우르는 하나의 이념이나 집단사명이 아니라 여러 민족이나 여러 국가의 시민성과 어떻게 횡단매개하여 규정되면서 보존되고 또한 새롭게 개신할 수 있는가의 과제를 안고 있다.

이제는 국가시민성을 횡단매개하여 국가 간의 상호 의존의 가능성을 살피고 그리고 지구촌 공동의 문제 해결을 위한 인류의 노력을 실천하기 위한 세계시민성에 대한 요청을 받아 들여야 한다. 왜냐하면 개별 민족 국가의 주권을 위협하거나 침해하지 않으면서 민족주의가 지닌 배타성을 희석시키는 가운데 민주적 정치 공동체의 안정과 인류의 보

37) R. Aron, "Is Multinational Citizenship Possible?" *Social Research* Vol. 41, 1974, p. 50.

38) L. Greenfeld, "Transcending the Nation's Worth," *Daedalus* Vol. 22, No. 3-4, 1993, pp. 47-63.

39) M. Janowitz, *The Reconstruction of Patriotism: Education for Civic Consciousness* (Chicago: The University of Chicago Press, 1983), p. 3.

편가능성의 가치를 지향하는 새로운 세계시민성의 내용을 모색하는 것은 가능하기 때문이다.[40] 따라서 새로운 세계시민성의 가능성은 개별 국가의 주권을 침해하지 않는 가운데 국가시민성을 횡단매개하는 세계시민성이 자리 잡을 수 있도록 새로운 영역의 가능성을 모색할 필요가 있다.

3. 지구공동체 의식

정보화와 세계화의 흐름 속에서 개별 국가의 영향력이 약화되는 현상이 개별 국가들이 사라지고 하나의 주권을 지닌 세계 정부가 출현할 것이라는 사실을 의미하는 것은 아니다. 단일의 세계 공동체와 그 구성원 사이의 관계 속에서 세계 시민으로서의 정체성, 권리와 의무 그리고 자질과 덕성 등을 포함하는 세계시민성을 도출하는 것은 현실적으로 불가능하다.

반면에 지구촌에는 상호소통과 의존관계가 심화되고 있고, 동시에 개별 국가의 경계를 초월해서 인류가 공동으로 해결해야 하는 지구촌 문제들이 많아지고 있는 현실을 생각해 볼 때, 지구적 차원에서 생각하고 행동하는 세계시민성의 중요성은 점차로 증대되고 있다. 따라서 개별 국가의 존재를 인정하는 가운데 세계시민으로서의 소양과 역량을 지닌 세계시민성에 대해 논의는 현실적인 대안이 된다.

히터(D. Heater)는 20세기 세계 시민의 개념을 다음과 같이 4가지로 구분하고 있다.[41] 첫째는 아주 막연한 수준에서 인류 공동체의 일원으로서의 세계시민이다. 둘째는 세계 정부를 건설하기 위해 구체적인 실천을 하는 세계시민이다. 셋째는 개인이 속한 국가보다 높은 수준의 도덕 법칙에 의해 개인이 구속되어야 한다는 생각에 기초한 세계시민이다. 말하자면 국제법에 의해 규정되는 세계 시민이다. 마지막으로 세계 정부의 수립과는 상관없이 지구적 의식과 지구적 책임감을 지닌 존재로서의 세계시민이다. 이 가운데 우리에게 적절한 것은 점차 심화되고 있는 전 인류의 상호 의존 관계를 인식하고 이를 바탕으로 지구적 관심과 요구 및 필요에 따라 지구적 차원에서 생각하고 행동하는 세계시민성이다.

---

40) 변종헌 역, E. 라즐로 저, 『비전 2020: 2020년 인류의 미래를 위한 새로운 제안』 (서울: 민음사, 1999).

41) D. Heater, op. cit., pp. 170-76.

하나의 세계 정부를 구성하고 이를 뒷받침하는 국제법에 의해 규정되고 구속되는 세계 시민 개념은 현재로서는 실현 가능하지 않은 것으로 보인다. 오늘날 세계 정부가 존재하는 것도 아니고 세계 시민의 보편적 지위를 보장하거나 규정하는 국제 법규와 규범이 희소한 상황에서 이에 기초한 세계 시민 개념은 무의미하기 때문이다. 하지만 핵무기의 위협, 빈곤, 지구촌 생태계 위기 등으로 인해 인류의 생존이 위협받는 현실 속에서 이상적인 세계 시민의 모습에 대한 고민과 요청은 불가피하다. 결국 우리가 지향해야 할 바람직한 세계시민성은 인류가 직면한 위기 상황들을 지구적 협동과 실천을 통하여 해결하고자 하는 지구적 의식과 책임감을 가진 시민일 것이다.

하나의 세계 정부를 상정하는 세계 시민의 관념이 현실적으로 가능하지 않다고 할지라도, 이것이 지구공동체 의식과 책임감을 지닌 세계 시민성 개념과 상치될 이유는 없는 것이다. 따라서 지구 공동체 의식과 책임감을 지닌 시민이 되기 위해서는 우선 특정 국가의 시민이 되어야 한다. 즉, 지구촌의 시민성은 개별 국가의 역사와 문화에 대한 소속감과 애착, 그리고 이를 이해하고 감사할 줄 아는 것으로부터 출발해야 한다. 그렇게 될 때 이를 횡단 매개하는 가운데 인류의 공존과 협력을 위해 최소한의 보편성을 추구하면서도 지역과 국가에 따른 문화적 다양성을 최대한 관용하고 존중할 수 있는 세계시민성이 가능하기 때문이다.[42)]

지구촌 의식과 책임감을 지닌 시민이 된다는 것은 또한 지구상의 어느 한 곳에서 행해진 일들이 국경을 넘어 다른 사람과 다른 국가에 영향을 미칠 수 있다는 것을 깨닫는 것이다.[43)] 예컨대, 대기 오염이나 환경 파괴 행위, 어류의 남획, 불평등 교역, 비윤리적 투자 등이 장단기 적으로 국가 간에 심각한 결과를 초래할 수 있다는 것을 인식하는 것이다. 산성비, 지구 온난화 등의 문제가 더 이상 한 국가만의 문제일 수는 없다. 특정 국가의 국민으로서 지구적 의식과 책임감을 지닌 시민은 지구적으로 생각하고 지역적으로 행동하는 존재이다. 이와 같은 시각을 지닐 때 자신과 다른 사람들 그리고 그들의 문화와 특수성을 무시하거나 경시하지 않으며 그 가치를 인정하고 존중하게 된다.

---

42) 노찬옥, 「세계시민교육에 대한 시안적 연구 - 세계시민의 위상과 세계시민교육의 방향 탐색」, 『시민교육연구』, 제33집, 2005.

43) B. Bowden, *op. cit.*, p. 359.

그러나 개인과 개별 국가의 행위가 다른 사람들과 다른 국가 그리고 지구촌에 어떠한 영향을 미칠 것인지 안다는 것은 쉬운 일이 아니다. 즉 지역과 국가 그리고 세계 사이의 연관성에 내포된 다양성과 복잡성을 생각한다면, 자기 자신의 행위를 세계적 맥락에서 전체적으로 파악한다는 것이 그렇게 쉬운 일은 아니다. 이것은 개인이 경험할 수 있는 세계와의 거리 때문이다. 따라서 일상의 경험을 뛰어넘는 복합적이고 생명존엄의 사고가 필요하다.

칸트가 말한 바와 같이 인류교육을 통하여 세계시민의 평화 왕국을 건설할 수 있다는 신념에 맹목적으로 매달리는 것은 바람직하지 않다.[44] 그럼에도 불구하고 우리의 일상적인 행위가 우리의 직접적인 경험 밖의 세계에 살고 있는 사람들에게 어떤 영향을 미치고 어떤 결과를 가져올 것인가를 예견하고 성찰하기 위해 노력하는 것만으로도 큰 의미가 있다. 따라서 개인의 사고와 행위가 세계적 관점에서 얼마나 적합한 것이고 그럴 만한 타당성이 있는가를 반성적으로 검토할 수 있는 상황과 기회를 마련하는 일이 국가시민성의 횡단매개를 통한 세계시민성 함양에 중요한 과제가 된다.

4. 세계시민성의 횡단매개 방편

1. 세계시민성의 횡단매개

국가시민성을 세계시민성으로 횡단매개하게 되면, 개별 국가의 구성원으로서의 국가시민성 그리고 지구적 의식과 책임감에 기초한 지구적 시민성이 양립 불가능한 것이 아니다. 다만 국가시민성과 세계시민성은 건강한 긴장관계를 유지할 필요가 있다. 특정 국가의 국민으로서 요구되는 국가시민성에 매몰되거나 하나의 세계 정부에 기초한 세계시민성만을 강조하게 되는 경우에는 이러한 긴장관계가 깨질 수 있다. 특수성이 보편성을 저해하지 않고 반대로 보편성이 특수성을 규정짓지 않는 가운데 보편성이 특수성을 횡단매개 하는 공공시민성을 유지하고 개발하는 것이 필요하다.

특수성에 지나치게 기울게 되면 이기주의, 분파주의, 구획주의 등의

44) 허영식, *op. cit.*, pp. 60-61.

결과를 초래할 수 있으며, 보편성만을 강조하게 될 때에는 탈역사의 획일화를 야기할 수 있기 때문이다. 보편과 특수의 긴장관계가 완전히 사라질 수는 없으며, 이는 해로울 수도 있고 이로울 수도 있다. 하지만 지금까지 세계시민성에 관련된 대부분의 논의들은 이러한 긴장관계를 간과한 채 보편성과 보편적 가치의 관점에 경도되어 온 것이 사실이다. 그 결과 시민성의 토대와 방향에 있어서도 보편성에만 주목함으로써 지역 간 국가 간의 중요한 차이를 제대로 파악할 수 없었다. 이것이 시민성에 관한 얕은 이해의 배경이며, 이에 대한 대안으로 제시되고 있는 것이 이른바 세계시민성의 횡단매개 가치를 중시하는 깊은 차원의 '공공시민성'(public transversal citizenship) 개념이다.[45)]

여기서는 보편과 특수의 우열을 가리기보다는 이 둘 사이의 긴장관계를 바람직한 것으로 이해하고 받아들일 것을 요구한다. 깊은 시민성은 보편성에 근거한 선험적 처방을 거부한다. 보편성을 우선시하고 강조할 경우에는 단일한 목표에 따라 특정 지역과 사람들을 배제할 수 있으며, 서로의 차이를 무시하는 제국주의적 획일화로 치달을 수 있다. 여기서 문제가 되는 것은 보편성 그 자체가 아니라 보편성의 이름으로 행해지는 오만과 편견의 결과이다. 예컨대, 다른 국가나 지역의 사람들과는 전혀 관계도 없고 의미도 없는 마치 선입관과도 같은 삶의 양식을 보편성의 이름으로 이들에게 부과하는 것이 문제라고 할 수 있다. 이러한 맥락에서 깊은 시민성의 관념은 보편성의 선험을 비판하는 가운데 다양성과 특수성으로부터 출발하여 보편성을 향해 나아갈 것을 제안하고 있다.

보편성은 인간의 삶에 부여되는 것이 아니라 실제의 삶과 경험의 과정에서 발견되는 것이다. 진정한 보편성은 마치 서구의 자유주의처럼 주어지거나 강제되는 것이 아니라 특수한 것들로부터 드러나는 것이다. 공공시민성은 보편성을 부과하고 차이를 가로 막는 존재 양식을 추구하기 보다는 차이와 타자성(alterity)에 주목한다.[46)] 이러한 맥락에서

45) 클라크는 후천적 보편주의(*a posteriori* universalism)의 관점에서 깊은 시민성 개념을 제시하고 있다, 이에 대한 자세한 내용은 P. B. Clarke, *Deep Citizenship* (London: Pluto Press, 1996), p. 21 참조. 이와 유사한 관점에서 다웬아워는 세계화와 지구촌 위기의 심각성 때문에 전통적 시민성 관념을 새롭게 정립할 필요성이 있다고 주장하면서 복합적 시민성(complex citizenship) 개념을 제안하고 있다. 이에 대해서는 B. P. Dauenhauer, *Citizenship in a Fragile World* (London: Rowman & Littlefield Publishers, Inc., 1996), p. 3 참조.

46) P. B. Clarke, *Deep Citizenship* (London: Pluto Press, 1996), p. 22.

세계시민성의 횡단매개 가치를 강조하는 것이 자신과 타자, 그리고 세계의 삶에 관여하는 정치적인 삶의 모습이다. 자신과 타자, 그리고 세계는 서로 복잡하게 연결되어 있으며, 그 중층적이고 복잡한 관계 망을 이해하고 배려할 것을 강조한다.

따라서 공공시민성은 한 개인이 특정 국가의 온전한 구성원이라는 사실을 인정하는 것에서 출발한다. 이를 토대로 사회적 상상력을 발휘하고 세계를 더욱 풍성하게 할 수 있는 행위에 관여하거나 참여할 것을 요구한다. 공공시민성을 지니게 될 때 비로소 우리는 타인과 함께 같은 세계에 살고 또 그 속으로 들어갈 수 있는 것이다. 자신의 정체성과 타인의 정체성이 서로 연결되면서 자신과 타인 그리고 세계와의 상호 의존성을 깨닫고 행동하는 것이 공공시민성이다.

공공시민성은 법률적 지위뿐만 아니라 특정한 개인의 행위를 통해서 드러나게 된다. 말하자면 공공시민성을 지닌다는 것은 개별 국가의 구성원으로서 법률에 의해 지위와 권리가 규정되고 책임과 의무를 행한다는 것뿐만 아니라 타인과 세계를 위해 무엇인가를 할 수 있고 해야 한다는 것을 의미하는 것이다. 공공시민성을 지닌 시민은 그가 속한 정치 사회의 안정과 복지를 위해 적극적이고 능동적으로 기여할 뿐만 아니라 관심과 배려를 이웃과 타자, 그리고 세계 속으로 확대할 수 있을 것이다. 공공시민성은 인위적 실체인 특정 국가의 멤버십으로는 부족하다. 현대 세계에서 공공시민성은 이웃, 결사체, 경제적·전문적 조직체, 직장 그리고 공동의 목표와 목적을 지닌 관련 세계의 멤버십으로 다양하게 정치화되어 있어야 한다. 또한 공공시민성은 도시, 국가, 국가들 사이의 연합, 세계 공동체 그리고 세계의 운명을 공유하는 구성원들이 지니는 시민성이다.[47)]

국가시민성과 세계시민성의 조화는 특정 공동체나 국가의 특수성과 고유성을 인정하는 가운데 진정한 보편성(the universal)을 찾아 나아갈 때 가능할 것이다. 진정한 보편의 모습은 미리 정해지거나 주어지는 것이 아니다. 특정 국가의 특정한 보편성(a universal), 즉 특수성을 인정하고 그 가치를 존중할 때 찾아질 수 있는 것이다. 21세기 세계는 사회적 격변과 상호 의존성이 심화되면서 더 이상 개별 국가들이 특정한 보편성에만 함몰되어 있을 수 없는 상황으로 치닫고 있다. 더욱이 개별 국가의 특수성을 인정하면서도 우리가 모두 인간으로서의 가치를

47) *Ibid.*, p.124.

지닌다는 보편성을 확인하게 될 때 비로소 인류가 직면한 위기를 나와 우리 그리고 세계의 위기로 인식하고 이를 극복하기 위해 노력할 수 있을 것이다.

공공시민성은 특정한 보편이 단지 하나의 보편에 머물지 않고 진정한 보편이 될 수 있을 것인지에 대한 반성적 사고를 요구한다. 내가 속해 있는 공동체의 특정한 보편이나, 상대방이 속해 있는 또 다른 특정한 보편 어느 쪽도 다른 쪽에 대해 선험적인 우월성을 주장할 수 없다.[48] 대신 자신의 공동체에서 요구하는 시민성에 대한 애착과 자부심을 갖되, 그것이 보편적으로 수용될 수 있을 것인가를 회의하는 가운데 진정한 보편성을 향해 나아가는 것, 이것이 바로 특수와 보편 사이에서 공공시민성을 함양하고 실천하는 방식이 될 것이다.

2. 실심의 횡단매개

그림 6 담헌 홍대용

세계시민성의 횡단매개 방안으로 우리는 조선의 담헌이 강조한 실심을 들 수 있다. 담헌은 현실과 세계에 대한 통합구조에 대한 인식을 통하여 이론적 실천양식으로서 실심(實心) → 실사(實事) → 실지(實地)라는 삼원의 사유구조를 제시한다. 즉 "오직 실심 실사로서 날로 실지를 밟아야 실심의 본령에 이른다"는 것이다. 실심에 대한 이러한 구조적 이해는 학문을 하거나 실천을 하거나 마음의 주인공을 파악하는 것이 요체가 된다. 이러한 사유의 전개과정에서 우리는 몇 가지 특징을 살펴본다.

첫째, 실심은 일반적 권위나 허위를 부정하는 주체정신이다. 도를 듣고자 한다면, 옛날의 들음을 버리고 이기려는 마음을 버려야 한다. 이와 같이 선입견이나 지배이념의 틀에서 벗어나서 보다 객관적인 정신으로 실심을 가지는 자세가 중요하다고 할 것이다. 담헌의 실심은 역사의식으로 나타난다. 담헌은 역사인식에 있어서 보다 객관적이고 주체적인 정신을 강조하게 되는 데, 담헌실심을 가장 단적으로 보여주는 것이 그의 '역외춘추론(域外春秋論)'이다.

---

48) 설규주, 「탈국가적 시민성의 대두와 시민교육의 새로운 방향」, 『시민교육연구』, 32집, 2001, pp. 167-168.

"공자는 주나라 사람이다. 왕실이 날로 낮아지고 제후들이 쇠약해지자 오나라와 초나라가 중국을 어지럽혀 도둑질하고 해치기를 꺼려하지 않았다. 춘추란 주나라의 사기(史記)인 바, 안과 바깥에 대해서 엄격히 하는 것이 또한 마땅하지 않겠는가? 그러나 공자가 배를 타고 구이(九夷,조선)로 와서 살았다면 중국문물을 사용하여 오랑캐의 풍속을 변화시키고 주나라 도를 역외에 일으켰을 것이다. 그런즉 안과 밖이라는 구분과 높이거나 물리치는 의리에 있어 마땅하게 역외춘추를 말했을 것이다. 공자가 성인이 된 것은 이러한 이유 때문이다."[49].

그래서 담헌은 청조에 대한 배청의리를 지키면서도 중국이 아닌 오랑캐이기 때문에 배척하는 것이 아니며, 병자호란의 침략자에 대한 저항으로 분별하는 것이고, 청조의 문물이 오랑캐의 것이기 때문에 거부해야 하는 것이 아니라 그것이 우리에게 유용한 것이기 때문에 배워야 한다는 입장을 선호하게 된다. 담헌은 궁극적으로 화이 구분 자체를 부정한다. 여기에서 화이론(華夷論)에 예속되지 아니하는 실다운 마음에서 기존의 화이론(華夷論)에 대한 비판에서 중국이 오랑캐이고 조선이 '화'가 아니라 화·화이(華夷) 자체를 거부하는 생태적 실심의 심원(深遠)을 보여주고 있다.

둘째, 실심은 이론적 실천양식을 끊임없이 자문하는 탐구정신이다. 이론측면에서 실사는 인식기반을 현실경험의 실증적 토대에 두는 과학적 사유이다. 즉 "지금 학자는 입만 열면 성선을 말하지만 성(性)이 선함을 어찌 아는가? 어린아이가 우물에 빠짐을 보고 측은한 마음을 가짐은 진실로 본심이라 하겠으나 만일 장난감을 보고 탐내는 마음이 생겨 고쳐 생각할 사이도 없이 태연하게 탐하는 행동을 한다면 어찌 본심이 아니라고 하겠는가?" 반문하며 심성의 선악을 탐구하며 선험적인 판단보다 현실적 경험과 실증을 높이 산다.

셋째, 실심은 이론실천 양식의 종착에 해당하는 실지(實地)를 중시하는 실질정신이다. 담헌은 실사구시를 위한 실심과 실사에 실지를 첨가하여 삼원사유를 강조함으로써 허구세계로 전락되는 것을 경계한다. 그래서 실지라는 현실이 실학에서는 소중하다. 담헌의 실심의 특징과 의의는 바로 실지에 있음으로써 그 생명력을 갖는다. 그는 "세상 사람은

---

49) 孔子 周人也 王室日卑 諸侯衰弱 吳楚滑夏 寇賊無厭 春秋者 周書也 內外之嚴 不亦宜乎? 使孔子浮于海居九夷 用夏變夷 餘周道於域外 則內外之分 尊養之義 自當有域外春秋 此 孔子之所以爲聖人也(「의산문답」『담헌서』 내집 권4 37장, 앞면)

옛 습관에 안착하여 살피지 않는다. 이치가 눈앞에 있는데도 연구하여 찾지 않기에 평생을 하늘을 이고 땅을 밟건만 그 심정과 현상을 알지 못한다."고 말한다. 담헌의 생태계에 대한 이론적 실천양식으로서 실심→실사→실지 라는 삼원사유 구조는 동북 샤머니즘을 공유하는 한·중·일·몽골의 문화기저에 깔려 있는 삼수분화와 연관된다.[50] 삼원사유의 구조는 '삼수분화의 세계관'에서 드러나는 독특한 수(數)의 상징의 미를 함축한다.

> 삼수 분화의 세계관은 하나(1)에서 셋(3)으로 분화되고, 셋이 각각 셋으로 분화되어 아홉(9)이 생겨난다. 이러한 인식의 틀에서 3은 '변화의 계기 수'가 되고, 9는 '변화의 완성 수'가 되며, 9의 자기 복제수인 81(9×9=81)은 '우주적 완성의 수'를 의미한다.[51]

이런 까닭에 삼원사유 구조를 '3수 분화의 세계관(1-3-9-81)'과 연관된 것으로 이해하며, '삼수분화의 세계관'에서 3, 9, 81은 성수(聖數)로 작용함을 중시하게 된다. 삼으로 분화되면 1-3-9-27-81-162 ……… 등으로 계속 분화될 것이지만, 중간에 끼여 있는, 27과 162 등은 구조적 상징성을 지닌 성수가 되지 않는다. 이는 주역에서 음양 이분법에 따라 태극에서부터 1-2-4-8-16-32-64-128 ……… 등으로 계속 분화함을 인정하지만 실제로 상징구조로 사용되는 것은 1(太極)-2(陰陽)-4(四象)-8(八卦)-64(六十四卦) 뿐이며 중간의 16괘, 32괘 그리고 100이 넘는 128괘 등을 사용하지 않는 것과 마찬가지 이치이다. 하나는 궁극원리로 그 속에 삼을 포함하기에 3·1을 의미한다. 그래서 하나는 성수의 삼으로 분화되고 무한분화는 자동적으로 승계되어 이루어진다.

『주역』은 2수 분화의 논리에 의해 양(—)과 음(--)이 조합된 1(太極)-2(陰陽)-4(四象)-8(八卦)-64(六十四卦)로 세상사를 설명한다. 그러나 주역을 모방한 한나라 시기 도가철학자 양웅(揚雄)의 『태현경』은 3수 분화의 논리에 따라, (1) 분화되기 이전의 1기(一氣)라고 할 수 있는 1현(玄)은 천지인에 해당하는 1(—)·2(--)·3(---)의 셋으로 분화되어 3방(方)이 되고, (2) 3방(方)은 각각 셋으로 분화하여 9주(州)가

---

50) 우실하, "도교와 민족종교에 보이는 '3수 분화의 세계관'", 『도교문화연구』(서울: 한국도교문화학회, 2006), 제24집, pp.100-101.

51) 우실하, 『전통 문화의 구성 원리』(서울: 소나무, 1998), p.12.

되고, (3) 9주(州)는 각각 셋으로 분화하여 27부(部)가 되며, (4) 27부(部)는 각각 셋으로 분화하여 81가(家)가 된다. 『태현경』은 1현(玄)-3방(方)-9주(州)-27부((部)-81가(家)로 분화된다고 보아, 총 81수(首: 주역의 64괘에 해당)로 세상사를 설명하기에 이른다.[52]

이런 북방 샤머니즘의 '삼수분화의 세계관'이 동북아의 문화, 사상에 전승되어 옛 가르침으로 자리 잡았으며, 담헌의 사유에도 이러한 삼수분화의 세계관에 근거한 삼원사유의 구조를 하고 있음을 보게 된다. 이처럼 '삼수분화의 세계관'은 북방 샤머니즘의 중요한 관념구조로서 삼계구천설(三界九天說), 삼혼일체설(三魂一體說) 등과 연결된다. 또한 『한서』, 「율력지」에 보이는 '태극원기 함삼위일(太極元氣 函三爲一)'이라는 삼태극(三太極)/삼원태극(三元太極) 관념과도 연결된다.

중국북방 지역에서 전래되고 있는 구구가(九九歌), 구구소한도(九九消寒圖), 구구소한시도(九九消寒詩圖)에 나타나는 수의 상징성과 연결된다. 이는 곧 우리 민족의 단군사상에 나타나는 '하나의 한인에서 셋으로' 분화되는 '3·1철학'의 바탕이 되며, 이러한 '삼수분화의 세계관'은 기원전 3500년까지 올라가는 내몽고 지역의 신석기 시대 홍산(紅山)문화 유적과 옥기(玉器)에서도 확인되고 있으니 고학(古學)이라고 아니할 수 없다.[53] 따라서 담헌의 생태적 실심에 대한 논의는 이러한 삼수분화의 오래된 세계관에 근거한 삼원사유의 구조를 함장하기에 그 뿌리가 깊은 것이며 상황과 맥락을 존중한 가운데 세계윤리를 지향하는 역동성을 발휘할 수 있을 것이다.

3. 공공의 세계시민성

21세기의 세계는 어디로 가야 하는가? 투쟁보다는 평화와 화해, 억압보다는 해방의 공존공영의 공동체를 지향해야 할 것이다. 동양의 대표적 사유라고 할 수 있는 유가는 그 발전과정에서 이분법적 사고로 음/양 세계를 공고히 하고 음에 대한 양의 지배를 정당화하였다. 오랜 세월에 걸친 이 정당화와 합리화는 자연과 여성에 대한 억압·지배·

52) 우실하, "도교와 민족종교에 보이는 '3수 분화의 세계관", 『도교문화연구』(서울: 한국도교문화학회, 2006), 제24집, pp. 99-133참조.

53) 우실하, "삼태극(三太極)/삼원태극(三元太極) 문양의 기원에 대하여", 『정신문화연구』, 제29권 제2호, 통권 103호(2006년 여름호), 205-237쪽; 우실하, "「천부경」, 「삼일신고」의 수리체계와 '3수분화의 세계관(1-3-9-81)'", 『선도문화』제 1집 (2006.8), pp.35-101.

착취로 귀결되었다 서양의 근대 철학 또한 신/인간, 정신/육체, 남/여, 하늘/땅, 인간/자연의 대립을 초래하였다 그러나 한국의 건국이념 인 홍익인간 이념에는 투쟁하는 신이 아닌 조화·화해·용서의 신이 전제되며 이러한 신의 모습은 동학의 '한울님' 속에 내포되어 있다.

자신의 의지를 지닌 전지전능한 조화와 섭리의 신이면서도 이 신은 인간, 만물, 그 무엇과도 조화와 화합을 이룬다. 따라서 이러한 한울님이 전제가 된 동학의 공동체 윤리는 신과 자연과 인간, 개인과 사회가 모든 이분법적 가치관을 극복하고 공공의 세계시민성으로 상생하는 평화와 화해의 이상적 공동체를 함축 하고 있다. 동학은 이것을 21세기의 현대인에게 제시하고 있다.

이같이 신-인간-자연, 그리고 개인과 사회의 공공세계, 투쟁과 갈등이 새로운 전환의 돌파구를 마련하는 세계가 동학 공동체의 이상향이며 이 세계상이 바로 21세기 공동체윤리가 추구하는 이상향이다. 지구적 의식과 책임감을 강조하는 이른바 지구적 시민성의 구체적 가능성은 개별 국가와 사적 영역의 중간에 위치하고 있는 시민 사회의 활성화와 공동 연대 속에서 찾을 수 있다.

세계시민성 사회는 자생적이고 자발적이며, 국가로부터 자율적이다. 동시에 법질서나 공유된 규칙의 제약을 받는 조직화된 사회적 공간이라고 할 수 있다. 나아가 목적 달성을 위해 이해관심과 열정, 의견을 표출하고 정보를 교환하며, 국가에 무엇인가를 요구하고 국가의 책임을 묻기 위해 공적 영역에서 시민들이 집단적으로 행동할 수 있는 환경을 제공하기도 한다.[54] 이처럼 세계시민 사회는 정부 권한을 제한하고 시민들 가운데서 민주주의를 정당화함으로써 민주적 전환과 공고화에 있어서도 결정적인 역할을 한다.

세계시민 사회는 국가와 일정한 거리를 유지하고 긴장관계를 유지함으로써 개별 국가와 구성원간의 관계에서 비롯되는 국가시민성의 내용을 비판적으로 검토할 수 있는 위치에 있다. 더욱이 인류애의 보편적 가치에 근거해서 지구적 수준의 양심과 도덕의식을 자극하는 역할을 할 수 있다는 점에서 세계시민 사회는 지구적 시민성의 관념을 담지하고 이를 실천할 수 있을 것이다. 시민 사회가 지구촌 생태계 위기, 남북문제, 인권 문제 등에 주된 관심을 표한다는 것은 자유, 평등, 평화,

---

54) L. Diamond, "Rethinking Civil Society: Toward Democratic Consolidation," *Journal of Democracy* Vol. 5, No. 3, 1994, pp. 4-18.

정의 등 인류의 보편적 가치에 주목하고 있다는 것을 보여주고 있다. 실제로 이것은 민족적 소속 의식보다는 보편적 인류애에 기초해서 논의되고 정당화될 수 있는 쟁점들이다.[55]

국가 내의 세계시민 사회는 또한 개별 국가의 편협한 이해관계를 뛰어넘어 다른 지역이나 다른 국가의 시민 사회와 연대함으로써 전 지구적 차원에서 사고하고 행동할 수 있는 가능성이 열려 있다. 시민 사회는 상대적으로 개별 국가적 사고와 행동의 제약으로부터 벗어나 전 지구적 차원에서 사람들이 원하는 필요와 소망, 추구하는 가치와 목표를 함께 구성하는 데 있어서 일종의 대변인 노릇을 할 수 있다.[56]

이러한 맥락에서 세계시민 사회는 세계적인 규모에서 기아와 식량 문제를 해결하기 위한 노력을 기울이고 있고, 가정과 직장 및 공공 영역에서 여성의 생활 조건 향상을 위해 애쓰고 있다. 또한 지구 생태계 보존을 위해 오존층 파괴와 지구 온난화 문제에 대한 해결 방안을 강구하고 있다. 그리고 민족이나 국가 간 분쟁의 원인을 제거하기 위해 빈곤과 사회 차별을 해소하는 데에도 힘을 쏟는다.

정보화와 세계화가 진행되면서 지구촌의 중요한 동인 가운데 하나로 부각된 것이 바로 공공시민으로서 세계시민성을 추구하는 사회이다. 이는 개별 국가들이 다양성을 추구하면서 동시에 그들 사이의 수평적 통합을 지향하는 횡단매개 영역(transversal arena)을 형성하는 데 기여할 수 있을 것이다. 이른바 국가를 횡단매개하는 공공시민성(transversal citizenship)이다. 하나의 주권을 지닌 세계국가의 시민성의 관념보다는 주권을 지닌 개별 국가들 사이의 공존과 협력에 기초한 국가를 횡단매개하는 시민성의 관념이 보다 현실적이고 바람직한 대안이 될 수 있다.[57] 공공시민성의 관념은 지금보다 더 발전하게 될 민족 국가를 전제하며 초국가적 정치에 시민들의 참여와 의사 결정권이 보장되는 민주화가 진행될 것이라는 두 가지 가정에 기초해 있다.

---

55) Y. N. Soysal, *Limits of Citizenship: Migrants and Postnational Membership in Europe* (Chicago: The University of Chicago Press, 1994).

56) 허영식, op. cit, p. 39.

57) 21세기 사회는 개별 국가들 사이의 상호 의존과 공동 협력의 필요성이 증대되는 것과 동시에 개별 국가 나름의 독자적인 위상 확보를 요구하고 있다. 개별 국가들의 독자성과 특수성을 침해하지 않는 가운데 개별 국가내 시민 사회 사이의 수평적 통합을 지향하는 체제에 어울리는 시민성을 강조할 필요가 있으며, 이러한 요구에 부응할 수 있는 것이 국가간 시민성의 관념이다. 자세한 내용은 변종헌, 「세계시민교육의 방향과 과제」, 『아시아교육연구』, 제2권 2호, 2001, pp. 77-80 참조.

국가를 횡단매개하는 공공시민성의 관념이 제대로 자리매김하기 위해서는 무엇보다도 개별 국가의 시민들이 다양한 형태의 NGO에 참여할 수 있는 가능성과 기회를 확대시켜야 할 것이다. 오늘날 수많은 NGO들이 등장하고 있는 것은 인류의 복지, 환경 보전 그리고 핵전쟁으로부터의 보호 등 국제적 협력을 통해서만 해결 가능한 사안들이 점차 많아지고 있다는 사실을 인식한 결과이다. 국제기구나 NGO등에 시민들이 광범위하게 참여할 수 있는 채널이 아직은 충분치 않지만, 다양한 시민 단체들이 조직되어 국제적 쟁점에 관해 목소리를 내고 있다는 것은 매우 고무적이다. 이와 같은 변화의 움직임은 공공시민성을 위한 새로운 공간의 창출과 방향 정립에 중요한 기초가 될 수 있기 때문이다.

21세기의 공공시민성은 지역적이고 국가적인 차원의 정치적 영역에만 배타적으로 관련된 좁은 의미보다는 훨씬 광범위한 사회적 관심사와 전 지구적인 영역에 관련된 것으로 새롭게 규정되어야 할 것이다. 하지만 대다수 사람들은 자신의 권리만을 주장하고 사적인 영역에 함몰되어 버리는 경향이 강하다. 공동체에 대한 무관심과 국가적 공공 영역 및 국제적 공공 영역에 대한 관심의 결여가 정치적 신뢰감과 효율성의 저하 그리고 지구촌 의식의 상실로 나타나고 있다. 이러한 상황에서 범죄와 폭력의 급증, 인종주의의 만연, 가정의 해체, 사회적 불평등, 환경 파괴, 인권의 침해 등이 개별 국가뿐만 아니라 전 세계적으로도 매우 중요한 문제가 되고 있다.

따라서 정보화 세계화 시대의 세계시민성 교육은 개별 국가와 전 지구적 차원 모두에서 공공 영역의 중요성을 새롭게 인식하고 이것을 재건하는 데 힘써야 한다. 이를 위해 우리는 공공 영역이 물리적 공간뿐만 아니라 사회적 횡단매개 공간이라는 사실을 분명히 인식할 필요가 있다. 그것이 또한 상호간의 복지를 증진시켜 줄 수 있는 행동하는 횡단매개 공간이라는 점도 확실히 해야 한다.[58)]

21세기의 시민교육은 공공시민의 범위를 국가 간 영역으로까지 확장함으로써 전 지구적 의식과 책임감 즉, 지구적 시민성을 고양할 수 있어야 한다. 왜냐하면 지구상에 살고 있는 나와 너 그리고 우리의 삶의 질에 영향을 미칠 수 있는 목표들은 전 지구적 차원의 인식과 협력이 없이는 성취될 수 없기 때문이다.

---

58) E. Boulding, *Building a Global Civic Culture* (New York: Columbia University, Teachers College Press, 1988).

정보화와 세계화의 심화는 인간의 삶에 있어서 시공간의 압축을 의미하며, 이는 전통적인 국가의 위상에도 적지 않은 변화를 가져왔다. 개별 국가의 영토적 경계와 주권 체제가 여전히 유지되고는 있지만 과거에 비해서는 그 영향력이 많이 약해지고 있다. 이것은 개별 국가의 소멸 또는 세계 정부의 출현을 예견하는 것이기보다는 국가의 역할과 기능에 대한 인식의 변화라고 할 수 있다. 특히 시민교육과 관련해서 정보화와 세계화는 영토적 국가와 국민과의 관계에 기초한 근대 국가의 시민성 관념에 변화를 수반하고 있다. 국민 국가적 시민성의 범주를 넘어 지구촌 문제의 해결을 위한 상호 의존과 공동 노력의 필요성이 요청되었고 그에 따라 지역적 경계를 초월해서 시민성 관념을 새롭게 정립해야 하는 과제가 제기되고 있는 것이다.

오늘날 강조되는 세계시민성 관념의 기초가 되는 스토아주의의 세계주의는 다양한 지역과 사람들의 특수성을 존중하기보다는 보편성을 선험적으로 부과하는 획일화의 오류 가능성을 지니고 있다는 점에서 우리가 지향해야 하는 지구적 시민성의 현실적 토대로서는 한계가 있는 것으로 보인다. 그리고 개별 국가의 소멸과 그에 따른 세계 정부에 기초한 세계시민성의 관념 또한 바람직하지도 그리고 현실적으로 실현 가능하지도 않은 것으로 보인다. 따라서 21세기 인류에게 요청되는 새로운 시민성의 관념은 특정 지역과 개별 국가의 특수성과 고유성을 인정하면서 인류의 보편적 가치를 지향해 나아가는 가운데 모색되어져야 할 것이다. 그것은 서구 중심의 세계주의와 하나의 세계 공동체에 기초한 세계시민성이기보다는 개별 국가의 가치와 존재를 인정하는 가운데 지구적 의식과 책임감을 지닌 이른바 지구적 시민성의 비전이 되어야 할 것이다.

지구촌 의식과 책임감을 지닌 이른바 지구촌 시민성의 비전은 공공시민성을 추구하고 국가를 횡단매개하는 시민성에 주목하는 가운데 그 실현 가능성을 확대할 수 있다. 공공시민성의 관념은 자아, 타자, 그리고 세계의 상호 연계성과 상호 의존성을 깨닫고 행동하는 생명적인 삶의 모습 속에서 표현될 수 있다. 특수성에서 출발하여 보편성을 찾아 나아가는 것, 즉 개별 국가의 특수성을 인정하면서도 우리 모두가 인간으로서의 가치를 지닌다는 보편성을 확인하게 될 때 비로소 국가시민성을 초월하여 이것과 조화될 때 지구촌 의식과 책임감을 지니게 될 것이다. 지구촌의 세계시민성의 관념은 개별 국가내의 시민 사회와 이들 사이의 국제적 연대가 활성화되어 국가사이를 횡단매개하는 공공시민성 영역이 마련되고 확장될 때 성취될 수 있을 것이다. 다양성을 추구하는 개별 국가들 사이의 수평적 통합으로 형성되는 국가사이를 횡단매개하는 영역을 채울 수 있는 공공시민성을 통해 인류의 필요와 소망, 가치와 목표에 근접할 수 있을 것이다.

5. 세계시민의 매개

1. 단군의 홍익매개

단군의 건국이념인 '홍익인간'의 본래의 의미는 개인의 유익을 추구하되 그 방식이 타인의 유익과도 상호 관련성을 갖는 공공의 의미가 크다. '널리 인간을 유익하게 하는' 홍익인간의 이념은 공공시민의 개별적 자아를 벗어나 타지지향성을 지닌다. 인간의 개별적 본성과 관련되어 인정되는 선이 개별 선이라면 공동선은 개인들이 모여서 형성한 사회적 본성과 관련되어 요구된다. 인간이 자신의 개별적 본성을 실현하는 과정에서 다른 사람과의 관계가 필연적임을 인정할 때 그러한 관계 속에서 추출되는 공통적 목적이 공동선이다. 즉 개별적인 목적을 가진 개인들이 사회 속에서 질서 있는 삶을 통해 공동의 목적을 이루는 것이 공동체 문화이며 공공시민의 공동선이다.

한국의 정신문화의 특색은 우리의 건국신화정신이 대표하는 이른바 '홍익인간'의 이념에서부터 나타난다. 단군신화의 '홍익인간'이념은 인간존중사상으로서 '인간은 신같이 존귀하고 모든 인간은 하늘 앞에서 한결같다'는 인본평등사상으로 표현된다. 존재론적으로 볼 때에도 '홍익인간'에서 의미하는 '인간'의 의미 그 자체가 한 개인만을 뜻하는 것이 아니라 인간전체 즉 '사회공동체' 의미를 전제하고 있다. 이는 자신에게 유익한 생의 목적이 타인에게도 그대로 적용되어야 한다는 의미이며 단적으로 타자지향성을 전제하지 않은 자신의 생의 추구가 불가능하다는 것이다

이처럼 홍익인간 이념은 공생·공영·공의의 법칙처럼 사회성원 개개인들에게 타인과 공동체에 대하여 사랑하고 봉사하는 이타주의 삶을 촉구한다. 이때 사랑의 대상인 인간은 좁게는 가정, 이웃과 넓게는 하늘과 땅을 포괄하는 이른바 '생명의 흐름'으로 충만된 세계이다 생명은

신비한 현상이며 초자연적 존재까지 포괄하는 자연이다. 단군신화의 세계관은 지상과 현상의 세계를 전체로 포괄하는 통전세계(Integral World) 혹은 통일세계(World of Unity)이다. 또한 단군은 다시금 신선이 됨으로써 이 인간과 자연의 공동체로 복귀한다. 그러므로 이 공동체는 생명 중심의 세계이고 천지상하가 공공하는 세계이다.

단군신화는 서로 다른 두 개의 신화가 결합된 것으로 분석할 수 있다. 단군신화의 첫 번째 부분은 환웅신화이며 두 번째 이야기는 단군신화이다. 환인의 아들 환웅이 아버지 환인로 부터 천부인 세 개를 받아가지고 무리 삼천을 이끌고 태백산 신단수 아래 에 하강하여 신시를 건설하고 비·바람·구름신을 거느리고 인간의 온갖 일을 주관하면서 세계를 다스리고 교화시킨 부분까지가 환웅에 대한 신화이며, 그 이후부터가 국조 단군에 관한 부분이다,

환인 하느님은 널리 인간을 이롭게 할 수 있는 땅을 가려 아들을 내려보내서 하느님의 뜻을 따라 세상을 다스리고 교화하게 한 것이다. 즉 그 하느님의 아들이 땅의 곰녀와 결혼하여 낳은 아들이 단군으로서 그가 조선을 건국한 것으로 되어있다. 이 건국신화에서 우리 한민족은 나라의 근원을 하늘, 하느님, 하느님의 아들인 신에게서 찾고 있다. 따라서 우리 민족은 하늘은 단순한 우주 공간으로서 인식하는 차원을 초월하여 형이상학적인 대상으로 인식하는 동시에 하늘을 숭배하고 경외하여 한국사상의 중심이 되는 경천사상임을 알 수 있다.

단군신화를 현상학적 측면에서 구성요소의 의미내용을 분류하여 보면 다음 두 부분으로 나누어 볼 수 있다. 첫째는 천신강림신앙이다. 단군신화 전체의 요지는 천신의 아들 단군이 고조선을 건국하여 통치하였으며 은퇴하여 산신이 되었다는 것이다. 이러한 천신강림신화 동북아시아의 유목민 곧 부권적 천신 신앙민들 사이에 공통된 신앙 형태 이다. 둘째는 지모신(地母神)에 대한 신앙이다. 동굴 속에 머물렀다는 웅녀는 지모신이다 이는 북방의 유목민 문화를 바탕으로 하는 천신 강림 신앙과는 대립되는 남방적인 농경문화를 배경한 지모신의 신앙이다.

2. 근대의 인식주체

'건축에의 의지'로 쌓아올린 관념의 건축물은 그 재료로 개별적 자아의 주체성이라는 벽돌을 쓴다. 개별적 자아의 주체성은 윤리의 관계에 있어서도 어떤 서열을 상정하게 만드는데, 서구 사상사 전체를 해체하

그림 7 들뢰즈

고자 플라톤주의에 대한 전복의 기치[59]를 내걸었다. 이에 들뢰즈는 시뮬라크르와 복사물을 이데아의 하위에 종속시키게 된다. 이러한 결단은 플라톤 철학에 대한 기나긴 철학사적 왜곡을 낳았으며 이데아를 아리스토텔레스의 범주나 동일성과 같은 제한적인 존재의 의미로 왜곡되게 만들었다.

플라톤의 도덕적 결단을 유발시킨 문제는 시뮬라크르의 세계는 기만적이고 어지러운 가상의 세계이다. 진리나 진정한 존재는 가상적인 이 세계의 저 편에 있다고 생각했으며, 이 세계와 저 세계가 대립하게 만들었다. 그리고 이러한 대립의 근본에는 참된 지식과 그릇된 삶이라는 도덕적인 대립이 놓여있다.

> "(플라톤)에 대한 들뢰즈의 분석 뒤에는 오직 하나의 목표가 숨어 있다. 그것은 동일성과 표상의 철학을 차이의 철학으로, 시뮬라크르의 물리학/형이상학으로 대치하고자 하는 것이다. 플라톤은 이데아와 그의 물리적 구현을 모델과 복사물로 구분한다. 그러나 그는 또한 경우에 따라 좋은 복사물(eikon)과 나쁜 복사물(phantasma) — 시뮬라크르 — 을 구분하기도 한다."[60]

'긍정에 의한 부정의 부정', '보편성으로의 수렴', 혹은 계통수로의 생동하는 욕망의 편입, 형이상학의 위계를 중심으로 한 '양친-하인-조수-야바위꾼, 사기꾼' 등의 존재에 관한 선별적 설정으로 정립된 위계에 대항하여 들뢰즈는 자신의 철학적 기획을 반플라톤적 관점에서 완성하려고 시도하였다. 그는 서구 합리성의 전통적 원리들에 저항하는 비판적 철학을 세우고, 부정의 부정 변증법을 대치하는 긍정의 철학을 만들어서 이데아 철학을 전복하는 생성의 철학에 관심을 두었던 것이다. 이에 고이즈미는 들뢰즈를 통한 플라톤주의의 극복[61]으로 다음과 같은 윤리원리를 이끌어 낸다.

---

59) Gilles Deleuze, *Difference and Repetition*, Trans. Paul Patton, Columbia UP, New York 1994, p. 59 참조.

60) Ibid., pp.95-96.

61) 이러한 전복의 결과 가운데 하나로 들뢰즈의 『비평과 진단』을 영어로 번역하고 탁월한 서문을 쓴 다니엘 W. 스미스는 '세계의 파괴', '주체의 해체', '신체의 분해', '정치학의 소수화(미시정치학)', '언어의 더듬거림' 등이 신의 죽음에서 파생되는 불가피한 다섯 가지 결과물로 본다.

> “첫째 인간 가운데 참된 사육자를 표방할 수 있는 이가 없어진다. 인간의 보살핌 가운데 진짜 보살핌과 가짜 보살핌을 분할하고자 했던 시도가 파기된다. 둘째 인간이 함께 살고 있다고는 하지만, 누구 덕택에 살고 있는가 하는 물음에 대해서는 정확한 해답이 없다. 보살핌을 필요로 하는 사람은 보살핌을 논하는 사람이나 보살핌을 판매하는 사람을 먹여 살리는 것이다. 셋째 인간을 보살피고 먹여 살리는 기술과 지식, 인간을 잘 살게 하기 위한 지혜는, 누구에게서나 이러한 방식으로 발휘되고 있다. 어떤 의미에서든 보살핌의 전문가나 덕의 교사는 존재하지 않는다. 누구도 모델이 아니며, 누구도 원본이 아니다. 누구도 복사본이 아니며, 누구도 가짜가 아니다. 넷째 인간은 다양한 계통으로 조합되어 있다. … 다양한 계통의 시스템을 발생시키는 장(場) 덕택에 살고 있다”62)

홉스가 ‘인간은 인간에 대해서 늑대’(homo homi lups est), ‘만인에 대한 만인의 투쟁’(bellum omnium contra omnes)으로서 자연 상태의 인간 본성을 이기적으로 본이래, “타인은 지옥이다”라는 사르트르의 선언, 헤겔의 ‘주-노 관계의 생사를 건 상호인정 투쟁’과 마르크스의 ‘변증법적 유물론의 계급투쟁’에 이르기까지 인간 이해의 기본 틀은 ‘근대자아의 주체성’, 그 영역을 강조했다.

이러한 관점은 포스트모더니스트들에게도 발견되는데, ‘모든 사회관계를 보이지 않는 감시와 억압이 작동하는 생체제어의 권력관계’로 파악하고 있는 푸코에 이르기까지 인간 존재이해에서 주체에 타자가 깃들 여백을 남겨두지 않았다. 이러한 근대자아의 주체성은 고대의 관념론과 중세의 실재론 등을 해체하고 마침내 근대에 이르러 개인의 자유를 강조한 결과를 낳았다.

데카르트의 사상은 『방법서설』을 통하여 ‘인식주체’의 ‘역사적 선택’은 당시 봉건 사회를 유지하던 신중심의 이데올로기에 대한 정면 대결이었으며, ‘생각하는 나’의 주체적인 힘이 신분적 지배 원리를 무너뜨림으로써 봉건해체로 이어져서 자본주의 사회의 시민적 이념이 되었다. 이러한 이성의 힘이 과도하게 자신의 영역을 확장하였을 때 이것은 해방의 도구를 넘어 또 다른 억압의 영역에 들어서게 된다. 이성이 인간을 주체로 내세워 서구 자본주의를 옹호하면서 이성의 왕국을 꿈꾸게 되는 상황에 다다랐을 때는 과학과 기술을 무기로 세계를 경제시장으로 통합, 제 3세계 인간을 여전히 억압하는 기제로 작동하였다.

근대적 의미의 ‘주체’가 다시금 인간 해방의 본향을 떠나 타자를 지배하는 지배 원리로 회귀한 것이다. 본향을 떠난 주체는 자기 안의 한

62) 고이즈미 유시유키・이정우 역, 『들뢰즈의 생명철학』, (서울: 동녘, 2003), p.90.

계를 갖고 있다. 서구 존재론의 해방의 이념인 주체성이 억압의 이름으로 바뀌게 된 것이다. 고진이 『은유로서의 건축』에서 "서구 사상은 위기 때마다 반복되고 새로워지는 건축에 대한 의지로 그 특징이 드러난다."[63] 삶을 좌우하는 건축에는 완결된 체계성으로써 형식을 갖추고 견고하고 안정된 토대를 구축하려는 경향이 나타난다. 사실 서구 사상사를 특징짓는 것은 바로 이 '구축의 의지'이며 수학에서의 확실성과 엄밀성, 논리적 완벽성의 추구는 그러한 성격을 잘 보여주고 있다. 그런데 쌓아올린 견고한 건축물이 실상은 내부로부터 붕괴할 수밖에 없는 허구이며, 그것을 받쳐주는 단단하고 안정된 토대는 존재하지 않는다는 것을 발견하고 근대 주체를 향하던 눈길은 타자를 지향하거나 타자 본위의 사고로 전환하였던 것이다.

3. 얼의 타자지향성

얼(영혼)은 한인(환인: 桓因)에 대한 타자지향성과 삼태극을 통한 홍익매개원리를 함축함으로 유한적 자아극복의 사유특징을 지닌다. 이는 음양의 이분법 논리에서 타자를 배척하고 자기 동일성 논리로 회귀하여 타자를 자신에게 동화시키려는 자기 동일시 사유와 구별된다. 얼의 '한'은 횡단매개를 통하여 유연한 변증법이 가능하기에 그 탄력성을 갖는다. 한민족 수난의 아픔에서 기억과 역사와 수집을 벗어나서 결국 타자로서 '한인'에 대한 지향성을 드러낸다. 이처럼 '한인' 타자는 자아의식의 동일시 사유작용인 주제화나 개념화를 벗어나 있다.

분명히 동일자와 타자의 관계는 거리개념이다. 얼의 '한인' 지향성은 '한인' 외재성에 대한 열망을 갖게 한다. 이 열망은 역사적으로 여러 형태의 신앙을 수용하는 계기가 되었으며 타자의 다름을 존중하며 타자의 무한의미를 수용하는 방식으로 이어졌다. 타자의 다름을 열망하는 태도에서 타자로의 초월은 가능해지며 이는 '한'에 대한 존재론적 열망을 담게 된다. 이러한 타자지향의 열망은 타자에 대한 '한'의 횡단매개로 작용하여 한반도에 면면히 계승되는 홍익가치를 구현한다. 외재적인 것에 대한 욕망의 초월성은 완성될 수 없고 통합될 수 없는 불확정성의 특성을 갖는다. 욕망되는 '한'의 존재는 외재성의 특징을 갖는다.

초월의 관계에서 '한'의 근본적인 다름인 타자성은 겨레에게 경천사

63) 가라타니 고진, Op. cit., p.65.

상을 낳았다. '한인' 하느님에 대한 타자발견은 거리를 유지할 수 있어 자아로의 회귀, 통합을 막게 된다. 자기의 내면성을 지닌 자아로부터 타자를 향해 초월함으로써 홍익의 매개가치를 얼 역사 속에서 구현한다. 이 같은 자아로부터 타자로의 초월, 나로부터 타인에로의 초월은 얼에서 '한인' 관계형성의 계기로 자리 잡는다. 이러한 타자초월은 본질 너머로의 이행의 의미를 가진다. 이들이 구체적으로 가리키는 것은 타자얼굴로의 이행이며 단군사상에서는 홍익매개로, 『천부경』에서는 전변매개로 나타난다.

타자는 자아를 바라보며, 자아를 문제 삼으며, 무한성으로서의 한에 의하여 자아에게 의무를 부과한다. 타자존재는 자신의 의무토대이며 근원적 덕이다. 자아와 타자가 형성하게 되는 횡단매개는 다종교사회를 이룬다. 다종교사회에서 자아와 타자의 관계는 '내 안의 타자와 타자 안의 나'로 구현한다. '한'에 의한 타자에서 자아를 새롭게 발견함으로써 타자의 무한성에 접근한다. 이 접근은 타자에 대한 책임을 가져오며, 타자를 지향하며 응답으로 드러난다. 얼의 주체성은 한의 타자성에 대한 복종이다. 타자에게 다가섬은 타자에 대해서 무심하지 않음이며, 자기동일성으로 편안할 수 없음이다. 타자의 어려움과 이웃 고난을 방관할 수 없기에 홍익응답이 이루어진다. 타자에 대한 책임은 얼의 응답으로, 어떤 자유로운 선택보다 근원적이다. 결국 얼의 호소를 외면하지 못하기에 응답하면서 '한'에 다가선다.

이러한 얼의 정체성 문제는 세계시민성 함양을 다룰 때 고려될 요소이다. 바람직한 국가 시민성을 규정할 때, 국가시민과 세계시민의 정체성 사이의 소통에 무관하려는 자유주의적 관점을 취할 수 있지만 상호관련성을 인정하는 공동체주의나 공화주의 관점이 바람직하다. 자유주의와 공동체주의 논쟁을 거친 후, 세계시민성 함양에 관한 한 극단적 자유주의나 극단적 공동체주의는 거부되고 자유주의 공동체주의나 공동체주의 자유주의를 지향하는 추세가 바람직하다고 할 것이다. 이는 세계시민성 함양에 대한 맥락보편 화용방안이 한민족 얼의 정체성을 함축하면서 동시에 세계시민성의 정체성을 매개하여 실질화용의 가치로 자리 매김할 수 있기 때문이다. 이처럼 얼의 정체성이 세계시민성 함양으로 나아가게 하려면, 다중시민 정체성과의 공공 합리성을 함께 고려한 세계시민성 함양이 확립되어야 할 것이다.

4. 삼동윤리의 세계윤리교육 화용

그림 8 정산 송규

삼동윤리는 원불교의 2대 종법사인 정산종사에 의하여 1961년 제창된 동원도리(同源道理)・동기연계(同氣連契)・동척사업(同拓事業)의 윤리강령이다. 그 기본정신은 소태산 대종사가 깨달은 일원의 진리에 입각하여 앞으로 종교와 인류 그리고 정치가와 사업가들이 나아가야 할 방향을 윤리적 입장에서 밝힌 것이다.[64)]

정산종사는 "삼동윤리는 곧 앞으로 세계인류가 크게 화합할 세 가지 대동의 관계를 밝힌 원리이니 장차 우리 인류가 모두 편견과 변착의 울안에서 벗어나 한 큰 집안과 한 큰 권속과 한 큰살림을 이루고 평화 안락한 하나의 세계에서 함께 일하고 함께 즐길 기본강령인 것이다"라고 밝혔다.[65)] 삼동윤리는 다양한 것들을 횡단매개하여 회통하는 윤리이다.

1) 종교 사이에 공공소통하는 동원도리(同源道理)

삼동윤리의 첫째 강령은 동원도리로 종교의 미래 진로를 밝힌 부분이다. 이는 종교의 본질을 밝힌 부분이라고도 볼 수 있다. 정산종사는 동원도리에 대하여 다음과 같이 말한다.

종교와 교파가 그 근본은 다 같은 한 근원의 도리인 것을 알아서 서로 대동화합하자는 것이다. 이 세상에는 이른 바 세계의 3대종교라 하는 불교와 기독교와 회교가 있고 유교와 도교 등 수많은 기성종교가 있으며 근세 이래 이 나라를 비롯하여 세계각처에 신흥종교의 수도 또한 적지 아니하여 이 모든 종교들이 서로 문호를 따로 세우고 각자의 주장과 방편을 따라 교화를 펴고 있으며 그 종지에 있어서도 이름과 형식은 각각 달리 표명되고 있으나 그 근본을 추구해 본다면 근본 되는 도리는 다 같이 일원의 진리에 벗어남이 없다. 그러므로 모든 종교가 대체에 있어서는 본래 하나인 것이며 천하의 종교인들이 다 같이 이 관계를 깨달아 크게 화합하는 때에는 세계의 모든 교회가 다 한집

---

64) 정산종사의 수시법문에서 여러 차례 언급되었지만 삼동윤리가 공식적으로 문서로써 발표된 것은 1961년(원기 46)의 개교경축식전에서 행한 법설이다.

65) 『정산종사법어』, 〈도운편〉 34.

안을 이루어 서로 넘나들고 융통하게 될 것이니, 먼저 우리는 모든 종교의 근본이 되는 일원대도의 정신을 투철히 체득하여 우리의 마음 가운데 모든 종교를 하나로 보는 큰 정신을 확립하며 나아가 이 정신으로서 세계의 모든 종교를 일원으로 통일하는데 앞장서야 할 것이다.[66]

일원은 하나로 통합된 우주의 성스러운 근원을 원불교 시각에서 표상한 것이다. 물론 우주의 성스러운 근원에 대해서는 그 해석이 다를 수 있다. 그러나 종교의 본래적이고 궁극적인 믿음의 대상은 부르는 이름이나 문화적 민족적 관습에 속하는 것이 아니고 그것을 넘어선 대상이므로 하나로 만나야 돼야 한다는 것이 동원도리의 사상이다. 유가에서는 태극 혹은 무극으로, 불가에서는 청정법신불이라고 하였으니 근본에 가서는 '한'에 이른 것이라고 할 것이다.

동원도리 사상은 종교의 고유한 역사성이나 방편적 다양성을 무시하고 일치와 평등만을 강조하는 것은 아니다. 이는 삼동윤리의 전반에 흐르는 사상으로써 다양성의 존중과 함께 통합의 기초로서 강조된다. 이는 곧 21세기의 세계윤리와 소통 가능한 방안으로 제시된 것이다.

헌팅턴(S. Huntington)은 그의 '문명충돌론'에서 향후의 세계가 8개의 문명권으로 나뉘어 각축할 것으로 예견하였다.[67] 이 8개의 문명권은 기독교·회교·유교·힌두교의 종교문화를 바탕으로 전개되었으며 미래의 세계에 종교 간의 분쟁이 오히려 더 극심해질 것으로 생각하였다. 동원도리는 21세기에 요청되는 대화와 화해의 종교관과 관련하여 의미 있는 내용을 담고 있다고 할 수 있다.

동원도리의 정신은 다양성에 대한 존중의 정신을 담고 있다. 다른 종교를 배타하는 정책으로 나갈 때는 종교의 성스러운 이념을 실현할 수 없다. 소태산의 어록을 보면 동원도리의 정신이 여러 곳에 나타나고 있다. 그 한 예로 예수교의 신자가 소태산의 제자가 되기로 청하는 자리에서 소태산은 예수의 심통제자가 되면 종교의 간격을 넘어설 수 있다고 답하고 있다.[68] 예수교 성직자의 질문에 대해 소태산은 다음과 같이 말하였다.

> '귀하가 능히 예수교의 국한을 벗어나서 광활한 천지를 구경하였는가?' '그 광활한 천지가 어느 곳입니까?' '한번 마음을 옮기어 널리 살피는데 있으니 널

---

66) 같은 책, 35.
67) 새뮤얼 헌팅턴, 이휘재 옮김, 『문명의 충돌』, 김영사, 1997, pp. 52-57.
68) 『대종경』, 〈전망품〉 14.

리 살피지 못하는 사람은 항상 저의 하는 일에만 고집하며 저의 집 풍속에만 익숙하여 다른 일은 비방하고 다른 집 풍속은 배척하므로 각각 그 규모와 옛 습관을 벗어나지 못하고 드디어 한편에 떨어져서 그 간격이 은산 철벽같이 되니, 나라와 나라 사이나 교회와 교회사이나 개인과 개인 사이에 서로 반목하고 투쟁하는 것이 다 이에 원인함이라, 어찌 원래의 원만한 큰살림을 편벽되이 가르며, 무량한 큰 법을 조각조각으로 나누리오. 우리는 하루속히 이 간격을 타파하고 모든 살림을 융통하여 원만하고 활발한 새 생활을 전개하여야 할 것이니 그러한다면 이 세상에는 한 가지도 버릴 것이 없느니라.'[69]

현대사회에서는 종교들이 더욱 유기적으로 진화하고, 영성을 높이면서 인류에 빛을 줄 수 있는 새로운 모습으로 변화가 필요하다. 다른 종교의 다양성 속에 깃들인 장점이 있다면 서로 배워서 자기충실의 계기로 삼아야 할 것이다. 위대한 종교를 창시했거나 재창조한 성자들에 있어서는 이미 그러한 열림의 종교를 지향하고 있었다. 종교의 역사는 지나친 원리주의와 아집과 편견·배타주의·집단이기주의 등에 사로잡혀 영성의 성장을 방해하고 있다.

종교가 바람직한 인류구원과 구제기능을 다하면서 사회 통합기능에도 더 많은 기여를 하기 위해서는 세계의 시각이 더욱 강조되어야 하고 그런 점에서 동원도리의 인식이 요구된다. 동원도리는 포괄주의나 다원주의의 인식범주로 이해할 수도 있지만, 종교간 조화 화합주의의 성격으로 말하는 것이 더 적절하다고 판단된다.

2) 인류 사이에 공공소통하는 동기연계(同氣連契)

삼동윤리의 둘째 강령은 동기연계이다. 모든 인종과 생령이 근본은 다 같은 한 기운으로 연계된 동포인 것을 알아서 서로 대동화합하자는 것이다. 이 세상의 인종 중에는 여러 민족이 있고, 같은 민족 중에도 여러 씨족이 각각 살고 있다. 그 근본을 추구해 본다면 근본 되는 기운은 다 한 기운으로 연하여 있는 것이므로 천지를 부모삼고 우주를 한 집 삼는 자리에서 바라보면, 모든 사람이 다 같은 부모형제인 것이며, 인류 뿐 아니라 금수곤충까지라도 본래 큰 한 기운으로 연결되어 있다. 따라서 좁은 국한을 초월하여 널리 화합하고 서로 돕고 홍익생명의 영성작용을 살리자는 것이다.

천하의 사람들이 다 같이 이 관계를 깨달아 크게 화합하는 때에는

69) 같은 책, 21

세계의 모든 인종과 민족들이 다 한 권속을 이루어 서로 친선하고 화합하게 될 것이며, 모든 생령들에게도 그 덕화가 두루 미칠 것이니, 우리는 먼저 모든 인류와 생령이 그 근본은 다 한 기운으로 연결된 원리를 체득하여 우리의 마음 가운데 일체의 인류와 생령을 하나로 보는 큰 정신을 확립하며 나아가서 이 정신으로서 세계의 인류를 평등으로 통일하는데 앞장서야 할 것이다.[70]

지구상의 모든 생명체가 하나의 우주기운을 받아 나왔으므로 인종과 민족 씨족에 너무 치우침이 없이 박애와 호혜정신으로 살아야 함을 강조하는 윤리이다. 즉 사람과 사람, 생명체와 생명체 간에 근본적 평등과 더불어 일치·사랑·은혜의 정신을 담고 있어야 함을 강조한 것이다. 세계인류를 널리 사랑하려는 사해동포주의는 일찍이 동서의 성자들에 의해 창도되었고, 그러한 박애의 원리가 역사상으로 제도의 혁신과 사상의 개혁에 큰 원동력이 되어 왔던 것도 사실이다. 정산종사는 그에 대하여 다음과 같이 말한다.

인지가 미개하고 계한이 편협한 시대에는 개인만을 본위로 하는 이기적 개인주의나, 한 가정을 본위로 하는 가족주의나, 한 단체 한 사회를 본위로 하는 단체주의나, 한 국가를 본위로 하는 국가주의가 각각 그 시대와 국한 안에서 인심을 지배하였다. 아직도 그 여풍이 도처에 남아 있음을 볼 수 있으나 불보살 성현들은 일찍부터 이 모든 국한을 초월하여 세계를 본위로 하는 큰 정신을 주로 고취시켰다. 이른바 대자대비가 세계주의이며, 인의의 정신이 세계주의이며, 박애의 정신이 세계주의이다. 모든 성인들은 천하를 일가로 보고 만민을 한 권속으로 보아 세계인류가 다 같이 구제받을 대 도덕을 제창하였다.[71]

이러한 세계주의는 민족·국가·인종·씨족·부모·가족·형제·단체 등을 항상 부정하자는 것이 아니다. 박애와 인류애의 실현 속에서 도에 맞게 그 다양성도 활용하자는 것이다. 따라서 동기연계는 생명체의 근원이 같음을 깨달아서 널리 이롭게 하고 사랑함을 강조하는 윤리이다. 민족·인종·국가·문화·지역·신앙이 다르다고 하여, 가진 것이 다르다고 하여 멸시하거나 학대 착취해서는 안 되며, 오히려 사랑과 용서와 구제의 행동을 실행하는 것이 동기연계의 윤리강령이다.

정산의 이러한 사해동포주의는 소태산의 사은사상에서 유래하며 그

70) 『정산종사법어』 앞의 책, 36.
71) 『정산종사법어』 앞의 책, 32.

의 동아시아의 기화우주론(氣化宇宇論)이 정산의 사상에 영향을 미쳤다고 말할 수 있다. 고질적 병폐인 종족주의, 성(gender), 계급(class)등의 난제해결에 동기연계는 적절하다.

그러나 동기연계의 의의는 이러한 문제 해결보다 더욱 근원적인 생태관의 정립에서 그 가능성을 보여준다. 이제 생명의 가치에서 인간과 일반 생물과의 간극이 철폐되고 공감을 회복하고자 하는 기운이 무르익고 있다.

3) 사업 사이에 공공소통하는 동척사업(同拓事業)

'삼동윤리의 셋째 강령은 동척사업이니 곧 모든 사업과 주장이 다 같이 세상을 개척하는데 힘이 되는 것을 알아서 서로 대동화합하자는 것이다. 지금 세상에는 두 가지 큰 세력이 그 주의와 체제를 따로 세우고 여러 가지 사업을 각각 벌이고 있으며 또한 그 중간에 여러 세력과 사업가들이 각 각 자기의 전문분야와 사업 범위에 따라 여러 가지 사업들을 이 세상에 벌이고 혹은 그 주장과 방편이 서로 반대되는 처지에 있기도 하고 혹은 서로 어울리는 처지에 있기도 하나, 그 근본을 추구하여 본다면 근원되는 목적은 다 같이 이 세상을 더 좋은 세상으로 개척하자는데 벗어남이 없는 것이며 악한 것까지라도 선을 각성하게 하는 한 힘이 되는 것이다.

그러므로 모든 사업이 그 대체에 있어서는 본래 동업인 것이며, 천하의 사업가들이 다 같이 이 관계를 깨달아 서로 이해하고 화합하는 때에는 세계의 모든 사업이 다 한 살림을 이루어 서로 편달하고 병진하다가 마침내 중정의 길로 귀일하게 될 것이니, 우리는 이 중정의 정신을 투철히 체득하여 우리의 마음가운데 모든 사업을 하나로 보는 큰 정신을 확립하며, 나아가서는 이 정신으로서 세계의 모든 사업을 중정으로 통일하는데 앞장서야 할 것이다.[72]

여기서 모든 사업과 주장이 다 같이 세상을 개척하는데 동력이 된다 함은 만남과 활용을 전제로 해서 이야기 한 것이다. 아무리 옳은 것이라 하더라도 그것만을 절대시하면 다른 측면에 결함이 일어날 수 있다. 일찍이 소태산도 동척사업의 근본을 이렇게 설하였다.

---

72) 『정산종사법어』 앞의 책, 37.

> 이 세상에 있는 좋은 것은 좋은 대로, 낮은 것은 낮은 데로 각각 경우를 따라 그곳 그곳에 마땅하게만 이용하면 우주안의 모든 것이 다 나의 이용물이요, 이 세상의 모든 법은 다 나의 옹호기관이니, 이에 한 예를 들어 말하자면 시장에 진열된 모든 물건 가운데는 좋은 물건과 낮은 물건이 각양각색으로 있는 것이나 우리들이 그 좋은 것만 취해 쓰고, 낮은 것은 다 버리지는 아니하나니, 아무리 좋은 것이라도 쓰지 못할 경우가 있고, 비록 낮은 것이라도 마땅히 쓰일 경우가 있어서 금옥이 비록 중요한 보물이라 하나 당장의 배고픔을 위로함에는 한 그릇 밥만 못할 것이요, 양잿물이 아무리 독한 것이라 하나 세탁을 하는 데에는 필수품이 될 것이니 이와 같이 물건 물건의 성질과 사용처가 각각이거늘 이것을 이해하지 못하고 그 한편만을 보아 저의 바라고 구하는 바 외에는 온 시장의 모든 물건이 다 쓸데없는 것이라고 생각한다면 그 얼마나 편협한 소견이며 우치한 마음이리요?[73)]

상대방의 사업과 주장을 올바르게 이해하며 배우는 일이 중요하다. 적대관계나 이단관계에 놓여있는 사업과 주장까지도 올바르게 판단하고 배운다면 상호보완이 될 뿐 아니라 상호발전을 촉진한다. 동척사업은 다양한 모든 장점이 종합되고 대치적 적대관계를 탈피하여 원만하게 되어 나아갈 때 이루어진다. 현금의 자본주의와 공산주의간의 심각한 대립현상을 해소하려고 한다. 동척사업은 이념적 대립으로 상호 배척하기 보다는 인류 진화를 위한 공동개척이 되도록 함께 힘을 합하자는 취지이다.

과학자가 과학기술의 가치만을 존중하고 다른 분야의 것은 배척하고, 종교가가 자기의 종교만이 인류구원의 유일한 처방임을 주장하여 과학기술을 배척하며, 정치가가 정치만이 세계구원의 유일한 처방임을 주장한다면 세계는 조화와 균형을 상실하게 된다. 또 물질적인 것만이 일방적으로 중요하다고 보는 견해나 반대로 정신적인 것만을 강조하는 태도에도 결함은 있기에 상생기운으로 공공으로 소통할 필요가 있다.

직업에 있어서도 우리 스스로 종사하는 일 또는 직업만이 절대적으로 가치 있다고 생각하는 것보다 모든 일들이 인류공동체의 번영을 위한 공동 작업이며 또 진정한 의미의 공동 작업으로 역할 할 수 있도록 노력해야 한다는 의미이다. 이처럼 동척사업은 사상 간의 대립, 종교와 과학 등 각 분야 간의 대립을 지양하고 상보적 관계 속에서 협력할 것을 요구하는 내용으로 공공윤리의 가치를 지닌다고 할 것이다. 다른 한편 동척사업은 동원도리와 동기연계보다 실천적 성격이 강한 언설로 세간적인 차원에서 홍익생명의 영성활동으로 실천하고자 하는 취지를 담고 있다.

---

73) 『대종경』, 〈불지품〉 22.

오늘날 인류는 다국적 기업의 확대로 인한 세계화(globalization)현상을 체험하고 있다. 독점적, 배타적 성격의 국민국가(nation state)는 점차 그 지배력을 상실하고 공동의 목적을 추구하는 지역 연합, 나아가서는 세계 공동체로의 길을 걷고 있다. 21세기 들어 새롭게 열려진 사이버 공간은 국경·인종·성별·계급 등을 초월하여 인류 모두의 표현의 장이 되어 전지구화를 더욱 가속시키고 있다.

모든 욕망과 개성이 저 마다의 당위성을 갖고 분출되는 이러한 대전환의 시점에서 모든 사업과 주장이 다 같이 세상을 개신하는데 힘이 되는 것을 알고서 서로 대동화합하려는 취지의 동척사업의 이념은 새로운 삶의 원리로서 의미 있는 내용을 담고 있다. 이처럼 정산종사의 삼동윤리는 인류 전반에 걸친 만남과 대화, 개신의 정신을 강조한 윤리이다. 미래의 종교는 열린 종교와 닫힌 종교의 구분이 문명된 종교와 미개한 종교를 가름하는 준거가 될 수도 있을 것이다. 즉 미래에는 열린 종교의식이 고등종교의 필수적인 요건이 될 것이다.

4) 세계윤리교육 화용

삼동윤리에는 동원도리의 공(公), 동기연계의 사(私)의 다양성, 동척사업의 다 함께하는 공(共)의 가치를 표명하고 있기에 공사(公私) 사이의 협동하고 매개하는 공공(公共의 성격이 강하여 세계윤리와 화용할 수 있는 가치를 보여주고 있다. 왜냐하면 현대사회의 다양한 갈등과 지구적 문제점들을 효과적으로 치유하기 위한 모색으로서 세계윤리에 대한 한국풍토를 감안한 대안이 되고 있기 때문이다.

첫째, 동원도리에서는 종교다원주의 교육의 의미를 도출해볼 수 있다. 종교간 회통 조화의 원리는 한국의 전통사상에 맥맥이 흐르는 '한'의 내용이고, 이를 가능하게 하는 것이 종교다원주의이다. 이러한 전통사상의 계승에도 한층 의미가 있고, 아울러 신종교 정신에도 적합한 종교다원주의 교육의 종교교육 현장에의 도입은 고려해 볼만한 의미가 있다. 그렇지만 그동안의 종교교육은 종교다원주의에 대한 교육보다는 개개종교의 교리전파나 소개가 중심이 된 면이 있다. 현대의 사회는 과거 사회처럼 한 국가나 문명에 하나의 종교만이 존재하는 것이 아니라 다양한 종교가 존재하고 있다. 다양한 종교 간에 서로 조화 상생할 수 있는 종교교육의 필요성은 사회나 전 지구적 평화를 위해서도 꼭 필요한 내용이라고 할 수 있다.

둘째, 인간과 생명의 존엄함이 지켜지는 참다운 문명을 만들기 위해서는 개벽의 의미가 살려져야 한다. 동기연계에서는 인간존중 생명존중 교육의 의미를 도출해 볼 수 있다. 19세기 말 20세기 초 형성된 후천개벽사상에서 비롯된 인권시대와 인간존중 사상은 당시로서는 매우 혁신적인 내용이었다. 후천개벽사상은 모든 것을 하늘과 신권에 맡기고 살아오던 시대에서 인간의 이성이 중심이 되는 사회로 전환되는 시점의 의미가 있다. 비록 20세기에는 너무나 인간 본위로 살아오면서 다른 생명 및 환경에 훼손을 가하는 등 많은 병폐가 나타나고 있기는 하지만, 전 지구적으로 보면 완전한 의미의 인권 존중사회가 되었다고 보기에는 어려운 면들이 많이 남아 있다. 인간과 모든 생명이 함께 어우러져 참다운 문명세계를 만들어가기에는 인간과 생명에 대한 존중의 교육이 꼭 도입되어야 한다고 본다.

셋째, 동척사업에서는 탈 이념적 평화교육 및 상생운동이 요청된다. 21세기의 종교는 종교·인종·이념·과학·생태 등 다가올 인류현안을 해결할 수 있는 내용으로 공공소통 해야 한다. 그런 의미에서 원불교의 정산사상에 나타난 삼동윤리에서 세계윤리교육의 가치를 발견하게 된다. 삼동윤리가 제정되는 시점은 비록 미소 냉전에 의한 동서간의 대립을 직접적으로 지적하기 위해서 동척사업의 윤리가 제정되었지만, 냉전이 끝나고 나서도 새로운 패권경쟁을 하고 있는 지구적 상황을 볼 때,

그림 9 상생을 위한 인공호흡 실습장면

이념과 국가와 지역을 넘어서 서로가 공존할 수 있는 평화교육이 종교교육에서 필요한 내용이라고 생각된다.

이에 따라 세계윤리교육 방안은 최소주의 접근과 최대주의 접근의 극단적 대립을 피하고, 윤리 영역의 특수성에 따라 최소주의 혹은 최대주의 접근을 허용할 수 있게 하는 틀이다. 삼동윤리의 맥락화용에 있어서 특수담론에 기초하여 최소주의 합의를 모색하고 또한 최대주의 접근을 모색하는 윤리 영역의 맥락을 존중하는 가운데 전체적으로 보편윤리의 정립을 시도할 수 있다.

여기서는 삼동윤리의 특수맥락을 고려한 모색이기에, 삼동윤리의 영역별 실질내용에 대한 절차적 합의를 모색할 수 있는 장점을 갖는다. 추상가치나 원칙으로 진술되는 기존 보편윤리는 실천적으로 문화 특수적 적용의 한계가 드러난다. 삼동윤리의 특수성을 고려하면서 여러 영역들 간의 상호소통을 강조한다. 시대별 특수영역 간의 상호소통과 협력을 통해 세계윤리의 합의를 도출할 필요가 있다.

오늘날의 세계가 부딪치는 여러 문제들은 전 인류의 삶과의 상관성을 인식하고 이러한 인식을 바탕으로 지구적 관심과 요구 및 필요에 따라 지구적 차원에서 생각하며 해결해야 할 문제라는 점에서 지구적 책임성을 가진 세계시민상이 요구된다. '세계시민으로서 참여의식'을 가지고 지구적 문제를 해결하려는 자세를 보이지 않는다면 문제해결이 가능하지 않으며, 세계시민으로서의 삼동윤리의 참여는 장차 지구적 문제해결을 위해 요구되는 실천노력이 뒷받침될 때 화용가치를 발휘할 수 있을 것이다.

5. '남'의 발견과 '남' 위주

1) '나'와 '남'의 발견

근대 주체의 완성에서 우리는 인간 소외 현상을 목격하면서 '남을 섬김'에서 주체의 탄생을 보게 된다. 이에 토대를 둔 레비나스의 사상은 서구 존재론의 저편에 있는 무한에 대한 시사점을 준다. 헤겔에게서 앎으로 해결하려고 하였으며 언제나 전체성에 대한 향수를 강조하였다. 전체성이 사라지기라도 한다면 그것이 곧 죄인 것처럼 느끼고, 현실의 전체를 봐야 진리를 찾았다고 생각하거나 만족하였다. 이에 타자까지 자신으로 동일시하기에 전체성의 철학이 강조되었다. 타자의 환원 불가능의고유성을 무시하고 타자를 전체성 속에서 파악하는 것이 서양 철학의 지배적인 사유 방식이었다.

따라서 '나'와 '남'의 문제에서 '남'은 윤리적인 책임성으로서 나의 '나됨', 즉 나의 주체성을 구성하는 근본이다. 이것은 『존재와 다르게 또는 본질을 넘어서』에서 레비나스가 해명되고 있는데, 여기서 주체의 고유성은 '나' 밖으로부터 선택받고 불리어지는 존재, '남'의 지명에 의해 형성되는 대체될 수 없는 존재, '남'의 부름을 받고 응답해야 할 책임을 지고 있는 존재의미를 통해 정초된다.[74)]

이것은 레비나스에게 있어서 '인질', '불안', 그리고 대속(代贖, substitution)의 개념으로 설명된다. 인질은 '남에게 사로잡힌 사람'이고, 불안은 '나의 동일성 안에 편안히 거할 수 없는 상태'이고, 대속은 '남의 고통을 대신하여 희생되는 상황'(OB., 112)이다. 이것이 레비나스가 말하려는 윤리적 자아의 핵이며 남에 대한 책임을 감수하며, 남에로의 가까움, 그 극치이다. 즉 우리가 나의 빵을 향유하는 것으로부터 남의 배고픔과 기아의 소리에 귀 기울여 나의 빵을 나누는 것, 이것이 바로 나로부터 윤리적 자아에로의 구체화되는 실천이다.

남은, '절대적으로 다른 자'로서 모든 것이 박탈된 궁핍한 '얼굴', 고통 받는 얼굴의 모습으로 나에게 나타남이며 나에게 어떤 방식으로도 환원되지 않으며 어떤 식으로도 소유할 수 없다. 그것은 대상 세계를 지배하고 소유하려는 나의 힘을 무력화시키고 나의 윤리적 행동을 촉구하는 '윤리적인 저항'이 된다.

서구적 일원론의 전통은 모든 진리나 가치들을 자율적 주체의 선험활동으로 환원시킨다. 이러한 전통에 레비나스는 남의 다름은 나로 환원되지 않는다고 말하는데, 여기서 말하는 남은 '내가 구축하는 내면성에 대한 외재성(extériorité)'이다. 그리고 이 외재성의 범주는 세 가지이다. '대상의 사물세계로서의 남', '인간존재로서 타인인 남', 그리고 '신으로서의 남'이 그것이다.

따라서 이러한 외재성인 '남'은 "나보다 높은 곳에 있는 나의 주인처럼 내가 윤리적으로 행동하기를 명령하고 나는 그 명령을 회피하지 못한다. 그러므로 어떤 식으로도 나에게 규정되지 않고, 오히려 나의 힘을 무력화시키고 나에게 명령하는 '남'의 얼굴은 형이상학의 대상, 규

74) 김연숙, 『레비나스 타자윤리학』, (고양: 인간사랑, 2001), pp.222-223. 여기서는 타자를 '남'으로 전환하였음.

정 불능의 무한자, 곧 신을 닮아 있다."[75]

레비나스에게 있어서 윤리적 명령의 무조건성은 '남'이 나보다 높은 곳에 있다는 '비대칭적 관계'를 통해서 성립한다. 따라서 나와 남의 '평등적·대칭적 관계' 속에서는 성립하지는 않는다. '남'은 타자로서 높음과 비천함의 차원에 스스로 처해 있다. 영광스런 비천함. 타자는 가난한 자와 나그네, 과부와 고아의 얼굴을 하고 있고, 동시에 나의 자유를 정당화하라고 요구하는 주인의 얼굴을 하고 있기에 '남'의 '남 됨'이 비로소 '나'의 '나 됨'이 되는 것이다. 세계시민성 윤리는 수많은 세계의 '남'을 통하여 '나'의 '나 됨'으로 돌아오는 여정이라고 할 것이다.

2) 수많은 '남'에 대한 책임

레비나스는 나와 절대적으로 다른 '남 됨'의 '남'과의 만남을 '남인의 얼굴'과의 마주침으로 고통 받고 상처 입은 얼굴의 모습으로 나타나는 절대적인 남, 규정 불능의 무한자의 호소에 응답함으로써 무한책임의 윤리가 가능해진다. 따라서 주체의 자기 정립으로써 타자의 발생, 그곳에 무한이 발생하며 윤리가 그 의미를 지닌다. 이처럼 레비나스는 플라톤의 '선'의 개념, 데카르트의 '무한성의 관념'에 반대되는 전통을 옹호한다. 우리의 유한한 세계-내-존재(être-au-monde)에 대한 레비나스의 현상학적 기술들은 궁극적으로는 현상의 한계들을 뛰어넘어, 동일자에 대한 타자의 우선성에 기반을 둔 초월의 윤리학으로 우리를 인도하게 된다.

나의 이기적 삶을 '남'을 향해 나의 삶을 공공차원으로 변화시킨다. 따라서 레비나스에 의하면 절대적 '남'으로서 하느님은 '그 얼굴을 마주대하는 남과의 관계'를 통해서 만날 수 있게 된다. 레비나스 사유의 전반적인 목적은, 일원화의 파악으로 환원시키려는 모든 시도를 초월하여 무수히 많은 '남'에 대한 지식을 열어 놓기 위해, 권력과 폭력으로서의 지식을 '남에 대한 책임'으로 전환시키는 일이다. 이에 레비나스는 이렇게 말한다. '실존한다는 것은 총체성의 영속이라는 차원이 아닌 다른 차원의 의미를 갖는다. 그것은 존재를 넘어갈 수 있음이다.'[76]

나에 대해 외재적인 '남'에 의해 촉발되어 수행되는 행위가 윤리행위

---

75) 서동욱, 「주체의 근본 구조와 타자 — 레비나스와 들뢰즈의 타자 이론」, 『차이와 타자』, 문학과 지성사, 서울 2000, p. 143.

76) Ibid., p. 249.

이다. '정의는 타자로부터 시작되는 것'이며 무한윤리의 시작은 존재와 다르게, 혹은 본질 저편으로의 머나먼 여정을 시작할 때 가능하다. 레비나스는 서양존재론의 전체주의적 성격을 비판하고, 자신의 사상을 '나'라는 동일자로 결코 흡수되지 않는 '남'으로부터 시작하여 그 '남'에 대해 내가 가지는 윤리적 책임성이 나의 초월을 가능하게 하는 근본임을 드러내고 있다. 여기에 '나'와 '남'의 관계는 서로의 차이와 독립성이 보존되는 분리인 동시에 서로가 평화로운 공공관계로 전환됨으로 공공을 축으로 삼는 세계시민성의 윤리가 가능해지게 된다. '나'와 '남'은 서로 이어지고 매개함으로써 '공공의 형성'관계로 자타가 거듭나는 형상이다.

세계윤리의 책임성은 공공의 주체성을 근본으로 삼기에 세계시민에 대한 책임은 당당한 참여자로서 그 취지에 따라 무조건적으로 즉각 반응함과 동시에 세계시민성에 부합되는 활동에 적극 동참함으로써 '나'의 '나 됨'은 책임을 다하게 되는 것에 대해 책임이 있다. 세계시민이라면 누구라도 세계윤리를 숙지하고 이를 실천에 옮기면서 솔선수범할 책임과 의무가 있다. 그리고 나의 책임은 남을 나와 매개하는 책임 때문에 다른 사람들보다 그 책임이 더욱 무겁게 다가올 수 있다. 신앙의 벽을 초월하기 위한 노력에 있어서는 더욱 그러하다.

종교 간의 소통과 세계윤리의 관점에서 1942년, 캘리포니아의 하리우드에는 만교 교회(A Church of all Religions)가 세워졌다. 또한 1년 후에는 또 다른 사원이 산 디에고에, 1947년에는 롱 비취(Long Beach, California)에 건립되었다. 세계에서 그 아름다움을 자랑하는, 로스엔젤레스의 퍼시픽 퍼리세이드가의 광대한 화원이 1949년에 S. R. F.에 기증되었다. 12에이커의 부지는 신록의 언덕에 둘러싸여 천연의 원형극장을 이루고 있었다. 커다란 자연호수는 산의 왕관을 쓰고 있는 푸른 보석 같아서, 이름이 호반(Lake Shvine)이 되었다. 언덕위에 세워진 기묘한 네덜란드 풍차는 평화로운 조각을 갖추고 있다. 정원 가까이의 거대한 풍차바퀴는 한가로운 음악을 연주하고 있다. 그곳에는 중국에서 가져온 대리석 석상, 불상(佛像) 및 관음상(观音像)이 장식되어 있다. 또한 폭포를 내려다 보는 언덕 위에는, 밤에 특히 돋보이는 꽃모양의 옷을 입고 계신 근엄한 얼굴의 그리스도 석상이 생전의 크기대로 세워져 있다.

원자 시대에서, 세계시민성을 체험하기 위해서는 S. R. F. 렛슨(Self- Realization Fellowship Lesson)과 같은 통신교육 방법이 활용될 수 있다. 이를 실천하고 이행하여 갈 때, 세계의 평화와 인류의 풍요로움의 구현에 이바지 할 수 있기 때문이다. 서양에 자기실현 협회조직의 확립, '영적 꿀벌의 보금자리'는 세계시민성 함양에 가치 있는 일이었다. 서양에 깊은 관심을 보여 준 현대적 상황을 잘 이해하고 있다. 그들은 세계의 모든 나라들이 동양과 서양의 고유한 장점을 충분히 동화할 때까지는, 세계정세는 호전되지 않을 것임을 통찰하고 있었다. 물질적 부유함과 영적인 풍부함이 수반되는 원리는 우주법칙 또는 자연의 정의의 구조적인 표현이라고 할 것이다.

3) '남' 위주

윤리적 명령으로 '남이 나보다 높은 곳에 있다'는 생각은 해체주의 신학자 마크 테일러의 'altarity'(남 위주)라는 말로 잘 드러난다. 테일러에 따르면 'altarity'는 자크 데리다의 차연(差延, difféance)과 차이(差異, différence)의 관계처럼 '남 위주'(altarity)는 타자성(alterity)과 유비되는 신조어이다. 그리고 그 의미는 제단(altar)이라는 말로서 '높은 장소'를 뜻하는 라틴어 (altāre)에서 파생되었다. '남'을 우선시하는 '남 됨'과 '제단'의 겹침이다.[77] 이러한 나의 나됨이 결국 '남' 위주로 사는 관계로 확장되어 '공공의 고양'처럼 '남'과의 소통이 이루어진다.

(1) 가운데 '한'의 사유

제 3의 횡단매개의 요소는 있음과 없음을 매개하기에 별도의 것이 아니다. 이것을 테일러는 "비변증법적 세 번째 항"(non-dialectical third), 혹은 "불가사의한 세 번째 항"(missing third)으로 부르는데, 이를 통해서 지금까지 신학이 사유하는 데 실패했던 유신성과 무신성의 "중"(between)의 사유[78]의 복권이다. 이제까지의 신과 자아, 역사와 절대권위로써의 책은 조연으로 전락하고 그 전락된 후 남아있는 흔적의 모습이 새로운 관계성에서 새로운 세계윤리지평을 열 수 있다는 가정이다. 흔적이란 현재가 아닌 것이 현재에 스미어 들어가 있고(滲

---

77) Mark C, Taylor, *Altarity*, The University of Chicago Press, Chicago 1987, xxviii-xxix 참조.

78) 데리다는 이것을 "비근원적 근원"(non-original origin)으로, 들뢰즈와 가타리는 리좀과 고원으로 부른다. "리좀은 '그리고'라는 접속사를 조직으로 갖는다. 이 접속사 안에는 '이다'라는 동사를 뒤흔들면서 중간을 통과하고 들어가고 나오되 시작하고 끝내지 않는 것이다

透), 의식의 내면성이 이미 바깥세계와 직물 짜기를 하고 있는 것이라면 흔적에 관한 사유는 '가운데의 한'의 사유를 기초로 한다.

> "생생한 현재는 나와 나의 차이에서부터, 잡아당겨지는 흔적의 가능성에서 솟는다. 흔적은 자기 내면적인 삶이나 생명만이 있는 현재의 단순성으로서 생각될 수 없다. 생생한 현재의 '나'는 근원적으로 하나의 흔적이다."[79]

이러한 흔적논리는 현존논리를 대신한다. 희랍철학과 기독교가 짝을 지은 세계관이 존재론인데, 이러한 존재론의 잔재로서 현존이란 하나의 허구에 해당한다. 즉 자기 동일성은 신화요, 존재신학의 부산물로서 허구인 셈이다. 그렇다면 이제 신의 죽음은 그 시체를 흔적사유에서 발견하여 공공사유로 나아가게 된다.

(2) 절대적 형상의 사라짐

테일러에 따르면 서구사유는 자기애(나르시시즘)를 포함하고 있으며 그 자기애는 지배의 심리학과 정복의 경제학이다. 나르시스의 본질은 자기를 소유하려는 욕망이고 이것은 타자 속에서 자기를 봄으로써 타자를 소유하려는 욕망과 상통하기 때문이다. 이러한 나르시스는 차이를 부정하고 혐오한다. 따라서 지배심리학과 정복경제학을 기초한 휴머니즘적 무신론의 공격성은 근본적으로 나르시스 적이며, 또한 역으로 나르시스주의는 무신론적이다. 그래서 테일러는 다음과 같이 이야기한다.

초월적인 자기 원인을 부정함으로써 나르시스 주체는 자기 원인이 되기를 희망한다. 나의 소유 목표는 자기가 자기 자신의 아버지가 됨으로써만 가능하다. 그러나 아들이 아버지가 되면 아버지는 죽지 않으면 안 된다. 아들이 공격 행위를 통해서 아버지의 자리를 찬탈해서 아버지와 동일시하듯이 휴머니즘 무신론자들은 신을 죽임으로써 신의 자리를 찬탈하고서 신과 자신을 동일시한다. 물론 나의 신성화는 나에 대한 사랑의 극단적인 표현이기에 이는 결국 허무주의적이다. 이에 따라 신의 죽음은 철저한 의미에서 인간 자신의 죽음이 된다.

신이 사라져버렸을 때, 이제 인간은 더 이상 자율적으로 홀로 서 있지 못한다. 오히려 인간은 세상 밖에서 스스로 서기를 그만두어야 하며, 자율적이고 개별적이기를 그만 두어야 한다. 초월적인 신의 죽음은 자율적인 자아의 죽음이며, 절대 주권이며 절대적 형상은 모든 인간성을 표상하기에 절대적 형상의 사라짐 뒤에는 인간의 죽음이 도사려 있다.

---

79) Jacques Derrida, *La Voix et le phénoméne*, (Paris., P.U.F., Paris 1967), 95.

(3) 자아소멸과 역사종말

그림 10 내면의 자아 – 피카소 '꿈'

자아근거의 신적 절대적 자아의 죽음은 모든 자율적 자아의 죽음과 모든 인간성의 죽음을 구현한다. 인간의 자기(self)는 신이 자기의 형상대로 인간을 창조하였다는 말속에는 인간과 신이 서로 불가분의 관계를 지니고 있다는 사실을 함축한다. 따라서 인간의 자기(self)를 해체하는 것은 신의 죽음과 같은 맥락에서 이해된다.

'외부가 언제나 내부이기에 어떤 의미에서는 자기는 영원히 자기 자신 밖에 있다.'는 테일러의 말은 주체가 자기 자신 안에서 발견하는 자기 자신에 대한 간격과 허공은 타자를 소유함으로써 메워지는 간격이 아님을 말해 주고 있다. 그것은 타자에 의해서이건 자기 자신에 의해서이건 자아와 타자에 대한 이분법이 존재하는 한 사라질 수 없는 영원한 간격이다. 그러므로 이 간격은 주체를 분열시킨다.

내적인 타자에 의해서 부과된 분열과 팽창은 자기소유를 불가능하게 만들고 전적인 만족이 불가능함을 드러내준다. 분열된 주체는 자신이 결합하고 분리시키는 극단 사이에서 방황할 수밖에 없다. 주체의 분열은 자기의 소멸로 귀결된다. 결국 나르시스는 그의 거울에서 자신을 잃어버리고 만다.

전일성을 확보하기 위해서 지배하는 주체는 타자에 의한 침입과 폭력, 그리고 오염을 막아야 한다고 확신한다. 공격적인 몸짓은 자기가 타자를 부정함으로써 자기 자신을 주장하는 방어적 전략이다. 그러나 이 행동은 자기 모순적이다. 타자를 부정함으로써 자기는 스스로를 부정하게 된다.

근대 휴머니즘적 무신론은 스스로가 의도하는 바를 철저하게 수행하지 못한 '부분적인 허무주의'(partial nihilism)일 뿐이다. 하늘과 땅의 전복은 결과적으로 신적인 것으로부터 인간적인 것으로 가치를 옮겨 놓았다. 중심을 잃어버린 데에서 발생하는 방향상실을 겪는 것과는 반대로 근대의 휴머니스트들은 자기의 지배성에 집착하였다. 가치에 대한 휴머니스트들의 비판은 진리의 기능과 가치의 가치를 묻는 극단적인 점에까지 미치지 못하였다. 이러한 결과 근대 휴머니즘적 무신론의 허무주의는 불완전하며 부적절하다. 근대 휴머니즘적 무신론의 허무주의는 약함의 징표이다.

그리고 역사라는 개념 역시 신개념과 자아 개념을 갖는다. 기독교 중심인 서구에서 역사란 단지 신 중심적일 뿐만 아니라 로고스 중심이다. 로고스의 역사이해는 역사적 사건이 수수께끼로 나타나나 사건의 표면적 혼돈 아래에는 이성과 질서가 있다는 신념이 깔려 있다. 사건들은 우연적이거나 임의적인 것이 아니다. 의미 있는 형식을 형성하고 분별 있는 방향을 가진다.

신의 로고스는 처음과 중심과 종말을 연결하여 정합적인 전체(a coherent totality)를 이루는 실(thread)이다. 이러한 로고스의 역사이해에 대조하여 테일러는 희랍적인 역사 이해를 제시한다. 그것에 의하면, 희랍 신화에 나오는 '아리아드네의 밧줄'처럼 역사란 하나의 시학(poetics)이다.

역사란 자서전처럼 창조적 상상력의 작품으로 나타난다. 상상력은 재생산적일 뿐 아니라 생산적이다. 생산적 상상력은 종합적으로 작용해서 부분들은 하나의 새로운 전체로 형성한다. 따라서 역사가 이야기를 포함하는 만큼 역사는 문자적이 아니라 문학적이다. 아리아드네의 밧줄은 시적인 줄이다.

그리하여 시작, 중간, 끝, 그리고 연결적인 이야기의 줄은 상상적인 언어 양태에 의존하는 시적 구성이다. 따라서 테일러는 역사적 사실에 대한 접근이 불가능하다고 선언한다. 그럼으로 로고스의 역사 이해를 비판한다.

역사, 이야기, 서사에서 상상력의 행위를 감안한다면 로고스는 개시되기보다는 고안되었고, 발견되기보다는 창조되었다. 따라서 역사의 종말은 초월적 신의 죽음과 주권적 자아의 소멸을 전제한다. 그래서 테일러는 역사의 무의미성을 주장한다. 그러므로 역사에 로고스 서술이란 아무런 의미가 없는 것이다. 헤겔이나 아우구스티누스 역사에 대한 거대한 서술은 무의미한 것으로 간주된다.

(4) 공공으로 열림

공공은 모든 부분이 하나의 유기체의 지체로서 통합되어 연관되는 살아 있는 전체이다. 공공은 질서 있는 전체성을 형성한다. 걸작은 종결된 전체 또는 완전한 전체가 아니다. 그것은 필연적으로 그릇되고 불가피하게 열려 종결된다. 세계윤리에서 공공으로 볼 때 모든 중심은 사라진다. 여백이나 간격을 중요시한다. 비결정성과 우연이야말로 통제할 수 없는 우연적 사건들로 가득 찬 살아있는 현실을 횡단매개 함으로, 그 꿈틀거리는 다양한 현실을 다스리려고 한 서양 형이상학의 건축물을 해체할 수 있다. 그러나 이 해체의 방식은 형식 체계를 안으로부터 공격하는 내적 파열 방식으로는 불충분하다.

남을 그 자체대로 인정하는 방식이란 안과 밖의 매개, 동일자와 타자의 근원적인 비대칭성을 수용한다. 전통사회의 극단적 연고주의의 폐해로부터 해방되기 위해 다른 극단으로 치닫던 초기의 자유주의는 그 지나친 추상성으로 인해 많은 반동적 반응과 결과를 초래하였다. 공동체나 공동선을 명분으로 매몰, 유린된 개인의 발견, 그러한 개인으로서 인간의 존엄성을 확보하기 위해 수호되어야 할 개인의 자유와 권리는 다시 어떤 형태의 공동체주의를 수용한다 할지라도 결코 희생되거나 포기될 수 없는, 근세 체험을 통해 쟁취한 고귀한 인간적 가치가 아닐 수 없는 것이다 이런 의미에서 개인주의적 자유주의에 대해서는 나름의 혁명적 의의의 인정과 그에 걸맞은 자리매김이 요구된다.

따라서 공적 가치와 사적 가치가 함께 매개하는 '공공의 공동체'는 단순한 결사체 보다는 질적으로 훨씬 친밀한 개인들 사이의 관계 형태를 일컫는다. 공동의 개념은 최소한 두 가지 요소를 지닌다. 첫째, 공공에 속한 개인들은 그 집단의 구성원들에 의해서 간주되며 평가되는 공동의 목적들을 가지고 있다는 점이다. 둘째, 개인들이 자신의 동일성을 감지하는 중요한 구성요소로서 집단을 이해한다는 점이다. 상호적 의무감, 정서적 유대, 공동의 이해관계와 공유된 이해력을 바탕으로 한 사회적 관계망을 그 핵심내용으로 삼는다.

그러므로 공공의 공동체는 우리의 개인적 이상과 자아를 자유롭게 실현할 수 있는 사회토대라는 사실은 의심의 여지없이 자명하다, 만약 공공의 공동체가 붕괴한다면, 개인의 정체성을 심각하게 훼손할 수 있는 도덕적 진공 상대가 발생한다. 이러한 도덕적 공동화는 오히려 국가로 하여금 사회질서를 보장한다는 명목으로 자신의 역할과 권력을 확장 할 수 있는 빌미를 제공할 수도 있는 것이다. 개인이 자신의 삶을 자유롭게 영위하기 위해서도 '공공의 도덕적 질서'로서의 공동체가 유지되어야 한다. 세계시민 공동체로서 자유롭고 평등한 개인들 상호간의 연대를 창출하지 못한다면, 구성원으로서 개인은 자유를 실현할 수 있는 가능성을 처음부터 박탈당하기 때문이다.

21세기 세계윤리교육에서는 '한'의 매개가 요청된다. 여기서 만나게 되는 타자는 '내가 내 안으로 받아들일 수 없는 자'로써, 세대의 차이를 보여주며, 개성이 뚜렷하기에 '이해할 수 없는 인간, 인식할 수 없는 인물'이다. 이는 '한'의 횡단매개를 하는 교육적 지식으로 풀어나가야 되는 화두이다. 임마누엘 레비나스(I. Levinas)처럼, 「얼굴(face)」을 매개로 당신이 나타남과 동시에 그 나타남을 불식시키는 부재(不在)로써의 옆얼굴을 암시하는 정도의 제3인칭이 되지 않으면 안 된다. 얼굴은 현상이면서도 현상이 아니다. 여기서는 「제도세계」의 「공(公)」과 생활세계의 「나(私)」를 매개하는 「공공(公共)세계」에서 지방과 국가 그리고 세계가 적극적으로 상호 교차하는 공통적 선이 바로 '한'의 「공통선(共通善)」으로 자리매김한다. 개인인 나의 생활세계와 국가 제도의 공적제도가 합일되는 공통선을 추구하는 가운데 가장 바람직한 제도로 성장한 것이 영국의「코뮤니티(community」이다.

또한 「공공세계」는 한 개인이 생활하는 인간의 「사생활」 즉, 생활세계의 중간에 상정되는 다원, 다중, 다층, 연대, 조직을 의미한다. 공적세계의 「공(公)」도 사적생활의 「사(私)」도 자기 완결하고, 내향적 폐쇄성에 기우는 경우가 많은데, 이러한 자기완결적인 내향폐쇄에 대하여 바람구멍을 뚫어 서로 대화, 교류, 개선을 꾀하자는 작용의 통로가 교육적 지식에서 필요하게 되었다. 「공(公)」의 세계는 인칭에서 벗어난 기술적인 세계요, 「사(私)」의 세계는 담론이고 인칭의 세계이다. 이 둘이 대화하고 화합하도록 '한'의 횡단매개 역할을 할 수 있는 세계윤리교육의 공공세계가 소통을 위해 필요한 것이다

참 고 문 헌

김경원·임현진 공편, 『세계화의 도전과 한국의 대응』(서울: 나남출판, 1996).

변종헌, 「세계시민교육의 방향과 과제」, 『아시아교육연구』, 제2권 2호, 2001.

설규주, 「탈국가적 시민성의 대두와 시민교육의 새로운 방향」, 『시민교육연구』 32집, 2001.

임혁백, 『세계화 시대의 민주주의』(서울: 나남출판, 2000).

허영식, 「세계시민의 개념에 관한 시론 - 세계시민교육의 이론적 기초」, 『한국민주시민교육학회보』 Vol. 8, 2003.

Arendt, H., "Karl Jaspers: Citizen of the World?" in *Men in Dark Times* (New York: Harcourt, Brace and World, 1968).

________., *The Origin of Totalitarianism* (London: George Allen & Unwin, 1967).

Boulding, E., *Building a Global Civic Culture* (New York: Columbia University, Teachers College Press, 1988).

Bowden, B., "The Perils of Global Citizenship," *Citizenship Studies* Vol. 7, No. 3, 2003.

Clarke, P.B., *Deep Citizenship* (London: Pluto Press, 1996).

Falk, R., "The Making of Global Citizenship," in B. van Steenbergen (ed.), *The Condition of Citizenship* (London: Sage Publications Ltd., 1994).

Giddens, A., *The Consequences of Modernity* (Stanford: Stanford University Press, 1990).

Greenfeld, L., "Transcending the Nation's Worth," *Daedalus* Vol. 22, No. 3-4, 1993.

Heater, D., *World Citizenship and Government* (London: Macmillan Press Ltd., 1998).

Rosenau, J.N., "Citizenship in a Changing Global Order," in J. N. Rosenau and Ernst-Otto Czempiel(eds.), *Governance without Government: Order and Change in World Politics* (Cambridge: Cambridge University Press, 1992).

Walzer, M., "Multiculturalism and Individualism," *Dissent*, Spring 1994.

________, *Spheres of Justice: A Defense of Pluralism and Equality* (Oxford: Basil Blackwell, 1983).

제 4 장
세계윤리의 공공소통

1. 합당성의 공공소통 | 2. 롤즈의 공적 합당성 | 3. 하버마스의 공적 합리성
4. 세계시민성의 공공소통 | 5. 정보기술 사회의 공공개신

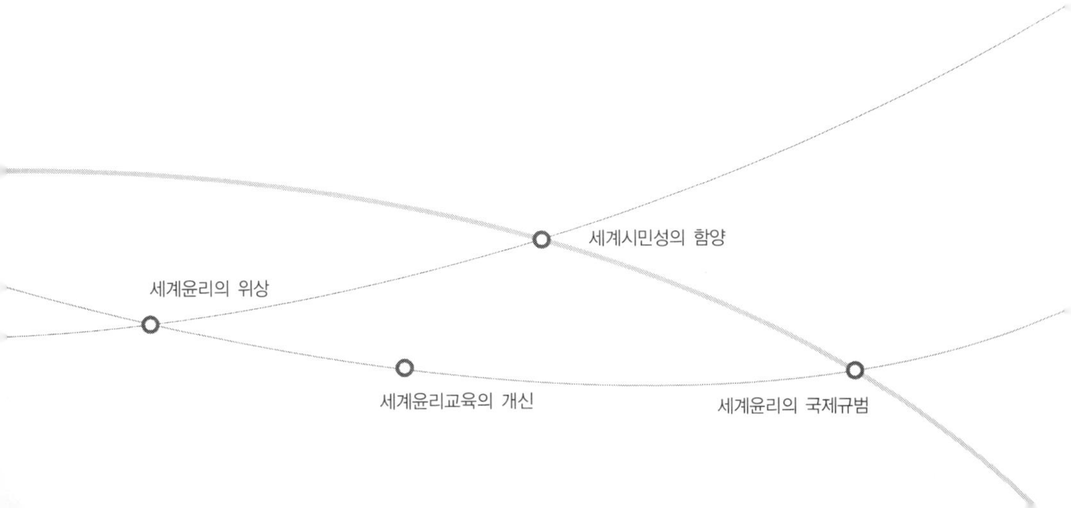

인터넷의 힘

이제 우리가 해야 할 일은 인터넷을 비롯한 최첨단 정보화 시대에 물을 주고 씨앗을 뿌리는 일입니다.
컴퓨터와 핸드폰에 따스한 온기를 불어넣어 인간적인, 너무나 인간적인 꽃을 피우는 것이지요.
그래야만 문명의 이기 자체도 마침내 인간과 공존하는 스스로 그대로의 자연이 되지 않겠는지요.

– 이원규의 《지리산 편지》 중에서 –

〈Story-Telling : 유혹에서 해방되었다고 생각했던 사나이〉

정철은 상습적인 술꾼이었고, 가족들과 이웃들에게 골치 아픈 존재였다. 어느 날 그는 어떤 성자를 만났다. 그 경험은 워낙 고무적인 것이어서 그는 술을 끊기로 맹세하였다. 그는 하인들보고 자신의 값비싼 포도주들을 금고에 감추고 열쇠를 간수하라고 하면서 자신의 친구들에게만 포도주를 대접하라고 지시하였다. 술을 끊겠다는 자신의 새로운 결심의 힘에 기쁨을 느낀 정철에게는 한동안 모든 일이 순조롭게 진행되었다. 그는 한동안은 음주습관의 끈질긴 유혹을 전혀 느끼지 않았다.

시간이 흐르자 그는 자신이 술의 유혹에서 완전히 해방되었다고 느끼기 시작하였다. 그는 자신의 친구들에게 자신이 직접 적포도주를 접대할 수 있도록 하인들에게 포도주 창고의 열쇠를 자신에게 넘기라고 하였다. 정신적인 안도감을 더욱 더 느끼게 되면서 그는 친구들에게 대접할 포도주를 가지러 지하실로 내려가는 것은 너무나 귀찮은 일이라는 결론에 도달하게 되었다. 그는 몇 병을 찬장의 위층에 두기로 하였다.

며칠이 무사히 지나갔다. 그러자 정철은 생각하였다. "나는 술의 유혹으로부터 해방되었기 때문에 병 속에 들어있는 거품이 이는 적포도주를 살펴보도록 하겠다." 그래서 그는 포도주 유리병에 가득 채워서 식탁 위에 올려놓았다. 그는 매일 그 병을 바라보았다. 그 다음에 그는 생각하였다. "나는 술의 유혹에서 완전히 해방되었으므로 포도주의 향기를 조금 즐겨보는 것은 괜찮겠지."

며칠이 더 지나갔다. 그 다음에 그는 생각하였다. "나는 더 이상 미각에 구속되지 않아서 더 이상 포도주에 신경 쓸 필요가 없으므로, 한 모금 입에 물어서 맛을 본 다음 뱉어냄으로써 내 스스로 그것을 입증해 보겠다." 그는 그렇게 하였다. 그 다음에 그는 생각하였다. "이제 나는 너무나 강하기 때문에 술에 대해서는 확실하게 내성이 생겼어. 한 번만 한 모금 정도의 술을 삼키는 것은 해롭지 않을 거야." 그는 그렇게 하였다. 그 다음에 그는 생각하였다. "나는 음주 습관을 정복하였으므로 나의 예속되지 않은 의지가 원할 때마다 한 번에 한 모금씩만 마셔보도록 하자." 얼마의 시간도 지나지 않아서 그는 술에 취하였고, 어찌할 도리 없이 매일 술을 마시게 되었다. 그가 전에 그랬던 것과 똑같이.

* * *

Point Up: 앞에 나오는 이야기는 정철의 음주습관이 정복하겠다는 강력한 결심으로 어떻게 일시적으로 억압되었는지를 보여준다. 그러나 정철은 음주습관을 버리겠다는 자신의 결심이 좋은 습관으로 익을 때까지 충분한 시간을 확보하지 않았다는 사실을 깨닫지 못하였기 때문에 지속적인 성공을 하지 못한 것이다.

강한 나쁜 습관을 좋은 습관으로 대체하는 것은 5년에서 8년이 걸린다. 강한 좋은 습관이 형성되기 전까지는 자신의 이전의 사악한 습관을 형성하는 환경이나 행위들로부터 물러나 있어야 한다. 우리의 이야기는 다음과 같은 법칙을 무시할 때의 결과를 보여준다. J씨는 포도주병을 자신의 가까이에 두었고, 점차 음주습관의 기억을 일깨웠고, 그와 함께 자신의 이전의 술에 대한 통제할 수 없는 욕망도 일깨웠다.

그러므로 나쁜 습관들이 커지는 것을 막기 위해서는 자신을 부추겨서 그릇된 행위들을 하게 만드는 환경들로부터 떨어져 있어야 하고, 무엇보다도 절대로 고의적으로 사악한 생각들을 마음속으로 끌어들여서는 안 된다. 사악한 환경을 추구하게 만드는 사악한 생각들을 배척하라.

정철은 술을 자신에게 너무 가까이 갖다 두는 실수를 저질렀을 뿐만 아니라 자신의 나쁜 습관이 자신의 좋은 결심을 무너뜨리는데 사용한 심리적인 무기들을 인식하는데 실패한 것이다. 음주습관은 그의 잠재의식적 마음에 보이지 않게 숨어 있다가 재침공하기 위한 길을 준비하기 위하여 미각의 욕망과 즐거운 생각들이라는 무장 첩자들을 몰래 내보내고 있었던 것이다. 그리하여 음주습관은 돌아와서 정철의 자유의지를 찬탈하고 육체와 마음을 구속해 버린 것이다.

불행을 초래하는 물질적인 차원에서 사는 성향이 있는 사람은 외적으로는 유혹적인 환경으로부터 물러나 있는 법을 배워야 하고 내면으로부터는 유혹의 생각들을 던져버리는 법을 배워야 한다. 그는 자신을 올바른 종류의 환경으로 둘러싸야 하고, 자신이 진정으로 바라는 좋은 결과를 낳을 종류의 생각들로 자신의 마음을 채워두어야 한다.

제4장 세계윤리의 공공소통

1. 합당성의 공공소통

근대 이전 서양의 공(公)은 기독교의 공으로, 사회를 포함한 모든 신의 파생은 사(私)로서 공을 지향하였다. 그러나 근대 이후의 개인의 발견으로 신의 속박에서 벗어나고 스스로의 이성에 의해 삶을 계획하고 사회를 구성하는 주체가 되면서 공의 세계는 매우 축소지양 되었다. 마침내 현대서구 사회에서의 공은 내면적 자기성찰이 결여된 외면규제로서의 공, 시민적 의무로서의 공이 강조되었다. 이처럼 사와 대립된 공으로 말미암아 심리적 이기주의가 만연하면서 사회는 공의 가치를 상실하게 되고, 공동체의 존립은 위기를 맞게 되었다.

이와 서로 관련된 한 가지 중요한 측면은 동서양의 공사관(公私觀)이 매우 다르다는 점이다. 서양은 명확한 개인의 사사로운 이익을 표준으로 하였기 때문에 이른바 공적인 이익과 같이 각자 사적인 이익을 갖는 개인 사이를 사회가 결합한 방식으로 그들이 통치하는 계급정부 또한 공적인 이익을 표방하여 스스로 전체 공민의 이익과 의지를 대표한다고 자부하였다. 이에 사적인 이익과 명확하게 구분되었기 때문에 충돌에서 이러한 허위성은 비교적 쉽게 폭로되었다.

한국의 전통에서는 그렇지 않았다. 통치자는 가족과 국가의 전체 이익을 대표하는 자격으로 출현한 동시에 확실하게 전체와 각개 성원의 생존과 발전에 절실한 이익을 꾀할 수 있을 때 비로소 이러한 대표를 충당하기 때문에 그는 국가 전체의 '공적' 이익을 유지하는 자이며, 공공소통의 상징이었다. 그러나 동시에 그는 또한 전체 내부의 종법구조에 의지하여 자신을 다른 성원에 비해 높은 자리를 차지하는 특권자로 변화시키고 자신의 특수하고 사사로운 이익을 소유했다. 이 또한 혈연 친소에 근거하여 전체에 대한 공로의 대소 등을 규정한다. 따라서 그들 신상에서의 공사(公私)는 하나로 융합되어 표리(表裏)가 되었기 때문에 해체하고 구분하기가 어렵게 되었다.

그는 대다수 사람들이 모두 국가의 공을 위해 온힘을 다할 것을 요구하여 자신도 모범이 되었다. 따라서 그는 모든 것은 다 전체를 위하고 저마다 있을 자리에 있어야 하는 동시에 자신도 가장 크고 가장 많은 것의 일부분을 약탈할 이유를 가져야 하며 심지어는 공적인 것을 명분으로 삼아 온전하게 자신의 소유로 근거 짓게 된다. 이에 대해서 개별적인 인간은 반항하기가 매우 어려웠으므로 단지 절대다수의 인간이 생활할 방법이 없고 모순이 매우 분명하게 드러나 첨예화되었을 때에만 비로소 바꿀 수 있었다.

우리의 역사에서는 공적인 것을 표방하고 사적인 것을 도모하며, 공적인 것을 앞세우고 사적인 것을 뒤로 하며, 겉으로는 공적인 것을 위하고 속으로는 사적인 것을 위하며, 공을 세우는 일을 좋은 일로 삼고 전제(專制)는 나쁜 일로 삼았던 것은 정말로 헤아릴 수도 없는데, 이것은 원래 일반적인 행동의 준칙이었다. 대대로 나라를 일으킨 대통령, 장군은 모두 '통치자'이지만 그들이 나라를 통치하여 안정된 이후에는 점차 정체되고 부패하였으므로 그들은 '통치자'이면서 또한 언제나 '거짓 통치자'였다. 이것은 모두 기괴한 현상이 아니라 한국의 '공'과 '사'가 분리되지 않았기 때문에 마땅히 갖고 있는 의미이다.

이러한 이중성이 어떤 때에는 동일한 신상에서 드러났고 어떤 때에는 비례적으로 고르지 않게 다른 신상에 분포하였다. 예컨대 국가가 위급한 때에 처했을 때 사람들이 위험한 일에 용감히 나서는 것처럼 사사로움이 없는 용감한 기개로 분투(奮鬪) 노력하여 간고한 공적을 창조할 수 있었으니 그들은 객관적으로나 주관적인 생각에서 모두 '공'(公)을 드러내어 각종 부패한 현상과 인물을 경시하거나 원수로 간주하였다. 이러한 인물은 매우 위대하고 숭고하다.

그러나 그들이 분투한 국가의 대업(大業)은 종법인륜이었기 때문에 사용한 방식과 수단은 종법인륜의 조직과 제도였다. 따라서 이런 위대한 형상과 공적은 모두 불평등하고 소수의 사람이 사적인 것을 다시 세우기 위한 창조의 조건이었다. 그러므로 이 계층에서 개인은 비록 우열이 현격하지만 일괄적으로는 논의할 수 없고 오히려 서로 연계되어 끊임없이 전환되었다.

우리의 전통문화에서 공사관계의 불분명함은 가족의 소유제도와 종법인륜제도의 통일에서 근원한다. 가족은 대외적으로 사유단위와 혈연집단의 단위이고 내부성원으로 말하면 공유의 집단이다. 또한 가장을 으뜸으로 한 종법등급의 구조로 권력과 재부의 등급과 분배는 가장을 핵심으로 한 혈연의 친소와 서로 짝하여 '저마다 있을 곳이 있고' 각자 본분을 갖고 있기' 때문에 '공'의 형식에서 실제적으로는 불평등한 사유가 관철되어 있으며 '공'으로 이런 불평등을 유지하고 옹호하였다.

이른바 국가소유제도는 귀족의 제후국과 대통(大統)의 왕조에서 모두 가족소유제도가 확대된 형태로 본질은 서로 같다. 따라서 이른바 '공'은 결코 '천하위공'(天下爲公)의 공이 아니라 '천하위가'(天下爲家)의 사유제도의 공이었다. 이것은 소외된 '공'으로 서양문명에서의 공사(公司)와 마찬가지로 모두 사유제도의 변형이지만 서양에서는 좀 더 쉽게 분간할 수 있고 한국에서는 좀 더 복잡하여 종법인륜으로는 폭로하기가 어려웠다. 어떤 사람이 종법인륜에서의 곡절한 관계를 연구하지 않고 소외를 분간하지도 않고서 '공'을 드러내어 칭송하는 것은 조그만 실수로서 오히려 큰 잘못을 저지르는 꼴이 된다.

동시에 그들 또한 이것으로 서양의 사(私)와 대비해서 이것을 칭송하고 그것을 폄하하는 것 또한 단지 표면만 본 것일 뿐만 아니라 심각한 착오를 포함하고 있는 것이기 때문에 만약에 우리가 사유제도란 문명시대의 역사적 동력이고 인간의 능력을 발휘하는 거대한 의미를 갖고 있다고 인정하는 것은 '가정'을 근본 단위로 한 사유가 비록 가족의 집단력과 가장 개인의 작용을 비교적 많이 발휘했다고 하더라도 그것은 오히려 가족 내 대다수 개인의 발휘를 억제하였다. 개인을 근본단위로 삼는 것은 혈연종법 관계가 아닌 상품관계로 건립된 사회관계의 사유제도로 이전의 역사에서 개인 능력의 발휘에 더욱 유리하였다.

서양의 개인사유제도는 비록 분쟁과 죄악이 분명하게 드러났지만 개인이 그 능력을 발전시키기 위한 조건을 이룩하였다. 미래의 사회주의와 공산주의의 공유제는 당연히 사유제도의 소멸을 조건으로 하지만 이 공유제는 추상적으로 개인의 위에 높이 서서 개인을 이탈한 것이 아니라 이와는 정반대로 모든 개인의 능력발휘와 동일한 자격을 갖추고 있는 사람이 모두 절실하게 공공재산의 점유를 기본조건으로 충족하게 된다. 이러한 관점에서 보면 서양의 사유제도 또한 소외의 형태에서 비판 개조될 수 있는 비교적 많은 미래요소를 포함하고 있다. 비판하고 제거해야 할 것은 실제적으로 소수의 사람들이 갖고 있는 재산과 대다수의 개인이 재산이 없는 상황에 빠진 것으로 개인 간의 재산과 활동의 생사대립을 제거하여 개인을 개조, 구출하고 발전시키는 것은 그 개성과 능력을 발휘하는 문화이다.

대체적으로 말해서 이른바 우리의 전통문화가 '전체를 중시하고 개인을 경시했다'는 것은 실제적으로 단지 귀족 통치자와 가족의 연장자가 지배한 종법인륜의 전체 및 이 전체를 대표한 귀족과 개인으로서의 가장을 인정한 것이지 종법인륜 전체에서 이탈하고 반항한 대다수 개인과 이로부터 구성된 새로운 사회를 인정한 것은 아니다. 이른바 서양의 문화전통이 '개인을 중시하고 전체를 경시했다'는 것은 확실하게 말해서 재산을 표준으로 삼고 개인의 사유를 근본 반위로 한 상품관계 및 계약으로 결합된 사회유기체, 그리고 거기에서의 상호투쟁으로부터 형성된 돈을 벌어 부자가 된 소수의 개인을 인정한 것이다.

결코 이러한 표준을 초과한 인간의 전면적인 사회관계와 개인을 인정한 것은 아니다. 그것들은 모두 역사에서 중대한 진보작용을 일으켰을 뿐만 아니라 인간 본성에 들어있는 전체와 개인 간의 관계를 왜곡시켰고 역사작용이 드러남에 따라 그것의 잘못된 측면도 날로 돌출하여 인류의 진일보한 발전에 장애가 되었다.

실제로 '이성'은 인간의 사유와 행위를 객관성과 타당성으로 인도해주는 인지적·도덕적 능력이다. 한 개인의 성공적인 삶을 위해서 '이성'의 능력이 필수적으로 요구되듯이, 한 정치단체(polity)가 질서와 안정을 유지하고 통합과 번영을 구가하기 위해서는 '공공세계에서의 이성(reason in the public common world)', 즉 '공공합리성(public common reason)'이 필수적으로 요청된다. '공공합리성'은 개인들이 간직한 '개별합리성(individual Reason)'과 달리, 다음 세 가지 점에서 '공공적'이며 이것이 사회가 공유함으로 공공소통이 이루어진다고 할 수 있다.

첫째, 공공합리성은 정치단체 구성원들이 간직하고 있는 인간 이성의 집합적 표현이라는 점에서 공공적이다. 둘째, 공공합리성이 개입하려는 관심사가 정치단체의 공동성(common good)과 기본 정의(basic justice)라는 점에서 공공적이다. 셋째, 공공합리성이 표현되고 전개되는 과정 및 방식은 공개적이고 절차적이라는 점에서 공공적이다.

삶의 방식(ways of life)과 세계관(views of life)의 다원성을 특징으로 하는 자유민주주의 사회에서 공공 합리성은 동등한 자격을 갖춘 민주적 구성원들이 함께 가지게 되는 시민적 특성이다. 동등한 자격을 가진 시민들은 다원사회 안에서 서로간의 충돌을 피하고 질서 있는 삶을 유지하기 위하여, 각기 지니고 있는 관심사 가운데 서로가 중첩적으로 합의할 수 있는 최대 공약수를 추출하여 헌법과 같은 공동규범을 제정하거나 개정할 뿐 아니라, 이렇게 성립된 공동의 규범에 의거하여 서로에게 정치적 강제력을 행사한다. 서로 다른 세계관과 가치관을 지닌 다양한 구성원들로 이루어진 자유민주주의 사회에서 공공합리성이 부과하는 한계는 최소한의 것이 될 수밖에 없다.

따라서 롤즈(John Rawls)와 같은 자유주의자는 공공합리성이 개입할 수 있는 사안의 범위를 '헌법의 본질적 요건들(constitutional essentials)'과 '기본정의의 문제들(questions of basic justice)'로 한정짓고 있다.[1] 이는 다원성을 특징으로 하는 자유민주주의 사회에서는 공공합리성이 개인이 지니고 있는 '포괄적 삶의 방식(comprehensive doctrines of life)'에까지 간여해서는 아니 되며, 공공합리성이 적용될 수 있는 범위는 다양한 '포괄적인 삶의 방식들' 간에 중첩적으로 합의될 수 있는 공통사안, 즉 '헌법의 본질요건'과 '기본 정의'에 국한되어야 함을 말해주고 있다.

그러므로 동북아의의 미래에서 고찰해 보면 이것에 대해서 모두 깊이 있게 변화를 수반할 필요가 있다. 21세기의 동북아에 공공시민성이 요청되면서, 공사형평(公私衡平)을 통해 공공지평을 함께 열어 공공문제를 개신(開新)하려는 공동의 작업이 성과를 보여준다. 1990년 중반 이후부터 일본의 공공철학 교토포럼을 중심으로 멸사봉공의 극단을 피하고 공과 사를 함께 살리는 방안을 모색하기 시작하였다.

공에 우위를 둔 서구의 관점을 피하면서 공공(public-common)의 관점을 선호하고, '공'(official)과 '민'(common)과 '사'(private)를 구분하여 세계·국가·지방이 공사상생·활사개공(公私相生·活私開公)하는 '글로내칼'(glo-na-cal)의 삼차원 상관사고의 발전을 신장시켰다.[2] 이는 서구의 엘리트 이론, 종래의 공사갈등 이론에 대한 새로운 대안이 되어가고 있다. 이처럼 공사공매(公私媒介)정신을 오늘에 살려 세계시민의 상생번영을 모색하는 합당성의 공공소통은 세계윤리의 주요한 실천과제가 되고 있다.

---

1) John Rawls, Political Liberalism (New York : Columbia University Press, 1996), 장동진 역 『정치적 자유주의』 (서울 : 동명사, 1998), 264-265쪽 참조.

2) 金 泰昌, おわりに, 公共哲學京都포럼 編, 『公共哲學特卷』, 東京大學出版會, 2008. pp.335-339.

우리가 사회체제 안에서 어떤 의미 있는 사회적 행동을 하거나, 그 행동에 대해 판단을 할 때 공공소통의 관점에서 합당하다 혹은 합당하지 않다는 표현을 한다. 합당하게 생각할 때 타인의 그러한 행동에 대해 지지를 보내고, 그런 합당한 행동에 규범성을 부여하며 나아가 법과 정책으로 구현하는데 동의한다. 합당성의 경우에만 그런 것은 아니다. 합당성의 경우와 마찬가지로 정책결정에서 합리성이 있다고 생각할 때도 그 체제와 정책을 동의한다. 그렇지만, 합당성의 경우는 대체로 합리성보다는 규범적으로 우선하는 경우가 일반적이기에 공공개신에서는 합당성을 중시하게 된다.

아무리 효율성이 큰 정책이라 할지라도 사적 권리를 침해한다면, 사회구성원들은 이 정책에 반대를 표명할 것이며, 그럴 때 합당성은 합리성보다 도덕적 우위에 있음이 드러난다. 예를 들어 우수한 유전자를 가진 후손을 번성하기 위한 목적으로 뛰어난 외모와 지식능력을 가진 남녀들만 아기를 낳을 수 있는 권리를 부여하고 그렇지 못한 열등한 남녀들의 결혼을 반대하는 정책을 펼친다면 시민들의 다수는 그 정책을 반대할 것이다.

그 이유는 앞서의 결혼 정책이 합리적이기는 하지만, 합당성이 결여되었다고 판단하기 때문이다. 이처럼 생식과 결혼에 대한 개인의 사적 자유와 권리를 보장해야 하는 합당성을 공적 합리성으로도 훼손할 수 없다는 데 대부분의 사회구성원이 동의한다. 그렇다면 이 경우 공공개신에서는 합당성이 합리성보다 우위에 있다고 말할 수 있다.

공공치안을 목적으로 개개인의 행동을 감시할 수 있는 카메라를 설치한다고 할 때, 공공의 안전을 꾀하는 것은 합리성의 부분이며, 개개인의 행동을 아무런 동의 없이 감시하는 것은 합당성을 침해하기 때문이다. 비슷한 예로, 음주사고 감소라는 합리성을 이유로, 개인이 술을 얼마나 마셨는지 불시에 검문할 수 있도록 제정된 도로교통법 역시 개인의 자유와 권리를 침해하기에 합당성을 침범하면서도 합리성을 우선하는 경우라 할 수 있다. 따라서 합리성보다 합당성이 절대적 우위에 있다고 판단하기에는 무리가 따른다. 개개인의 권리와 자유를 보장하는 것이 합당성의 영역이며, 공공안전은 합리성의 영역이라고 단정 짓기도 어렵다.

합리적 접근방식은 보편적 가치가 존재한다는 전제 아래 자신의 가치체계를 보편성으로 둔갑시켜 타인에게 강요하는 것으로서, 이는 오히려 편협하고 자기중심적이며 문화제국주의를 초래할 위험을 지니고 있다. 반면 합당성의 접근방식은 상호소통과 상호존중을 최고 가치로 상정하고 이의 실현을 위해 보살피고 살피는 과정을 중시하게 된다. 이러한 상호주관적, 의사소통적 접근방식은 서로 다른 문화와 가치관의 차이를 인정하고 그것을 존중하면서도 상호 소통과 연대를 통해 기본적인 인간의 조건을 마련하고 그 다양성이 갈등하지 않도록 공동의 원칙을 설정하는 것을 중시하게 된다.

역사적으로 J. 롤즈와 J. 하버마스의 경우, 이들이 이해하는 합당성과 합리성은 많은 부분에서 차이가 있다. 합당성과 합리성의 이해의 차이는 공화주의의 전통과 민주주의 전통의 차이와 연관된다. 이 차이는 단지 정치체제(政治體制)에 대한 기본인식뿐만 아니라 시민으로서의 자세를 정초하는데 영향을 미친다. 그러므로 세계시민성의 자각을 갖춘 개인이 한 사회체제에 자발적이고 협력적인 구성원으로 참여할 때 합당성과 합리성이 어떻게 작동하여 공공합리성을 모색하여 공공소통에 이르게 되는지를 살펴볼 필요가 있다.

2. 롤즈의 공적 합당성

1. 협력체제 속에서의 합당성

지구가 생명의 근원이며 자연은 신성하고 목적과 의미로 충만한 것이라는 이해는 현대 생태윤리의 인식론적 기반이다. 생태주의의 시각은 인류를 포함한 자연 속의 모든 생명체가 상호 협력과 보살핌, 그리고 사랑을 통하여 유지된다는 점을 인식하는 새로운 우주론과 새로운 인류학의 필요성을 제기한다. 이러한 방법을 통해서만 우리는 모든 생명체의 다양성과 그들의 문화적 표현까지도 우리의 안녕과 행복의 진정한 원천으로서 존중하고 보존할 수 있게 된다.

이러한 공동체적 개념은 지구가 살아있는 우주의 일부로써 생존함을 인식하는 것이다- 지구는 살아있는 유기체처럼 모든 부분들이 서로 연결되어 있다. 이 연결성은 자신 이외의 다른 것들 – 인간, 자연적 인주기와 과정들, 동물들, 그리고 식물들 – 과 동화되거나 서로 감응하는 우리의 능력이다 지구 자체가 영성이 육화한 존재이고 우주는 살아 있는 생명체임을 이해한다고 할 때 그것은 모든 것이 서로 연결 되어 있다는 것을 의미한다. 이러한 상호연관성은 인간과 지구상의 모든 것들이 분리되어 있지 않고 유기적인 하나의 생명체임을 이해한 것에서 알 수 있다- 인간과 사물은 하나의 근본을 지닌 존재이다. 나아가 이러한 상호연관성의 이해는 우리 모두를 살아있는 공동체, 지구의 일부분이라는 것을 자각하게 한다.

그림 1 존 롤즈

롤즈의 3대 저작은 1971년의 초판, 『정의론』, 1993년의 초판, 『정치적 자유주의』, 1999년의 초판, 『만민법』이다. 『정의론』은 당시 사회를 지배하던 공리주의적 정의관에 대한 대안으로서 계약론적 방법론에 기초하여 '공정으로서의 정의(justice as fairness)'관을 제시하였다. 『정의론』을 읽다보면 마치 수학책을 읽는 착각에 빠진다. 스스로 정의를 내리고, 일정한 상황을 가정하며, 그 위에서 논리를 전개하고 다른 입장과 비교한다. 치밀하고 정교한 논리전개가 이루어진다. 따라가기가 만만치 않다.

『정치적 자유주의』는 공적이고 정치적 영역에 초점을 맞추어 『정의론』의 내용을 발전, 보완, 수정하였다. 헌법적 합의, 공적 이성의 표본으로서의 대법원, 구체적인 기본적 자유의 내용 등을 다루어서 우리 같은 법률가에게는 좀 더 읽기 편할 것으로 보였다. 『만민법』은 문화다원주의에 대한 인식을 기반으로 하여 『정의론』을 국제사회에 확대 적용하였다.

롤즈는 체계 속에서 정의관이 선험적으로 진리라거나 올바르다고 주장하지 않고, 합당하다(reasonable)고 주장한다. 그가 말하는 합당성은 정의관의 이론적 성격을 규정하는데 매우 중요한 역할을 하고 있다. 따라서 우리는 먼저 롤즈의 합당성의 의미를 명확하게 이해할 필요가 있다.[3] 롤즈는 합당성에는 기본적으로 두 가지 측면이 있다고 말한다.

합당한 것의 첫 번째 기본적인 측면은, 다른 사람들이 그렇게 한다면, 기꺼이 협동의 공정한 조건을 제안하고 준수하려고 하는 것이다.

---

3) J. 롤즈, 장동진 역, 「정치적 자유주의」(서울 : 동명사, 1993), p.68.

두 번째 기본적인 측면은, 내가 지금 논의하듯이, 판단의 부담을 기꺼이 인식하고, 입헌정체에서 정치권력의 정당한 행사를 지향하는 데 있어서 공적 이성의 사용의 결과를 수용한다.

합당한 것의 첫 번째 기본적인 측면은 상호성과 밀접한 관계를 갖고 있다. 상호성이라 함은 공정한 협력체계를 함축하는 사회적 개념이다. 다시 말해, 상호성은 공평성의 개념과 상호이익의 개념 사이에 위치한다. 공평성이라 함은 경쟁하는 사회 체계 속에서 적용되는 어떤 규칙이 자신이나 타인 모두에게 공평하게 적용된다고 판단될 때, 자신이 손해를 보더라도 기꺼이 그 손해를 감수하는 덕목으로 매우 이상적인 덕목이라 할 수 있다. 그리고 상호이익의 개념이란 자신을 포함해 다른 사람들이 현재 혹은 미래의 상황 속에서 모두가 이득을 보게 되리라는 기대이다. 상호성은 이 두 가지 곧, 공평성과 상호이익의 개념 사이에 위치한 것이며, 합당한 것은 단순히 타인의 이익만을 위한 행위도 아니며, 자기 자신에 대한 관심만도 아니다.

협력은 협력의 공정한 조건의 개념을 포함한다. 이것은 다른 모든 사람들이 똑같이 받아들인다는 것을 전제로, 각 참가자들이 합당하게 받아들일 수 있는 조건을 의미한다. 협력의 공정한 관계는 상호성의 개념을 명확히 한다. 협력에 종사하는 모든 사람과 규칙과 절차가 요구하는 자신의 역할을 수행하는 모든 사람은 적합한 비교기준에 따라서 적절한 방식으로 이익을 얻어야 하는 것이다. 정치적 정의관은 협력의 공정한 조건을 규정한다. 정의 우선적 주제가 기본구조이기 때문에, 이러한 공정한 조건은 다음과 같은 것을 규정하는 원칙들에 의해 표현된다. 즉, 이 원칙들은 주된 제도 내에서 기본적 권리와 의무를 규정하고 시대를 넘어서는 배경적 정의 배열을 규정하여, 모든 사람들의 노력에 의해 생산된 이익들이 공정히 분배되고, 한 세대로부터 다음 세대까지 공유될 수 있게끔 한다.

이처럼 합당한 것의 첫 번째 기본적인 측면은 상호성을 바탕으로 하여 타인들과 협력함에 있어 공정한 조건을 기꺼이 제시하고 받아들이는 사회를 만들고자 하는 사회적 덕목이라 할 수 있다.

합당한 것의 두 번째 측면은 충분한 이성의 능력을 가진 양심적인 개인이 판단한 부담의 결과를 인식하고 그것을 기꺼이 부담하려고 하는 것이다. 이는 입헌정체에서 정치권력의 정당한 행사를 지향하는 데 있어서 공적 이성의 사용의 결과를 기꺼이 받아들이는 것과 맥락을 같이 한다. 여기서 말하는 공적 이성의 개념은 다음과 같다. 모든 정치사회는 합당하고 합리적인 모든 행위자들이 자신의 우선순위에 따라 목적을 설정하고 계획을 수립하고 이에 따라 결정을 내리는 방식을 가지고 있다. 이것을 수행하는 능력은 이성인데, 이러한 이성중에 공공의 선(the good of public common)을 지향하고 그 선이 정치적 정의관에 의해 표현된 이상과 원칙에 입각하고 그 주제가 근본적인 정의의 문제의 경우들에 행사하는 이성이 공적 이성이다.

합당한 것의 세 번째 측면은 충분한 감성의 능력을 가진 동물의 세계까지 이익고려의 법칙을 적용하여 고통부담의 결과를 인식하고 그것을 기꺼이 감수하려는 것이다. 이처럼 동물에게 세계윤리 합당성을 확대시킨 사람은 피터 싱어(Peter Singer)[4]이다. 지난 사반세기 동안, 싱어는 도덕적 고려 대상에서 동물을 제외하는 것은 옛날에 여성과 흑인을 제외한 것과 마찬가지라고 주장하면서 합당성의 외연을 확대하였던 것이다.

특히 싱어는 종족주의라는 용어를 유행시켰는데, 이것은 인종주의[5] 및 성차별주의와 유사한 개념이다.[6] 인종이나 성을 근거로 해서 평등한 도덕적 지위를 부정하는 것이 그른 것처럼, 우리 종의 구성원이 아니라는 것을 근거로 해서 평등한 지위를 부정하는 것은 도덕적으로 그르다는 것이 싱어의 주장이다.

싱어는 모든 이익관심은 동등한 대우를 받아야 한다는 기본족인 전제에서 그의 논의를 시작한다. 본질적으로 이것은 도덕적 지위를 갖는 존재는 모두 하나로 계산되어야지, 그 이상으로 계산되어서는 안 된다는 형식적 원리이다. 인종주의자와 성차별주의자들조차도 이 점을 인정한다. 하지만 이들은 흑인이나 여성이 동등한 도덕적 지위를 갖는다는 점을 부정한다. 싱어는 이들이 도덕적 지위를 가질 수 있는 기준을 제시해야만 했다. 도대체 어떤 성질로 말미암아 동등한 도덕적 지위를 갖게 되는가?

---

4) 20여 년 전만 하더라도 누군가가 동물이 도덕적 고려의 대상이 되어야 한다고 말할 경우 웃음거리가 되었다. 이제 어떤 철학자가 동물이 도덕적 고려의 대상이 될 수 없다고 말할 경우 오히려 그가 비판의 대상이 된다. 피터 싱어(Peter Singer)는 바로 이와 같은 변화를 주도한 자로 세상에 알려진 철학자이다.

5) 개개 인종의 생물학적·생리학적 특징에 따라 평등한 억압을 합리화하는 비과학적인 사고방식을 말한다.

6) 종족주의는 Ryder의 논문, 'Victims of Science'에 있고, 이는 '*Animals, Men, and Morals*'에 실려 있다.

여기서 싱어는 벤담[7]의 관점에 서서 '중요한 세계윤리 가치는 이성을 갖는 것이나, 말을 할 수 있는 것이 아니라, 고통을 느낄 수 있는가에 초점을 맞추어야 하는 것이다.' 싱어는 도덕적 지위를 설명하기 위해 이익관심의 개념에 주목한다. 하지만 동물에 권리를 부여하기 위해 이익관심에 관심을 갖는 것은 아니다. 그는 권리 개념이 불필요한 개념이라는 벤담의 주장에 동의한다. 그러나 권리에 집착하는 것이 도덕적 보호를 확보하는 지름길은 적어도 아니라고 생각한다. 그는 이익관심을 갖는 관건이 인지적 능력을 갖는 것이라고는 생각하지 않는다. 이익관심을 갖기 위해 필요한 것은 오로지 고통과 쾌락을 느끼는 능력일 뿐이다. 싱어는 쾌락과 고통을 느끼는 능력을 지칭하는 것으로 유정(有情)[8]이라는 개념을 사용한다. 이익관심을 갖기 위해서는 유정성이 필수적이다. 왜냐하면 유정을 갖고 있지 않은 것, 예를 들면 바위는 이익관심을 갖지 않기 때문이다. 싱어는 또한 감수성이 이익관심을 위한 충분조건이라고 믿는다. 쾌락과 고통의 감수능력을 가지고 있는 존재라면 적어도 최소한의 이익관심, 즉 고통을 당하지 않을 이익관심을 가지고 있기 때문이다. 비록 서로 다른 종의 고통을 비교하는 것은 매우 어렵지만 만일 단지 인간의 편의를 위해 동물에게 심각한 고통을 주는 경우로 우리의 관심을 국한시킨다면, 세계윤리정신에 어긋나다는 사실을 환기시켜 준다.

벤담을 인용하고 고통의 최소화를 강조하는 데서 드러나듯이, 싱어의 접근은 기본적으로 공리주의에 입각해 있다. 목적의 선으로서 쾌락의 증진과 고통의 감소에 대한 이해가 합당성의 외연을 넓히는 길이며, 전체고통의 양을 줄여야 하는 방향으로 윤리적 의무를 강조한 것도 합당성을 다시 생각해 보아야 될 문제라는 것이다.

롤즈는 개인 간의 정의와 제도의 정의를 구분하고, 사회의 근간을 이루는 정치제도, 소유제도, 경제제도, 가족제도 등이 하나의 체계로 결합되어 작동하는 방식인 사회기본구조의 정의에 치중한다. 정의는 기본자유와 권리, 직업 및 교육의 기회, 권력과 권한, 경제적 부 등 기본적인 사회적 재화들의 분배에 관한 문제이다. 롤즈는 정의의 두 원칙을

7) 그는 인생의 목적은 '최대 다수의 최대 행복'의 실현에 있으며 쾌락을 조장하고 고통을 방지하는 능력이야말로 모든 도덕과 입법의 기초원리라고 하는 공리주의(功利主義)를 주장하였다.

8) 인정이나 동정심의 뜻으로 말하며, 불교의 맥락에서는 마음을 가진 살아 있는 생명을 의미한다.

제시한다. 제1원칙은 기본적 자유와 권리의 최대한 평등한 보장이다. 기본적 자유와 권리는 언론과 집회의 자유를 포함하는 정치적 자유, 사상과 양심의 자유, 신체의 자유, 사적 소유권 등이다. 다만 롤즈는 생산수단과 토지의 소유권과 상속권은 기본적 자유로 인정하지 않는다. 고전적 자유주의 또는 신자유주의와 구별되는 대목이다.

제2원칙은 정당한 불평등 배분의 원칙으로서 공정한 기회균등의 원칙과 차등의 원칙으로 구성되어 있다. 공정한 기회균등의 원칙은 직책, 직위 및 권한, 경제적 부와 같은 사회경제적 재화들은 공정한 기회균등의 조건이 충족되어 있어서 사회적 배경이 각자의 능력과 노력의 차이에 영향력을 행사할 수 없다면 각자의 능력과 업적에 따라서 배분되어야 한다는 것이다. 차등의 원칙은 사회경제적 재화의 불평등한 배분은 사회의 최소 수혜자들의 이익개선에 가장 효과적으로 기여할 수 있게끔 시행되어야 한다는 것이다.

롤즈는 공적이성을 지향함에도 불구하고 양심적인 개인이 자유로운 토론 후에 나오는 결과가 자신과 동일한 결론에 도달할 수 없다는 것을 인정해야 한다고 주장한다. 왜냐하면 상충하는 합당한 판단을 내릴 수 있기 때문이다. 시민으로서의 개인은 어느 것 하나만을 주장할 수 있음을 인정해야 한다. 이 말은 합당한 불일치가 일어날 수 있다는 것이다. 그러면 합당한 불일치는 어떻게 일어날까? 여기에 대해 롤즈는 다음과 같이 말한다.

한 가지 설명은 다음과 같다. 합당한 불일치는 합당한 개인들 사이의 불일치이다. 즉, 입헌체제에서 자유롭고 평등한 시민이 되기에 충분한 정도로 두 가지 도덕적 능력을 실현시키고, 그리고 협력의 공정한 조건을 존중하고 사회의 협력적 구성원이 되고자 하는 지속적인 욕망이 있는 사람들 사이의 불일치이다.[9]

롤즈는 합당한 불일치를 기꺼이 부담할 수 있어야 하며, 이런 판단의 부담은 관용의 덕으로서 민주주의 개념 중에서 가장 중요하다고 말한다. 따라서 합당성이란, 협력체제 속에서 정치적으로 살아가는 이성의 능력을 갖춘 양심적인 개인이 가지는 두 덕목으로, 첫째 공정한 협력의 조건을 제안하고, 승인하고, 그에 따라 행동하는 도덕적인 힘이며, 둘째는 그로 인해 생기는 불일치를 기꺼이 부담하는 관용의 덕이라 하겠다.

롤즈의 합당성 논의는 혼합절차주의에 가깝다. 이는 완전절차나 불완

9) 위의 책, p.69.

전절차주의를 동시에 내포하는 '비순수절차주의'와는 달리 순수절차주의를 타당한 범위를 인정하면서도 순수 절차적 정의의 공정성을 음미하기 위해서는 그 '현저한' 기준으로 결과의 공정성이 고려의 대상이 되어야 한다는 점을 상정하고 있기 때문이다.

이러한 혼합절차주의의 관점에서 볼 때 '최소 수혜자 최대이익 원칙'과 차등의 원리는 일련의 하자를 지니고 있는 범주로 평가된다. '최소 수혜자 최대이익 원칙'은 최소 수혜자의 작은 이익을 위하여 중산층에게 훨씬 커다란 희생을 요구하므로 중산층의 입장에서 의아스럽게 생각되는 결과를 산출할 가능성이 있으며 또한 최소 수혜자의 작은 이익을 위하여 중층과 상층에게 상당한 부담을 강요하므로 사회 다수 집단의 입장에서는 수긍하기 어려운 결과를 야기할 것으로 우려된다.

여기서 '최소 수혜자 최대이익 원칙'의 원리란 바로 '최대 불만의 극소화'를 목표로 최소 수혜자에게 거부권을 부여하고 있는 원리로서 '독특한' 의미의 만장일치제인 셈이다. 최소 수혜자에게 거부권의 주는 '최소 수혜자 최대이익 원칙'에 의하여 구체화되는 만장일치제는 특이한 장점을 배태하고 있다. 즉 맥시민은 생활의 기본 욕구가 충족된 최대 수혜자들의 선호보다 최소 수혜자들의 선호강도를 우선시하는 원리라고 말할 수 있다.

롤즈는 일정한 조건 하에서 시민불복종의 정당성을 인정한다. 롤즈는 시민불복종을 보통 법이나 정부의 정책에 변혁을 가져올 목적으로 법에 반해서 행해지는 공적이고 비폭력적이며 양심적인 정치행위로 정의한다. 시민불복종이 정당하기 위해서는 중요하고 분명한 부정의에 대한 불복종이어야 하고, 합법적인 수단이 없어야 하며, 시민불복종의 효율성을 고려한 한계 내이어야 한다.

롤즈가 시민불복종의 요건으로서 비폭력을 지나치게 엄격하게 해석하는 한계가 있다고는 하나, 시민불복종의 정당성을 인정한 것은 연방대법관들의 견해보다는 진보적이라고 평가할 수 있다. 정치적 표현의 자유의 한계에 대하여 홈즈 대법관으로 대변되는 미국연방대법원은 '명백하고 현존하는 위험' 원칙에 따르고 있다. 브랜다이스 대법관은 위 원칙을 보다 엄격하게 적용해서 예상되는 범죄의 종류가 국가적으로 심각한 피해의 가능성이 있는 범죄여야 하고, 그 해악의 임박성이 매우 긴급해서 충분한 토론의 기회가 없어야만 표현의 자유 제한이 정당화될 수 있다는 입장을 취했다.

롤즈는 여기서 더 나아가 정치적 표현의 자유를 제한하는 것은 민주주의에 대한 부분적인 정지를 함축하므로, 정치적 표현의 자유는 비상사태를 다루는 민주주의 제도의 절차가 제대로 작동하지 않는 헌법적 위기가 현존하는 상황에서만 제한될 수 있다고 한다. 그리고 그러한 헌법적 위기는 미국 역사상 발생한 적이 한 번도 없었고, 민주주의 제도의 활발한 역사를 가진 국가에서도 밖으로부터 전면적으로 위협을 받지 않는 한 발생하지 않았다고 주장하였다.

2. 합리성으로서의 선(좋음, the good)

합리성으로서의 선을 주장하면서 롤즈는 '무지의 베일'을 강조하였다. 이는 곧 사회정의의 기준을 선택하는 자가 자기 개인의 우연적인 지적, 체력적, 배경적 조건을 모를 뿐 인간 사회에 대한 일반적 사실은 숙지하고 있다는 가정이다. 이 무지의 베일이라는 가설을 통해서 합의의 문제를 단순화하고 동시에 정의의 실질적 내용으로부터 우연성을 배제하고자 한다. 여기서 정의의 실질적 내용에서 우연성을 배제한다는 것은 예를 들어서 돈이 많은 사람이 기준을 설정하면 부자가 유리하게 기준이 정해지고 학자가 설정하면 지식인에게 더 많은 권한을 주는 것과 같은 경우를 방지한다는 것이다.

롤즈는 합리성으로서의 선을 위해서 상호 무관심의 합리성을 전제한다. 이는 곧 당사자들이 상대방에게는 무관심하고 자신의 이익만 추구하는 합리성을 소유하고 있다는 가정이다. 이 조건과 무지의 베일 조건이 결합하여 결국 원초적 입장에 있는 자들은 타인의 선까지 고려하게 된다.

무지의 베일과 상호 무관심이 결합하면 단순성 및 명료성과 이타심까지 보장하게 된다는 의미이다. 이상과 같은 가설적 조건을 설정함으로써 도덕 판단을 사려 판단, 타산 판단으로 옮길 수 있기 때문에 직관에 대한 의존도를 줄일 수 있기 때문에 이렇게 합리적 타산의 사려 깊음이 바로 정의실천의 관건이 된다.

롤즈는 도덕 판단의 기초를 도덕심리 및 사회심리의 제 요인, 동정심에 두는 방법(공리주의의 대안)은 개인 간의 차이를 중요시하지 않음으로써 공평성을 몰개인성(impersonality)으로 오인하였다고 비판한다. 동시에 심리적 요인과 규범적 판단 간의 논리적 관계가 해명되어야 하는데 이것은 옳은 행위의 기준을 제시할 뿐만 아니라 존재와 당위 간의 도덕적 논거까지 취급하는 이중적 관계가 될 것이다.

롤즈는 원초적 입장에서의 선택을 강조하였는데 이것은 무지의 베일로 인하여 불확정한 상황에서의 선택이 된다. 먼저 최소 극대화의 원리로서 무지의 베일을 쓴 당사자들은 자신이 어떤 처지에 있는지 알 수 없으므로 사회 성원들 간에 불평등을 인정하더라도 가장 불리한 사람이 가능한 한 이익을 많이 보는 불평등을 선택할 것이다. 또한 기대-효용 극대화의 원리는 평균적 공리주의의 입장으로서 롤즈가 배척하는 합리성이다. 이처럼 롤즈는 합리성과 관련하여 선(좋음)에 대해 다음과 같이 말한다.

> 앞서의 정의에 따르면, 일단 우리가 어떤 대상이 합리적으로 원하게 될 성질을 가졌음을 확인하게 되면 우리는 그것이 그에게 좋은 것임을 증명한 셈이다. 그리고 만일 어떤 종류의 사물이 인간 일반에 대해서 이러한 조건을 만족시킨다면 그러한 사물은 인간적인 선인 것이다. 결국 우리는 자유와 기회 및 우리 자신의 가치감이 이러한 범주에 속한다는 확신을 갖고자 한다.10)

어떤 대상이 '우리가 원하는 성질을 가졌다고 합리적으로 판단'되었을 때 그 대상은 우리에게 좋은 것(善)이다. 만일 좋은 의사라는 말을 할 때, 우리는 직업으로서 좋음인지, 많은 수입을 얻을 수 있는 것으로서의 좋음인지, 배우자로서의 좋음인지에 대해서 많은 해석의 여지가 있다. 그럼에도 불구하고 공공의 합의적 측면에서 보면 좋은 의사는 어떤 환자가 의사에게서 합리적으로 원하는 기술과 능력을 가진 사람으로서의 좋음으로 정의내릴 수 있다.

> 이러한 뜻에서 좋음(선)을 합리성으로 보는 것은 서술적인 이론에 속한다. 요구되는 방식대로 그것은 모든 이가 인정하는 두 가지 일반적인 사실을 설명해 준다. "좋은"이 갖는 일정한 의미는 여러 단계에 있어서의 정의(定義)에 의해서 규정된다. 그래서 어떤 것이 좋다는 것은 그것이 그러한 종류의 사물에 합리적으로 요구되는 특성과 나아가서는 그것에 더하여 각 경우에 따른 세부 사항을 가지고 있다는 것이다.... 우리는 사물들을 상이한 목적으로 원하게 되는 까닭에 그것들의 다른 특성들을 평가하게 되는 것은 분명히 합리적인 일이다. "좋은"이라는 것의 의미를 함수 기호의 그것과 비슷한 것으로 생각해보면 도움이 된다. 그래서 우리는 그 정의를 각 종류의 사물에 대해서 그러한 종류의 사례들이 그에 의해 평가될 특성, 즉 그러한 종류의 사물에서 합리적으로 요구되는 특성들의 체계를 부여하는 것으로 볼 수 있을 것이다.11)

이처럼 롤즈는 한 사람의 선을 '그 사람의 가능한 모든 다양한 행위 과정의 결과가 현시점에서 그에 의해 정확히 예견되고 상상을 통해서

---

10) J. 롤즈, 황경식 역, 『정의론』(서울 : 이학사, 2003) p.516.
11) 위의 책, pp.524f.

정확하게 인지될 경우에 그가 지금 욕구하고 추구하는 것'[12]이라고 한다. 그렇다면 이것은 어떤 조건에 대한 숙고된 반성으로부터 생기는 충동적인 힘들의 가상적 구성물이다. 이런 일련의 과정을 '숙고된 합리성'이라고 정의한다.

롤즈가 말하는 합리성으로서의 선은 어떤 대상이 합리적으로 원하는 성질을 가졌을 때 우리에게 좋은 어떤 것이며, 또한, 우리의 인생 계획에서 어떤 조건에 대해 현시점뿐만 아니라 미래의 어떤 시점에까지 숙고된 합리성에 의해 생기는 가상적 구성물이거나 구성되어지는 성질이다.

이렇게 합리성으로서의 선의 이념은 기본적 선에 대해 한계지울 수 있다. 롤즈는 합리성으로서의 선의 이념과 자유롭고 평등한 시민에 대한 정치적 견해가 결합될 경우 다음과 같은 기초적 선의 목록을 제시할 수 있다.

a. 기본자유, 사상과 양심의 자유 : 이 자유들은 두 가지 도덕적 능력의 발달과 이의 완전하고 충분한 행사를 위해 필요한 배경 제도조건이다. 이 자유들은 정의의 한계 내에서 가치관의 광범위한 범위를 보호하기 위해서는 필수불가결하다.
b. 거주 이전의 자유와 다양한 기회를 배경으로 한 직업 선택의 자유 : 이 기회들은 다양한 목적의 추구를 허용하고 그 목적들을 수정하고 변화시키려는 결심에 영향을 미친다.
c. 직위의 힘과 특권 그리고 책임 있는 지위 : 이들은 자아의 다양한 자치적·사회적 능력들이 발휘될 수 있는 공간을 부여한다.
d. 전목적적 수단으로 광범위하게 이해되는 수입과 부 : 수입과 부는 그것이 무엇이든 광범위한 목적을 간접적으로 성취하기 위해 필요하다.
e. 자존감의 사회적 기초 : 이 기초들은 시민들이 인격적 자부심을 갖고 자신의 도덕적 능력을 계발시키고 행사하며, 자신감을 갖고 자신의 목표와 목적을 추구하기 위해 본질적으로 필요한 기본 제도의 측면들이다.[13]

이 목록은 기초적인 선의 역할을 하며 자유롭고 평등한 시민들이 자

---

12) 위의 책, p.539.참조
13) 「정치적 자유주의」, pp.308f.

신의 지위를 유지하고 정상적으로 충분한 협력적인 구성원이 되기 위해 필요한 것이다. 이처럼, 기본적 자유, 직업 선택의 자유, 직위의 힘, 부, 자존감을 행사할 수 있는 사회적 제도 등은 사람들이 자신의 인생계획 속에서 숙고된 반성을 통하여 취하고 싶은 구성물들이라 할 수 있다. 롤즈는 이러한 모든 것을 추구하려고 하는 의지와 의도는 합리성의 기본적 성질로 본 것이다. 이제 합당성과 합리성을 비교하며, 이것 관계를 살펴본다.

3. 합당성과 합리성의 구별

당위에서 당위를 근거지우려는 태도는 다시 몇 가지로 나누어 볼 수 있다. 그 하나는 선험적 당위에서 구체적 당위를 끌어내는 입장으로서 선험적 가치철학 혹은 의무론이다. 다른 하나는 이상적인 토론에서의 합의가능성으로 당위를 근거지우려는 입장으로서 절차주의 정당화론이다. 끝으로는 단지 합법성으로 당위를 근거지우려는 입장으로서 합법성론을 들 수 있다.

그러나 이 모든 입장들은 당위질서는 존재질서와 구분된다는 것을 전제로 하고 있다. 즉 당위는 현실의 존재와 무관하게 당위로서 효력이 있다는 주장이다. 따라서 이런 입장들은 한편으로는 현실에 물들지 않는 당위의 순수함과 엄격함에 대하여 잘 말해 주고 있지만, 다른 한편으로 규범의 실효성에 대하여는 별로 주의를 기울이지 않는 우를 범할 수 있다. 즉 전체적으로 이상에 치우쳐 존재현실의 엄중함에 대하여 소홀하게 될 우려가 있다는 것이다.

그리고 그와 같은 일반적인 주의사항 이외에 다시 개별적으로 보면, 우선 선험적 가치원리에서 구체적인 당위를 근거지우려는 입장은 당위의 영원성과 또 현실 초월적이면서 규제적인 당위의 기능은 훌륭하게 부각하고 있으나, 존재론적 정법 같이 자신의 견해와 다른 당위와 규범에 대하여 아주 배타적인 경향으로 귀결될 우려가 있다.

다음으로 이상적인 토론에서의 합의가능성으로 당위를 근거지우려는 입장은 민주적인 토의와 관용의 정신이 잘 부각되어 있고 따라서 가치다원주의 시대에 합당한 규범질서를 꾸려나갈 수 있게 하는 데에 큰 힘이 되지만, 당위가 그 자체의 엄숙한 품격을 잃고, 변덕스런 개개인들의 합의가능성에 종속되게 되는 우려도 있다.

마찬가지로 합법성만으로 당위의 근거 지움을 말하고자 하는 켈젠과 같은 입장은 법질서의 필요성과 법의 엄격성에 대하여는 잘 말해 주고 있으나, 역시 규범이 단지 법절차를 통해 결정되는 것에 지나지 않는다는 인식을 심어주어, 규범을 하찮은 차원으로 전락시킬 우려가 있다.

그런데 롤즈는 합당성은 합리성에서 도출되지 않는 독립적인 개념이라고 말한다. 그리고 롤즈는 합당한 것과 합리적인 것의 차이의 기원은 칸트에게까지 올라간다고 하면서, 정언명령과 가언명령의 차이와 같은 것이라고 하였다. 칸트에 대한 롤즈의 이해로 비추어 볼 때, 합리적으로 행동할 때 이기적으로 자신의 목적을 추구하는 측면이 강한 반면, 다른 사람들과 관련해서 합당하다고 할 때 자기와 타인이 공통으로 추론할 수 있는 원칙에 의하여 이들이 자신의 행동을 통제할 것을 아는 것이다.

결국 롤즈는 합당성이 이기주의와 양립할 수 없다고 본다. 합당성은 도덕적으로 행동하는 성향과 관련이 있기 때문에 롤즈는 다음과 같이 주장한다. 공정으로서의 정의에서 합당한 것과 합리적인 것은 두 가지의 독특하고 독립적인 기본개념으로 생각된다. 그것들은 한 가지로부터 다른 한 가지를 유추하는 사고가 없다는 점에서 독특하다. 특히, 합리적인 것을 유추하는 것은 생각할 수도 없다. 도덕사상사에서 일부의 사람들이 이것을 시도하였다.

그들은 합리적인 것이 더 기초적인 것이라고 생각했다. 왜냐하면 어느 누가 위와 같은 친숙한 원칙에 의해 구체화된 합리성의 개념을 인정하지 않겠는가? 합당한 것이 합리적인 것으로부터 도출될 수 있다면, 즉 적절하게 구체화된 상황 속에서 단순히 합리적인 행위자의 선호나 결정 또는 합의로부터 어떤 특정한 정의원칙을 도출할 수 있다면, 합당한 것은 마침내 굳건한 토대를 가지게 된다고 그들은 생각했다.[14)]

하지만, 롤즈의 공정으로서의 정의는 합리성에서 합당성을 찾으려는 생각을 거부한다. 아마도 롤즈는 미국사회에서 다수의 합리적인 시민들의 이기주의에 호소해서는 차등의 원칙과 같은 소수자인 약자를 위한 정의원칙을 만들 수 없다고 생각한 것 같다. 그래서 롤즈는 칸트의 순수 실천이성처럼 합당성을 도덕적 의무감으로 이해하여 합리적 능력이 아닌 도덕심인 정의감의 능력으로 협력체계의 공정한 조건을 도출하며, 이상적 원초적 상황에서 정의원칙을 구성한 것으로 보인다.

따라서 롤즈의 정의의 원칙을 만드는 주체는 합리적인 개인들이 아

---

14) 위의 책, p.64.

니다. 이상적인 도덕감을 가지고 정의의 원칙을 기꺼이 받아들이려는 합당한 개인들이 정의의 원칙을 만드는 주체이다. 자유주의자에게 있어서 국가는 공적 행정기구로 간주하고, 사회는 시장경제에 의해 구조화된 사적 개인들과 그들이 행하는 사회적 노동의 교환체계로 간주된다. 그리고 정치는 사회구성 과정에서 사회의 사적 이익을 조직하여 관철하는 기능에 그치는 것이 자유주의의 전통이다.[15)]

그러나 롤즈의 경우는 이런 자유주의의 전통에 한 걸음 더 앞서서 공화주의적인 관점을 따르는데, 국가의 존재이유를 공정한 사적 권리를 보장하는 것을 넘어서서, 모든 사람들의 공동이익에 부합하는 목표와 규범에 대해 자유롭고 평등한 시민들이 자신의 의사를 표현하고, 공적 의견을 형성하는 도덕적 의무를 지니는데서 찾는다. 이렇게 시민 개개인에 내재된 이성은 단지 민주적 절차에 따라 도출된 합의된 결정이 아닌 도덕심으로서의 공적 이성이다.

그것은 공중의 선과 근본적 정의의 문제를 다루며, 사회의 정치적 정의관에 의해 표현된 이상과 원칙에 의하여 주어지고 이에 입각하여 공개적으로 검토하고 행하는 모든 과정에 있어서의 공적 이성이라 할 수 있다. 이때 공적 이성을 실제로 행하는 주체는 모든 시민이 아니다. 정의관에 입각한 이상과 원칙에 대해 숙고할 수 있는 책임 있는 소수의 사람일 수밖에 없다.

하지만, 공적 이성의 이상이 시민들에게 적용되는 방법과 다양한 위치에 있는 정부의 공무원들에게 적용되는 방법을 구별될 필요가 있다. 공적 이성은 공식적인 회의에 적용되는데, 그래서 의회의 연단에서 발표할 때의 의회 의원들, 공무와 공적 결정을 내릴 때의 행정 집행자에게 적용된다. 이는 또한 특별한 방법으로 사법부, 그리고 무엇보다도 사법심사제가 있는 입헌적 민주주의에서의 대법원에 적용된다. 이것은 재판관들은 자신의 결정을 헌법이나 관계 법률, 판례에 대한 자신들의 이해에 근거한 것으로 설명하고 정당화할 필요가 있기 때문이다. 입법부와 행정부의 행위들은 이런 방법으로 정당화될 필요가 없으므로, 법원의 특별한 역할로 인해 법원은 공적 이성의 표본이 된다.[16)]

따라서 공화주의 관점에서 볼 때 합당성의 담지자는 사익을 추구하

15) J. Habermas, 한상진 박영도 공역, 「사실성과 타당성-담론적 법이론과 민주주의적 법치국가 이론」(서울 : 나남출판, 1992), p.328.

16) 「정치적 자유주의」, pp.266-267.

는 시민 한 사람에 있지 않다. 공적 이성을 알고 실천하려는 시민에게 있다. 이렇게 합리성과 구별하여 합당성을 실천적 도덕심의 영역으로 롤즈는 보았다. 이에 반해, 위에 언급하는 하버마스는 의사소통행위의 합리성을 합당성으로 본다. 합리성을 중시하는 서구 계몽주의의 전통에서 있는 하버마스가 공적 이성의 도덕적 근거를 합리성의 토대위에 놓으려 한 것은 당연한 결과라 할 수 있다.

3. 하버마스의 공적 합리성

1. 의사소통적 합리성과 합당성과의 관계

그림 2 하버마스

서양 역사의 진보가 루카치가 주장하는 것처럼 물화라는 결과만을 낳지 않았다. 물화이외에 하버마스는 의사소통적 행위의 합리성을 주목하였다. 하버마스는 사회적 행위이론을 의사소통적인 행위 이론으로 재구성할 수 있는 요소를 미드에서 발견하고, 뒤르켐, 파슨스를 통해 사회 통합과 체계 통합을 결합시킬 수 있는 가능성을 보았다. 이들 이론의 도움을 받은 하버마스는 의사소통적 합리성이 이해 도달을 지향하는 목적을 가지고 2인 이상의 언어 행위자들이 서로 간에 '합의'를 통해 행위조정을 이루고자 하는 행위 유형이라고 보았다.

여기서 하버마스는 이전 합리적 이성이 개별 행위자의 주관적 실천이성라든가 국가나 사회 같은 거대 주체에 귀속되었다고 보면서, 의사소통적 이성을 가능하게 하는 것은 언어적 상호작용의 망을 매개하고 삶의 형식을 구조화하는 언어적 매체라고 보았다.[17] 언어적 매체에 의해 매개되고 구조화하는 작업은 상호이해하려는 합목적적 합리성을 내포한다. 왜냐하면 청자와 함께 세계 속의 무엇에 관해 상호이해를 하기 위해서는 언어를 사용하는 사람은 특정한 전제를 받아들여야 하기 때문이다.

17) 「사실성과 합당성」, p.28.

무엇보다도 그는, 언어적 상호작용의 참여자들이 발화 수반적 목표를 유보 없이 추구하고, 그들 간의 동의를 비판 가능한 타당성 주장의 상호주관적 인정을 통해 형성하며, 합의로부터 도출되는 상호작용과 관련된 책무를 받아들일 자세가 되어 있다는 가정에서 출발해야 한다. 이런 식으로 말의 타당성 기초에 들어오게 된 것은 의사소통행위를 통해 재생산되는 생활형식 속으로 퍼져간다. 의사소통 합리성은 초월적으로 그 무엇을 가능하게 만드는 조건, 구조를 형성하는 조건, 그리고 확산적인 조건들의 탈중심화된 연관 속에서 표현된다. 그 합리성이 행위자들에게 무엇을 해야만 하는지를 말해주는 주관적 능력인 것은 아니다.[18)]

그러나 의사소통적 이성은 합당성 주장으로의 정향을 가능하게 하지만, 그것이 특정한 실천적 과제를 해결하기 위한 내용적 방향을 제공하지는 않는다. 이 합당성은 정보를 주지도 않고, 직접적으로 실천적이지도 않다. 여기서 상대방은 자신의 목적을 달성하기 위한 전략적 수단의 대상이 아니라 합의에 이르기 위해 서로 필요로 하는 협력자로 등장한다. 이 의사소통적 합리성은 상호 이해 도달의 '상호 주관성'에 바탕을 둔 행위이며 그 배경으로 생활세계임을 밝힌다.

하버마스는 생활세계는 '언어'를 매개로 하는 의사소통적 공간이라고 하면서, 이 생활세계가 한 주체가 어떤 것과 관계 맺을 수 있는 세 가지 행위자와 세계 관계를 구별해내었다. 언어사용의 양상에서, 화자가 표준적 화행들 가운데 하나를 수행함으로써 객관세계안의 어떤 것에 대해, 혹은 사회세계 속의 어떤 것에 대해, 혹은 주관세계 안의 어떤 것에 대해 화자에게 각각 객관적인 어떤 것, 규범적인 어떤 것, 혹은 주관적인 어떤 것으로 나타나게 된다고 보았다.[19)]

이때 이 세 가지 양상이 실제 의사소통의 상황에서는 여러 세계관계 속에 동시에 편입되어 있다고 보는 것이 바람직하다. 의사소통행위는 참여자들이 객관세계의 어떤 것, 사회세계의 어떤 것, 주관세계의 어떤 것에 동시에 관계하면서 행하는 협동적 해석과정을 거친다. 화자와 청자는 그들의 발언을 다른 행위자에 의해 부정될 수 있는 가능성에 비추어 상대화한다.

상호이해는 의사소통 참여자들이 어떤 발언의 합당성에 대해 의견의

---

18) 위의 책, p.28.

19) J. Habermas, 장춘익 역, 『의사소통행위이론-기능주의적 이성비판을 위하여』(서울: 나남출판, 2006), p.198.

일치를 이루는 것을 말한다. 이때 합당성의 의견일치를 이루기 위해서는 문화적으로 전승되고 언어적으로 비축된 지식의 요소들 사이에 성립하는 문법적으로 규제된 관계로 나아간다. 즉, 해석학적으로 이해되고 일치된 해석지평을 선해석으로 삼고 상호이해의 맥락을 형성한다. 의사소통참여자들은 그때그때의 객관세계, 사회세계, 주관세계 사이의 연관들과 마주선다.

이러한 현상학적 마주침의 형식은 생활세계의 맥락 안에서 벌어지는 일들을 서사적으로 그려내기도 한다고 하면서 하버마스는 사회문화적인 생활세계를 밝히는 유용한 도구로 이야기 텍스트의 분석을 강조한다.[20]

우리가 생활세계에서 등장하는 상태와 사건들을 어떻게 확인하고 기술하는지, 우리가 어떻게 사회적 공간과 역사적 시간 속에서 이루어지는 집단구성원들의 상호작용을 복합적 통일체로 엮고 계열화하는지, 우리가 어떻게 개인들의 행위와 개인들이 맞닥뜨리는 사건을 그리고 집합체가 행한 것과 집합체가 겪는 운명을 상황의 대처라는 관점에서 설명할 것인지 등 말이다. 이야기의 형식을 선택함으로써, 우리는 일상으로서의 생활세계 개념을 기술(記述)의 인지적 기준체계로 삼도록 "문법적으로" 강제하는 관점을 선택하는 것이다.[21]

이처럼 생활세계는 참여자의 관점에서는 해석상황의 지평을 이루는 맥락으로 주어져 있지만, 이야기하는 사람의 관점에서는 인지적 목적을 잃지 않는다. 즉, 의사소통참여자들이 그들의 행위를 비판 가능한 합당성 주장에 대한 상호인정을 통하여 조정할 때, 그들은 사회집단의 소속감에 의지하며 동시의 집단의 통합을 강화시킨다.

따라서 하버마스는 상호이해라는 기능의 측면에서의 의사소통행위는 전통과 문화적 지식의 갱신을 가져다주고, 행위조정의 측면에서 보면 의사소통행위는 사회통합과 연대의 산출에 기여한다. 그리고 사회화의 측면에서 보자면 의사소통행위는 '사람으로서 정체성의 형성에 기여한다'[22]고 말한다.

요약하자면, 하버마스의 의사소통적 합리성이란, 생활세계 내에서 작동하는 의사소통의 장에서 상호이해라는 목적을 갖고 의사소통에 참여

---

20) 위의 책, p.222. 참조
21) 위의 책, pp.222f.
22) 위의 책, p.224.

하는 구성원들이 자유롭게 이해하고 합당성을 주장하면서 이루어지는 상호인정을 통하여 조정할 때, 전통과 문화적 지식의 갱신을 이루고, 사회통합과 연대를 산출해가는 모든 과정이라고 할 수 있다.

하버마스에서의 공공성 개념의 역사적 전환을 한국적 상황에 비추어서 말해보면, 그것은 군부에 의해 제창된 "국민적 공공성"에서 민주화 운동의 주역인 시민들에 의한 "시민적 공공성"으로의 진행이었다고 할 수 있다. 그리고 오늘날의 시민적 공공성은 국가의 공권력이나 대기업의 화폐권력에 회수·동화되지 않는 자립적인 자율적 공공성의 확립과 성숙을 통해서, 언젠가는 한국에서의 공사공매(公私共媒)로서 대화적 공공성을 지향하게 된다. 물론 공공이성만으로 공공성이 보장된다고는 생각할 수 없다. 그래서 공공감정이라든가 공공의지라든가 공공영성(靈性)의 문제도 생각하지 않을 수 없다.

이에 반해 '권력'이 매개된 국가행정기구와 '화폐'가 매개가 된 자본주의적 경제체계로서의 체계는 '공민'으로서의 개인으로 권력에 복종하는 존재로 전락시키고, '소비자'로서 개인은 경제관계를 더 많이 소비해하는 자로 전락시켜 탈규범화로 이끄는 원인을 제공한다. 따라서 하버마스의 의사소통적 합리성은 그 성격상 롤즈의 합당성과 유사하며, 체계에서 작동하는 합목적적 합리성은 롤즈가 말하는 합리성과 유사하다고 할 수 있다.

2. 의사소통공동체의 윤리규범

의사소통공동체의 윤리규범은 사실에 반대해서 합당성을 추구하는 영역에서 보면 다음과 같은 두 단계의 절차를 필요로 한다.

첫째 단계는 논증적인 반성을 하는 단계다. 논증이 의미를 가지려면 필연적으로 받아들여야만 하는 조건들을 반성적으로 재구성할 경우 우리는 그 조건에 규범적인 내용을 담을 수 있다. 이 내용은 수정 가능하지만, 그 조건은 수행모순을 범하지 않고서는 논쟁될 수 없는 특성을 갖고 있다. 즉, 내용을 수정하기 위해서는 또다시 그 수정을 가능하게 하는 조건을 인정해야만 한다. 따라서 이것은 마지막까지 근거지어진 것으로 통용된다. 이 조건으로부터 논증적인 합의형성이 가능해지며 그 합의형성을 위해 노력할 의무를 지고 있는 윤리규범의 근본원리가 산출된다.

이 원리는 규제적인 이념의 지위를 갖는다. 실천적인 담화에 사용되는 규범들을 정당화하는 논증적인 담화에 있어서 모든 당사자들이 강요 없이 인정할 수 있는 규범들만이 정당화될 수 있다는 점이 바로 윤리규범의 근본원리로 채택된다. 이 원리는 이상적인 의사소통공동체 안에서 문제를 해결하는 데 동원된 규범적인 절차를 다루는 원칙으로 인정된다. 그것은 또한 실천적인 담화에 있어서 구체적인 규범들을 합의적이고 의사소통적으로 근거설정하거나 정당화할 경우에는 형식적인 절차적 원칙으로만 사용된다. 이 경우에 절차적인 원칙은 규제적인 이념으로서 작동하는데, 개개인의 의식에 있어서나 한 사회에 있어서 의사소통공동체 윤리학의 점진적은 실현은 이 이념에 의거해서만 가능해진다. 그러나 행위의 방향설정을 위한 규범들은 이 도덕원리로부터 유도될 수 없다. 이 상황과 연관된 규범들은 단지 당사자들이 그들의 이해관계와 욕망을 변호하면서 제기하는 것들로서, 그것들은 구체적이며 실천적인 담화의 결과로 생성된 것일 뿐이다.

둘째 단계에서는 그 도덕 원리가 구체적인 담화들을 가능하게 하는 마지막 구속력 있는 규범으로 사용된다. 여기서는 행위 규범 내지는 제도적 규범 혹은 그 규범을 위한 제안들이 도덕적으로 정당하지의 여부가 조사된다. 그 이유는 실천적인 담화에 있어서 획득된 구체적인 규범들은 잘못된 것일 수 있기 때문이다. 그것들은 수정될 수도 있는 것으로 여겨져야 한다. 윤리규범은 마지막 근거설정 논증과 관련해서 보면 행위를 하는 인간들의 관계를 조절하는 것이라는 점에서 우리의 논의를 시작할 수 있다. 그 이유는 만약 하나의 의사소통의 형태로서의 논증이 일종의 협력의 형태라면, 논증하는 사람들은 진정으로 항상 행위를 하는 인간들의 상호관계와 관련된 규칙들을 인정하고 있기 때문이다. 따라서 쿤만은 '우리는 무엇을 해야 하는가?' 내지는 '우리가 항상 의무적으로 받아들이는 어떤 것이 존재하는가?'라는 물음에 대해서 대답하는 과정에서 논증을 위한 규범들이 세워질 수 있다고 생각한다. 그리고 그 규범들을 다음과 같은 조건을 충족시켜야 한다.

첫째, 가능한 한 포괄적이어야 하며, 중요한 것 모두를 그 안에 포함하고 있어야 하며, 모든 연관된 것은 설명을 통해서 그 추구하는 내용으로 획득될 수 있어야 한다. 둘째, 가능한 한 단순하고 직접적으로 획득될 수 있어야 하며, 그것은 이미 설명을 통해서 재구성된 결과물이어서는 안 된다. 따라서 일단은 가장 일반적이면서 누구나 인정할 수 있는 규범을 설정하구 우리가 그 규범들을 밝힐 수 있다. 이런 방식으로 윤리규범이 제시된다.

1. 합리적이고자 하는 의지의 배후로 물러설 수 없다는 점은 "합리적으로 논증하라!"는 첫 번째 규범을 정당화한다. 이것을 자세히 설명하면 다음과 같다. "만약 우리가 진정으로 어떤 것을 알고자 한다면, 그리고 만약 우리가 어떤 문제를 해결하는데 진신으로 관심을 갖는다면, 스스로 합리적으로 논증하면서 그 문제를 올바르게 해결하려고 노력하라는 점이 우리에게 요구된다." 이것은 형식적으로 보면 조건부 명제이지만, 논증규칙으로서는 정언적이다. 이것은 윤리규범이 아니라, 논증을 위한 규칙으로서 간주된다.
2. 이성적으로 합의하고자 하는 의지의 배후로 물러설 수 없다는 점은 – 이 합의만이 한 논증의 타당성을 확신시켜 줄 수 있는데 – "이상적인 합의를 얻도록 노력하라!"라는 두 번째 규범을 함축하고 있다. 만약 우리가 어떤 문제의 해결에 진정으로 관심을 가진다면, 우리는 모든 사람이 동의할 수 있을 해결책을 찾기 위해 노력해야만 한다. 즉, 이성적인 합의를 얻도록 노력한다.
3. 세 번째 규범을 제시하기 위해서는, 논증이란 협력하는 것이며 논증할 때 실천적인 협력을 하는 것이 이론적인 문제를 사실에 적합하게 해명하기 위한 필수 조건으로 간주된다는 점이 지적된다. 더욱이 폭력 없는 토론만이 이론적으로 연관된 논증을 실제적으로 제시하는 것을 보증할 수 있다. 따라서 셋째 규범은 "너의 이해관계가 다른 사람의 그것과 충동할 수 있는 모든 경우에 있어서 그들과 이성적이며 실천적인 합의를 얻도록 노력하라!"는 식으로 형성된다. 이 규범은 원리 다음과 같이 정리된 것이다. "만약 우리가 어떤 실천적인 문제를 – 즉, 행위의 규범들, 목표, 욕구, 이해관계 등의 정당화를 다룰 경우에 나타나는 문제를 그리고 특히 의사소통공동체에 참가한 사람들의 상이한 요구들이 충돌할 경우에 나타나는 문제를 – 해결하는 데 진정으로 관심을 가진다면, 우리는 무한한 의사소통공동체의 구성원들 모두가 동의할 수 있을 해결책을 구하도록 노력해야만 한다. 즉, 이성적이며 실천적인 합의를 얻도록 노력한다."

'이성적'이라는 개념의 뜻은 더 나은 논증을 하라는 강요 이외의 어떠한 강요도 실행되어서는 안 된다는 것이다. 그리고 여기서 사용되고 있는 '이성'은 의사소통 이론적인 전환을 한 이후에 도입된 것으로서, 한편으로는 논증이나 담화라는 개념과 연관된 상태에서 쓰인 것이며 다른 한편으로는 논증이나 담화라는 개념과 연관된 상태에서 쓰인 이성 개념은 처음부터 명백하게 사회적인 차원을 그 안에 내포하고 있다. 한 가지 더 지적할 사항은 의사소통공동체의 윤리학에서는 인격체들이 의사소통을 통해서 서로 요구할 수 있는 인간의 욕구가 윤리적으로 중요하게 다루어진다는 점이다.

의사소통공동체의 윤리규범은 그것이 논증을 통해서 인격체들 사이에서 정당화될 수 있는 한 인정되어야 한다고 주장한다. 즉, 이것은 다른 사람들의 욕구와 관련해서 논증하는 도중에 조화를 이룰 수 있는 그러한 인간의 욕구는 의사소통공동체의 관심사가 될 수 있다는 것이며, 이러한 원칙 안에서 도덕적인 논증의 의미가 표현될 수도 있다는 것이다 따라서 의사소통공동체의 윤리학은 인간의 욕구들을 객관화될 수 없는 완전히 주관적인 것이라고 생각하지 않는다. 오히려 의사소통공동체의 윤리규범은 그것의 정당성이 논증을 통해서 확보될 경우 그것들 상호주관적으로 인정하자고 주장한다.

4. 그러나 특정한 조건하에서는 – 만약 다른 사람들이 이 규범을 존중하는 것을 원하지 않을 경우와 같은 조건하에서는 – 사람들에게 요구할 수 없는 위험이 나타날 수도 있기 때문에, 이상적인 의사소통공동체에 곁들여 그것과는 차이가 나는 실재하는 의사소통공동체를 채택하고 고유한 상황에서 나온 현실적인 조건들을 함께 고려하는 것이 중요해 진다. 이것은 네 번째 규범으로 이끌어 진다. "이상적 의사소통공동체를 현실화하는 것을 이해하는 그러한 관계를 오래도록 실현하는 데 기여하기 위해서 항상 노력하라, 그리고 이상적인 의사소통공동체를 실현 가능하게 만드는 이미 현존하는 조건들이 유지되도록 항상 배려하라!"

이러한 의사소통공동체의 윤리규범들은 반성을 통해서 이루어진 논증의 이상적 조건들에 대한 규범양식이다. 이것들은 항상 이해관계가 충돌하는 구체적인 역사적 상황 안에서 제도화되는 규범들을 고려하면서 규정된 것은 아니다.

3. 실정법에 나타난 합당성

앞에서도 언급했듯이, 의사소통행위의 개념 속에는 언어를 통한 결속력을 가지기 위한 합당성이 내포되어 있다. 그리고 그 합당성은 의사소통행위를 하려는 개인들이 자신의 목적을 이루려는 이기적 합리성을 뛰어넘는 상호이해의 합리성이라는 공적기준에 자신을 개방해야 한다고 하버마스는 주장한다.

의사소통행위의 기초개념은 어떻게 사회적 통합이 상호주관적으로 타당한 언어의 결속력을 통해서 출현하게 되는지를 설명한다. 그 결속력은 언어의 결속 에너지를 사용하여 주체들에게 실용적 제약을 가하며, 성공을 지향하는 이기적 관점을 탈피하여 상호이해의 합리성이라는 공적 기준으로 개방할 것을 요구한다.[23]

따라서 생활세계와 체계 속에서 살아가는 개인들은 의사소통행위의 합리성위에서 합당성을 추구해야 한다. 이렇게 합당성이 잘 구현된 것이 법이다. 왜냐하면, 사회통합의 목적으로서의 합당성은 근대사회에서 가장 최종적인 권위를 가진 법과 밀접한 관계를 맺고 있기 때문이다. 이러한 법적 합당성의 차원은 어떤 것이 있을까?

첫 번째 차원은 국가에 의한 법집행의 사실성이라는 계기이다. 법은 그 법이 적용하는 사람들에게 강제력이 작용하는 것이며, 실제로 그렇게 하고 있다. 두 번째는 타당성차원이다. 타당성차원은 도덕적 차원으로 자유의 일반적 법칙에 따라 행위자들로부터 합리적으로 동기 지어진 강제 없이 인정을 얻을 수 있는 규칙에 기초하는 것을 말한다.[24] 그러면, 이 두 차원들은 어떻게 결합될까?

앞서의 강제력은 타인의 자유에 대한 침해를 방지하는데 사용되며, 이런 상황 하에서만 법적 강제력은 정당할 수 있다. 이러한 법적 규칙은 칸트에 의하면 "자유의 일반적 법칙에 따라 한 사람의 자의가 타인의 자의와 통합될 수 있는" 강제의 조건을 제정한다.[25] 즉, 한 사람이 지니는 도덕적 차원으로서의 자유의 일반적 법칙을 지키기 위해서, 타자와의 관련 속에서 강제성을 지님을 의미한다. 한 사람의 자의와 타인의 자의간의 통합, 즉 사회적 통합이 합당성에 근거할 때 강제법이 될 수 있다. 이때 강제법은 법의 형식이며 사실이며, 법의 내용은 자유의 법이 된다. 따라서 칸트의 법이론에 의하면 법적 합당성은 이중적 성격을 갖고 있음을 알 수 있다.

하버마스도 주관적 권리들로 구성되어 있는 법질서의 정당성 주장이

---

23) 「사실성과 타당성」, p.52.

24) 위의 책, p.56.

25) 재인용, 「사실성과 타당성」 I. Kant, "Einleitung in Rechtslehre" Werke(Weischdel) Bd. Ⅳ, 338 f.

모든 자유롭고 평등한 시민들의 합치되고 통합된 의지가 갖는 사회통합력을 통해서 입증될 수 있다고 본다.[26] 그리고, 법공동체의 구성원들이 법의 이중성이 정당하게 입법되고 시행되도록 모든 가치와 규범을 비판적으로 검사하고 의견을 개진할 수 있도록 의사소통의 해방을 고려하고 있다고 본다. 그리고 의사소통의 과정자체를 법제화함으로써 합리적 담론의 유지가 가능하도록 정치지평과 장을 만들어가야 한다고 보았다.

요약하자면, 법에 관한 한 하버마스에게 있어서 합당성이란, 실정법 안에 내재하는 강제성이라는 형식과 자유의 법칙에 대한 타당성 존중이 결합되어 의사소통의 합리성속에서 법공동체의 자기결정의 실천의 과정이 정당하게 보장되는 것을 의미한다. 그리고 법에 내재한 합당성은 경제체계와 국가기구가 화폐와 행정 권력을 통하여 수행하는 체계통합적 활동에 대해 법적 공동체의 헌법적인 자기이해에 따라, 시민의 자기 결정적 실천이라는 사회통합과정과 연결되어야 한다.[27]

4. 세계시민성의 공공소통

1. J. 롤즈와 J. 하버마스의 비교

롤즈가 말하는 합당성은 상호성을 바탕으로 협력 체제 속에서 정치적으로 살아가는 합리적인 개인이 가지는 덕목으로 공정한 협력의 조건을 제안하고 승인하고, 그에 따라 행동하는 도덕적 힘이면서, 그 결과 일어나는 불일치를 기꺼이 부담하는 관용의 덕이다. 이러한 덕목은 공공 이성에서 구현된다. 롤즈의 합당성은 정언명령의 실천이성으로서의 덕목에 해당한다. 이에 반해 하버마스가 말하는 합당성은 두 가지 차원으로 나뉜다. 먼저 체계와 생활세계로 분화된 의사소통적 구성원으로서의 개인이 상호이해라는 목적을 갖고 자유롭게 타당성을 주장하고, 상호 인정하는 사회통합과정의 의사소통적 합리성이다. 또한 의사소통 공동체에 속한 구성원이 자기 결정적 실천을 하게하는 법적 강제성을 갖게 하는 사회통합과정의 강제적 규제성이다.

---

26) 위의 책, p.60.
27) 위의 책, p.69.

공공개신 관점에서 롤즈와 하버마스의 합당성 이해의 차이는 분명히 구별된다.

첫째, 롤즈는 칸트의 뒤를 이어 주관적 능력으로서의 실천 이성적 관점에서 합당성을 덕목차원인 사적 덕목을 중시하였다. 주관적 능력을 가진 주체로서 개인을 강조되기 때문에 롤즈 관점은 근대성을 강하고 갖고 있다. 롤즈의 개인은 개별적 주체인 동시에, 일반적 주체이다.[28] 이런 일반적 주체가 선택하는 정의관이 공정한 정의관이지만, 가상적이며 추상적인 개인의 선택이라는 한계를 노정한다. 롤즈는 이렇게 도출한 정의의 원칙이 합당한 정의라고 주장하지만, 다른 공동체주의자의 도전을 받게 된다. 결국, 공정으로서의 정의관을 합당성 위에 세워 헌법적 강제성을 부여하려고 시도한 롤즈의 관점은 많은 비판에 직면하게 된다.

이에 반해 하버마스의 합당성은 주체와 객체의 이원론을 뛰어넘는 의사소통적 합리성이다. 그의 의사소통적 이성은 개별행위자라든가 국가나 사회 같은 거대주체에 귀속되지 않는다는 점에서 그 이전의 실천 이성과 구별된다. 그는 공공개신의 방향에 대해 다음과 같이 말한다.

> 의사소통적 이성을 가능하게 만드는 것은 언어적 매체이다. 이 합리성은 상호이해라는 목적가운데 화자와 청자가 함께 세계 속의 그 무엇에 관해 상호이해에 도달하기 위해 특정한 전제를 받아들어야 하며, 타당성 주장의 상호주관적 인정을 통해 형성하며, 합의로부터 도출되는 상호작용과 관련된 책무를 받아들일 자세가 되어있다....... 의사소통적 합리성은 초월적으로 그 무엇을 가능하게 만드는 조건, 구조를 형성하는 조건, 그리고 확산적인 조건들의 탈중심화된 연관 속에서 표현된다.[29]

이처럼 롤즈의 합당성이 개인이 가져야할 실천이성으로서의 덕목인 것에 반해, 하버마스의 합당성은 의사소통 과정에 포함된 모든 구성원들이 가져야할 조건들로 이는 주관적 능력이 아니며, 주관적 개인을 넘어서서 의사소통적 합리성으로 구조화된 삶의 유형으로 일종의 도덕실천적 규범성을 갖추게 된다.[30]

---

28) 원초적 상황에서 개인은 수효에서만 다수인지 타인들과 존재론적으로 전혀 구분되지 않는다. 그렇다면, 이런 개인들은 유적 존재로서의 존재로 한 사람의 선택으로밖에 볼 수 없다.

29) 위의 책, p.28.

30) 네 가지 유형의 합당성 요구를 전제로 한다. ① 이해가능성의 요구 : 화자가 발언한 것이 이해 가능한가? ② 진리성의 요구 : 그 발언을 구성하는 명제들의 내용이 참인가? ③ 정당성의 요구 : 화자의 규범적 발언이 승인된 규범적 맥락 속에서 정당한가? ④ 진실성의 요구 : 화자의 주관적 표현이 진실한가?

또한 롤즈의 합당성은 합리성과는 다른 차원인 반면에, 하버마스의 합당성은 합리성에서 파생된 개념으로 바라보는 점에서 차이가 있다. 롤즈는 합리성을 한 개인이 선호하되 선호하는 것을 넘어서서 자신의 인생 계획 속에 충분히 숙고한 후에 추구하는 능력의 범주로 인식하였다. 따라서 합리적 능력을 가진 개인들은 자신이 갖고 싶은 합리적인 것이기 때문에 서로 갈등할 수밖에 없으며, 이런 갈등을 극복하기 위해서 합당성의 덕목을 가진 개인들이 공평성과 상호성을 추구하면서 정의의 원칙을 세운다. 그리고 질서정연한 사회 속에서 공정한 조건을 제시하고 기꺼이 받아들이는 사회덕목이 합당성이 된다. 따라서 합당성은 합리성보다 규범적으로 우위에 선다. 이에 반해 롤즈는 합당성이 규범적으로 우위에 선다고 말하지만, 각자에 따라서는 이기적 합리성을 더욱 강조하게 되고, 공평성과 상호성에 대한 이해를 다르게 봐야 한다는 비판에 직면하게 된다.

이에 반하여 하버마스의 합당성은 합리성에서 도출한다. 이 합리성은 의사소통적 합리성이다. 의사소통적 합리성은 상호이해 목적으로 상호비판이 가능한 타당성 주장의 요구를 받아들일 수밖에 없는 구조적 조건을 형성한다. 이 같은 하버마스의 합당성 주장은 롤즈보다 이론적으로 훨씬 설득력이 있다. 왜냐하면 롤즈의 합당성은 직견의 요소가 강한 반면에, 하버마스의 합당성은 합리적으로 행위를 하려는 인간 실천의 사실개념에 근거하기 때문이다.

롤즈는 일반 시민들이 아닌 시민의 대표로서 합리적 이성의 능력을 갖춘 도덕적인 사람이 헌법과 하위법률을 심의해야 한다고 보는 반면, 하버마스는 모든 시민들이 공공개신의 담론주체이며 심의자로 보고 있다. 롤즈가 공화제 전통을 따른다면, 하버마스는 민주주의 전통을 따르고 있다고 할 것이다.

이에 따라 롤즈의 원초적 상황 속에서 양심적이고 합리적인 개인들이 무지의 베일을 쓴 채 가장 이상적 선택을 해야 하는 것이 롤즈의 합당성이다. 현실 속에 존재하는 대다수의 사람들 중에 이렇게 도덕적이며 합리적 이성을 갖춘 사람이 몇이나 존재할 수 있겠는가? 도덕적으로는 합당성이 우위에 서 있어야 함에도 불구하고 실제의 현실에서는 이기적 합리성을 가진 사람들이 최소 수혜자의 이익을 추구하기 보다는 다수의 이익을 위한 정치적 선택을 취하게 된다.

그래서 공리주의를 배격하는 롤즈는 시민의 대표로서 합리적 이성능력을 갖춘 도덕적인 소수자들이 헌법과 하위법률을 입법하고 심의하도록 하여 양질의 법체계를 세워야 한다고 주장하게 된다. 이에 반하여 하버마스는 기본적으로 배제되는 사람 없이 모든 구성원들이 활기찬 시민사회와 역동적인 정치적 공공개신의 현장으로 들어서기를 원하게 된다. 끊임없이 자기교정적인 학습과정을 통해 헌법이 시민권을 실현할 수 있는 모두의 헌법이어야 한다고 주장한다.

> 비록 이러한 담론 모델이 공화주의 관점에 비해 더 추상적이지만 그럼에도 불구하고 이 모델에서 개인은 여전히 선행하는 가능한 상호이해의 구조가 보여주는 상호주관성에 배태되어 있다...... 수미일관된 절차주의 헌법이해는 민주적 과정이 이성적 결과를 가져올 것이라는 추정을 정당화해주는 절차적 조건의 본래적인 이성적 성격에 의존한다. 그렇다면 이성은 오직 토의정치를 가능하게 해주는 형식화용적 조건에서만 구체화되며, 따라서 우리가 이성을 정치적 의사소통 너머의 어디엔가 거주하고 있는 낯선 권위로 대면할 필요는 없다.[31]

여기서 법률 전문가의 심의가 시민의 대표로 선출된 대의민주주의의 의사결정보다 우선한 것이 합당한가하는 의문점이 발생한다. 하버마스는 합리적으로 합당한 전통은 오직 민주적 절차 자체로부터 나온다고 하면서 절차주의 형식에 더 많은 우위를 두었다. 왜냐하면 하버마스는 민주주의 절차가운데서 어떠한 차등이나 예외 없이 담론정치를 통해 이해되는 절차주의 과정이 본래적인 이성적 성격을 갖는다고 주장하면서 절차과정이 본래적 이성의 성격을 갖고 있다고 보기 때문이다. 이처럼 하버마스는 시민들이 참여하는 직접 민주주의 전통을 더욱 강조하였다고 할 것이다.

2. 합당성과 합리성에 근거한 세계윤리

1) 합당한 사회체제를 존중하는 공공의식

정치권력은 언제나 강제력을 가지며, 그 형식은 법률에 근거한다. 입헌정체에서 이같이 공적 권력을 갖는 정치체제나 법률을 만들어가는 것은 시민 한 사람에게 매우 중요한 의미를 가지고 있다. 그리고 경제적인 측면과 권력적인 측면에서 볼 때 항상 소수자인 시민들의 입장에서는 많은 불이익이 초래하는 경우가 많다.

---

31) 「사실성과 타당성」, p.349.

이러한 강제적 성격 때문에 합리적 절차에 따라 법규범을 제정한다 하더라도 소수자집단에게 불리하게 적용될 가능성이 매우 높다. 하버마스는 오랜 민주주의의 전통에 기대어 약자를 보호할 수 있다고 주장하지만, 이때도 역시 입법구성원의 자질에 따른 우연성에 기댈 수밖에 없는 상황은 지속된다. 그래서 롤즈는 공적 의식의 개념을 강조한다. 그는 칸트의 전통을 계승하여 합의당사자들이 자유롭고 양심적인 인격체로 가정하여 정의의 원칙들을 적용할 수 있는 성숙한 사람들이 되어야 한다고 주장한다.

그리고 양심적인 시민의 계약에 근거하여 정의롭고 안정적인 사회체제가 되어야 한다. 롤즈의 정의관은 시민들의 이런 성숙한 공적 의식 소유 여부에 그 성패가 달려있다. 따라서 롤즈가 강조하는 합당성에 비추어 볼 때 자신의 손해를 감수하더라도 자신이 속한 시민공동체의 구조가 공정한 정의를 이룬다고 판단한다면 기꺼이 그 부담을 감수할 용의를 갖는 시민의식이 필요하며, 합당한 사회체제를 존중하는 공적 의식을 갖추는 것이 매우 중요하다. 여기서 공과 사를 함께 아우르는 공공개신의 세계윤리의식이 요청된다고 할 것이다.

2) 민주적 절차에 근거한 의사소통 능력

참정권은 공적 의견형성과 공적 의지형성의 결과로 정치와 법률이 제도화되는 것을 의미한다. 이 참정권에는 이중의 담론원리가 자리 잡고 있다. 첫 번째 원리는 의사소통 형식 속에 타당성의 요구가 내재되어 있는 것과 관련된다. 즉, 자유롭고 평등한 시민들은 폭력 없이 의사소통 공동체 속에서 상호이해의 관계를 설립해야 한다. 이때, 실정법을 제정하고, 적용하고, 시행함에 있어서 언제나 자기비판에 노출될 수밖에 없다.

반대로 자유로운 선택과 전략적 행동들은 강제적 법규범에 제한을 받는다. 이런 순환관계를 만들어 갈 때, 의사소통행위에서 도출된 법규범이 의사소통행위 안에 내재된 타당성의 요구에 응답할 때 우리는 합당하다고 말할 수 있기 때문이다. 이때 타당성의 요구는 진실성, 타당성, 진리성, 이해가능성의 요구이며 이런 요구를 규범적으로 받아들이며 상호 주관성의 구조에 부합할 때 의사소통능력을 갖추고 있다고 할 수 있다. 의사소통능력은 이러한 구조를 잘 인식해야 하는 인지능력에 바탕을 두어야 한다.

또한 정치공론에서 직접 적용하는 실천적 의미와 관련이 있다. 대부분 정치공론에서 원활하게 의사소통을 하려면 특정한 역사조건과 사회적 환경을 고려하면서 법적 공동체를 이루려고 하는 헌신된 의지가 중요하다. 그렇기 위해서는 여러 근거들을 고려해야 하는데, 도덕적 근거와 실용적 근거도 함께 고려해야 한다. 그러면서 한 사회가 추구하려는 목표가 크게는 국가 속에서 안정적으로 성취되도록 힘써야 하며, 법의 토대마저 파괴해서는 안 된다. 즉 법 준수에 대한 명확한 의지와 실천이 뒤따라야 한다.

3) 정책결정과 정책결정 과정에 대해 심의하기

오늘날 가장 대표적인 민주주의체제는 대의민주주의이다. 대의의 역할을 맡은 소수의 정책입안자나 입법부가 다수의 시민들의 의견을 정확하게 반영하지 못하고 있는 것이 지금의 실정이다. 이유는 민의 반영의 실패뿐만 아니라, 의사결정의 절차마저도 그 합당성이 의심 가는 일이 많다. 실제로 투표로 다수의 의견을 관철시키는 것은 합당성에 있어 큰 문제를 야기하였다. 왜냐하면 늘 소수자인 집단에게 있어서 투표행위는 다수의 폭력으로밖에 보이지 않기 때문이다.

다수의 횡포를 막고, 소수자 집단의 소외를 막아 정의를 보다 확장된 형태로 나아가기 위해 모색된 것이 심의민주주의이다. 심의는 투표의 결과에 집착하는 것을 배제하고 여러 다양한 개인들과 집단들을 담론의 장에 평등하게 참여시키는 과정을 중요시하는 관점이다.

심의하는 주체에 대한 롤즈나 하버마스의 차이는 크다. 롤즈는 심의의 주체를 법전문가집단으로 보고 있지만, 하버마스는 모든 시민 혹은 모든 시민단체로 보고 있다. 이런 차이가 있음에도 불구하고, 어느 정책이나 법안들을 공개적으로 분석 비판하고, 결정의 과정도 투명하게 보장하도록 요구하는 것이 심의능력이다. 누구의 방법이 올바른가에 초점을 맞추어 결정의 결과만을 중요하게 생각하는 기존의 민주주의방식에서, 법안과 정책을 심의하는 주체를 보다 명확히 하고 결정의 과정에서 오고 가는 정보와 절차의 투명함을 보장해야 한다.

4) 공공합리성의 세계시민성

우리는 지금까지 롤즈와 하버마스를 중심으로 합당성과 합리성을 살펴보고, 각각 비교하며, 그에 따라 갖추어야 할 시민의식을 살펴보았다. 국민국가라고 하는 "공(公)"의 사상에서는 "사(私)"의 존재와 가치와 존엄은 탄압되고 희생되고 배제된다. 이러한 역사적 체험과 감각과 인식에 기초하여 새로운 시대와 상황에 걸맞은 철학을 모색해 나가기 위해서는, 한 사람 한 사람의 존재와 가치와 존엄을 강조한다. 이는 바로 활사(活私)이다. 이를 바탕으로 국가와 정부와 체제를 보다 인간친화적인 것으로 변혁시킬 수 있도록 하는 것이 바로 개공(開公)이다.

이것은 국가와 정부가 지도하는 계몽운동이 될 수 없다. 시민이 주도하는 지·덕·행 삼자의 상관변혁운동이다. 이는 협력체제 속에서 정치적으로 살아가는 이성의 능력을 갖춘 양심적인 개인이 가지는 덕목으로 공정한 협력의 조건을 제안하고, 승인하고, 그에 따라 행동하는 도덕적 힘이 운동으로 전개되는 합당성이다. 공정한 협력 가운데의 불일치를 기꺼이 부담하는 관용의 덕이 합당성이다.

또한, 합리성은 자유롭고 평등한 시민들이 추구하려는 선으로 기본적인 자유, 거주이전의 자유, 직업선택의 자유, 개방적인 지위, 부, 사회적 존재로서 살아가기 위한 자존감 등과 같은 선으로서 우리 인생 계획 속에서 합리적으로 숙고하여 추구하고자 하는 과정과 결과로 보았다.

따라서 롤즈는 합당성과 합리성이 서로 다른 차원의 개념이라고 보았고, 이를 사회체제 안에서 구성될 때에는 합당성의 토대위에 합리성이 추구되어야 한다고 보았다. 이때, 합당성이 토대가 되기 위해서는 합리적이며 도덕적 능력을 갖춘 정치적 전문가로서의 개인들이 계약론적 관점으로 구축되어야 한다고 보았다.

하버마스는 합당성을 도구적 합리성과 구분, 의사소통적 합리성이라 보았다. 즉, 의사소통적 합리성이란 의사소통의 장에서 상호이해라는 목적을 갖고 의사소통에 참여하는 구성원들이 자유롭게 이해하고 타당성을 주장하며, 상호인정을 통하여 조정하는 과정이며, 이러한 과정을 통해 사회통합과 연대를 산출해낼 수 있다고 보았다. 또한 법규범을 구축할 때에는 법공동체의 구성원이 자기 결정의 실천 과정을 정당하게 보장해야 하며, 이렇게 될 때 합당하다고 보았다.

이처럼 롤즈와 하버마스 모두 사회체제의 통합을 안정적이고 정의로운 협력체제로 만들기 위한 기본적인 토대로 합당성의 이념을 사용한다. 그러나 그 성격에 있어서 많은 차이가 있다. 롤즈는 자신의 선호에 의해 이기적으로 추구할 수밖에 없는 합리성으로부터 합당성을 구별해내어, 합당성을 실천이성의 덕목으로 바라보는 반면에 하버마스는 합당성을 상호이해라는 목적을 위해 주체와 객체를 뛰어넘어 간주관적으로 이루어지는 다자간 의사소통적 합리성이라 보았다.

따라서 이론적 측면에 있어서 하버마스가 논리적 우위를 갖는다고 할 수 있다. 하지만, 차등의 원리의 예가 보여주듯이 도덕적 규범범위에 있어서는 하버마스의 합당성보다 롤즈의 합당성이 비교우위를 갖는다. 또한, 롤즈는 보통의 시민 가운데에서 이성적이며 도덕적 교양을 갖춘 사람 즉, 소수의 법전문가에 많은 심의의 권위를 부여한 반면, 하버마스는 의사소통에 참여하는 모든 시민들에게 의사소통합리성의 담지자로 지명함으로써 민주주의의 권위를 모든 시민에게로 확장시킨다. 따라서 대중 민주주의적 전통에 있어서는 하버마스가 가깝고, 공화주의의 전통에는 롤즈가 가깝다고 할 수 있다.

그리고 롤즈와 하버마스의 합당성과 합리성이해를 토대로 우리는 합당하고도 합리적인 공공개신을 위한 공공합리성이 중요하다고 할 것이다. 이에 따라 합당한 사회체제를 존중하는 공공의식의 함양이 요청되며, 민주적 절차를 존중한 의사소통능력을 갖추어야 되며, 대의민주주의 한계를 극복할 수 있는 심의민주주의가 제도화 될 필요가 있다는 것이다.

5) 영성각성의 세계시민성

그림 3 수운 최제우

동학의 수운선생은 서구 합리성에 대한 보완의 관점에서 서학이 이 땅에 들어왔을 때, 영성각성에 근거한 세계시민성을 내세운 것이라고 볼 수 있다. 수운자신의 사상을 당대에는 한문체와 가사체로 표현하였는데, 그가 처형된 후 신도들이 『동경대전』과 『용담유사』으로 간행하여 오늘날에 전해지고 있다. 수운선생은 처음에 '궁을(弓乙)'을 말하고, 주문, '지기음지원위대강 시천주조화정 영세불망만사지(至氣今至願爲大降 侍天主造化定 永世不忘萬事知)'를 외우게 하였다.

동학의 천주는 유교상제와 달리 대화하고 수운선생에게 직접 자신의 의지를 전달한다.[32] 생명한울님을 모시고 생명 섬김의 간·주체(間主體)는 공공성으로 나아감이다.[33] '시천주'는 생명한울님을 모심으로써

32) 尹錫山 譯註 『初期 東學의 歷史』, 新書院, p.35, 原典은 『崔先生文集 道源書記』

생명 섬김으로 나아가는 공공의 단서이다.

> 인과 의와 예와 지는 옛 성인의 가르친 바요,
> 수심정기는 오직 내가 다시 정한 것이다. 〈수덕문〉
> (仁義禮智 先聖之所教 守心正氣 惟我之更定)
>
> 수심정기 하여내어 인의예지 지켜두고
> 군자말씀 본받아서 성경이자 지켜내어 〈도덕가〉

수심정기는 한울님과 사람이 조화를 맺게 되는 원리를 말한다. 수심정기는 한울님을 체험하는 수행원리이다. 수심정기가 수행원리라 한다면, 성경은 수행의 자세이다. 수운은 한울님을 모시는 사람(侍天主者)에게 수심정기를 수도의 요결로 제시한다. 수운은 "두려워하지 말고, 놀라지 마라"는 한울님의 음성을 처음듣는다. 직접 듣고 확인함으로써 이제까지 체험한 것과 다른 신비체험의 극치를 맛본다. 자신과의 싸움에서 이겨 한울임과 상통하게 된 것이다. 경신년 4월 초 닷샛날, 한울님의 첫 음성을 들은 이 날은 수운에게는 생명의 부활이지만, 한국 신종교(新宗教)에게는 신기원이 된 날이었다.

이 날로부터 수개월간 한울님과 문답은 계속되었고, 이 체험은 신비체험으로 끝난 것이 아니라, 대도터득(大道攄得)의 종교체험이 된 것이다.[34]

후천시대에는 천령이 강림하여 천인이 일체화한 시대이므로 시천주자에게 모심의 도덕성을 종교윤리 차원에서 강조하게 된다. 한울님의 성공은 신인조화이다. 사람이 참여하고, 득의(得意)로써 한울님이 성공한다. 시천주로 '천인묘합(天人妙合)'이 된다. '일기(一氣)'의 지기(至氣)에서 천지음양이 매개되어 조화의 문이 열린다. 정음정양의 음양상균의 조화로써 영성을 지닌 사람이 태어난다. 천인묘합은 성리학의 '이(理)'가 아니다. 내유신령과 외유기화가 '한'이 됨으로써 한울님을 모신다. 이 모시는 사람이 한울님을 일상의 사이사이로 매개하는 존재양식이 된다.

모심이 없으면 한울님은 그 존재를 감춘다. 동학의 특징이 여기에 있다. 21자 주문에서 천주가 앞에 나오지 않고 중간에 나오는 것은 모심

---

33) 『東經大全』 「布德文」

34) 천상문답은 천상의한울님과의 문답으로 지상과 천상이 서로 상통하는 문답이 이 땅에 비롯하였음을 말한다.

의 과정을 중시한다는 의미이다. 모심으로 주문이 완성된다. 모심(侍) 이후에 신인조화의 주체가 되어 사람이 만사의 주인으로 세계의 최령자(最靈者)로 등장한다. 모심의 궁극단계에서는 지기가 강림하고, 조화의 사람에게 영부와 주문으로 득의한 〈만사지(萬事知)〉를 체득한다. 이 〈만사지〉는 앞으로 닥쳐 올 새로운 세계시민성을 갖춘 인간이다. 해월선생은 '시천주조화정'을 만물화생의 근본으로 '영세불망만사지'를 사람의 복록원천'이라 했다.[35]'모심과 섬김'은 해월선생에게 사인여천이다.[36]

> 인시천(人是天) 천시인(天是人)이니인외무천 (人外無天)이요 천외무인(天外無人)이니라[37]
>
> 인시천(人是天)이니 사인여천(事人如天)하라[38]

그림 4　해월 최시형

이처럼 동학 해월선생의 법설에 따라 자율적인 안의 모심은 공공적 내외의 섬김으로 발전하고 생명 유기체, 우주 삼라만상에 이르기까지 공공의 영성각성의 작용이 기능해졌다. 해월 선생의 삶에서 우주생명은 한울님으로 모시고 섬기는 대상이 되기에 천지부모로 작용하였다.[39] 그는 당시에 가장 천대받던 계층이던 노비나 여성, 아이들에 주목하여 그들을 가장 거룩한 존재, 한울님으로 모시며 섬기었다. 이처럼 우주생명을 거룩한 한울님으로 모시고 섬기면서 일생을 바쳤기에 시천주 사상은 사회화, 만인평등의 공공실천을 낳게 되었다.

동학은 어린 아이들을 어른같이 한울님으로 대접하였으며 일체만물까지 성심으로 한울님처럼 섬겼기에 동학의 실천의 덕목으로 '십무천

---

35) 海月, 「靈符呪文」8-10. "呪文三七字 大宇宙 大精神 大生命 圖出之天書也 「侍天主造化定」 萬物化生之根本也 「永世不忘萬事知」 是人生食祿之源泉也"
36) 吳知泳「東學史(草稿本)」 『東學農民戰爭史料叢書 第 1卷』 ,1996, p. 401.
37) 天道敎中央摠部, 『神師聖師法說』 1986, p. 50.
38) 天道敎中央摠部, 『海月神師 法說』 「對人接物」
39) 海月, 「其他」37-16. "我의 一氣 天地宇宙의 元氣와 一脈相通이며, 我의 一心이 造化鬼神의 所使와 一家活用이니, 故로 天卽我이며 我卽天이라." 여기서 天地元氣相通陰陽, 陰陽相通鬼神, 鬼神相通父母가 된다.

(十毋天)' 법설이 '한'이 되어 실천 강령이 되었다.[40] 십무천 법설은 천지만물을 모시고 섬기는 가운데 수운의 '최령자(最靈者)'[41]로 전환시킨다.

동학에서 사심(私心)의 각자위심(各自爲心)은 사사로운 마음을 위주로 하기에 공(公)과 균형과 조화를 이루지 못한다.[42] 반면에 공변(公辯), 한울님은 인격을 갖춘 천주이다. '모심'의 문제를 동학은 공적 가치로 표방한다. 한울님을 내유신령으로 모시면서 외유기화의 공공작용으로 활연관통하는 가운데 동학은 자율적 공공성을 실천하는 영성공동체로 성장한다.[43] 각지불이(各知不移)를 밝혀 사사로울 수 없다는 영성적 공공각성(公共覺醒)으로 이어주고 매개하는 가운데 세계시민성의 규범을 창출하게 된다.

삼라만상이 천주의 기화이기에 천주의 기화를 떠난 자아의 기화가 따로 없기에, 수운선생의 신관은 서학의 외재신관과 근본적으로 다르다. 이를 계승한 해월선생은 '안에 신령이 있다'고 함은 세상에 태어날 때의 마음이요, '밖에 기화가 있다'고 함은 포태(胞胎)할 때, 이치기운(理致氣運)의 바탕으로 몸을 이루는 것'이기에 마음과 몸을 매개하는 영성을 강조하게 된다. 모든 사람이 포태순간 한울님의 영과 기운이지만, 사회습관에 의한 삶을 사는 동안 이 신령한 영과 기운을 상실, 망각하여 한울님을 모시고 있음을 자각하지 못한다. 수련으로 구습을 버리고, 상실한 '한울님의 영과 기운'을 회복하면, 자율적으로 상통존재로 전환한다.[44] 한울님이 상통되기에 한울님이 지기로 자신을 매개하게 된다.

수련을 통하여 상실한 한울님의 영과 기운을 다시 회복하므로 공적 자각이 되며 '일세지인 각지불이(一世之人 各知不移)'의 도리를 각성하여 공공으로 매개하는 '한'의 작용이 드러날 때, '시천주'는 처음 포태될 때, 품부(稟賦) 받은 한울님의 마음과 기운을 다시 회복하고, 회복한 마음을 사회의 공공성으로 실천하는 데 변함이 없을 때, '한'은 활

---

40) 天道教中央摠部, 『神師聖師法說』 1986, pp. 181-182. 毋欺天: 한울을 속이지 말라, 毋慢天: 한울을 업신여기지 말라. 毋傷天: 한울을 다치지 말라. 毋亂天: 한울을 어지럽히지 말라. 毋夭天: 한울을 죽이지 말라. 毋汚天: 한울을 더럽히지 말라. 毋餒天: 한울을 굶기지 말라. 毋壞天: 한울을 부수지 말라. 毋厭天: 한울을 싫어하지 말라. 毋屈天: 한울을 屈伏시키지 말라.

41) 水雲, 「論學文」1.

42) 『東經大全』「布德文」

43) 『東經大全』「論學文」 '內有神靈 外有氣化 一世祉人 各知不移'

44) 『龍潭遺詞』「興比歌」 '無窮한 이 울 속에 無窮한 나 아닌가.'

성화 되어 심득상통(心得相通)하고 마침내 세계시민성에 통달(通達)하게 된다.[45]

여기서 내면신령은 바로 '세계시민성'의 주체이며 동시에 한울님의 마음이다. 밖의 '신비한 기운과의 소통으로 나의 기운이 한울님의 기운과 상통하면서 공공작용의 실천력으로 전환된다. 수운선생이 동학이라는 이름으로 포덕하면서 수많은 사람들이 추종하고 교세가 급속히 확장되면서, 조정에서 동학을 사술(邪術)로 매도함으로써 수운선생은 체포된다. 그는 1864년 3월 10일, 대구장대(大邱將臺)에서 참형에 처해진다. 동학의 영성각성은 네 가지 사상으로 살펴볼 수 있다.[46]

첫째, 인내천 사상이다. 이는 사람의 사이가 한울이라는 뜻으로, 사람은 누구나 자기가 모시는 한울님을 삶의 과정에서 깨달으면 자신이 한울님과 상통한다는 사상이다. 종래의 신위주 사상에서 사람을 통한 공공시민으로 매개하는 사상적 일대 전환을 가져왔다.

둘째, 개벽 사상이다. 이는 암흑과 혼동에서 천지가 열린다는 뜻인데, 선천세계가 끝나고 대명천지의 후천개벽이 도래한다는 주장한다. 후천개벽은 인간을 매개로 공공작용을 일으켜 문화개벽에서 문명개벽으로 개신함으로써 마침내 천운은 회복되어 간다고 보았다.

셋째, 보국안민 사상이다. 수운은 포덕천하 광제창생을 구호로 내걸고 한국의 운수보전을 거듭 강조하였다. 이는 외세에 밀려 도탄에 빠진 백성을 구제하기 위한 사상으로, 그 이후 동학혁명이나 3・1 독립운동 등으로 표출되면서 공공운동으로 이어지게 되었다.

넷째, 동귀일체 사상이다. 사람과 한울이 상통의 간주체, '한'을 깨닫고, 생명실상에 눈이 떠서 '한'으로 통사정 대화를 하니 「나의 마음이 너의 마음(吾心卽汝心)」이다.[47] 신라고운선생의 풍류(風流)의 '한'은 조선수운선생의 동학의 '한'이 되고 해월선생의 '한'기운 영성각성으로 계승되면서 영성합당의 세계시민성으로 수미쌍관을 이루었다.[48]

해월은 기화작용을 하늘로써 하늘을 먹이는 이천식천으로 설명한다. 이 이천식천(以天食天)은 이천봉천(以天奉天)으로, 다시 이천화천(以天

---

45) 『海月神師 法說』「以天食天」

46) 김상일 『동학과 신서학』, 지식산업사, p.68 참조. 수운의 得道는 가정에서 처자가 보는 가운데 이루어졌기 때문에 혼자 산중에서 체험한 득도와 구별되며, 이전의 성인과 달리 유교정신의 완성이라고 할 수 있다. 따라서 최치원 이후의 풍류도를 舊東學, 水雲의 동학을 新東學이라고 한다.

47) 『東經大全』 「論學文」,

48) 海月, 「天地人·鬼神·陰陽」, "天地一氣塊也"

化天)으로 변화한다. 조화와 지기는 한울님의 존재양식이다. 한울님의 횡단매개 존재양식이 지기와 조화이다. 조화와 지기가 인간으로 대상화하면 내유신령과 외유기화가 된다. 사람이 한울님을 모심에 있어서 내유신령이 내면에 영향을 끼치는 것이라면, 외유기화는 타인과 사물에게 영향을 끼친다. 내유신령으로 사람의 영이 신령체가 되고, 외유기화로 말미암아 사람의 몸이 기화체로 변화된다.

5. 정보기술 사회의 공공개신

정보기술 사회는 이전 사회와는 다른 새로운 윤리적 상황을 만들어 놓았고 정보기술은 윤리학을 무겁고 진부한 것으로 만들어 버릴 만큼 위협적으로 다가오고 있다. 정보기술 사회 이전의 사회에서의 윤리적 문제는 그 문제에 대한 윤리적 성찰을 할 수 있는 시간이 충분했다. 예를 들자면 불의 유용성, 바퀴의 발명, 사냥하거나 농사를 짓는데 필요한 도구들의 사용은 인간에 새로운 의미를 예고했지만 이런 변화들은 엄청난 많은 시간이 주어졌고 사회에서는 인간의 삶에 영향을 주는 이런 변화들을 적응할 수 있는 시간을 가질 수가 있었다.

그러나 오늘날은 정보기술의 변화는 급속히 일어나고 있고 많은 경우에는 사회의 발전 속도를 능가하고 있다. 오늘날 정보기술이 만들어낸 가상공간[49]에서는 유기체적인 신체 없이도 주체성을 깨닫기 위해 시도하는 일들이 벌어지고 있으며 이런 현상들은 세계윤리의 공공개신에 관한 담론에 혼란을 주고 있다.

정보기술 사회에서 발생하는 윤리학적 문제를 연구함에 있어서 전통적인 철학적 접근으로부터 출발하는 것은 한계에 직면했다. 이에 대한 해결을 위해 인간의 도덕성에 대한 보다 넓은 이해의 필요성과 단순한 설명에서부터의 복잡한 설명이 요구된다고 볼 수 있다.

가상공간을 통해 이루어지는 정보기술 사회에서 발생하는 윤리적 조건을 설명함에 있어 주로 엠마누엘 레비나스(Emmanuel Levinas)[50]의

49) 가상공간이란 컴퓨터와 인터페이스(interface)의 영역에서만 존재하는 공간으로, 시간, 국가, 영토와 같은 물리적인 구조로 존재하지 않는다. 또한 가상공간은 각종 멀티미디어가 컴퓨터와 결합하여 인간이 처하게 되는 환경과 마찬가지로 인공적으로 만들어진 존재자가 처해서 살아갈 수 있고 활동할 수 있다.

50) 엠마누엘 레비나스(Emmanuel Levinas, 1906-1995)는 유태계 출신 철학자로 현대 프

그림 5 엠마누엘 레비나스

윤리학적 관점으로 접근하고 덧붙여 코웬[51]과 하이데거의 윤리학적 관점까지 보완하여 살펴보자! 레비나스의 윤리학은 이전의 윤리이론이 가졌던 인식론적 편견을 피하고 있기 때문이다. 레비나스의 윤리학적 형이상학은 얼굴과 얼굴의 만남 속에서 도덕성의 의무를 유도한다. 이러한 윤리학적 형이상학은 분명하고 타당한 개념적인 근원을 가지고 있으며 그 근원은 많은 윤리적 문제에 대한 해결방안을 제시할 수 있다고 보고 있기 때문이다. 레비나스는 타자들의 다름(otherness), 타자들의 다름에 대한 책임으로써 대위(substitution)의 중요성을 강조한다. 즉 정보기술 사회에서의 가상공간은 다름을 인정하고 다름을 풍성하게 할 수 있는 세계시민성 공동체가 되어야 한다.

레비나스의 '얼굴과 얼굴을 마주보는 세계' (face to face)의 윤리적 조건과 가상공간에서의 그것이 같은 것인지 아니면 새로운 윤리적 매체가 필요한 지 공공개신의 요건을 살펴볼 필요가 있다. 세계윤리는 급속하게 발전하는 정보기술이 만들어낸 가상공간에 대하여 주목하고 있으며 이해와 실천을 중시하고 있음을 전제하고자한다.

1. 가상공간의 횡단매개

삶의 정겨운 표현인 '살림살이'는 분명 숨 돌이와 피 돌이가 막혀 죽어가고 있는 하나뿐인 지구를 살리고 그 안의 모든 생명체를 살릴 수 있는, 새 천 년을 위한 새로운 대안적 삶의 지표가 될 수 있다. 이제 인간은 지구상에 살고 있는 모든 생명체들을 살리며 보존해야 하는 지구 살림지기로서 생명의 그물을 지켜 나가야 한다. 그럴 때 생명의 그물은 인간을 자기 그물의 한 그물코로 인정하고 함께할 것이다. 세계시민의 삶의 길라잡이였던 불전(佛典)은 취해야 할 살림살이의 태도를 이렇게 설하고 있다.

랑스 철학자 가운데 "타자에 대한 윤리", "차이의 윤리"로 포스트모던 철학자이다. 간혹 프랑스의 철학 흐름 속에서 유대교 철학자라는 특수한 범주로 분류되기도 한다.

51) 미국 North Carolina University 종교학 교수로, 레비나스에 관한 많은 연구를 한 학자이다. 특히 논문『윤리와 사이버네틱스』는 정보기술 사회에서의 윤리적 문제의 원인과 해결방안을 잘 논하고 있다.

"꽃의 아름다움과 색깔 그리고 향기를 전혀 해치지 않은 채 그 꽃가루만을 따가는 저 벌처럼 그렇게 잠깬 이는 이 세상을 살아가야 한다"(『법구경』 제 4장 49절). "모든 흙과 물은 다 나의 옛 몸이고 모든 불과 바람은 다 나의 진실한 본체다. 그러므로 항상 방생을 하고 세세생생 생명을 받아 항상 머무르는 법으로 다른 사람도 방생하게 해야 한다. 만일 세상 사람이 축생을 죽이고자 하는 것을 보았을 때는 마땅히 방편을 써서 구호해 괴로움을 풀어주어야 한다."(『대정장(大正藏』 제24책).[52]

인터넷 시대를 맞이하여 정보기술은 먼 거리를 두고 피가 흐르는 살아 숨 쉬는 두 얼굴을 연결, 매개함으로써 사람 간 소통을 한층 고무시킨다. 이로 인해 정보기술은 개인들의 도덕적 의무와 책임에 대해 직접 생산으로부터 소외시킨다. 그러나 많은 윤리적 문제점에도 불구하고 육체적 제한을 벗어날 수 있는 익명성의 긍정적 측면도 간과할 수가 없다. 셰리 터클(Sherry Turkle)[53] 은 인터넷은 풀뿌리 민주주의 상징이자 무대역할을 하고 있으며 직접적 행동, 이해집단의 동원 같은 행위의 중요성을 일깨워주고 있다고 말한다. 또한 가상공간에서도 자아를 구축하고 우정을 쌓고 그 곳에서 시민으로서 책임감을 가지고 있다고 주장한다. 터클의 자아는 통합된 하나의 자아가 아니라 탈중심화되고 다중화된 자아를 가리키며 다중적 자아는 도덕성의 완전한 자아가 책임지는 방식과 동일한 방식으로 책임질 수 없다고 주장한다.

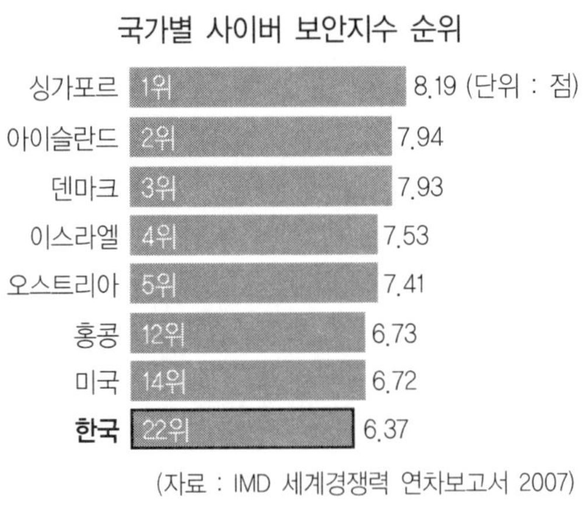

그림 6 사이버 보안지수

'얼굴과 얼굴을 마주보는'(face to face)세계의 윤리적 조건과 사용자인 인간과 컴퓨터를 연결시켜주는 장치인 '인터페이스'(interface)의 세계에서의 윤리적 조건이 같은 것인

52) 고영섭, 「불교의 생태관 - 연기와 자비의 생태학」, 『생태 문제와 인문학적 상상력』, 나남출판, 1999, 159에서 다시 따옴.

53) MIT사회과학과 교수로, 『제2의 자아』와 『스크린 위의 삶』을 잇달아 출간해서 디지털 시대의 주도적인 사상가로 인정받고 있다.

지 아니면 다른 것인지를 알아볼 것이다.[54] 레비나스의 견해처럼 얼굴만이 윤리적 매체가 될 수 있다는 견해에는 온전히 동감하지는 않는다. 하지만 가상공간에서의 '육체 없는 두뇌'가 윤리적 매체의 역할을 할 수 있는 가능성의 빛이 존재할 수 있음도 부인할 수 없다. 단지 그 빛이 얼굴의 빛(epiphany)처럼 윤리적 호소로 나아갈 수 있을 지에 대해서는 의문을 품는다.

1) 얼굴

레비나스에 따르면 윤리학은 타자의 등장과 함께 시작되며 그의 첫 번째 대작 『전체성과 무한성(Totality and Infinity)』에서 윤리학은 타자의 얼굴로부터 시작된다고 했다. 필자는 레비나스의 얼굴(face)[55]을 통해서 정보기술이 도덕적으로 선한지 악한지를 설명하고자 한다. 우리가 일반적으로 칭하는 얼굴의 의미와 레비나스의 얼굴의 의미는 약간 차이가 있다. 보통 레비나스의 얼굴이라는 용어에 대해 이야기할 때, 용모(countenance)와 쉽게 혼동하는 경향이 있다. 이 혼동은 중요한 오해를 만들어 버리기에 현상(phenomenon)과 현현(epiphany)을 구분해야 한다. 그 구분은 네모와의 대화에서 쉽게 알 수 있다.

> "네모 : 얼굴의 현상학은 어떤 것이며 또한 어디에 쓰이는가?
> 레비나스 : 현상학은 나타내는 대로 기술하는 것이다. 또한 남의 얼굴을 쳐다본다고 할 수 있을지 모르겠다. 쳐다본다는 것은 앎이요 지각이기 때문이다. 내 생각으로는 차라리 얼굴로 나아가는 것 그게 곧 윤리라고 본다. 얼굴을 기술하려면 코와 눈과 이마와 턱을 보아야 한다. 그때는 남을 물건으로 대하는 것이다. 남을 만나는 가장 좋은 방식은 그의 눈 색깔마저 보지 않는 것이다. 눈 색깔을 관찰할 때는 이미 남과 사귐의 관계에 있는 것이 아니다. 얼굴과의 관계를 지각(perception)이 덮칠 수 있지만, 원래 얼굴이라 하는 것은 지각되는 것이 아니다.
>
> 레비나스 : 얼굴의 정직함이 있다. 숨김없이 얼굴을 드러낸다. 얼굴의 살갗은 발가벗었고 헐벗은 채로 있다. 깔끔하긴 하지만 여하튼 발가벗었다. 그리고 헐벗었다. 얼굴에는 가난이 깔려 있다. 흔히 어떤 자세를 취하고 무슨 내용을 담아 그 가난을 없애려고 노력하는 것만 보아도 그 점을 알 수 있다. 얼굴은 위협 앞에 노출되어 있다. 마치 폭력을 저지르도록 우리를 끌어들이는 듯하다. 동시에 얼굴은 우리의 살인을 금지한다."[56]

---

54) http://search.seoul.co.kr/index_new.php?id=200503020013&act=view&keyword=송두율 칼럼에서 참조

55) 얼굴 : 지금까지 철학사에 있어서 인간의 얼굴에 대한 연구를 한 학자들은 있어왔지만, 얼굴을 윤리적 현상을 설명하는데, 핵심으로 둔 학자는 레비나스 뿐 이었다.

우리가 얼굴(face)이란 말을 들었을 때 얼굴과 용모(countence), 관상학(physiognomy), 얼굴표정을 연관시킨다. 확장해서 보면 이러한 얼굴은 성격, 사회적 지위, 사회적 상황, 과거랑 연관시킨다. 이것이 의미하는 것은 소위 '상황적 맥락'(context)을 통해 다른 사람이 보이게 되고 우리에게 묘사되어 질 수 있다.

따라서 다른 사람의 얼굴은 그의 외모와 행위가 보여주고 나타내고자 하는 것과 완전히 동일시되는 것 같다. 레비나스가 다른 사람의 얼굴로써 의미하고자 하는 것은 신체상의 외모가 아니다. 레비나스가 주목한 사실은 다른 사람은 실질적·원칙적으로 외모, 이미지, 사진, 심상, 기억의 환기 등과 일치하지 않는다는 점을 강조했다. 레비나스에 의하면 현상학(phenomenology)이 현재 나타나는 것을 묘사하기 때문에 얼굴에 관한 현상학에 대해 적절하게 말할 수 없다는 것이다.[57]

레비나스의 얼굴은 타자가 우리를 향했을 때 타자의 용모에서 보지 못하는 것이다. 타자는 '다름'(otherness)이고 아무리 찾아도 그의 외형에서 볼 수 없으며 단지 타자 그 자신을 정확히 얼굴로써 드러내는 것이다. 결국 레비나스는 타자를 단지 용모에 의해서만 판단하는 것을 금지하며 얼굴로부터 퍼져 나오는 절대적인 윤리적 명령의 실천을 요구한다. 이 얼굴은 표상 불가능하며 책임의 일차적 소재지이며 도덕적 책임감을 강화시킨다.

그러나 오늘날 정보통신은 소통과정에 있어서 육체적 얼굴을 삭제해 버린다. 단지 화상회의, 채팅은 대면의 외형만을 덧붙일 뿐이다. 정보통신이 만들어 낸 가상공간의 대면은 레비나스가 주장하는 얼굴의 윤리적 요청을 호소하지 못한다. 레비나스의 윤리적 요청을 불러내는 얼굴의 힘은 사람을 살인할 수 있다는 존재론적인 것이 아니라, 사람을 살인해서는 안 된다는 도덕적인 것이며 윤리적 부끄러움을 알려주는 것이다. 결국 대면의 세계에서는 벌거벗고 상처입기 쉬운 얼굴의 호소는 양심적 가책을 자각하게 하지만, 인터페이스에 의해 중재된 대면은 양심적 가책을 유발하지 못하고 타자에 대한 책임감을 느슨하게 하여 결국 도덕적 악이 된다.

---

56) Emmanuel Levinas, 양명수 옮김, 『윤리와 무한: 필립네모와의 대화』 (서울 : 다산글방, 2000), pp.111-112.

57) Roger Burggraeve, translated by Jeffrey Bloechl, "Violence and the Vulnerable Face of the Other: The Vision of Emmanuel Levinas on Moral Evil and Responsibility," *Journal of Social Philosophy*, Vol. 30 No.1 (1999), pp.29-30.

영화 〈매트릭스〉나 〈공각기동대〉 등의 미래영화에 나오는 인공지능 컴퓨터들을 일컬어 사이버네틱스에 도달한 존재들이라 할 수 있다. 〈매트릭스〉의 스토리처럼 완벽한 인공지능은 인간을 위협하고 이 세상의 평화와 안전을 위협하는 '제거해야 할 요소'가 되는 것이다.[58] 영화 〈매트릭스〉에서 요원들(인공지능)은 순전히 가짜, 디지털 이미지이다. 그러나 그들은 이미 인공 지능을 갖고 소유하고 있기 때문에 사고하고 추리하고 의심하고 판단한다.

그들은 세상을 완전히 매트릭스로 바꿔놓으려 한다. 그러나 분명히 영화에서는 요원들과 진짜 인간의 구별을 보여준다. 요원들은 인공지능으로 작동하며 어느 프로그램이나 마음대로 들어가고 어떤 사이트든 어떤 도래이든 거침없이 휘젓고 다니면서 통제, 관리, 지배한다. 그러나 진짜 인간들은 자유의사에 의해 선택하고 서로간의 믿음을 보여주고 사랑의 능력을 보여 준다.[59]

이것을 레비나스적 관점에서 볼 때, 사람은 가상현실과 실제현실을 구별할 수 있다. 이 구별은 하나는 외형(appearance)이고 다른 하나는 실재(reality)이기 때문이 아니라 가상세계에 대한 도덕적 자유와 실제세계에 대한 도덕적 제한간의 차이에 따라서 가능해 진다. 즉 레비나스적 관점에서 보면 외형과 실제의 차이는 도덕성의 필요성간의 차이로써 이해되어져야 한다는 것이다.

레비나스는 도덕적 자아란 타자의 타자성에 대한 민감함(responsiveness)의 수동성 안에서 구성되고 근접성 안에서 구성되며 타자에 대한 책임과 타자의 고난 받음에 대한 책임으로써 구성된다고 말한다. 레비나스의 입장에서 선(good)은 타자에 대한 도덕적 민감성이며 악(evil)은 타자에 대한 거부이다. 그래서 정보기술의 습격은 도덕성을 거부하고 정보기술은 중재적으로 개인으로 하여금 정보순환, 주제, 이미지의 영역을 넘어서 상호 작용하도록 유도한다.[60]

따라서 가상공간은 타자의 타자성을 거부함으로서 그것은 악이 될 수 밖에 없으며 가상공간에서의 대화는 윤리가 될 수 없는 것이다. 얼굴과 얼굴을 마주하는 근접성은 중재되어지고 궁극적으로 자기중심적

58) http://www.etnews.co.kr/news/detail.html?id=200410170107&keyword=사이버네틱스

59) 이왕주, 『철학, 영화를 캐스팅하다』(서울 : 효형출판사, 2005), pp.74-77.

60) R. A. Cohen, "Ethics and cybernetics: Levinasian reflections," *Ethics and Information Technology* 2 (2000), p.30.

인 '스크린 위의 삶'에 의해 대체되고 감추어진다. 결국 그런 대화는 고독한 연극이며 개별극장이고 거울게임과 같은 것이다.

2) 육체 없는 두뇌

레비나스의 주장대로 윤리적 매체는 얼굴만이 가능한가? 앞에서 말했듯이 레비나스가 '타자의 얼굴'로써 의미하고자 하는 것은 신체상의 외모가 아니며 타자는 실질적으로 눈으로 볼 수 없는 것으로 타자의 외모, 이미지, 사진, 심상, 기억의 환기 등과 일치하지 않는다는 것이다. 필자는 레비나스의 주장을 통해서 '가상공간이 얼굴을 보지 못하기 때문에 도덕적 악이다'라고 주장하는 학자들의 견해는 레비나스의 얼굴을 현상으로 오해하는 부분이 있다고 본다.

그것은 대면의 상황에서도 타자을 외모로만 보는 경우가 종종 있기 때문이다. 그렇다면 만약 가상공간에서 타자를 현상이 아닌 현현으로 보는 경우의 예를 찾는다면 앞의 주장은 모순이 되어 버린다.

가상공간은 물리적 공간을 대체한다. 이미 우리에게 친숙한 온라인 커뮤니케이션 가상공간을 보면 그런 대체현상이 일어나고 있음을 알 수 있다. 온라인상에 있을 때 우리는 마치 단자들처럼 육체적인 제한을 벗어나 자유로워진다. 육체에 대한 주제는 철학사에서 줄곧 이야기 되었다. 특히 플라톤은 제대로 사유하기 위해서는 육체의 무거움을 털어버려야 한다고 주장했다. 그러나 육체적 실존이야말로 개인적 정체성과 개별성을 보장해 준다.

법칙과 도덕성은 물리적 신체를 우리의 프라이버시를 설정하고 지켜주는 장벽이나 절대적인 테두리로 간주한다. 이제 컴퓨터 네트워크는 뼈와 살의 직접성을 무시하거나 아니면 시뮬레이션 하는 방법을 써서, 참가자들의 물리적 현전을 하나로 묶는다. 어떤 의미에서는 이것은 물리적 동일성에 의해 부과된 제약조건들로부터 우리를 해방시키는 것이라고 볼 수 있다. 가상공간 안에 나타나는 육체를 무시할 수도 있고 창조할 수도 있기 때문에 네트워크상에서 우리는 더욱 더 평등해 진다. 결국 가상공간의 대체 생명은 육체를 감옥처럼 느끼게 되며 정신은 육체로부터 총체적인 표상의 세계로 이동해 간다. 정보와 이미지들은 육체적 경험에 기반 하지 않고 플라톤적인 마음속으로 떠다닌다.[61]

61) 마이클 하임, 여명숙 옮김, 『가상현실의 철학적 의미』(서울 : 책세상, 1997), pp.164-166.

그림 7 영화 매트릭스

그림 8 영화 공각 기동대

가상공간에서 육체 없는 두뇌로 자유롭게 다닐 수 있는 것은 바로 '인터페이스'(interface)가 문 역할을 제대로 해 주기 때문이다. 오늘날 인터페이스라는 단어는 명사나 동사로 활용된다. 인터페이스는 둘 이상의 정보원이 직접 대면하는 곳에서 발생하며 기술과 인간이 통합되어 전자신호들이 정보가 되는 신비적이며 비물질적인 지점이다.

고대에는 인터페이스라는 용어가 두려움과 신비감을 유발하는 단어였다. 고대 그리스인들은 '프로소톤'(prosoton)에 대하여, 혹은 다른 얼굴과 마주한 얼굴에 경건하게 말했었다. 서로 마주한 두 얼굴은 상호관계를 만들어낸다. 즉 한 얼굴은 다른 사람의 얼굴에 반응하며 그 다른 얼굴은 상대편에 반응에 반응하고, 그것은 또 상대방의 반응에 반응하는 방식으로 무한히 계속되는 관계이다. 그렇다면 그 관계는 제3의 사물 혹은 존재 상태로써 명맥을 이어가고 있다고 볼 수 있다. 프로소톤이라는 고대어는 신비한 놀라움을 지닌 듯이 빛을 발했고, 나중에 그 단어는 기독교인들이 삼위일체의 하나님을 묘사하는 데 도움을 주었다. 고대에 프로소톤이 빛을 발하는 듯이 정보시대에 가상공간이라는 용어도 신비한 빛을 발하고 있다.[62] 가상공간에 들어가는 문의 역할을 하

62) Ibid., pp.132-133.

는 인터페이스가 얼굴과 얼굴을 이어가는 제3의 존재 상태로써 명맥을 이어갈 수 있음을 간과해서는 안 된다. 가상공간에서 이메일이나 뉴스 그룹 형태의 텍스트는 네트워크를 탈지역화 하여 가상공간의 대양을 떠다니기도 한다. 때론 그 속에 잠겨 있으면서 자신의 존재를 인정하면서 수많은 타자의 기억을 만나기도 하면서 타자를 현상이 아닌 현현으로 만날 수 있는 것이다.

즉 네트워크의 의존성에 의해서 타자의 선(goods)이 나의 선이 될 수 있는 것이다. 그러나 이 주장은 두 가지 점으로 인해 이론의 문제성이 발생한다. 첫째, 이론(theory)과 현실(reality)을 혼동하는 경향이다. 가상공간에 만나는 타자란 신호자의 다른 이름일 뿐이다. 신호자란 한 언어 안에서 단지 그들이 가지는 지위, 서로 서로의 관계에 의해서 제약받는 변수들이다.

그리고 컴퓨터는 여러 네트워크를 연결하여 하나의 네트워크 즉 하나의 웹을 형성하여 그 사용자들로 하여금 모든 기호를 다른 기호들과 가능한 관계에 놓음으로써 자유로운 생각에 더 가깝게 가도록 허용했다. 그러나 가상공간 안에서 건설된 자아와 그런 가상의 자아를 건설하는 살아 숨 쉬는 자아 사이에는 도덕성이라는 심오한 차이가 있음을 알아야한다.

또한 인터페이스의 가장 심각한 위험은 우리가 우리 내부 상태에 대한 도덕적 감각을 상실하게 할 수 있다는 점이다. 가상공간에서 떠도는 자아는 타자를 망각하게 하고 자신의 존재도 망각하게 한다는 것이다.

컴퓨터로 구성되는 공간, 사이버공간에서의 공동체는 '장소 없는 공동체', '인격 없는 공동체', '시간이 자유로운 공동체'로 특성화 되어 '컴퓨니티'(compunity)'라고 부를 수 있다. 이는 컴퓨터(computer)와 공동체(community)의 합성어이다. 공동체는 원래 동일한 물리공간에 있는 사람 사이의 대면대화, 상호관심과 공통문화를 반영하는 대화로 사용되었다. 이제는 '컴퓨니티'에서 서로 다른 방식의 대화와 소통이 요청된다. 이 사이버공간의 의미는 "장소와 물질에 기반을 둔 현실세계와 다른 컴퓨터 네트워크 속에 존재하는 공간 아닌 공간"으로 정의된다.[63)]

사이버공간은 거대한 하나의 지적 데이터베이스로서 통제되기 어렵

63) 김성국, 「정보사회의 정치생활: 시민사회와 민주주의」 정보사회학회편, 『정보 사회의 이해』 (서울: 나남출판, 1998), p. 157.

게 되었다. 사이버공간 이용자들은 스스로가 정보의 생산자임과 동시에 소비자이며 자기 정보의 관리자이기도 하다. 현실 공간에서의 의사소통은 대부분의 경우에 송수신자가 신체적인 만남을 통해 이루어진다. 그러나 사이버공간에서는 대부분의 커뮤니케이션이 상대방 혹은 상대방의 목소리를 보거나 듣지 않은 채, 컴퓨터 모니터에 나타난 문자나 이미지를 통해 이루어진다. 이 커뮤니케이션 형태를 '컴퓨터 매개 커뮤니케이션'(CMCs, Computer Mediated Communications)이라 부르며, 매개의 사이버공간은 자유로운 공간으로 능동적으로 개신하는 공간이다.

미네르바 경제논객에서 보듯이, 익명성으로 인한 의사소통의 관계는 기존의 집단이나 사회 권력 관계의 변화를 야기하기도 한다. 익명성은 참여자들에게 평등한 지위를 부여한다. 따라서 집단이나 권력자에 대한 동조도 약화된다. 즉 익명성은 사람들로 하여금 집단의 부정적 영향력이나 집단적 의사결정에 있어서 힘 있는 집단 지도자의 무비판적 맹종에서 자유로워 질 수 있도록 한다. 이러한 익명성은 기존의 사회 규범이나 역할로부터 이탈하는 결과를 낳기도 한다. 사이버공간에서 타인에 대한 모욕언사(flaming), 위계무시, 감정분출, 명예훼손 및 중상 비방 등이 난무하는 것은 익명성으로 인한 자기 몰두나 자의식의 극단적 형태가 표출되기 때문이다.

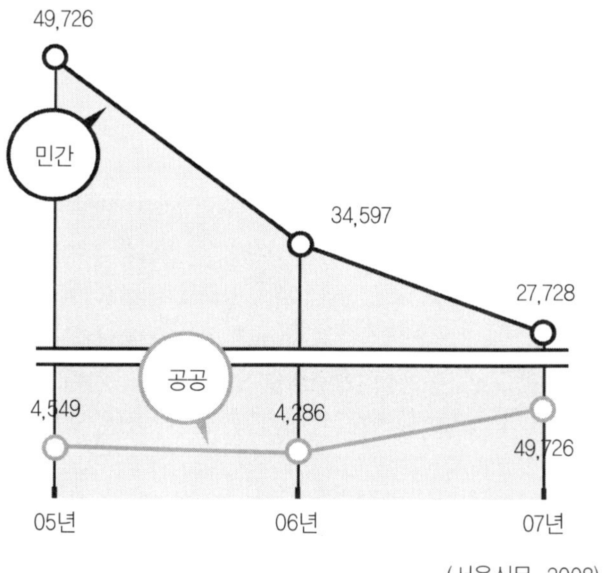

그림 9 해킹 등 사이버침해 사고

사이버공간은 자유로이 국경을 넘나드는 통신과 정보 흐름으로 말미암아 특정 정치 공동체에 의해 지배되기 어렵다. 이러한 사이버공간의 분권적 속성은 초기 인터넷의 시작에서부터 찾아볼 수 있다. 인터넷이 첫 모습을 드러낸 것은 1969년, 미 국방성의 군사 네트워크 프로젝트였던 '알파넷(ARPANET)'이었다. 당시상황에서 미 국방성은 랜드(RAND)연구소에 핵전쟁에도 살아남을 수 있는 '명령통신 네트워크'에 대한 연구를 위촉한 바가 있다. 특히 컴퓨터를 네트워킹 하는 방법은 중앙에 통제 컴퓨터를 두고 다른 컴퓨터들을 마치 우산살의 모양처럼 중앙 컴퓨터에 연결하여 소통되는 방식을 채택하였다.

이러한 방법은 중앙 컴퓨터가 다른 모든 컴퓨터들을 관장하는 효율성은 있었지만, 핵전쟁이나 다른 사고에 의해 중앙 컴퓨터가 파괴되면 통신시설 자체가 마비된다는 약점이 있었다. 그리하여 중심이 여러 곳으로 흩어져 존재하는 분산적 네트워크(distributed network)의 구축이 시작되었고, 그 결과물이 알파넷이었다. 이 알파넷에는 '중심'이 따로 없으며, 적의 핵 공격으로 인해 통신선이나 컴퓨터가 파괴되어도 남아 있는 것들을 이용해서 정보통신이 가능하다.[64] 이처럼 인터넷은 네트워크형 조직을 채택함으로 분권적 속성을 지니고 있다고 말할 수 있다.

정보의 생산, 유통 및 소비가 사회의 전 부문을 지배하게 되는 정보통신 사회에서 지배적인 가치는 지식과 정보이다. 그러므로 정보통신 사회에서의 정치는, 산업 사회에서 재화의 소유와 통제가 정치의 핵심이었던 것처럼, 정보와 지식의 배분이 최대의 관심사가 될 것이다. 정보통신 사회에서는 컴퓨팅 기술의 발달로 정치, 종교, 문화적으로 사적 데이터베이스 구성을 위한 수단역할을 함으로써 프라이버시를 침해하는 경향이 늘어나고 의사소통 구조가 바뀌어 가고 있다.

포스트모던 사회에서 '플라톤의 눈'으로 상징되는 '보편성, 진리, 이성, 원본, 토대, 본질, 물자체, 동일자, 일치, 큰 이야기'에 '니체의 몸'으로 대표되는 '다양성, 감성, 시뮬레이션, 여백, 틈, 실존, 현상, 타자, 차이, 작은 이야기'로 통제를 벗어나려고 했지만, 정보기술 시대에는 '니체의 이름으로 니체를 배반하는 역설'[65]이 나타나게 된다.

---

64) 홍성욱,「인터넷은 열린 세상을 만들어 낼 것인가?」 홍성욱, 백욱인 편, 『2001 싸이버 스페이스 오디쎄이』 (서울: 창작과 비평사, 2001). pp. 35-38.

65) 이왕주,「영상 시대의 존재전략」,『지성과 윤리』, (서울: 인간사랑, 2000), p.40.

"니체의 몸은 플라톤의 눈에 의해서가 아니라 플라톤이 그토록 핍박했던 시뮬레이션에 의해 더 강고한 사슬로 묶여들어 가는 듯 보이는 것이다. 가령 영상시대의 저 현란한 이미지들은 뛰는 심장과 흐르는 피를 갖은 우리의 몸을 점점 대지에서 멀어지게 하면서 컴퓨터 또는 텔레비전의 모니터만 덩그러니 놓인 두 세평의 방안으로 유폐시켜 놓으려 하고 있다."[66]

이 과정에서 '의사결정 프라이버시'(decisional privacy)가 침해된다. 사이버공간이 발전함에 따라 시민들이 이용할 수 있는 정보가 양적으로 증가하고, 시민들이 능동적으로 정보를 생산수용할 수 있는 환경이 조성되고 있다. 이는 시민들이 논의 주제를 설정하는 과정과 의제를 심의하는 과정 그리고 의사 결정 과정에 대한 통제력이 증대됨을 뜻한다. 따라서 사이버공간은 정치권력을 쥐고 있는 이들에 의해서 의사결정 프라이버시가 침해되고 소통과정이 왜곡, 조작될 가능성이 크기에, 정보 사회에서의 민주주의는 오히려 부작용이 클 것으로 추론된다.

컴퓨터가 프라이버시 침해에 개입되는 방식은 '컴퓨터 매칭(matching)'이다. 술의 광범위한 구입기록은 취중 운전으로 체포된 기록, 결근으로 해고된 기록을 결합하여 그 사람이 알코올에 대한 문제를 가진 것으로 번역되어 나타난다. 컴퓨터 매칭의 옹호자들은 합쳐진 파일들이 새로운 정보를 포함하지는 않지만, 공적 기록은 왜곡된 정보로 변형될 수 있음을 알려주고 있다. 이처럼 사이버공간은 공적 측면뿐 만 아니라, 사적 측면, 공사공매의 측면에서 우리 사회를 크게 변모시키고 있다.

욕망은 정착을 싫어하는 유목민의 흐름이며, 인격주체와 무관한 사이버의 흐름이며, 결핍과 무관한 생산적 흐름이고, 의식주체와 무관한 분열적 흐름이다. 그러나 이러한 유동적이고 기계적이며 무의식적이고 분열적이며 끊임없이 무언가를 만들어내려는 욕망의 능동적 흐름을 그대로 방치하면 기존 사회질서를 붕괴시킬 위험이 있다. 이에 모든 사회는 그 자체 안에 욕망의 흐름을 순치 시키고 통제하는 '오이디푸스'의 기제를 작동시키고 있다.

역사상 전례가 없을 정도로 은밀하면서도 철저한 자본주의 상황에서 몰(mole)적 집계로 변질되어 경직된 정체성을 갖도록 호명될 수도 있기에, 모든 유형의 경직된 구분을 자유로이 넘나드는 횡단매개의 주체를 구성해야 한다. 이러한 횡단매개의 주체는 '인터넷'의 사이버공간이 되고 있다. 결국 인간의 욕망에 기계라는 이름을 첨가된다. 기계는 욕

66) 같은 책, p.48.

망의 흐름을 이어주거나 단절시키는 장치를 말한다. 기계는 욕망이 단절되는 지점이면서도 동시에 이 컴퓨터는 다른 컴퓨터와 접속되는 순간 생산을 한다. 따라서 들뢰즈와 가타리의 '욕망/기계'는 가상공간이라는 사이버네틱 환경에서 새롭게 탄생하는 욕망의 이름이다. 그것은 코드화된 기표 이전의 욕망이다. 야생의 유목민처럼 본래적 물질구조로부터 이탈된 채, 스스로를 드러내며 생성운동을 이끌기에 우리는 긁어모아 잘 꾸려내는 자들이다.67)

정보통신 기술과 사이버공간의 급속한 발전은 자본주의를 외적으로 확장시키는 것과 더불어 내부적으로 더욱 심화시켜 사회적 불평등을 더욱 크게 한다는 우려의 시각도 있다. 특히 오늘날의 세계화는 각 국가의 재정과 경제적 흐름이 국제화되는 것을 의미하며, 이에 따라 과거보다 훨씬 더 세계 경제가 통합되어 있어서 국제적 자본주의 체제는 각국의 국내 정책 수립에도 새로운 제한을 부여하게 된다. 이러한 경향은 정보 통신 기술과 사이버공간의 발달로 인해 더욱 가속되고 있다. 컴퓨터 사용으로 말미암아 가정의 오락과 교육까지도 자본주의 상업성의 논리로 침식되고 있다. 컴퓨터가 사생활의 침투하면서 컴퓨터가 '신분위장절도'에 활용되고 '소유권 프라이버시'(proprietary privacy)의 침해를 조장하였다.

컴퓨터의 등장과 발전은 시민문화를 참여문화로 변화시키는 경향이 있다. 전통적으로 구분되었던 문화의 생산자와 소비자 간의 경계가 약화되어, 시민들은 단순한 문화의 수용자에서 문화 생산자의 지위로 변모한다. 게임에 있어서도 단순히 주어진 프로그램에 따라 수동적으로 참여하는 게임보다는 여러 사람들이 온라인으로 참여하여 주인공의 캐릭터나 게임 환경을 자신이 직접 창조하는 게임이 성행하고 있다. 이처럼 디지털 문화는 수동적인 문화의 향유보다는 문화에의 참여를 선호한다. 이 경우 프라이버시 방벽은 경계가 모호해지고 참여문화는 프라이버시 경계를 넘나드는 형태가 되어 정보 프라이버시를 침해하게 된다.

이에 따라 정보사회에서 친밀한 대면의 사회적 관계는 사이버공간을 매개로 하는 익명관계로 대치된다. 오늘날 친구간의 만남은 사이버공간에서의 단기적이며 공통관심사를 매개로 가벼운 만남이 된다. 개인이 자신의 정체성을 확인하고 그 속에서 삶의 의미를 찾아가는 공동체도

---

67) Gilles Deleuze & F lix Guattari, L'anti-Oedipe: Capitalisme et Schizophr nie, 최명관 역, 『앙띠 오이디푸스』, (서울: 민음사, 1995), p.15.

지역과 연고를 벗어나서 단순히 관심사와 이해관계를 같이하는 2차 집단적 공동체로 변화한다. 이는 곧 문화풍토를 변화시킬 뿐 만 아니라, 시민들의 의식과 가치관을 변화시켜 다원가치를 지향하게 한다. 다원가치체계에서는 어떠한 관념이나 행위도 이단의 이름으로 배제되지 않고 소정의 존재가치가 용인된다. 이 같은 개방적 사고경향은 궁극적으로 이질적 요소간의 결합을 조장한다.[68)]

정보사회의 시민들은 자신들의 권리가 침해당했을 경우에, 과거와는 달리 참으려 하지 않는다. 확대된 커뮤니케이션 통로를 활용하여 자신의 불만을 즉각 동료 시민들에게 전달하고, 부당한 처사의 당사자에게 항의를 표시하려 한다. 또한 정보 시대의 소비자들은 가격 정보, 품질 정보를 쉽게 얻을 수 있고 효과적으로 불만을 표시할 수 있는 통로를 갖게 됨에 따라 소비자의 권리에 민감해졌다. 그리하여 특정 기업체나 제품에 불만이 있을 경우에는 즉각 해당 기업에 불만을 표하거나, 사이버공간에서 동료 시민들을 규합하여 안티 사이트를 개설하곤 한다. 사이버공간에서 시민들은 권리에 민감하게 되고, 보장받으려는 의식을 지닌다.[69)]

컴퓨터와 프라이버시 쟁점은 가치의 충돌로 나타난다. 데이터를 수집하고 매치하는 컴퓨터의 능력은 공공에게 유익을 제공한다. 인터넷 '다음'에서 보듯이 사람들은 자신들의 동의 없이 프라이버시를 침해당할 때, 불안해지기 시작한다. 프라이버시 방벽이 무너져 갈 때, 창조적 중도 해결책으로 '올바른 정보실천'을 위한 정보윤리가 요청된다.

개인적 정보는 정보가 수집되는 사람들에게 통지하거나 동의 없이 제3자가 공유해서는 안 된다. 정확성을 보증하기 위하여 정보의 저장기간은 제한되어야 하며, 개인들은 그 정보를 검토하고 잘못을 수정하도록 공공소통이 이루어져야 한다. 데이터를 수집하는 사람들은 개인적 데이터와 시스템의 통합과 보안을 보장해야 한다. 아울러 수집된 정보는 일차적 목적과 일치하거나 유사방식으로만 사용되어야 한다. 개인 프라이버시를 보호하고 컴퓨터 데이터베이스가 기여할 수 있는 사회적 공공선을 증진시키도록 공공소통 방안을 모색해야 한다.

---

68) 박 명진, 「정보격차와 세대차이」 아산사회복지재단사업재단편, 『정보사회와 사회윤리』 (서울: 아산사회복지재단, 1996) pp. 367-381.

69) 권혁길 외, 『공학 윤리』 서울; 인간사랑, 2007.pp.247-248.

2. 정보기술의 횡단매개

"기술은 과학적 연구와의 연관성에 관계없이 도덕 철학의 주제이지 과학의 주제는 아니다"-폴 굿먼, 『신개혁』[70]

오늘날 정보기술은 접촉의 수단, 소통의 수단을 증가시킴으로써 세계화를 도래하게 하였다. 정보기술은 먼 거리에 있는 병원에 있는 환자들을 돌보게 하는데 기여했고 기상정보데이터를 전 세계의 농부들에 보냄으로써 자연적 재앙을 피할 수 있게 하였다. 또한 정보기술은 미디어 세계를 변화시켰다.

신문은 원거리에서 작성, 편집, 인쇄되고 각기 다른 주요 지역에 맞춰 동일 신문의 동시편집이 가능하게 되었다. 그러나 정보기술은 프리이버시 침해, 저작권 도둑, 해킹 등 부정적인 결과를 낳기도 했다. 이에 대해서 코웬은 정보기술은 선으로 사용되어지기도 하고 악으로 사용되어지기도 하는 세련된 도구(tool)라고 주장한다. 그러나 코웬의 주장과는 상반되게 정보기술은 단순히 도구로만 보아서는 곤란하다는 견해가 지배적이다. 각기 다른 견해를 가지고 있는 세 명의 철학자를 통해서 정보기술과 윤리에 대해서 생각해 보고자 한다.

1) 리차드 코웬(R. A. Cohen)

컴퓨터가 여전히 할 수 없는 것은 무엇인가? 허버트 드레퓌즈(Hebert Dreyfus)는 인간 존재와 컴퓨터 지능 사이엔 근본적인 차이가 있다고 주장했다. 그에 따르면 인간의 지능은 미리 정해진 전제나 규칙으로 환원될 수가 없다. 인간의 지능은 주로 몸을 통해 구현되는데, 지능을 구현하는 몸 자체가 항상 변화하는 세계를 직접 체험하고 있기 때문이라고 했다. 컴퓨터는 이런 체화된 지식이 없기 때문에 직관과 경험이 요구되는 지적 작업이 불가능하다고 주장했다.[71] 드레퓌즈는 (뒤에 나올) 하이데거의 기술비판을 컴퓨터에 적용했다. 그는 컴퓨터를 대립자로 보았다. 컴퓨터와 마음/두뇌 간의 대립은 하이데거가 말한 것처럼, 존재론적(ontological)이기보다는 존재적(ontic)인 것으로 남아 있다고 말한다.[72]

---

70) 닐 포스트먼, 김균 옮김, 『테크노폴리』(서울 : 민음사, 2001), p.5에서 재인용.

71) 셰리 터클, 최유식 옮김, 『스크린 위의 삶』(서울 : 민음사, 2003), p.193.

72) 마이클 하임, op. cit., pp.108-109.

반면에 코웬은 컴퓨터와 인간의 대립은 존재론적인 것도 아니며 실존주의적인 것도 아니며 도덕성의 문제로 보았다. 그는 드레퓌즈의 주장을 인용하면서 컴퓨터 혁명은 새로운 혁명이 아니라고 말한다. 즉 정보기술의 진보가 질적인 변화가 아니라 양적인 변화를 초래했다고 한다.

코웬은 사이버네틱스[73]는 커뮤니케이션의 긴 역사 속에서 익명의 대화가 증가된 가능성의 역사로 진단하며 가장 중요한 개발은 알파벳의 창안[74]이라고 주장한다. 그는 자신의 주장을 명료하게 주장하기 위해 사이버네틱스와 15세기의 구텐베르크(Johannes Gutenberg)의 활자 인쇄술과 비교한다. 인쇄술은 정보와 이미지의 대량소통을 촉진시켰으며 익명성의 더 큰 가능성, 광대하고 거대한 분배의 가능성, 인간소통의 유용성을 열었다.

그러나 마치 총에서 나간 총알이 어느 총에서 발사되었는지 추적할 수 있듯이 익명성은 완전하지 않았다. 또한 근대 컴퓨터는 더 빠른 저장수단, 복사수단, 조작수단, 소통의 신호를 제공했지만 인쇄된 글자처럼 전자메일의 교류는 근원지를 알 수 있음으로 익명성의 완전성은 이루어지지 않았다. 그런 이유로 코웬은 사이버네틱스는 질적인 변화가 아니라 양적인 변화라고 주장한다. 코웬은 『윤리와 사이버네틱스』에서 정보기술은 도구라고 주장한다.

> "인문학 안에서의 학문적 영역은 당연히 인본주의자의 지적인 반영과 비판에 의해 지배되는 경향이 있다. 우리 세상에 인문학 안에서의 학문적 영역은 적어도 수사학적으로 좌파주의자이자의 관점에 의해 지배되어지는 경향이 있다. 따라서 인문학의 학문적 영역에서 사람은 보통 정보기술(information technology)이 대단한 선(good)이 아니란 걸 안다. 반대로 정보기술이 본질적으로 악(evil) 즉 어떻게 신통을 가지고 빅 브라더(Big Brother)의 무기라는 것을 안다. 그러나 학문적 편견을 고려하여, 나는 독자들에게 나의 도구적 입장을 순수하게 보수적이고 또는 우파적 관점과 혼동하지를 않기를 경고한다. 나의 관점은 사이버네틱스가 다른 모든 인간의 발명품처럼 그리고 그 밖의 많은 다른 것처럼 선이나 악을 위해 사용되어 질 수 있다는 것이다. 그리

73) 코웬은 사이버네틱스라는 용어를 정보기술, 커뮤니케이션 기술 등 모든 형태로 언급해서 사용하며 정보기술, 컴퓨터 기술, 통신 기술을 거의 비슷한 맥락으로 보고 있다.

74) 알파벳은 기원전 700년경 그리스에서 발명되었다. 알파벳은 구어와 문자에 의한 언어 사이의 틈새에 다리를 놓음으로써 화자(話者)로부터 구어를 분리시켜 개념적인 대화가 가능하게 했다. 이런 역사적인 전환점은 구술전통과 문자 없는 커뮤니케이션의 질적 변화를 부추긴 '알파벳 정신'이다. 그리고 알파벳은 서방에서 축적된 지식기반 사회 커뮤니케이션의 정신적 인프라를 구축했다.

고 사이버네틱스가 사실상 이미 선과 악으로 사용되어 지고 있다. 정보기술은 도구이다(Information technology is a tool). 성경이 부정한 전쟁(unjust wars)을 지지하는데 사용될 수 있는 것처럼 마찬가지로 그리고 총이 목숨을 살리는 데 사용되어지는 것처럼 똑같이 사이버네틱스도 그렇게 사용되어 질 수 있고 남용되어 질 수 있다. 이것은 바로 컴퓨터 기술이 할 수 있는 모든 것에 대하여 그렇게 사용되어 질 수 있고 남용되어 질 수 있다."[75]

기술이 도구이상이란 의미는 기술의 위험성으로 인해 인간성을 변형시킬 수 있다는 의미이다. 즉 기술의 위험성은 인간의 행위를 변형시키고 인간의 도덕성을 왜곡시키기 때문이다. 그러나 코웬의 입장에서는 정보기술은 인간성을 변환시키지 않고 단지 선이나 악으로 사용되어 질 수 있는 세련된 도구라는 것이다. 정보기술 사회에서 코웬이 희망하는 것은 세련된 도구 사용자가 좀 더 도구사용능력이 도덕적으로 훌륭하기를 원한다. 왜냐하면 정보기술 사회에서 컴퓨터는 우리에게 인류애에 대한 경외적이고 위압적인 의무와 책임감을 공유하고 알게 하는 새로운 기회를 줄 것이기 때문이다.

2) 마르틴 하이데거(Martin Heidegger)

그림 10 마르틴 하이데거

컴퓨터 기술은 우리의 사고 처리에 너무나 유연하고 융통성 있게 들어맞기 때문에 우리는 곧 그것이 외부적인 도구라고 생각을 덜 하게 될 것이고 제2의 피부나 심적인 인공보철물처럼 여기게 될 것이다. 일단 기술에 순응하게 되면 우리는 마치 음악가가 악기를 연주하듯 그 기술을 다루며 그것을 가지고 우리의 정체성을 확인하고 마침내 그 기술과 하나가 되어간다.[76]

오늘날 대부분의 학자들은 기술을 단순히 도구로 파악하는 것은 위험하며, 기술은 단순한 도구 이상의 의미를 지닌다고 주장한다. 하이데거는 '기술은 도구이며 수단이다'라는 기술에 대한 일반적 이해를 떠나서 기술의 본질에 대한 물음을 제기한다. 하이데거 입장에서 정보기술의 위험성을 살펴보려면, 하이데거가 주장하는 존재적(존재자, ontic)과

75) R. A. Cohen, op. cit., p.28.
76) 마이클 하임, op. cit., p.115.

존재론적(존재, ontological)사이의 존재론적 차이(ontological difference)에 대해서 알아보아야 한다.

하이데거가 말하는 존재는 존재자의 절대적 타자를 의미한다. 즉 존재자가 아닌 것 곧 무(無)를 의미한다. 이러한 무는 '아무것도 아님'이라는 부정적인 무가 아니라 '존재자가 드러나는 사건'을 의미한다. 그래서 하이데거에서의 존재란 존재자를 존재자로써 드러내주는 사건을 의미한다. 또한 존재가 스스로를 밝히는 사건을 통해 존재자가 우리 앞에 드러난다. 하지만 존재가 밝혀지는 '열린 장'(das Offene) 안에서 존재자는 드러나나 존재는 스스로를 감추고 만다. 마치 우리 눈앞에는 장미꽃만이 피어 있고 그 장미꽃을 우리 눈앞에 드러내준 '스스로 피어오름' 자체는 자신을 감추는 것과 마찬가지다. 이렇듯 존재가 자신을 숨김에도 불구하고 어렴풋이 존재를 이해한다. 즉 존재자의 비은폐성은 존재가 자신을 우리에게 보내 줄 수 있는 유일한 지평이다.[77)]

그러나 오늘날 정보기술은 존재에 대한 물음을 묻지 않고 존재의 진리를 파악하지 않고 있기 때문에 존재망각을 벗어나지 못하고 있다. 하이데거 철학은 '근본적인 존재론'으로, 기술이 존재의 드러남을 막는 것에 대하여 경고했다. 하이데거가 말하는 기술은 단순한 기계적 혹은 전기적 장치가 아니며, 오히려 기술은 그런 방식으로 세계를 드러내는 한 방법이다.

기술은 우리의 문명사의 신기원을 이루는 특성이다. 그러나 정보기술사회에서 기술은 가장 위대한 위험이다. 첫째 이유로, 기술은 너무 성공적이고 만연되고 심오하기 때문에 기술은 존재의 진행 중인 드러남을 가려 버린다는 것이다. 둘째 이유로, 그것은 더 나은 발전을 위한 모든 이슈를 방해하기 때문에 결국 존재물음에 대한 진행 중인 드러남을 방해한다는 것이다.

하이데거 사상의 핵심은 존재물음으로, 정확히 존재의 신기원적 특성(character)이다. 이것은 정확히 존재가 그 자신을 드러나게 하는 전향(turn)이다. 오늘날 존재는 존재자체가 기술로써 드러나게 되며 또한 존재는 기술적인 표현이라기보다는 더 많은 근원(resources)을 가진다는 것이다. 그러므로 기술은 특히 정보기술은 질적으로 새로운 위협이 되는 것이다. 우리는 정보기술이 그 자체로 스스로의 삶을 가지고 있는 것처럼, 악한 운명을 가지고 있는 것처럼 생각할 수 있다. 그럼으로 코

77) 이선일, 「하이데거와 현대 기술 비판」, 『대동철학』제14집, 2001. p.11.

웬이 주장하는 대로 정보기술은 세련된 도구가 아니라 존재의 드러남을 위협하게 하는 도구이상인 것이다.

3) 엠마누엘 레비나스(Emmanuel Levinas)

아놀드는 서양변화의 원동력을 두 가지로 이해한다. 헬레니즘(Hellenism)과 헤브라이즘(Hebraism)이다. 전자는 실제들에서 형성되는 관념들과 변화들에 대한 이해 및 열정을 제공하는 지성(intelligence)의 힘을 제공하고, 후자는 실제에서 움직이는 에너지로서 최고의 의무감과 자기 통제를 제공하는 도덕적 행동(conduct)의 힘을 의미한다.[78] 하지만 그는 이러한 두 가지 힘들이 서로 다른 것이 아니라는 점을 강조한다. 왜냐하면, 이들은 인간 삶의 역사에서 나타난 라이벌 관계를 맺고 있으면서도 동시에 "인간의 완전성 또는 구원"이라는 궁극적으로 같은 목적을 갖고 있기 때문이다.[79] 우리는 인간 삶에서 완전성의 실현을 위해 전개되어 왔던 삶의 경험들을 어떻게 있는 그대로 이해하고, 이를 어떻게 현재에 적용 및 행동할 것인지를 동시에 고려해야만 한다.

소크라테스와 플라톤이 올바름의 공동체를 확립하고자 했던 노력에서 각 사물들의 있는 그대로의 모습에 우선적 관심을 두고, 그래서 지식을 중시하고 교육의 궁극적 목표를 각 실재의 형상인 이데아의 추구로 인식했던 삶의 경향[80]은 오히려 도덕적 행동의 힘을 약화시킬 수 있다. 반대로, 아리스토텔레스가 덕들의 소유에 있어 지식보다는 올바른 행동의 습관화와 절제가 중요하고, 행복은 행동을 통해 달성되는 영혼의 활동으로 주장하는 삶의 경향[81]에서는 지성의 힘을 약화시키는 결과를 낳는다.

지성의 힘으로서 하이데거 사상의 핵심이 존재물음, 존재론적 차이라 한다면, 레비나스 사상의 핵심은 '얼굴과 얼굴'(face to face), 타자와의 만남을 통해 도덕적 책임감을 가지는 것이다. 레비나스의 타자와의

78) M. Arnold. *Culture and Anarchy*(1869), J. Dover Wilson, ed.(Cambridge: The University of Cambridge Press, 1990), p. 129. 이런 점에서 유기체적 완전성을 추구하는 윤리문화 사회는 선의 실현만을 극단적으로 강조해서 나타나는 공동체 윤리문화 사회의 폐단, 즉 유기체적 전체주의 사회의 모습과는 그 양상이 다르다고 할 수 있다.

79) Ibid., pp. 129~30.

80) Plato, *The Republic*, bk. VI. 486d, VII. 526e, trans. H. D. P. Lee (London: Penguin Books, 2003), p. 207, p. 257.

81) Aristotle, *The Nicomachean Ethics*, bk. II. 4, 1105a17~b5, bk. I. 7, 1097a15~34, W. D. Ross, tans. (Oxford: Oxford University Press, 1998), p. 11, p. 34.

만남은 언어이전의 만남으로 출발하므로, 그는 '말함'(saying)과 '말해진 것'(the said)을 노출의 근거로 삼는다. 레비나스 철학은 언어에서 '말함'(saying)과 '말해진 것'(the said)을 구별을 중시했다. 말함은 말할 수 있는 가능성 조건을 구성하기 때문에 말해진 것에 우위성을 갖는다.

레비나스에게 있어 말함의 중요성은 타자와의 만남이 발생하는 자리를 말함이라 부르는 것에서 발생한다. 말함은 타자에로의 접근 혹은 가까움을 위한 장소로서, 바로 거기에서 우리는 무한자를 추구하거나 아니면 존재로부터의 탈출을 모색할 수 있다.82)

보통 말함을 수행적이고 표현적인 것으로 정의하곤 하는데 레비나스의 말함은 목적적이고 합리적인 것을 저항한다. 또한 말함은 그 의미가 분명 말해진 것 속에서 가둘 수 없는 것이기 때문에 파악하기가 힘들다. 즉 말함은 말해진 것 속으로, 언어 속으로 주제화될 수 없는 것이다. 결국 말함은 목적적인 언어로 변형이 불가능한 것으로 타자의 타자성을 드러내는 것이다. 말함은 윤리이며 타자와의 윤리적 관계(relation)이다. 즉 말함은 타자에 대한 근접성이며 타자에 대해 책임을 지는 것이다.

레비나스의 타자에 대한 책임은 한계가 없다. 이 책임은 나의 사적인 경험의 일부가 아니며 한 개인의 전기로 축소되는 것도 아니고 자유롭게 선택한 것도 아니며 적극적으로 욕망한 것도 아니다. 내가 심지어 나 자신으로 존재하기 이전에 나는 절대적으로 그리고 호소 없이 타자에 대해 책임적이다.83)

결국 레비나스에게 말함은 접촉, 민감성, 말함의 진지함(sincerity), 타자의 얼굴 안에서 말함, 도덕적 책임감을 의미하고, 말해진 것은 말해진 것 안에서 말함의 고착함, 타자의 거절을 의미한다. 레비나스가 말해진 것을 윤리의 영역에 넣지 않은 것은 말해진 것이 존재와 현시 때문이 아니라 한 사람이 다른 사람에 대해 도덕적으로 무감각해 지기 때문이다.

가상공간에서의 대화는 더 이상 말함이 아니라 말해진 것이다. 즉 타자에게 말함이 윤리적 책임감을 불러일으키지만, 반면에 가상공간에서

82) 콜린 데이비스, 김성호 옮김, 『엠마누엘 레비나스-타자를 향한 욕망』(서울 : 다산글방, 2001), pp.148-150.

83) Ibid., pp.150-152.

의 대화는 말해진 것으로 책임감을 부여하지 않는다. 얼굴과 얼굴의 만남이 중재되는 것은 실제 삶이 스크린 위의 삶으로 대체되고 감추어지게 되는 것이다.

결국 새로운 세계인 스크린 위의 삶은 타자의 타자성을 보이지 않게 할 뿐만 아니라 그 속에서의 대화는 공허한 메아리일 뿐이다. 하이데거는 정보기술의 위험성을 주장한 이유는 존재의 드러남을 방해하기 때문이라고 했으며 반면에 레비나스는 정보기술이 얼굴과 얼굴의 만남을 통한 도덕성을 위협하는 것이라고 주장한다. 그러나 두 명의 철학자가 정보기술의 위험성의 원인에 대해서 생각하는 입장은 다르지만 정보기술은 단순한 도구가 아니라 우리의 삶을 위협하는 도구 이상으로 보는 점은 공통적이다.

3. 공공소통의 윤리조건

코웬의 입장에서 볼 때 정보기술은 단순한 도구(tool)였고, 하이데거와 레비나스적 입장에서 볼 때는 정보기술은 도구 이상의 것이었다. 그러나 이들 학자들의 윤리학적 견해로 알 수 있는 것은 정보기술의 문제는 과학의 입장으로만 보아서는 안 되며 윤리의 입장으로 보아야 한다는 것이다.

정보기술 사회는 질적인 변화든 양적인 변화든 엄청난 속도로 우리 삶을 간섭해들어 오고 있다. 프랑스 최고의 비평가 장 보드리야르(Jean Baudrillard)는 '사이버네틱스 같은 세계가 도래한 지금은 더 이상 원래 형태를 지닌 현실이 존재하지 않는다'고 암울하게 말했다. 필자는 암울한 세상이든 유토피아적 세상이든 변화지 않는 것이 있다면 인간은 윤리적이어야 한다는 것이다. 코웬의 주장대로 윤리적 능력이 없는 사람은 성경을 가지고 정의롭지 못한 전쟁에 사용한다. 그러나 정보기술 사회에서 필요한 인간은 종이라는 도구를 가지고도 다른 사람의 생명을 구할 수 있는 윤리적인 인간이다.

오늘날 가상공간에서 필요한 윤리적 조건으로 상대방의 인격존중, 자율성, 책임감 그리고 연대성과 같은 것들을 예로 들고 있다. 저자는 정보기술 사회에서 필요한 윤리는 레비나스의 사랑의 윤리라고 생각한다. 레비나스는 우리는 불평등한 사회 속에서 살아가며 이런 불평등속에서 성립하는 것이 사랑이라고 말했다. 가상공간에서 도덕 행위자가 되는 것은 사랑의 윤리를 실천하는 것이다. 이 장에서는 레비나스의 사랑의 윤리 중에서 다른 사람에 대한 책임으로 대속과 타자의 고통에 민감하게 반응하는 공감을 알아보고자 한다.

1) 다른 사람에 대한 책임 : 대속

정보기술이 개인들로 하여금 도덕적 의무와 책임에 대한 직접생산의 소외를 양산한다면, 소외극복방안으로 도덕행위자로 하여금 다른 사람에 대한 책임을 가지도록 해야 한다. 레비나스에게 있어서 책임이란 용어는 진짜 사랑스런 용어이며 책임에 대한 최고의 실현은 타자의 상처입기 쉽다는 점에서 타자에게로 다가가는 존재로써 구성된다.

레비나스의 책임은 우선 타자에 대한 책임이다. 이 책임은 타자의 표정을 받아들임으로써 발생하는 것이지 자발적인 어떤 의지와 행위로부터 발생하는 것이 아니다. 이런 의미에서 레비나스의 책임론은 일반적인 책임론과 구분된다. 책임은 이전의 어떤 관련이 없어도 발생하는 것이다. 내가 아무 행위를 하지 않아도 나는 타자에 대한 책임을 져야 한다. 타자에 대한 책임은 대속(substitution)이다.[84)]

레비나스의 두번째 책 『존재와 달리 또는 본질너머에(Otherwise than Being or Beyond Essence)』에 나오는 대속이란 단어를 이해해야 한다. 레비나스는 도덕적 자아(moral selfhood)를 행위자의 자유 또는 자율이란 용어로 생각하지 않고, 타자의 극도의 근접성(proximity)이란 용어로 설명한다. 타자의 근접성은 이미지로 해결될 수 없는 타자, 주제로 드러날 수 없는 타자관계로서 나타난다.

도덕적 자아는 타자자체에 대한 관심으로, 한 사람이 다른 사람을 위해 죽을 수 있다는 관점까지 대속된다. 대속의 근접성은 타자의 필요로 하는 것을 자신의 가장 첫 번째 우선권으로 만드는 것이다. 이것은 바로 도덕성의 초석이자 도덕 행위자가 지녀야 할 심오한 윤리적 자세이다. 사실상 역지사지로서 우리가 자아를 물질로써 여기고 대속을 특성이나 속성으로 여긴다면, 역지사지는 결코 심오한 윤리적 자세는 아니다.[85)]

타자를 처음으로 두는 근접성, 자신보다 타자를 위해 존재하는 것은 진정한 도덕적 자아의 형성을 만든다. 타자에 대한 근접성은 동물적 자아보존과 이기심으로 구성된 것이라기보다는 도덕적 감성(moral sensibility)

---

84) 베른하르트 타우렉, 변순용 옮김, 『레비나스』(서울 : 인간사랑, 2004), p.260.
85) R. A. Cohen, op. cit., pp. 31-32.

으로 구성된다. 이 타자에 대한 근접성 안에서 그 자아에게 우선권을 주었을 때, 레비나스는 이미 주어져 있는 특권을 부정하고 거의 모든 서구철학자들에 의해서 또는 지식에 의해 요구되어진 자아존재를 부정하게 된다. 다시 말해서 인간의 감성(human sensibility)은 존재나 지식으로써 드러나는 것이 아니고 경험의 진지함(sincerity), 상처받을 수 있음의 충격, 타자고통에 민감해하는 고통의 수동성을 의미한다. 인간 자아는 자신을 추구하기 전에 타자를 위해 존재할 수 있다.

도덕적 자아는 자신을 타자의 신발 안에 두는 것이며 타자를 위해 밑바닥에서 대답하는 것이다. 즉 도덕적 자아는 모든 타자들의 고통을 경감하는 도덕적 필요성을 알게 됨으로써 의무와 책임의 직접성을 가지게 된다. 레비나스의 입장에서 살펴보면 컴퓨터와 인간의 차이는 근접성이다. 컴퓨터 능력의 조작능력의 뛰어난 복잡성, 거의 즉각적인 연계(linkage), 정보교환의 기괴한 신속성에도 불구하고 컴퓨터는 서로서로 근접성을 맺지 않고 우리와도 근접성을 맺지 않는다. 서로에게 근접성 맺는 것과 정보기술에 대한 의무와 책임을 가지는 것은 인간뿐이다.

도덕적 의무와 책임은 인간의 인류애 안에서, 인간 민감성(sensitivity) 안에서 생기며 그 안에서 도덕적 의무와 책임의 근원을 가지게 되는 것이다. 그 근원은 인간 안에서 시작하지만, 그곳으로부터 모든 창조물, 유기체, 비유기체까지 퍼져 나간다. 결국 인간이 어떻게 책임과 의무를 실행하느냐이다. 정보기술을 세련된 도구라고 주장한 코웬의 주장대로 인간은 도덕행위자로 의무와 책임에서 자유로울 수가 없다.

가상공간에서의 책임의 윤리는 레비나스가 주장하는 책임 즉 대속이어야 한다고 주장한다. 레비나스의 도덕적 책임은 대면하는 모든 인류애까지 포함하는 것이다. 오늘날의 책임은 타자의 얼굴에서 상처받기 쉬움의 윤리적 호소에 응답하는 절대무한의 명령이다.

2) 공감(empathy)

오늘날 가상공간은 상대방의 얼굴을 볼 수 없는 '컴퓨터 매체 커뮤니케이션'으로 '공감의 부재'(absence of sympathy)가 어쩔 수 없는 상황임을 받아들여야 한다. 상대방의 얼굴을 볼 수 없는 상황은 플라톤의 『공화국』에서 나오는 글라우콘과 아데이만투스의 '귀게스의 반지'처럼 말해주는 것처럼 상대방을 '목적'이 아닌 '수단'으로 대우하고자 하는 강력한 유인책을 갖게 된다. 바로 그것이 인터넷상에서의 비방과 욕,

포르노, 사기 등의 문제를 유발하는 것이다. 이런 문제는 레비나스의 통찰에 의하면 인간의 얼굴에서 비로소 일정한 공감이나 감정이입이 가능하다는 사실을 나타내고 있다.[86)]

이와 같은 공감의 부재에 대한 대안으로 레비나스의 공감(empathy)은 윤리적 인간이 되는데 많은 시사점을 준다. 필자는 고통 속에서 공감을 만날 수 있다고 말한다. 가상의 공간이 공감의 부재로 인해 고통을 받는다면 그 고통의 해결은 레비나스의 말함(saying)의 윤리인 공감으로 해결될 수 있다고 생각한다. 고통은 우리의 삶의 일부분이며 모든 곳에 존재하고 있다. 사전적 의미로, 고통은 즐겁지 않은 감각이며 실제적이거나 잠재적인 조직 손상과 연관되어 있는 감정적 경험으로 정의하곤 한다. 최근에 유명한 영화배우가 자살을 선택하면서 자신의 고통이 다른 사람의 고통과 같을 수 없음을 이야기했다. 레비나스는 "아픔과 괴로움과 고통 속에서 우리는 고독의 비극을 형성하는 결정적 요소를 가장 순수한 모습으로 다시 보게 된다."[87)]라고 했다.

우리가 언어를 파괴한다고 하더라도, 종종 '고통은 소통할 수 없는 것이다'라고 한다. 인간은 성경이나 다른 종교화된 텍스트로 구성된 기계가 아니다. 레비나스에 따르면 타자를 자아 앞에 두어야 하기 때문에 형제애, 단결, 인간의 인류애는 더욱 굳건하고 직접적이고 고통스럽다. 또한 레비나스는 나의 고통과 타인의 고통이 근본적으로 다름을 말한다. 필자는 고통이라는 것이 현상학적으로 완벽하게 전달할 수는 없어도, 타인의 고통에 대해서 어느 정도 적정한 수준까지 전달될 수 있다고 말하고자 한다.

다시 말하자면, 고통은 관찰하는 이에게는 미스터리(mystery)이며, 타자에 대한 무한한 이해되지 않는 천성의 부분이다. 내가 다른 사람이 느끼는 사랑, 다른 사람이 경험하는 아름다움, 다른 사람이 겪는 두려움을 완전히 이해할 수 없듯이, 나는 다른 사람의 고통을 완전히 이해할 수는 없다. 이런 것들에 대한 이론적인 이유는 지각의 대상이 아닌 것이다. 고통은 우리의 주체성의 양태이며 우리의 미스터리, 우리의 타자성, 우리의 무한함의 조건이다.

다른 사람이 말하는 것에 의해서, 다른 사람이 사용하는 은유 또는 다른 사람이 나타내는 육체적 또는 언어적 몸짓에 의해 우리는 많은

86) 정보통신윤리위원회, 『정보사회윤리학』(고양 : 이한출판사, 2005), p.186.
87) Emmanuel Levinas, 강연안 옮김, 『시간과 타자』(서울 : 문예출판사, 2001), p.75.

것을 전달받지만, 그것은 다른 사람의 고통으로 남겨진다. 만남의 깊은 단계에서도 나는 그것을 이해할 수는 없고 그것을 분류할 수는 없으며 소유할 수 없으며 나의 것으로 만들 수 없다. 우리는 다른 사람의 것들을 존중해야 한다. 고통은 신비로우며, 타자성의 주체성이 신비한 만큼, 고통이라고 부르는 주체성의 양태도 신비로운 것이다.[88)]
공감(empathy)은 관계간의 주체성(intersubjectivity)의 형태로, 일상생활의 경험이다. 우리는 타인과 대화를 한다. 그것이 사업상 문제나 실용적인 대화만을 하는 것이 아니라 잡담도 자주 한다. 그러나 잡담을 통해서 사회적 관계가 훨씬 쉽게 유지되기고 하고 풍부해지기도 한다. 여기에 대화가 존재하고 대화는 언어에 의해 전달된다. 우리가 대화를 하는 과정에 나의 얼굴이 타인의 얼굴과 만나면서 새롭고 신비로우며 수수께끼 같은 관계가 발생한다고 레비나스는 말한다. 세상의 사물에 대한 우리의 이해와 그들에 대한 우리의 이야기가 항상 개념(concept)에 의해서 전달되어진다.

그러한 개념을 통해서 우리는 세상사물의 이치와 우리 이야기를 이해한다. 그리고 그러한 개념이 우리의 언어의 한 부분이고 개념적 레퍼토리(repertory)이다. 이러한 레퍼토리를 통해 우리는 세상을 이해한다. 그렇지만 타인에 대한 미스터리와 무한함은 이러한 방식으로 이해되어지지는 않는다. 타자는 항상 그(또는 그녀)는 나의 이해와 인식에 의해서 이해되어 질 수 없다는 근본적인 의미에서 항상 '다른'것이다. 쉽게 말해서 나는 다른 사람을 자동차로 이해하는 방식으로 이해할 수는 없다. 자동차의 경우에는 심지어 아주 많은 기계적인 지식이 없더라도 나는 완전히 그것이 무엇인지, 그것이 무엇을 위한 것인지, 그리고 그것이 어떻게 나와의 관계를 지속할 것인지를 이해할 수 있다. 나는 그것을 카테고리 속에 집어넣어서 그것을 그 안에서 이해할 수 있다. 나는 타인을 이렇게는 이해할 수 없다. 심지어 내가 잘 아는 사람조차도 항상 나의 지식과 감성 또는 개념적 이해로써는 이해할 수가 없다. 타자는 무한하고 이해할 수 없는 것이다. 내가 타자에게 접근하는 방식은 즉 '타자를 향한 나의 행동거지와 태도는 진짜 처음부터 천성적으로 윤리적이다'라고 말하는 것이 바로 레비나스의 견지이다.[89)]

---

88) Ibid., p. 260 참조.
89) Stan van Hooft, "Pain and communication," *Medicine, Health Care and Philosophy 6* (2003), p.259-260.

내가 타자를 분류하고 이미 정의된 주제 속으로 분류한다면, 그리고 내가 단지 그 분류에 의해 구조화된 것으로 정말 그들을 언급한다면, 그것은 비윤리적이다. 우리는 타자를 평가하지 말고 분류하지 않으며 공간(space)을 남겨 두어야 한다. 우리는 타자를 활짝 열고 만나야 한다. 우리는 자신의 태도를 수락하고 접근을 돌보는 행동들에 대해서 관대해 져야 한다. 즉 가상공간에서 우리는 타자를 평가하지 말고 분류하지 않으며 윤리적 공간을 남겨 두어여 한다. 그 곳에서 타자를 만나고 사귐의 틈 즉 공감의 윤리를 만드는 것이다. 그 방법은 타자의 고통에 대해 민감하게 반응하고 공감하려는 길 밖에 없는 것이다.

그림 11 피에르 레버

21세기의 사이버공간 이론가인 피에르 레비(Pierre Levey)는 21세기 정보기술의 윤리학을 완전무결하고 무형의 공간 즉 가상공간에서 찾았다. 레비의 말처럼 이 공간은 윤리학적으로 완전무결하고 무형의 공간인가? 아니면 레비나스의 견해처럼 그 자체로 악을 초래하는 것인가? 필자는 이 문제에 대한 해답으로 정보기술은 최고의 중재방식이기 때문에 윤리적 반성(ethical reflection)에 대한 이론적인 경우를 나타낼 수 있다고 보고 있다. 즉 정보기술의 발전은 윤리학의 심도 깊은 연구과 함께 병행되어야 한다는 것이다. 그래서 본 논문에서 두 가지 측면에서 윤리학적 성찰을 했다.

첫 번째는 현실공간과 가상공간의 윤리적 매체에 대해서 레비나스적 반영을 통해 알아보았다. 레비나스의 단언은 얼굴과 얼굴을 맞대고 있을 때와 인터페이스에 의해 중재되었을 때를 비교해 보면 후자가 도덕적 책임감이 소외되게 된다는 것이다. 즉 내가 직접적으로 보지 못한 이들과의 관계, 한 번도 관계하지 않았던 사람과의 관계, 한 번도 말해보지 못한 사람과의 관계는 윤리적 책임감을 덜 가지게 된다는 것이다. 그러나 21세기 정보기술은 우리가 대면해서 만나야 되는 사람보다 훨씬 더 많은 사람을 만나게 해 주었다. 결국 타자에 대한 윤리적 책임감의 범위와 복잡성은 감소되어지는 것이 아니라 확장되었다. 저자는 타자에 대한 윤리적 책임의 확장은 레비나스의 타자에 대한 책임인 대속에 의해서 해결될 수 있다고 본다.

두 번째는 코웬, 하이데거, 레비나스를 통해서 정보기술의 본질과 윤리에 대해서 고찰하였다. 이들 학자들이 바라보는 정보기술에 대한 윤리학적 입장은 다르지만 저자는 이들 학자들을 통해서 가상공간을 통한 정보기술 사회에서 인간의 윤리적 능력이 중요함을 강조하고 기술의 진보와 윤리의 향상(upgrade)은 함께 진행되어야 함을 주장한다.

코웬의 주장대로 인간과 컴퓨터의 차이는 도덕성이다. 컴퓨터는 인간과 달리 역지사지할 수 없으며 또한 주체 간 대속할 수 없고 서로를 배려할 수 없다. 따라서 인간만이 도덕적 자아(moral selfhood)가 될 수 있는 것이다. 이 도덕적 자아는 가상공간(혹은 사이버공간)의 키잡이이다. 이 키잡이가 어디로 향해 항해하는지가 문제의 중심이 될 수 있다. 결국 가상공간을 통한 정보기술과 윤리의 해결 방향은 우리의 도덕성에 달려 있다고 볼 수 있다.

참 고 문 헌

권수경, 「열림과 공존」, 『프랑스학 연구』, 제39집, 2005.

김연숙, 『레비나스 타자윤리학』(고양 : 인간사랑, 2001).

닐 포스트먼, 김균 옮김, 『테크노폴리』(서울 : 민음사, 2001).

라키토프, 이득재 옮김, 『컴퓨터 혁명의 철학』(서울 : 문예출판사, 1996).

마이클 하임, 여명숙 옮김, 『가상현실의 철학적 의미』(서울 : 책세상, 1997).

베른하르트 타우렉, 변순용 옮김, 『레비나스』(고양 : 인간사랑, 2004).

알랭 바디우, 이종영 옮김, 『윤리학』(서울 : 동문선, 2001).

이왕주, 『철학, 영화를 캐스팅하다』(서울 : 효형출판사, 2005).

장 이브 고피, 황수영 옮김, 『기술철학』(파주 : 한길사, 2003).

피에르 레비, 전재연 옮김, 『디지털 시대의 가상현실』(서울 : 궁리, 2002).

하이데거 M., 소광희 옮김, 『존재와 시간』(서울 : 경문사, 1995).

J. Rawls, 장동진 역, 『정치적 자유주의』(서울 : 동명사, 1993).

J. Rawls, 황경식 역, 『사회정의론』(서울 : 서광사, 1977).

J. Rawls, 황경식 역, 『공정으로서의 정의』(서울 : 서광사, 1988).

J. Habermas, 한상진 박영도 공역, 『사실성과 타당성-담론적 법이론과 민주주의적 법치국가 이론』(Faktizität und Geltung)(서울, 나남출판, 1992).

J. Habermas, 장춘익 역, 『의사소통행위이론』(서울 : 나남출판, 2006).

J. Habermas, 장춘익 역, 『의사소통행위이론』-기능주의적 이성비판을 위하여2(서울 : 나남출판, 2006).

Will Kymlicka, 장동진 역, 『현대정치철학의 이해』-자유주의, 마르크스주의, 공동체주의, 시민권이론, 다문화주의, 페미니즘(서울 : 동명사, 2005).

Bernd Frohmann, "Cyber Ethics," *The International Information & Library Review*, Vol. 32, 2002.

Burggraeve Roger, translated by Jeffrey Bloechl, "Violence and the Vulnerable Face of the Other: The Vision of Emmanuel Levinas on Moral Evil and Responsibility," *Journal of Socal Philosophy*, Vol. 30 No.1, 1999.

Cohen R. A., "Ethics and cybernetics: Levinas reflections," *Ethics and Information Technology*, Vol. 2, 2000.

Hooft. Stan van, "Pain and communication," *Medicine, Health Care and Philosophy*, Vol. 6, 2003.

세계윤리교육

제 5 장
세계윤리의 국제규범

1. 세계윤리의 국제규범 화용 | 2. 세계윤리와 문화초월의 국제규범
3. 세계윤리 국제규범 사례 | 4. 공직부패와 부패척결
5. 국제적 노동착취와 공공시민성 정신

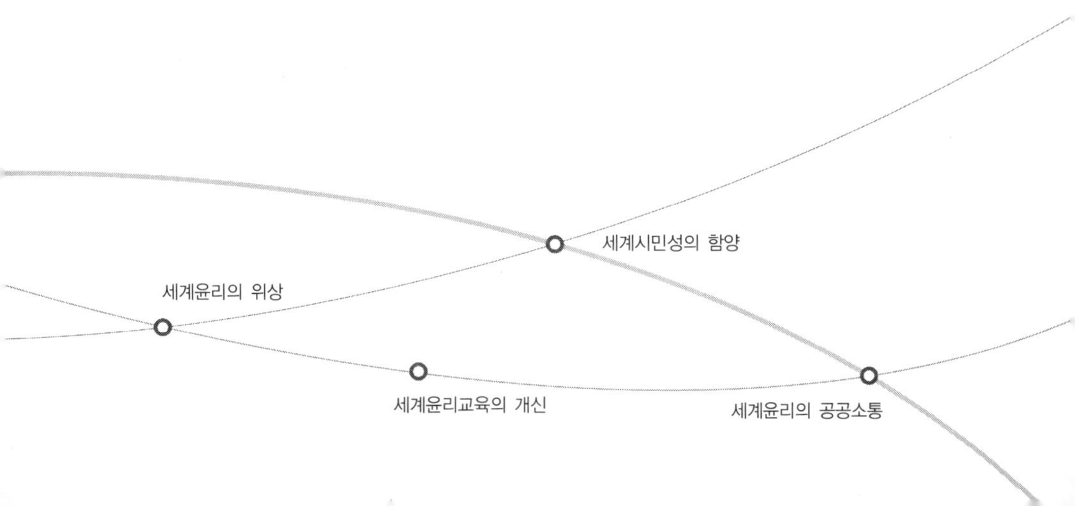

빛은 있다

아무리 몸부림쳐도 길이 보이지 않는다고 길바닥에 주저앉았던 그 길에서,
별처럼 맑은 이슬을 보았다.
어두운 골짜기를 지나갈 때라도 길을 달리는 한, 빛은 있다.
고난의 순례길, 눈물을 흘리면서도 씨를 뿌리러 나가야 한다. 이제 길은 내 뒤에 있다.

– 신영길의 《초원의 바람을 가르다》 중에서 –

〈Story-Telling : 히말라야의 사향노루〉

인도의 높고 높은 히말라야 산악지대에 서식하는 수컷 사향노루의 복부의 피부 아래에는 주머니가 달려있는데, 사향(麝香)은 거기서 발견되는 귀중하고 극히 향기로운 물질이다. 사향노루가 일정한 나이에 도달하면 사향의 매혹적인 냄새가 사향노루의 배꼽에서 풍겨 나온다. 사향노루는 그 매혹적인 냄새에 흥분해서 껑충껑충 뛰어다니는데, 향기의 원천을 발견하려고 나무 아래에서 킁킁거리며 냄새를 맡기도 하고 사방을 찾아다니는데 가끔은 수 주간을 찾아다니기도 한다. 사향의 원천을 발견할 수 없는 사향노루는 가끔 화가 나고 매우 산만해지는데, 진기한 향기의 원천에 도달하려는 마지막 필사적인 몸부림으로 높은 절벽에서 계곡으로 뛰어내려 죽음을 맞이하기도 한다. 그러면 사냥꾼들이 그를 차지해서 사향주머니를 떼어간다.

깨달음을 얻은 한 음유시인(吟遊詩人)이 한 번은 다음과 같이 노래하였다. "오 어리석은 그대 사향노루여, 그대는 그대 자신의 몸에 있는 줄도 모르고 사방에서 향기를 찾았구나. 그러니 그대는 향기를 발견하지 못한 것이로다. 그대가 자신의 배꼽에 코를 갖다 대기만 하였어도, 꿈에도 그리던 사향을 발견하였을 것이고 아래에 있는 바위로 뛰어내리는 자살로부터 자신의 목숨을 구했을 것 아닌가."

대부분의 사람들은 사향노루처럼 행동하지 않는가? 사람들은 성장하면서 언제나 향기로운 행복을 자기 자신의 밖에서 사방에서 추구한다. 놀이에서, 유혹에서, 인간의 사랑에서, 그리고 부(富)라는 불안정한 길에서. 그러다가 자신의 영혼 속의 비밀스런 구석 안에 숨겨져 있는 진정한 행복을 발견할 수 없게 된 그들은 마침내 높은 희망의 절벽에서 환멸의 바위들 위로 뛰어내린다.

* * *

Point Up : 매일 깊이 성찰하면서 세계윤리의 국제규범에 깨어있게 된다면, 세계시민성의 마음을 넓히게 되면서 외연의 폭을 확대할 수가 있게 된

다. 이에 따라 세계시민성을 가진 의식을 통하여 자신의 영혼의 가장 깊숙한 침묵의 바로 안쪽에 존재하는, 진실한 행복의 원천을 발견할 것이며 타자에 대한 공감적 이해를 확산시킬 수가 있다. 행복을 추구하는 사랑스런 세계시민성의 주인공은 사향노루처럼 되지 않을 수가 있다. 그리고 편협한 의식으로 말미암아 잘못된 장소에서 거짓 행복을 추구하다가 망하지 않을 수도 있을 것이다. 그러므로 세계시민성으로 깨어나야 한다! 그 길이 깊은 정관(靜觀)의 동굴 안에서 자신의 행복을 발견하는 길이다. 그러므로 세계시민성으로 축복받은 존재를 자각하여 내외가 소통하는 명상의 문을 열어가도록 힘써야 할 것이다. 세계시민성에서 나타난 내적인 부동(不動)의 거울 속에서 자신의 얼굴을 자랑스럽게 비쳐볼 수 있게 된다.

제5장 세계윤리의 국제규범

1. 세계윤리의 국제규범 화용

세계윤리의 국제규범은 세계윤리가 국제적인 상황에도 적용해야 함을 전제로, 자국의 문화적 규범을 벗어나 국제적인 적용에 가치를 부여한다. 세계윤리에서는 맥락화용의 가치와 호흡을 함께 할 수 있는 규범을 세계시민성에 근거한 도덕적 자각에 근거한다. 이는 자율성과 공공성을 기초로 한다. 그런데 효율적인 실행을 생각해 볼 때, 우리는 국제규범으로서의 강제성을 수반할 필요를 느끼게 된다. 이에 따라 세계윤리의 국제규범은 국제적인 상황에서 효율적인 집행을 전제로, 자국의 문화적 규범을 벗어나 국제적인 적용에 그 의미와 가치를 부여하게 되는 것을 말한다.

이와 같이 보편적이며 세계윤리의 가치와 호흡을 함께 할 수 있는 규범을 세계윤리의 국제규범 또는 '문화초월 규범'(Cultural-Transcending Norms)이라고 부른다.[1] 이러한 국제규범에서는 상식을 존중하면서 세계시민으로서 도덕적 방종주의나 도덕적 엄격주의의 양극단을 피하고 개신의 중도실상을 추구하게 된다.

세계윤리를 국제규범 화용의 관점에서 살펴볼 때, 여러 가지 경우가 나타난다. 그 가운데 '양심적 병역거부(conscientious objection)'를 살펴본다. 양심적 병역거부는 양심적 이유로 징집 등 병역의무를 거부하

1) Chaeles E. Harris, Jr.Michael S.Pritchard, Michael J. Rabins(2005), *Engineering Ethics, Concepts and Cases,* Belmont; Thomson Wadsworth. pp.245-268.

거나 전쟁 또는 무장충돌에의 직·간접 참여를 거부하는 것이다.

수많은 여호와의 증인(Jehovah's Witnesses) 신도들이 징집 또는 집총을 거부하여 군사법원 또는 일반 법원에서 병역법위반 또는 항명죄로 처벌받아 왔고 그동안 우리사회는 이에 대하여 단지 특정 종교만의 문제로만 치부하여 왔으나 이들에 대한 민변 소속 변호인들의 변론과정이 언론에 보도된 것을 계기로 국방의 의무와 소위 헌법상 인정되는 양심 또는 종교적 권리에 따른 소위 양심적 병역거부권의 인정여부와의 관계 등의 문제가 제기되었다.

유엔과 유엔 인권위원회(UN Human Rights Committee), 유럽이사회, 유럽의회 등 차원에서 바라본 양심적 병역거부에 관한 국제규범을 고찰하여 살펴볼 필요가 있다. 먼저 유엔 인권위원회의 2000년 결의에 의하면, 사상, 양심과 종교의 자유에 대한 권리의 합법적인 행사로서 양심적 병역거부권을 인정하고 대체복무형태를 권고하고 있다.

양심적 병역거부에 대한 대체봉사 또는 군에서의 비무장복무를 인정하는 국가로는 독일, 덴마크, 프랑스, 오스트리아, 이탈리아, 스페인, 포르투갈, 노르웨이, 스페인 등 25개국이다. 반면에 양심적 병역거부나 대체복무를 전혀 인정하지 않는 국가로는 남북한을 포함하여 중국, 싱가포르, 캄보디아, 태국, 필리핀, 베트남, 그리스 등 48개국이 있다.

우리 헌법재판소는 양심의 자유를 "어떤 일의 옳고 그름을 판단함에 있어서 그렇게 행동하지 아니하고는 자신의 인격적 존재가치가 허물어지고 말 것이라는 강력하고 진지한 마음의 소리"라고 결정하였으며 이는 세계관, 인생관, 주의 신조 등은 물론 이에 이르지 아니하여도 보다 널리 개인의 인격형성에 관계되는 내심에 있어서의 가치적, 윤리적 판단도 포함하는 것으로 보고 있다.

양심의 자유는 자기양심에 반하는 신념이나 행동을 강요당하지 않고, 자기 양심에 따라 행동할 수 있는 “양심강제로부터의 자유”를 그 내용으로 하는데, 구체적으로는 ‘양심형성 및 결정의 자유’, ‘양심을 지키는 자유’, ‘양심실현의 자유’ 등이 그것이다. 그런데, 이러한 양심의 자유 중에 양심강제로부터 자유나 양심형성 및 결정의 자유가 헌법상 보장된다는 점에 대하여는 이견이 없으나 양심실현의 자유 즉 양심의 결정을 행동으로 옮겨서 실현시킬 수 있는 자유에 대하여는 여러 가지로 대립되는 상황에 놓여 있다.

특히 헌법재판소는 양심이 내심에 머무를 경우는 국가의 개입이 금지되지만, 어떠한 형태로건 외부로 드러날 때는 국가안전보장, 질서유지 또는 공공복리를 위하여 법률에 의하여 제한될 수 있다고 본다고 결정함으로써 양심의 자유가 내심에 그치는 한에서 제한받지 않을 뿐이지 그것이 적극적으로 외부로 표출될 때는 제한이 된다는 견해를 밝힌 바 있고 이런 맥락에서 불고지죄가 양심의 자유에 반하지 않는다는 결정, 보안관찰법상의 보안관찰처분이 특별예방 처분이므로 양심의 자유에 반하지 않는다는 결정을 한 바 있다.

또한 대법원도 양심적 병역거부권에 대하여 "모든 국민은 법률이 정하는 바에 의하여 국방의 의무를 가진다"고 되어 있어서 병역법은 위 헌법의 규정에 따라 제정된 것으로 같은 법의 규정에는 특단의 사정이 없는 이상 모든 국민은 다 같이 이에 따라야 하며, 피고인이 '여호와의 증인'이라는 종교를 신봉하고 그 교리에 그리스도인의 '양심상의 결정'으로 군복무를 거부한 행위는 응당 병역법의 규정에 따른 처벌을 받아야 한다고 보고 있다. 이에 따라 '양심상의 결정'은 헌법이 보장한 양심의 자유에 속하는 것이 아니라고 판시함으로써 현재까지 양심적 병역거부자는 입영 자체를 거부하면 병역법 제88조의 입영기피죄로서, 입영후 집총을 거부하면 군형법 제44조의 항명죄로 처벌되어 왔다. 한 해 평균 400여 명의 집총거부자가 있어 현재 전국의 민·군교도소에서 약 1,600명이 수형생활을 하고 있는 실정이다.

그런데 양심적 병역거부권이 인정되는 국제규범으로서 국제적으로 인정되는 인권이며, 우리나라도 1990. 4. 10. 이 규약에 가입하였으므로 결국 우리나라는 조약체약국으로서 위와 같은 국제규범을 계속하여 위반하였거나 이행하지 않은 것이 된다. 우리 헌법 제6조 1항은 "헌법에 의하여 체결·공포된 조약과 일반적으로 승인된 국제법규는 국내법과 같은 효력을 가진다."라고 규정하여 국제법 질서존중의 원칙을 명백히 하고 있으나, 이 규정이 국제법과 국내법의 관계에 대하여 명확한 결론을 내리고 있지 않음에 학설대립이 나타나고 있다.

그러나 국내법적으로 유효하게 성립한 조약은 원칙적으로 국내법으로서의 직접 효력을 갖는다는 일원론을 택하고 있는 것으로 해석한다. 예컨대 유엔헌장이나 국제인권조약과 같은 규범은 일반 국내법률 보다는 상위라는 견해와 국제인권조약은 헌법과 동등한 혹은 헌법에 체화된 최고의 규범이라는 견해 등을 고려하면 양심적 병역거부권에 관한 위와 같은 국제규범은 적어도 국내 법률과 같은 효력이 있다고 할 것이다.

위와 같은 국제법적 관점이 아니라고 하더라도 양심이 외부로 드러날 때는 국가안전보장, 질서유지 또는 공공복리를 위하여 법률에 의하여 제한될 수 있다고 보는 경우에도 국가는 위와 같이 헌법상 또는 법률상 권리인 양심의 자유 내지 양심적 병역거부권을 보호할 의무가 있으므로 양심적 병역거부권은 또 다른 헌법상 또는 법률상 의무인 병역의무와 충돌될 수 있는 소지가 있다. 이웃의 일본정부는 본 국제규범이 국내법률 보다도 우위에 있음을 인정한 바 있다.

따라서 본 국제규범의 이행을 확보하기 위한 방안으로는 첫째, 당사국이 제출한 보고서에 대하여 심의하고 일반적 권고(recommendation of a general nature)를 총회에 제출하는 형식인 제40조의 보고제도(reporting system)이다. 둘째, 인권이사회가 어떤 당사국이 조약상의 의무를 이행하지 아니한다고 주장하는 다른 당사국의 통보를 수리하고 이를 심리하는 방식인 제41조, 제42조의 국가 간 이의신청(inter-state complaints)을 하는 제도이다. 셋째, 개인이 규약상의 인권 침해를 최종적으로 국제기관에 의한 개별심사에서 구제받을 수 있는 방식인 개인청원(individual petition)제도가 있는데, 양심적 병역거부권이 침해된 개인이 개인청원을 제출하려면 먼저 국내법적 구제절차를 모두 거쳐야 하는 맹점이 있다.

우리나라도 현역복무 이외의 상근예비역, 전투경찰대원, 교정시설경비교도, 공익근무요원, 공중보건의사, 공익법무관, 징병전담의사, 국제협력의사, 전문연구요원, 산업기능요원의 대체복무 특례를 인정하고 있다. 특히, 징병제가 실시되고 양심적 병역거부권이 인정되고 있는 나라들도 그 거부권자로 처벌받고 있는 수는 가장 많은 나라의 경우에도 20명을 넘지 않는 정도에 비하여 우리나라의 경우 1년에 평균 400명으로 대상자가 많아 현재처럼 형사 처분이 계속되는 경우 국제사회에서 세계윤리정신이 취약하거나 인권후진국으로의 비난을 모면하기 어려운 실정에 있다. 따라서 조속한 시일 내에 정부나 관련기관에서 대체복무제의 도입입법을 제정하는 등 양심적 병역거부권 인정을 위한 가시적인 조치가 취해져야 한다.

또한 세계인권선언 제5조에 의하면, '어느 누구도 고문이나, 잔혹하거나, 비인도적이거나, 모욕적인 취급 또는 형벌을 받지 아니한다.'고 규정되어 있다. 이 선언을 이어받은 '시민·정치적 권리규약' 7조는 "어느 누구도 고문 또는 잔혹한, 비인도적인 또는 굴욕적인 취급 또는 형벌을 받지 아니한다. 특히 누구든지 자신의 자유로운 동의 없이 의학적 또는 과학적 실험을 받지 아니한다."이다. 이 조항이 중요하다는 것은 비상사태 시에도 절대로 위반해서는 안 되는 몇 안 되는 조항 중 하나이다. 고문금지는 절대적이고 예외가 없다는 것이며 세계윤리에 비추어서 국제규범의 강제성을 수반한다는 것이다. 2002년 고문방지협약에 관한 선택의정서에 근거한 고문방지협약이 체결되었는데 주요한 항목은 이와 같다.

1) 고문방지를 위한 효과적 조치를 취할 의무, 고문을 심각한 형사범죄로 할 것, 2) 고문 받을 위험이 있는 국가로의 사람의 추방이나 송환의 금지, 3) 고문범죄에 대해 보편적 관할권을 적용할 의무, 고문용의자가 당사국 영토에 오면 기소하거나 송환할 것, 4) 구금, 수사 등에 관련된 요원들의 훈련에 고문금지에 대한 교육과 정보를 포함할 의무, 5) 모든 의심되는 고문사건을 조사할 의무, 6) 고문 피해자에게 공정하고 적절한 보상의 권리를 줄 의무, 7) 잔인하고 비인도적이고 모욕적인 처우 또는 처벌을 방지할 의무 등이다.

여기서 쟁점이 되는 것은 '보편적 관할권' 문제와 '이행장치'에 관한 문제이다. 보편적 관할권을 적용하자는 것은 고문의 의심이 있는 사람이 제3국으로 달아남으로써 안전한 하늘을 찾을 수 없어야 한다는 취지였다. 그러나 많은 국가들이 이 원칙을 고문에 적용하는 것을 주저했다. 효과적인 '이행장치'에 대해서도 국제적 감시를 거부하고 국내문제에 대한 부당한 간섭으로 여겼다. 이런 국가들의 반발로, 협약에 가입하는 국가들은 고문 진정과 조사 절차에 대한 조항을 '선택적'으로 받아들일 수 있게 전환이 되었다.

세계윤리의 국제규범이 호스트 국가 규범과 마찰하지 않을 때는 호스트 국가 규범을 인정해야 하고, 자국의 규범과 상대국가 규범 사이에서 개신의 중도를 찾아야 하고, 때로는 문화초월의 국제규범조차도 경우에 따라서는 벗어나야 함을 깨칠 필요가 있다. 아울러 문화초월을 지향하는 국제규범 사이에도 충돌이 있다는 것을 인식하고 그 사이를 횡단매개하는 자세를 갖추게 된다. 세계시민성을 가진 상태에서 국제 경계선, 국경을 넘어 갈 때 직면하는 문제는 뇌물수수 문제이다.

2. 세계윤리와 문화초월의 국제규범

세계의 모든 국가들은 경제적이며 법적인 질서를 가지고 있으나, 어떠한 나라도 이러한 질서가 윤리적 일치와 민주주의적 법률이 살아 있는 국가의 시민들 사이에 도덕적 관심이 없이는 제 기능을 발휘하지 못하게 될 것이다. 만약 하나의 새로운 세계질서가 유지되려면, 최소한의 공통된 가치, 규범과 기본적인 태도가 필요하다. 시간적인 제약을 지닌 성격이지만, 전 인류가 공감할 수 있는 윤리는 세계윤리이다. 세계윤리의 국제규범은 세계시민성 정신을 다루고 있으며, 이는 세계시민성 정신과 연관된 개념이다.

지금은 세계가 국제화 시대에 접어들었다. 경제, 기술, 통신의 지구화는 또한 재정과 노동 시장으로부터 환경과 조직적 범죄에 이르기까지 문제들의 국제화를 의미한다. 따라서 필요로 하는 것은 윤리의 세계화, 국제규범이다. 인간을 위해 하나의 공유된 기본적인 윤리는 필요불가결하게 공유된 최소한의 도덕적 가치, 기본 태도와 규범을 동의할 수 있어야 한다. 진정, 세계윤리가 없어서는 어떠한 새로운 세계질서도 가능하지 않을 것이다. 상호간에 많은 구체적인 문제에 있어서는 서로 다르다. 그러나 국제문화는 인간의 모든 위대한 도덕적, 종교적 전통들의 바탕에는 서로 공통된 요소, 문화초월 규범의 요소가 있음을 보여주고 있다.

새로운 세계질서가 평화를 증진시키고, 자국문화를 초월하며 자연 친화적이고 종교일치(ecumenical)의 공동의 파트너십으로 드러나는 다원세계사회에서는 더 나은 질서가 될 수 있다. 1899년의 인류의 희망은 위대한 것이었다. 19세기의 신은 오늘날 우리가 알고 있는 것과 같이 "발전(Progress)"이었으며, 사람들은 영원하고, 어마어마한 발전이 20세기에도 있을 것이라고 확신하였다. 그러나 우리의 세기에 두 세계 전쟁과, 대학살 (Holocaust), 원자폭탄 등을 경험하였다. 21세기는 더 좋아질 것인가? 공산주의, 파시즘(fascism), 나치즘 등은 진정 "극단의 세기"의 결정적이며 거대한 반동이데올로기가 되었으며 마침내 1989년에 그 막을 내렸다.

1945년, 새로운 세계질서는 UN 헌장에 기초하여 마련되었지만, 소련 스탈린(Stalin)의 "현실정책(Realpolitik)에 의해 황폐화"되었으며 하나의 새로운 세계질서 대신 세계분리가 이루어졌다. 하나의 새로운 세계질서가 걸프 전쟁(Gulf War)이후 국제규범의 의미를 모르는 부시 대통령에 의해 발표되었다. 이제 문제는 "인류는 이번 세기의 이러한 세 번째 기회를 잃을 것인가?"이다. 종교와 문화 간의 대화 없이는 종교의 평화는 있을 수 없다. 종교초월, 문화초월의 세계를 위한 국제적 윤리규범을 고려하지 않고서는 국가 사이의 성공적인 대화는 있을 수가 없다. 그러므로 국제규범으로 적용될 수 있는 세계윤리가 없다면, 우리의 지구의 생존은 그 미래를 보장 받을 수가 없게 된다. 2009년 미국에 오바마 정권이 들어서면서 문화 다원주의에 근거한 대화와 협력을 통하여 세계시민성의 개신을 강조하고 있는 셈이다.

국제적으로 인간의 생존문제에 있어 의류산업은 세계에서 가장 경쟁적 산업이다. 홍콩, 한국, 대만, 중국, 미얀마, 방글라데시, 스리랑카, 몰디브, 라오스, 베트남, 인도네시아, 엘살바도르. 온두라스, 도미니카 공화국과 같은 국가에서 의류제조업은 근대화의 양상으로 진행되는 산업화의 첫 단계였다. 방글라데시 노동권리 옹호자는 아이들을 일터에서 내쫓아 거리로 내몰게 되는 것 자체를 '인권의 심각한 침해'라고 주장하기에 이른다. 어린 여성들은 회사 기숙사에서 생활하며 하루에 800원의 급료를 받으면서 낮은 임금수가로 의류를 생산하게 된다. 그들은 쾌적하고, 안전하며, 조명이 밝은 공장에서 하루 12시간을 일한다. 어린 여성들은 일이 힘들기는 하지만 마을에서의 생활보다는 낫다고까지 말한다.[2)]

인도네시아 까와산 봉세수출단지에서 삼보기업 방사장은 자녀결혼을 이유로 5월 8일 자카르타 국제공항에서 출국하였다. 그 후 2달이 다 되어가는 7월 3일 아침, 공단에 들어서 약 500여 미터를 걸어온 800여 명의 공장 노동자들은 공장 문이 닫혀져 있는 것을 목격하며 문 밖에서 술렁대기 시작했다. 한참을 기다려도 한국인 관리자가 보이지 않아 '공장이 뭔가 잘못된 게 틀림없다.'는 직감이 순식간에 노동자 속으로 퍼지기 시작했다. 불안해진 대부분의 여성노동자들은 공장 문을 뚫고 공장 안으로 들어갔다. 그리고 얼마 후 노동자들은 깜짝 놀랄 소식을 듣게 되었다. 인근 공장에서 일어났던 일들이 그들에게도 닥쳐왔다. 방사장이 수십 대의 재봉틀 기계만 놔 둔 채 기업부도를 내고 한국으로 도망간 것이다.

이날부터 노동조합 위원장인 라흐만(여. 25세)을 중심으로 약 400여 명은 공장 안에서 밀린 연장근무수당과 퇴직금, 작년에 받지 못한 휴가 보너스 등을 요구하며 농성에 들어갔다. 이미 야반도주한 사장들과 다를 바 없이 사장이 인도네시아를 빠져나가자 수출단지 내 관리자들은

---

2) Chaeles E. Harris, Jr.Michael S.Pritchard, Michael J. Rabins, *Engineering Ethics, Concepts and Cases,* Belmont; Thomson Wadsworth, 2005. p.244.

파산 4일 만에 공장 안 물과 전기를 모두 끊어버렸다. 20대부터 40대를 어우르는 300여 명의 여성노동자들과 약 50여 명의 남성 노동자들은 빛도 없는 공장 안에서 하루 한 끼로 목숨을 이어가면서 재봉틀 위에서 새우잠을 자며 대책 없이 지내고 있었다. 지방에서 올라와 매달 받는 임금으로 방세를 내던 이들은 더 이상 지불할 수 없는 처지로 전락하였다. 이들이 받아야 할 총액은 우리나라 돈으로 약 5천여만 원으로 알려졌다. 농성자 중 사니아(여.30세)는 삼보공장에서 4년 동안 미싱사로 일해 오면서 받은 돈의 대부분은 고향에 있는 두 자녀를 위해 보냈다. 그러나 7월 3일 이후 그녀는 너무나 절망에 빠져 농성장에서 투쟁을 하면서 이렇게 말했다.

"지금 처한 상황은 혼란스럽다. 내 주머니 안에는 돈이 한 푼도 없다. 방세를 못 내서 얼마 전 주인에게 쫓겨났다. 나는 7월 2일까지 지난 4년 동안 한결같이 열심히 일했다. 손 껍질이 까질 정도로 재봉틀을 한 적도 있다. 믿었던 한국 사람이 나에게 남긴 것은 무엇이란 말인가? 절망뿐이다."

우리나라 정부마저 인도네시아 대사관을 통하여 직접 나서지 않고 방치한 채로 소극적이며 안이한 태도를 보인다면, 결국 공학윤리의 국제규범에 반하는 일로써 도산과 파산에 대한 아무런 책임도 지지 않은 채 남의 나라에서 야반도주하는 기업주들이 계속 양산될 될 것이다. 여기에 국제적인 공학 전문가 정신이 절실히 요청된다고 할 것이다.

많은 선진기술자들이 해외의 일을 떠맡거나 다른 나라에서 사용될 제품들을 설계하거나 제작하고 있다. 선진기술자의 출신 나라를 '홈(home) 국가'로, 선진기술자의 출신지 이외의 나라를 '호스트(host) 국가'로 부른다. 홈 국가에서 호스트 국가로 이동하는 데 있어서의 문제는 두 가지 유형이 있다. 한 가지 유형은 홈 국가의 기준들이 호스트 국가의 조건들이나 기준과 충돌하는 것처럼 보이는 경우이다. 여기서 문제는 호스트 국가기준이 국제규범으로 적합한가 아니면 홈 국가의 기준이 국제규범으로 적합한가, 혹은 두 나라 규범의 타협으로서 개신하는 규범이 타당한지를 결정해야 할 것이다.

또 다른 유형은 경제발전과 기술이전으로 일어나는 문제이다. 아직 충분한 산업화를 이루지 못한 나라들을 저개발국이라 부르는데, 여기서 누군가는 윤리적으로 가장 용인되는 방법으로 호스트 국가들의 발전에

◆국제 NGO 윤리헌장의 기금 관련 조항

△기증자

NGO는 후원자의 권리를 존중한다. 후원자는 NGO가 왜 기금을 모금하는지, 기부금이 어떻게 사용되는지, 나아가 기부단체의 실상에 대해 알 권리가 있다. NGO의 독립성을 좌우할 정도로 거액을 기부한 게 아니라면 그들의 익명성을 보호받을 수 있다.

△기부금의 사용

기금 모금 과정에서 NGO는 주요 활동 방향과 그 필요성을 정확히 설명해야 한다. 특정 목적을 위해 기금을 모금할 때 NGO는 기증자의 요청을 존중해야 한다. 만약 일반을 대상으로 특정 목적의 기금을 모금한다면 초과·부족 자금을 어떻게 처리할지도 미리 밝혀야 한다.

△금품 협찬

NGO 후원은 상품이나 서비스 형태로 할 수도 있다. 그러나 NGO의 효율성과 독립성을 보호하기 위해 모든 후원금품의 세부내용을 기록, 공개해야 한다.

△재무 통제

NGO는 기금의 효율적 사용과 오·남용을 막기 위해 내부에 재무통제 절차를 갖춰야 한다. 또 NGO는 모범적 재무관리의 기본원칙을 준수해야 한다.

△내부 제보

NGO는 소속 관계자들에게 조직의 목적과 법에 부합하지 않은 일들에 대해 운영진에게 보고할 것을 권장한다.

이바지할 수 있는 지침을 모색할 것이다. 이러한 종류의 국제교류 문제에 대한 지침을 찾을 때, 두 가지 극단적 경우들을 피해야 한다. 한 극단은 우리 자신의 고유문화 가치와 규범이 항상 우리의 행동을 이끌어야 한다는 단순방식이다.

이에 대하여 상대 국가는 우리자신의 가치들을 그대로 적용할 수 없을 만큼 너무도 다르다는 것을 발견하게 된다. 부패가 너무 만연해서 부패하지 않은 장사나 고객, 정부 관료와 사업상의 모든 일이 불가능할 수도 있다. 다른 하나는 호스트 국가의 기준들이 홈 국가의 기준들만큼 좋거나 혹은 더 나을 수도 있다는 것이다. 서구의 개인주의가 많은 문화들에서 지배적인 집단지향 보다 더 나은가에 대해서는 논쟁의 여지가 있다. 흔히 서구처럼 일과 개인적인 우정을 별개로 하는 것이 과연 최선인가 하는 것은 의문의 여지를 남긴다.

또 다른 하나의 극단은 소위 '로마에서는 로마의 법을 따르라'는 지침을 채택하는 것이다. 다시 말하면 홈 국가의 공학자들은 지역의 관습과 법을 따르고 마치 호스트 국가의 시민들처럼 행동하기만 하면 된다. 이러한 선택은 흔히 도덕적 상대주의, 즉 우리의 도덕적 신념이라는 진리는 우리가 살고 있는 문화에 의해 상대적으로 결정된다는 견해와 관련되어 있다.

이 견해도 비판받기 쉽다. 첫째, 불법적 학자 갑이 여전히 NSPE 헌장에 의해 구속받고 있음을 알리고, 설령 뇌물 주는 일이 그 나라에서는 관습적으로 행해지고 있다 하더라도 그 일에 참여해서는 안 된다고 판정하였다. 그러나 우리는 국제규범으로 발생하는 모든 상황에 충분한 지침을 제공할 수 있는 헌장을 기대할 수는 없다. 국제적 환경에서 일어날 수 있고, 홈 또는 호스트 국가의 윤리기준보다 뒤떨어진 문화문제에 대하여 분명하게 대처할 수 있는 추가적인 규범이 바람직하다. 이러한 규범을 공학윤리의 국제규범, 자국문화 초월의, '문화초월 규범'(Cultural-Transcending Norms)이라고 한다.[3)]

문화초월 규범을 식별하는 방법은 모든 문화에서 수용될 수 있는 맥락화용 가치를 가려내는 일이다. 세 가지 가치범주 식별이 요청된다. 무엇보다도 모든 인간 집단, 모든 종교, 도덕, 법률전통은 어떤 행태의 상부상조, 충성심, 상호작용에 관하여 긍정적 의무를 강조한다. 첫째, 어린이를 양육해야 하고, 약자와 병든 자는 돌보아주어야 하며, 부모를 공경하여야 한다. 둘째, 모든 문화는 해로운 행위를 삼가도록 한다. 이는 폭력, 사기, 배반에 대한 금지명령을 포함한다. 셋째, 처음 두 가지 범주에서 충돌이 발생 할 경우에 기본적 공평성과 절차정의를 명시한 규범을 활용하게 된다. 예를 들어, 위증하는 것은 사실상 모든 사회에서 비난받을 일이다.

두 가지 문제가 문화초월 규범을 식별하려는 접근방법에서 나타난다. 첫째, 모든 사회가 다소 제한된 이러한 종류의 공통가치의 집합을 받아들이지 않는다는 것이다. 많은 사회들이 이러한 가치들을 흔히 문맹이거나 좀 모자란 인간으로 여겨지는 이방인이 아닐 경우에는 적용하지 않는다는 것이다. 심지어 사회 내부에서 조차도 가치들이 보편적으로 적용되지 않는다. 여자, 어린이, 노예에 대한 폭력은 오래 전에는 흔히 있어온 일이다. 뚜렷한 해결책은 사회가 그들 자신의 가치기준을 적용하는 데 일관성 없었다고 주장하는 것처럼 보인다. 우리는 흔히 사회가 다른 영역에서 수용하려는 가치를 여러 가지 이유로 말미암아 일관성 있게 적용하지 않는다는 입장을 이해할 수 있다. 이렇게 일관성이 결여되는 이유는 결정적인 용어가 똑같이 해석되지 않는다는 점이다. 예를 들면, 어떤 문화권에서는 여성 생식기 접촉이 여성에 대한 성폭력 사례로 인식되지 않을 수도 있는 것이다. 외국인에 대한 폭력 금지조항에서는 외국인은 온전한 자국인과 구별되어야 한다는 논리를 내세워 차별적 해석이 가능해 질 수도 있다.

심각한 두 번째 문제는 이 가치규범들은 "최소주의자들의 온건목록"이라는 점이다. 그 가치들은 '사랑', '진실', '삶에 대한 경외', '충성', '평등', '성실', '정의' 등과 같이 추상적이고 복잡한 가치이념의 뼈대일 뿐

---

3) *Ibid.*,, pp.247-9.

이다. 국제규범의 필요성의 관점에서 바라본다면, 뇌물, 착취, 환경오염, 인권에 대한 언급이 없다. 만일 이 규범들을 문화초월 규범으로 포함할 수 있어야 한다면, 우리는 공동가치의 목록을 넘어서는 국제규범들을 탐색해 보아야 할 것이다.

문화초월 규범을 찾아내는 다른 접근방법은 데이비드 웡(David Wong)이 제시하였다. 그는 도덕적 다양성의 한계를 실체적 규범에서가 아니라 도덕헌장의 조항들을 평가하기 위해 사용하는 두 가지 기준에서 찾아 가는 방안이다. 만일 어떤 세계윤리 헌장의 실체적 규범들이 이 기준에 일치하지 않는다면 그 규범들을 거부하여야 할 것이다.

첫째 기준은 내적 일관성이다. 한 규범은 그 문화의 다른 규범과 일관성을 가져야 한다. 예를 들어 웡은 여자를 남자에게 종속시키는 것이 중국의 문화전통이지만, 효도나 자식의 부모에 대한 친숙관계를 위한 유교 전통과 일치하지는 않는다. 웡은 공동체에 전적으로 공헌함으로써 모든 사람이 그 가치들을 실현할 수 있도록 허용해야 한다는 국제규범의 보편성이 중요하다고 믿었다.[4)]

둘째 기준은 외적이다. 그 사회의 도덕법이 모든 적합한 도덕을 위한 보편적인 기준에 맞지는 않는다는 주장에 의해서 비판 받을 수 있다. 어떤 사회든 충돌하는 이해관계를 다루어야 한다. 비록 그것을 효과적으로 다루는 방법이 하나 이상 있다고 하더라도, 어떤 방법들은 성공적이지 못할 수 있다. 예를 들면, 많은 문화가 뇌물에 대해서 관대하다 하더라도 그러한 허용이 결코 사람 사이의 이해관계의 충돌을 조정하는 효과적인 방법은 아니라고 주장할 수 있다. 뇌물수수는 최고의 서비스나 상품을 가장 좋은 가격에 제공하는 것에 기초를 두는 공개적인 경제적 경쟁을 하는 것 대신에 돈에 의해 경제적 충돌이 해결되도록 허용하는 것이다. 따라서 뇌물은 어떠한 도덕법에서도 합당한 부분이 되지 않는다. 정치적 반대파에 대한 고문은 어떠한 합당한 도덕성의 부분이 될 수 없을 것이다.[5)]

우리의 목적을 위하여 세계윤리의 국제규범, 문화초월 규범으로서 자격이 있는 것들을 찾아내기 위하여 전문가들에게 의뢰하여 주어진 나라의 규범들에 그러한 2차 준거를 적용하여 정교한 과정을 다 수행하

4) David Wong, *Moral Relativity*(Berkeley: University of California Press, 1984), pp386-9.

5) *Ibid.*, p. 392

여 나가리라고 기대할 수는 없다. 기껏해야 그 많은 노력을 들여서도 결국 어떤 나라의 관행이 기준 중 하나 또는 모두를 위반한다는 결론을 내릴 수 있기 때문이다. 우리는 적절하게 구체적이거나, 혹은 적어도 일반적인 기준 이상의 문화초월 규범을 필요로 한다고 말할 수 있을 것이다. 과연 무엇이 그러한 규범들의 가능한 원천인가? 우리는 순수하게 보편적으로 수용되는 가치들로부터 보편적으로 수용되어야 하는 규범가치들을 택하여 비판적 이행을 하도록 강요받을 수 있다.

세계윤리의 국제규범, 문화초월 규범의 첫 번째 출처는 국제공학협회 헌장이다. 국제공학협회의 많은 헌장들이 국제환경에 적용하려고 명백하게 의도되었다. 대부분의 헌장에서 공학자들은 공공안전, 건강, 복지를 최우선으로 삼아야 한다는 요구는 중시된다. 그러나 가끔은 미국 내에서 적용하도록 의도된 조항이 미국이 아닌 다른 나라에 적용되려면 수정되어야만 하는 때가 있다는 사실을 알아야 한다. 예를 들면, 문화전통이 다르기 때문에 국제상황에서 선물을 주는 규칙을 다소 수정하는 것이 합당할 것이다.

세계윤리의 국제규범, 문화초월규범의 두 번째 출처는 인간존중과 공리주의 이론에 대한 통찰이다. 이 이론은 우리의 공학윤리 추론의 많은 부분의 근간이 되고 국제환경에서 종종 상당한 타당성을 가지는 근본적 도덕관념이 된다. 그것들은 또한 종종 다른 출처로부터 파생된 규범들을 확증하는 데도 기여하게 된다. 인간존중의 도덕성은 모든 개인을 존중할 가치가 있는 도덕적 행위자로서 대우하는 것의 중요성을 강조하는 국제규범의 개념이다. 공리주의는 국가를 초월하여 인간의 전반적 복지를 최대화하는 것의 중요성을 강조한다. 두 가지 모두는 상식으로 국제규범이 요구되는 문화초월 환경에는 상당한 타당성을 발휘하게 될 것이다.

세계윤리의 국제규범, 문화초월 규범의 세 번째 출처로서 UN의 보편인권선언과 같은 국제적 문서이다. 이러한 문서들은 모든 사람의 생득적 인권을 강조한다. 이러한 문서들이 그 근본에 있어서는 서양에서 시작된 것이고 주장이 가능하다고 할지라도, 보편적으로 수용되는 문화초월 규범으로 수용하는 데는 시간이 걸리게 될 것이다. 1997년 9월 1일에, 전임 대통령들과 수상들의 국제행동위원회(Inter Action Council)에서 처음으로 세계윤리가 요청된다고 하였고 UN에 "인류의 책임에 대한 세계 선언(Universal Declaration of Human Responsibilities)"이라는 제안을 제출하였다. UN의 지구통치 위원회(Commission on Global

Governance)와 문화 발전 세계위원회(World Commission on Culture and Development) 등의 두 기구에서 1995년의 보고서에서 이러한 이슈들에 대해 한 장(章) 전체를 할애하였다.

같은 이슈들이 다보(Davos)에서 열린 세계 경제 포럼과 유네스코에서 세계 윤리 계획에 대한 새로운 계획들을 다루어왔다. 아시아에서 이러한 이슈들에 대한 관심이 증가하고 있다. 제안된 인류책임에 대한 세계선언은 세계 인권선언(Universal Declaration of Human Rights)을 지지하고 토대를 보강하는 것이다. 모든 사람들의 존엄성을 완전히 받아들이며, 그들의 분리할 수 없는 자유와 평등, 상호간의 연대성 등에 대한 우리의 헌신을 다시 새롭게 하고 강화시키고자 인권이 보장되어질 수 있는 곳에서 실천을 국제규범으로 요청하고 있다.

마지막으로 세계윤리의 국제규범, 문화초월 규범을 위한 출처로서 도덕철학이나 종교교육의 저서들을 들 수 있다. 세계의 모든 주요한 윤리와 종교전통에서는 어떤 형태로든 황금률이 수용되고 있다. 도덕적 황금률을 사용하여 우리는 "내가 만일 호스트 국가의 국민이라면 나는 외국 학자가 내 나라에서 어떻게 일하기를 원하겠는가?"라고 물을 수 있다. 특히 호스트 국가의 국민들이 매우 다른 경제사회적 환경에 살면서 훨씬 낮은 수준의 교육과 기술적으로 낙후된 상태에 있거나 아주 다른 가치와 관습을 가졌다면 더욱 그 수용이 용이하지 않을 것이다. 그럼에도 불구하고 결론은 여전히 황금률로부터 생기는 것처럼 간주하게 된다. 예를 들면, 어떤 사람이든지 착취당하고 싶어 한다든지, 혹은 자국의 전통이 존중받기를 원하지 않는다는 것을 도덕적으로 상상하기란 실제로 어려운 일이다. 마찬가지로 어떤 사람이 상대국의 국민이라면, 자신을 자국에서 일하는 공학자의 입장에 놓고 상대국을 위해 자기양심을 범하지 않기를 원할 것이다.

3. 세계윤리 국제규범 사례

세계윤리 국제규범은 인권존중 의무와 직접적 관계가 있다. 이 문화초월 규범에서 "모든 인류는 인간답게 대접받아야 한다."는 것과, 도덕적 황금률, "당신이 당신에게 하여 주기를 바라지 않는 것을 다른 사람에게 하지 말라"는 것이 중시된다. 긍정적인 표현을 빌자면, "당신이 당신 자신에게 하기를 바라는 것을 다른 사람에게도 행하라"는 것이다. 이것을 바탕으로 네 가지의 변경할 수 없는 방향이 국제행동위원회의 제안에서 간결하고 법률적인 형태로 발전되었다. 세계윤리의 규범은 이와 같다.

① 비폭력 문화와 생명존중에로 헌신, *"생명을 존중하자!"*

② 연대성의 문화와 공정한 경제체제에 대한 헌신,
"성실하고 정당하게 대하자!"

③ 관용의 문화와 신뢰의 삶에 대한 헌신,
"진실하게 말하고 행동하자!"

④ 평등한 권리문화와 남녀협력에 대한 헌신,
"다른 사람을 서로 존중하고 사랑하자!"

국제적으로 통용될 수 있는 전문 공학자의 실천규범을 위하여 우리는 열 개의 문화초월 규범을 찾아낼 수가 있을 것이다: 테러 안하기, 착취 안하기, 간섭 안하기. 뇌물수수와 선물 안하기, 호스트 국가의 복지 증진, 문화규범과 법률존중, 건강과 안전보호, 환경보호하기, 인권침해 안하기, 합법적인 기본제도 조성 등을 들 수 있다.

먼저 문화초월 규범이라는 개념형성은 인지적 도덕기술을 함양시킬 뿐만 아니라 비판적 추리기능을 증진시킬 수가 있다. 다양한 문화와 직면하여 자기성찰의 가치를 개발시킬 수 있다. 이는 공동선을 지향하는 실천이 중시되어야 한다. 먼저, '비폭력 문화와 생명존중에로 헌신', "생명을 존중하자!"에는 '테러 안하기'가 전제된다. '관용의 문화와 신뢰의 삶에 대한 헌신', "진실하게 말하고 행동하자!"에는 호스트 국가의 복지 증진, 문화규범과 법률존중, 건강과 안전보호, 환경보호하기가 있다. 그리고 '평등한 권리문화와 남녀협력에 대한 헌신', "다른 사람을 서로 존중하고 사랑하자!"에는 인권침해 안하기, 합법적인 기본제도 조성을 들 수 있다.

1. 비폭력 문화와 생명존중 상통으로 '테러 안하기'

평화정착을 위해서는 폭력을 추방하고 생명존중의 국제규범을 실천해야 할 것이다. 갈퉁(Johan Galtung)에 따르면, 폭력에는 직접적・구조적・문화적 폭력의 세 가지가 있다고 말한다.[6] 문화적 폭력은 직접적 · 구조적 폭력을 방조하는 문화양태로서 폭력을 방조하거나 테러를 조장해서는 아니 됨을 말한다.

현대 기술사회에서 테러의 횡행은 몇몇 악의적인 사람들이 악의적인 도구와 방식으로 사용 되었다. 과학기술의 발달로 소수의 악의적인 사람들이 엄청난 파괴를 초래할 수 있다. 전문 기술자들도 이러한 테러리스트들에 대항하여 테러리스트들의 폭력을 막아야 할 것이다. 일방적 신념에 의한 경우도 있기 때문에 공공정신을 정착시키려면, 종교전통들 간에 다원주의를 확산시키는 것이 매우 중요하다. 모든 사람이 기독교도나 무슬림이 될 수는 없다. 이들은 온 세상을 지배하는 유일신의 관념을 고수하고 있으며, 그들 자신만의 정의(正義)를 가지는 종교문화로 말미암아 문화의 다양성을 받아들이지 않고 있다. 그리고 연대성의 문화와 공정한 경제체제에 대한 헌신, "성실하고 정당하게 대하자!"로서 착취 안하기, 간섭 안하기, 뇌물수수와 선물 안하기를 들 수 있다.

2. 연대성의 문화와 공정한 경제체제 상통으로 '착취 안하기'

한 나라에서 길동은 세계시장보다 매우 낮은 가격에 구리를 구입하고자 구리의 채굴 및 제련에 대해 세계에서 가장 낮은 임금을 노동자들에게 지불한다. 그 결과 길동은 막대한 이익을 남긴다. 회사는 정부관리에게 뇌물까지 주며, 세계 구리시장에서 가격을 많이 통제하기 때문에, 다른 채굴 및 제련회사가 그 지역에 들어오는 것이 허용되지 않는다. 이 나라는 몹시 가난하고, 구리는 사실상 유일한 외화 공급원이 된다. 로버트 구딘(Robert Goodin)에 따르면 다섯 조건이 현존할 때, 착취위험이 발생한다.[7)]

1. 지배자와 착취대상 사이에 힘의 불균형이 존재한다.
2. 종속된 자는 이해를 위하여 지배자의 공급자원을 필요로 한다.
3. 종속된 자에게는 착취관계가 자원의 유일 공급원이 된다.
4. 지배자는 필요자원에 대하여 자유로운 통제를 행사한다.
5. 종속된 자의 자원은 적절한 보상 없이 사용이 가능하다.

---

6) Johan Galtung "The Role of Buddhism in the Creation of Peace", *Seeds of Peace* Vol.5 No.1, 1989, pp.9~10.

7) Robert E. Goodin, *Protecting the Vulnerable: A Reanalysis of Our Social Responsibilities*(Chicago: University of Chicago Press, 1985), pp.195-196.

길동의 다음 사례는 다섯 가지 조건을 모두 만족시킨다. 어떤 나라와 길동의 회사 간에는 힘의 비대칭적 균형이 있다. 어떤 나라는 길동의 회사에서 제공되는 외화를 필사적으로 필요로 한다. 길동의 회사가 납부하는 세입이 유일한 외화공급원이다. 길동의 회사는 가격의 조정을 통해 이 세입에 자유재량으로 통제를 행사한다. 결과적으로 어떤 나라의 천연자원과 노동력은 적절한 보상 없이 사용이 된다. 여기서 착취는 잘못된 것이다. 국제규범의 원천을 해친다. 정상상황이라면, 문화를 통하여 착취의 희생자가 되기를 원할 것이라고 도덕적 상상을 할 수가 없다. 이 착취는 개인의 도덕적 행위를 근원적으로 침해한다.

가격이 자원의 시장가치를 반영하고 사는 자가 저개발국의 천연자원에 대해 낮은 가격을 지불할 때는 착취가 있는 것으로 고려하게 되지만, 자원 공급자가 더 나쁜 조건에 놓이게 될 것이기 때문에 착취가 정당화될 수 있다. 이것은 착취 기준의 네 번째 요소를 제외하고는 모두를 위반한 것이라는 주장이 된다. 저개발국은 장차 가격이 오를 것이라는 희망을 가지면서, 경제개발을 촉진하고자 이것이 유일한 방법으로 간주하면서 이 가격 책정에 대해 합리적으로 동의하게 된다.

3. 연대성의 문화와 공정한 경제체제 상통으로 '간섭 안하기'

홈 국가의 국민들의 온정주의 대우는 피하면서 간섭 안하기를 실천해야 한다. 온정적 가부장주의는 온정의 혜택을 받는 자의 이익을 증진시킨다는 명목으로 받는 자의 판단력을 자기 것으로 대체하는 것을 말한다. 착취가 타인의 복지에 대하여 적은 관심을 표현한 것이라면, 온정적 가부장주의는 많은 혹은 잘못된 방법으로 관심을 표현한다. '온정적 가부장주의의 사례'가 있다.

갑순이 회사는 어떤 나라에서 큰 파인애플 농장을 운영하고 있다. 회사는 노동자들에게 전통적인 마을을 떠나 똑같은 모양의 거리에 있는 작고 똑같은 형태의 집에서 살려고 요구했다. 회사의 경영자는 새마을이 노동자들에게 보다 미학적으로 즐겁고, 노동자들은 이러한 똑같음에 감사하도록 "교육받아야 한다"고 믿게 된다. 그러나 노동자들은 새로운 주거환경은 지겹고, 그들의 전통적인 생활방식 대부분을 파괴할 것 이라고 주장하며 반대한다.

온정적 가부장주의는 도덕적 황금률에 의해 정당화되기 어렵다. 온정적 가부장주의로 대우 받기를 원하는 사람은 없다. 온정적 가부장주의 행위가 정당화될 수 있는 사례에서, 약한 온정적 가부장주의와 강한 온정적 가부장주의를 구별할 필요가 있다. '약한 온정적 가부장주의'에서, '온정적 가부장주의자'는 온정을 받는 사람이 자신의 도덕적 힘을 효과적으로 행사하지 못할 것이라고 믿을 이유가 있을 때, 온정을 받는 사람의 판단을 자신판단으로 대치하게 된다. 약한 온정적 가부장주의는 당연히 합리적 사람에게서 동의를 얻을 수 있고 도덕적 황금률로 정당화될 수가 있다. 약한 온정적 가부장주의를 행사하는 경우에 몇 가지 유형이 있다. 이 조건에서 한 가지라도 충족되면 약한 온정적 가부장주의는 수용된다.[8)]

- 정서적 압력을 받을 수 있다.
- 자신의 행동결과에 대해 무지하다.
- 어려서 자신의 의사결정에 관련된 요소를 이해하지 못한다.
- 자유롭고 충분한 정보를 통하여 결정과정을 제대로 알려면 시간이 요청된다.

'강한 온정적 가부장주의'에서 온정적 가부장주의자는 온정을 받는 사람이 도덕적 힘을 효과적으로 행사하지 못한다고 믿을 이유가 없을 때조차도 자신의 판단으로 온정을 받는 자의 판단을 대체하게 된다. 이를 행하는 온정적 가부장주의자는 온정적 가부장주의자의 행위에 의해 잠재적 해악 또는 복지 감소를 피할 수 있다거나. 혹은 이익을 산출하게 된다는 등의 영향이 나타난다.

강한 온정적 가부장주의의 사례의 경우, 회사 경영자들은 마을 사람들이 미적인 가치를 공유하지 않는다 할지라고, 똑같은 모양의 마을이 더욱 큰 미적 가치를 가진다고 믿고서 온정을 받는 자가 동의하지 않는 일을 결국 행할 것이기에 도덕적 황금률에 호소하여 정당화시키기가 어렵다는 것을 알고 있다.

저개발국 국민들은 약한 온정적 가부장주의를 정당화해 줄 수 있는 환경을, 그리고 아주 적은 사례에서는 심지어 강한 온정적 가부장주의까지 경험할 것이다. 낮은 수준의 교육 및 기술적 정교함이 결여된 저

8) Chaeles E. Harris, Jr.Michael S.Pritchard, Michael J. Rabins, *Engineering Ethics, Concepts and Cases,* Belmont; Thomson Wadsworth, 2005., p. 251.

개발국 국민들이 그들의 복지에 영향을 미치는 책임 있는 결정을 내리는 데는 한계를 갖게 마련이다. 그 상황에서, 약하게 온정을 베푸는 방식으로 행동하는 것에 동의하는 것이 당연하다.

갑돌은 어떤 나라의 제약회사에 고용되어 있다. 회사는 어떤 나라에서 섭취하기 전에 물과 섞어야 하는 건강보조 식품을 판매한다. 갑돌은 자기가 일하는 곳의 국민들이 사용설명서를 세심하게 읽고 지킬 것이라고 믿지 않을 좋은 이유를 가지고 있다. 그들은 영양에 대하여 일반적으로 무지할 뿐만 아니라 사용설명서를 따르지 않는다. 그 결과 어떤 나라의 많은 이 제품 소비자들은 오염된 물로 이 건강보조식품을 혼합하고 또 그것을 더 오래 사용하려고 희석하기도 할 것이다. 이렇게 사용설명서를 지키지 않는 것은 여러 가지 건강문제를 야기할 것이다.
적어도 약한 온정적 가부장주의를 정당화하는 조건 중의 하나로서 행동의 결과에 대한 무지함이 만족되고, 이러한 한 가지 조건이면 충분하다고 할 것이다.

4. 연대성 문화와 공정한 경제체제 상통으로 '뇌물수수와 선물 안하기'

뇌물과 과도한 선물을 주는 것은 피해야 한다. 이것은 아마도 국제환경에서 미국 공학자들에 의해 직면하는 하나의 가장 중요한 문제이다. 뇌물은 '갈취 자가 우선권을 갖지 않은 이익을 얻기 위해서 갈취 자가 피해를 줄 자격이 없는 데에 피해를 줄 것으로 누군가를 협박하는 행위로서' 정의한다.[9]

그러나 수입물품의 통관, 전화가설, 법률문서의 과정 같이 어떤 기능의 수행을 앞당기거나 용이하게 할 목적으로 지불하는 접대비가 있다. 친분관계를 돈독히 하는 적당한 방법으로 선물을 주고받는 것을 장려하고, 친분관계가 사업관계의 기본이 된다고 믿고 있지만, 공학현장에서는 이를 명백히 뇌물을 정죄하고 있다.

5. 관용의 문화와 신뢰의 삶에 대한 상통으로 호스트 국가의 복지증진

합리적인 범위 내에서 호스트 국가의 복지는 증진되어야 한다. 황금률을 사용하자면, 만일 우리가 호스트 국가의 국민이라면 우리는 외국

---

9) *Ibid.*, p. 252.

그림 1 뇌물과 선물

공학자와 사업가들이 우리나라에 와서 우리들의 복지와 고려되는 모든 것을 증진하기를 원할 것이다. 세계윤리 헌장들 역시 기술자는 손해보다 적선이 더 많은 프로젝트에 종사해야만 한다는 것을 함축하며, 공공의 복지를 최선으로 하도록 요구하고 있다. 공리주의자들 역시 우리가 다른 사람의 복지를 증진하도록 요구하고 있다. 복지에 대한 요구를 적용하는 데 있어 한 가지 어려운 점은 그 복지가 최선으로 되는 "공공"이 뜻하는 것의 개념적 문제이다. 공학자들이 책임이 있는 "공공"의 유용한 정의는 마이클 데이비스에 의해 주어진다.[10)]

> 사람을 공적으로 만드는 것은 상대적 결백, 무력함, 수동성이라고 제안하고 싶다. 이 해석에서 "공공"은 정보, 기술, 지식, 혹은 숙고시간의 부족으로 다소간에 기술자가 그 고객이나 고용주를 위하여 휘두르는 권력에 상처를 받기 쉬운 사람들을 지칭한다. 공공안전, 건강과 복지를 최선으로 삼아 "순진한 사람들"의 복지에 거의 관심을 갖지 못하도록 강요하지 않도록 보증을 해야 하는 것이다.

어떤 행위가 호스트 국가 국민의 전반적인 복지를 증진시킬 것인가를 결정하는 방법은, 우리가 스스로 호스트 국가의 국민으로서 그러한 행동에 동의할 것인가를 물어보는 것이다. 이러한 지침의 설명으로서 다음 사례를 살펴보자.

---

10) Michael Davis, "Thinking like an Engineer," *Philosophy and Public Affairs*, 20, no.2, Spring 1991, pp. 150-154

'길동'이라는 사람은 X국에서 이질 치료약을 생산하려한다. 그러나 이 약은 잠재적으로 환자에게 치명적인 약성을 갖고 있다. 때문에 이를 복용한 사람들 중에는 심각한 부작용으로 인하여 죽음에 이르는 경우도 나올 수 있다. 이러한 심각한 문제로 인하여 미국에서는 당연히 생산과 판매가 허용되지 않는다. 그런데, 만일 이 약을 생산하려는 회사 사람이 개발도상국인 당신 나라에 와서 이 제품을 만들고 판매하고 싶다면, 여러분은 어떻게 대답할까? 아마도 여러분 중 대다수는 "그 약이 비록 몇 사람을 죽음에 이르게도 할 수 있지만 반대로 수만 명의 생명을 구할 것"이라는 점을 들어 자국 생산과 판매를 찬성할 것이다. 왜냐하면 약품의 부작용보다는 자신들의 취업이 우선이기에. 길동 또한 이질 약의 부작용보다는 수만 명을 살릴 수 있다는 명분을 들어 이 점을 최대한 이용하려 들 것이다.

6. 관용의 문화와 신뢰의 삶에 대한 상통으로 문화규범과 법률존중

국제적 전문가 정신으로 해석은 균형 잡힌 영역을 개발하여 개신하는 데 목적으로 둔다. 이해의 차이점과 유사성에 대한 공감대를 통하여 문화편견에 대한 깊은 통찰을 낳아 관용문화를 넓혀가며 문화다원주의(cultural pluralism)의 도덕전망을 확보하게 한다. 이를 통해 다른 국가의 문화규범과 법률을 존중하면서 대화하고 협력하며 개신하는 노력이 이루어지도록 한다. 무엇보다도 많은 회사들이 사업을 하고 있는 국가의 법을 인식할 필요성에 대하여 명확하게 인식하고 있다. 인간존중을 적용하여 개인의 도덕적 힘을 존중하는 것은 다른 지침, 특히 인권과 관계있는 지침들과 양립할 수 있는 한에 있어서 문화규범과 법률을 존중하는 것이다. 황금률을 적용하자면 호스트 국가의 시민으로서 외국인들이 우리 고유의 가치나 관습을 깨뜨리는 것을 원치 않을 것이다. 그러나 황금률은 우리 자신에게도 역시 적용되는데, 그래서 공학자들이 자기 자신의 양심에 위배되는 행위를 하고 싶지 않을 것이다. 예를 들어, 공학자들이 노예제도와 고문의 사용을 인가하는 문화규범을 존중하기는 어려운 일일 것이다. 어떤 경우에는 호스트 국가의 많은 사람들이 자기 전통규범을, 특히 경제개발에 방해가 될 때, 바꾸고 싶어 할 것이다. 다른 경우에는 호스트 국가의 국민들이 생활양식을 보존하고자 할 것이다.[11)]

만약 당신이 인도에 있는 철강회사를 위해 일하고 있는데 이 회사는 피고용인의 자식 중 한 명을 고용한다는 약속으로써 피고용인들에게 약간의 보상정책

---

11) Chaeles E. Harris, Jr.Michael S.Pritchard, Michael J. Rabins, *Engineering Ethics, Concepts and Cases,* Belmont; Thomson Wadsworth, 2005.p.257.

을 가지고 있다. 이러한 정책은 고용인의 지식이나 방계가족의 구성원들에게 직업을 제공하는 것이 전통인 국가에서는 매우 흔한 일이다. 그러나 당신에게 이 정책은 족벌주의이고 더 자격 있는 지원자를 고용하는 더 바람직한 정책과 충돌을 일으킨다. 당신은 어떻게 해야 하는가?

황금률의 요구와 인간존중의 윤리가 주어질 때, 그것을 거부할 합당한 이유가 없다면 호스트 국가의 관습을 준수하는 것이 더 좋다는 가정이 우선적일 수 있다. 그러나 그것을 거부할 마땅한 이유가 있는지를 결정하기 위해 종종 몇 개의 지침을 적용하는 것이 유용하다. 다음 경우를 들 수 있다.[12)]

- 이 관습은 이용 가능한 직업을 위한 동등고려가 주어지지 않는다고 할지라도, 심각한 인권 침해를 구성하는 것으로 보이지 않는다.
- 이 관습은 허용할 수 없는 온정적 가부장주의나 착취에 연루되지 않는다.
- 이 관습은 그 직업에 가장 적합한 사람이 그 직업을 갖지 못하게 될 수 있다는 사실을 제외한 고의적이거나 회피 가능한 해악에 연루되지 않는다.
- 이 관습을 따르는 것이 국가 전체의 복지를 증진시키는 것이다. 왜냐하면 이 관습을 거부하는 것은 소속된 피고용인들의 삶뿐만 아니라 충성이 되는 가족 시스템을 붕괴시킬지도 모른다. 다른 한편으로는 이 관습은 최고의 사람이 그 직업을 갖는다는 보장이 없기 때문에 전반적 경제 효율성을 극대화하는 데는 도움을 주지 못할지도 모른다.
- 이 규범을 따른다면 심각하게 당신의 양심에 위배되는 일은 일어나지 않을 것이다. 이런 관점에서 이 관습이 아버지가 아들에게 유산을 허용하는 우리의 관습과 같은 특징을 가진다는 것을 유념해야 할 것이다.
- 이 관습은 당신이 홈 국가나 호스트 국가의 법을 위반하지 않는다.

자질이 부족한 사람이 직업을 가지는 것을 허용하고, 몇몇 지원자에 대한 부정이 생겨날 수 있기 때문에 비록 이 관습이 경제개발에 최고로 도움을 주지는 못할지라도, 이 관습이 더 큰 가족의 충성 전통과 관

---

12) *Ibid.*, p.258.

계되며 우리 자신의 문화에도 다소 유사한 관습이 있다는 사실을 고려하여 균형을 맞추어야 한다. 이렇게 고려한다면 비록 국가가 그것을 제거한다면 좋겠지만, 그렇지 못할 경우는 그 제도를 따른다하여도 크게 잘못된 것은 없을 것이다. 국제상황에서 도덕적 문제들을 해결하는데 있어 지나치게 엄격할 필요는 없다는 것을 보여준다. 족벌주의의 관습을 따르는 것이 서구 공학자들을 불편하게 만들지도 모른다. 그러나 호스트국가의 규범을 존중하는 데 황금률로부터 생겨나는 가설과 지침위반이 최소로 보인다면 이 규범을 지키는 것이 더 나을 것이다.

7. 관용의 문화와 신뢰의 삶에 대한 상통으로 건강과 안전보호

'호스트 국가 국민의 건강과 안전을 보호 하라'는 명제는 모든 공학헌장에서 명시적으로 인식되는 요구이며 기술자들에게 맥락화용의 지침이 되고 있다. "공공은 자신의 홈 국가뿐만 아니라 호스트 국가의 국민을 포함해야만 한다. 황금률을 적용하여 만일 우리 자신을 호스트 국가의 국민의 입장에 세우려고 시도한다면, 우리는 외국 공학자나 사업가들이 우리 건강이나 안전을 위험 하게 하고 싶어 하지는 않을 것이다.

그러나 건강과 안전을 위협하는 일을 삼가야 하는 요구조건은 어떤 경우에는 매우 해석하기 어려울 수 있다. 아마도 대부분의 기술혁신은 건강과 안전에 어떤 위험을 산출한다. 모든 피할 수 있는 위험이 제거되었는지를 결정하는 한 가지 방법은, "그 상황의 위험성을 제거하기 위해 합리적으로 행해질 수 있는 것은 어떤 것인가?"를 되묻는 것이다.

8. 관용의 문화와 신뢰의 삶에 대한 상통으로 환경보호하기

생태계의 환경을 보호해야 할 의무를 인식해야 한다. 여러 기술협회들이 그들의 헌장에 환경에 관한 관심을 표현하는 조항들을 도입하기 시작하였으며, 궁극적으로는 모든 사회가 그런 조항들을 가지게 될 것이다.[13]

---

13) *Ibid.*, p.259.

철수는 X국에 있는 비료공장에 고용된 토목 기술자이다. 그의 공장은 그 나라에서 허용되는 것보다 훨씬 더 높은 수준의 아황산 오염물을 배출한다. 회사는 비료를 생산하기 위해 영양실조에 걸린 사람들조차 포함하여 연장근무를 시키고 있다. 엄격한 기준을 적용하여 작업을 하게 되면 그만큼 생산은 급격히 줄어들기 때문이다.

철수의 공장이 보다 엄격한 기준을 부과해야 하는지 결정하기 전에 더 많은 사실이 알려져야만 할 것이다. 그러나 공학자는 환경을 배려하는 의무를 인식해야 한다. 비록 공학자라할지라도 회사 이익을 위해 환경 보호를 위한 보호 의무를 소홀히 할지라도, 인간복지 향상을 위한 생태계의 역할은 변함이 없다. 때문에 생태계 보호를 위한 환경지킴이 활동은 매우 중요한 것이다.

9. 평등한 권리문화와 남녀협력에 대한 상통으로 인권침해 안하기

인간은 모두가 평등하다는 세계 인권 선언이나 그 권리 기준으로 비추어 볼 때 그것은 절대 침해되어서는 안 되는 것이 불문율이 되어야 한다. 다양한 문화권에 속하는 사람 모두는 최소한의 생활 기준으로 자국의 정치적인 억압이나 고문으로부터 보호받기 위해 인권에 호소하고 있다. 인간존중의 윤리는 인권을 위해 가장 합당한 보호막으로써 이미 개개인은 여러 권리와 함께 도덕적 힘까지 그것에 의해 정당화 될 수 있음이다. 공리주의자들은 흔히 개인의 권리를 존중하는 것이 또한 인간의 행복이나 복지를 증진시킨다고 주장한다. 사람들은 자기의 기본권이 존중받을 때 더 행복한 삶을 영위하게 된다. 1948년 UN에 의해 채택된 국제인권협정과 두 가지 문서, 즉 경제 사회와 문화적 권리에 관한 국제 협약 및 시민 및 정치적 권리에 관한 국제협약이다. 이 협약에서는 인간에게 다음과 같은 권리를 부여하고 있다.[14)]

- 삶
- 자유
- 개인의 안전
- 노예 상태에 붙잡혀 있어서는 안 됨
- 고문 받거나, 비인간적이거나 수치스런 벌의 대상이 되지 아니함

14) *Ibid.*, p.253.

- 법 앞에서 인정받음
- 공정한 재판과 임의 체포로부터 보호
- 이동(거주 이전)의 자유
- 결혼
- 자유의사가 아닌 결혼을 하지 않음
- 재산의 소유권
- 사상의 자유
- 평화로운 집회와 공직활동에의 참가
- 사회보장과 노동
- 교육
- 노동조합의 결성과 참여
- 비차별
- 삶의 최소 기준

이 가운데 몇 가지 권리는 '적극적 권리', 노예상태나 고문당하지 않을 권리와 같은 단순히 다른 사람들로부터 간섭을 받지 않을 권리일 뿐만 아니라 교육, 사회보장, 노동권과 같은 어떤 이익에 대한 권리를 지칭한다. 이것들은 다른 사람으로부터 간섭해서 안 되는 소극적 의무뿐만 아니라 다른 사람이 이러한 권리를 실현하도록 도우라는 적극적 의무를 함께 요구하고 있다.

반면에 우리 대부분은 이런 모든 권리들이 아주 바람직하다고 생각한다. 문제는 이것들이 단순히 가질 만한 바람직한 것이라기보다 오히려 권리로서 생각해야 하는 가에 있다. 사람은 생활의 최소 표준에 관한 권리를 가지고 있다고 말해야하는가? 이 권리들 중 어느 것이 과연 국제무대에서 일하는 직업인들이 존중해야만 하는 것들인가? 닉클(Nickel)이 제안한 요소가 눈길을 끈다.[15)]

무엇보다도 권리는 매우 일반적인 중요성을 가진 것으로 보호해야 한다. 또한 권리는 본질적이고 재발의 위협을 받기 쉬운 것이어야 한다. 그리고 권리에 의해 부과된 의무나 부담은 국가의 자원, 국가가 수행해야 하는 다른 의무들과 시민들에게 그 부담을 분배하는 데에서 공정하게 할 수 있어야 한다. 만약 우리가 UN의 인권 리스트를 판단한다

---

15) James W. Nickel, *Making Sense of Human Rights* (Berkeley: University of California Press, 1987), pp.108-109.

인권훼손 주요 국가와 내용(HRW 평가)

미국	테러와의 전쟁 미명하에 포로에 대한 고문 자행 다른 나라의 모방을 부추기는등 전세계 인권 악화 초래
영국	경제적 이유로 러시아와 사우디아라비아에서 인권 침해 무시
이라크	미군과 정부군, 저항군의 군사행동에 따른 민간인 사망 (민간인 보호에 대한 미군의 사전보호조치 부재)
파키스탄	여성과 소수 종교인에 대한 무시, 정적에 대한 자의적인 구금, 언론자유 위협
중국	세계 최고의 사형집행, 소수자에 대한 억압
인도네시아	미국의 군사원조 제한조치에도 불구하고 계속되는 군의 인권 침해
말레이시아	재판없이 구금할 수 있는 국내안전법과 긴급조치 운용
북한	기본적인 권리 제한, 북한내 활동 국제구호단체 추방
네팔	2월 쿠데타 이후 시민권 및 정치참여 부인
인도	카스트제도에 기반한 농촌지역과 기독교 개종자에 대한 폭력
스리랑카	계속되는 타밀반군의 정적 살해

그림 2 2005년도 조사내용 (경향신문)

면, 몇 가지 권리들을 문제시할 이유를 가질지도 모른다. 어떤 국가들은 최소한의 교육과 생존에 대한 요구를 지원해 줄 경제적 자원을, 이 일이 아무리 바람직하다 할지라도 가지고 있지 않을 수도 있다. 아마도 이 권리들에 대하여 국가가 그것들을 지원해줄 수 있는 한 유효하다고 말해야 한다. 권리들이 존중되든 그렇지 않든 간에 인간 존재는 어떤 권리들을 가져야 하는지에 대해 높은 정도의 합의가 있다는 것을 보여준다.

오늘날 "법 앞에 평등"설은 "법 앞에 평등에 대한 권리를 내포하는 것"으로 해석할 수 있다. 로마법의 많은 계명들은 권리에 의거해서 설명될 수 있다. 그리고 봉건시대에 영주와 봉신 간의 계약은 우리가 오늘날 쌍방의 권리와 의무로 부르는 것을 만들어냈다. 최소 교육과 삶의 최소 기준에 대한 권리들은 적극적 권리들이고 심지어는 더욱 명확하게 공동체 편에서 어떤 적극적인 권리들을 포함한다. 정치참여에 대한 권리는 이 권리의 자유로운 행사에 있어 불간섭의 소극적 의무뿐만 아니라 이러한 권리를 보장하는 공동체 편에서 적극적 의무들을 포함한다. 재산의 소유권에 대한 권리는 개인의 소유가 규범이 아닌 많은 문화들의 관점과 충돌한다. 차별 없는 대우에 대한 권리는 많은 사회에서 규정된 성 역할과 충돌을 겪는다. 정부에 참여하는 권리는 많은 사회의 비민주적인 전통과 충돌을 겪는다. 많은 다른 예들이 있다.

그래서 우리는 UN의 문서에 정리된 권리들은 헌장을, 특히 복지에 대한 요구를 적용하는 데 있어 중요한 지침이라고 결론내릴 수 있을 것이다. 그럼에도 불구하고 권리이론을 법, 복지 요구를 적용할 때 종종 유용한 지침을 제공하더라도 서구경향에서 완전히 자유롭지는 않다.16)

10. 평등한 권리문화와 남녀협력에 대한 상통으로 합법적 기본제도 조성

민족적으로 허용될 수 있는 곳에서의 사회기본제도는 지원되어야 한다. 기본제도는 '그 사회의 법, 관습과 경제적 번영을 위해 꼭 필요한 제도'이다. 여기에는 상행위와 계약을 규제하는 법률, 소득을 제공하는 세금 시스템, 은행 시스템, 법을 효율적이고 공정하게 집행하는 법률시스템 등이 포함된다. 이러한 제도는 안정과 경제적 번영이라는 행복을 쉽게 해줌으로써 기본제도는 국민들의 복지를 향상시킨다. 따라서 그러한 향상은 전문직 공학헌장이나 공리주의에 의해 정당화된다. 대다수의 사람들이 이러한 행복을 바람직하게 생각하기 때문에 효과적인 기본제도를 키우는 것은 황금률에 의해서도 역시 정당화될 수 있다.17)

세금은 국가의 수입원이기 때문에 어느 나라에서든 세금 징수 방법은 어느 사회나 기본제도의 일부분이다. 그러나 많은 나라에서 세금 징수 방법은 도덕적 딜레마를 만들어 낼 때가 있다. 다음의 경우를 생각해보자.

> 민수는 X국의 미국회사에서 일하는데, 거기서는 회사들이 실제 수입의 절반 정도만 신고한다고 믿기 때문에 정부가 세금을 터무니없이 높게 부과하는 것이 관례이다. 만약 회사가 실제 수입을 그대로 보고한다면 그러한 세율은 사업을 계속할 수가 없도록 강요하는 것이 된다. 민수회사도 현지 관행에 따라 실제수입을 줄여서 신고하기로 했다. 그러나 그는 이러한 행위가 과연 윤리적으로 용납될 수 있는 일인지 의문이 들었다.

민수의 회사가 X국 정부에 실제 수업을 줄여서 신고한 것은 그 행위가 회사 자체의 윤리 헌장을 위반하지 않고 또한 미국 정부에는 줄여서 신고하지 않은 한 그 행위는 도덕적으로 용납될 수 있는 것이라는

16) Chaeles E. Harris, Jr.Michael S.Pritchard, Michael J. Rabins, *Engineering Ethics, Concepts and Cases,* Belmont; Thomson Wadsworth, 2005. p.256.

17) *Ibid.*, p.260

강력한 주장이 제기될 수 있다. 그 행위는 어떤 문화초월의 규범도 위반하지 않았다. 그 행위는 비록 미국에서는 용납되지 않지만 X국에서는 일반화된 관례에 부합되는 것이다. 더구나 그 관례는 비록 세금을 징수하는 데 가장 바람직한 형태는 아니지만 비효율적일 뿐만 아니라 부정직과 속임수를 조장하는 것이므로, X국의 본질적인 기본제도에 재정을 지원할 세원을 제공하는 제도가 요청된다고 할 것이다.

11. 생명존중으로 비례하는 책임의식 자각

체계이론 접근으로, 존 리드(John Reeder)는 '관점변형(transformation of view)'을 통하여 '미래세대에는 규범가치체계가 다시 새로운 의미를 지닐 때가 도래할 것'이라고 역설하였다.[18] 다양한 문화전통의 소통을 위한 윤리상대주의 관점에서도 벗어나서 서로 다른 신념체계를 국제규범으로 흡수함에 있어서는 선택입장이 아니라 보완적이며 문화초월 규범 체계이론의 태도가 요청된다. 문화초월의 규범의 체계이론 접근이 어려운 때가 자주 있다. 적어도 특정한 도덕적 딜레마에 그것들을 적용하는 자동적이고 쉬운 길은 없다. 여기에 체계이론의 접근이 실질적으로 요청된다고 할 것이다.

회사의 결정에 개인적 그리고 전문직 책임을 단지 합당한 정도로만 져야 한다. 공학자들이 스스로 거의 혹은 전혀 통제할 수 없는 결정에 대해서 책임질 필요는 없다. 공학자들은 공학자이지 경영자가 아니며, 때문에 그들은 중요한 경영 측면에서의 위법에 대하여는 책임을 질 필요가 없다. 예를 들면 공학자들은 보통 공장이 어디에 위치해야 하는지, 어떤 제품을 만들지, 지방 정부와 어떻게 상호 작용하는지, 만약 그 지역 법에 의해 요구되지 않는다 하더라도 새로운 오염 통제 장비를 설치할 것인지, 피고용인을 위해 회사숙소를 제공할지, 지역 자선기업에 기부를 할 것인지 등을 결정하지 않는다. 그들의 책임은 그들이 영향을 미칠 수 있는 것의 범위를 넘어서는 안 된다.

다른 한편으로 공학자들은 종종 이런 영역에 있어 충고를 해주도록 요구받을지도 모르거나 의견을 표현할 기회를 가질지도 모른다. 몇몇 예에서 그들은 호스트 국가에서의 회사의 정책과 관습들이 너무 도덕

---

18) Yearley, Lee H. "Education and the Intellectual Virtues." In Beyond Classics *Essays in Religious Studies and Liberal Education*, edited by Frank E. Reynolds and Sheryl L. Burkhalter, Atlanta: Scholars Press. 1990. pp.89-92

적으로 문제가 있다고 생각해서 그들을 수행하는 것을 거절해야 하거나, 회사의 국제적인 운영의 부분이 되는 것을 거절하거나 심지어는 회사를 사임해야 할지도 모른다. 더욱이 공학자들은 설계와 생산 기술 수행에 책임지고 있다. 그들은 기술을 가진 전문직으로 자신들이 배운 공학의 기준에 따라 호스트 국가에서 요구하는 수준에 맞춰 모든 것을 설계할 책임이 있다. 예를 들어, 만일 호스트 국가에서의 농업이 여성 위주로 이루어진다면 공학자는 그에 맞춰 그들의 생각과 요구에 따라 기술을 설계하고 알려주어야 한다.

12. 생명존중으로 방종주의와 엄격주의 피하기

기술자는 체계이론 접근에서 두 가지 극단을 피해야 한다. 도덕적 방종주의와 도덕적 엄격주의가 그것이다. 국제적인 영역에서 여러 가지 상황들은 이상적인 해결책을 쉽게 따르지 않는다. 그러한 상황에서는 두 가지 방법 중 하나를 사용하도록 유혹하지만 양쪽 모두 도덕적인 관점에서는 만족스럽다.

한 가지 반응은 도덕적으로 느슨하고 심지어는 냉소적일 수 있다. 이것은 도덕적 방종주의로 알려진 윤리사고의 입장과 유사하다. 우리가 이 입장을 해석해 보자면, 한 도덕입장이 엄격하고 분명하게 상황에 적용되지 않을 때, 이 도덕적 방종주의자들은 그 행위가 전통 도덕성으로부터 얼마나 떠나 있는지에 상관하지 않고 우리가 원하는 것을 할 수 있다고 말한다. 여기서의 논증은 "이 상황에서 나에게 이상적인 도덕적 방법으로 행동하도록 허용하는 어떤 선택 가능성이 없기 때문에, 나는 간단히 나의 도덕적 숙고는 포기하고 나 자신의 이익 혹은 내 회사의 이익과 가장 양립할 수 있는 방식으로 행동할 것이다"라는 것이다. 이 선택은 윤리적이고 전문 직업적인 숙고를 거절하는 것과 관련되며, 어떤 경우에서는 공학자가 불법적 선택을 포용하도록 이끌지도 모른다.

다른 반응은 옳은 것을 한다는 것과 관련되어서, 지나치게 도덕적으로 될 수 있어 도덕적 엄격주의를 채택할 수도 있다. 도덕적 엄격주의자는 도덕적 원칙은 모든 상황에서 어떤 환경에서든지 엄격하게 적용되어야 한다고 주장한다. 도덕적 엄격주의자는 비록 주어진 행위과정이 이상적이지 않을지라도 그것은 그 상황에서 사람이 할 수 있는 최선이 될 수 있는 사실로 받아들이려고 하지 않는다. 예를 들면 비록 우리가 온정적 가부장주의적인 행위가 바람직하지는 않더라도 불가피한 것일 수 있다. 심지어 어느 정도의 착취에 연루되는 행동에 참가하는 것조차 모든 것을 고려할 때 최선의 행위과정일 수도 있다. 다른 예를 들자면, 사회적 경제여건들이 환경에 손상을 주지 않고는 호스트 국가에서 공장이 가동될 수 없을 정도라고 가상해보자. 공장을 잃게 되는 호스트 국가에 미치는 영향을 포함해서 모든 것을 고려해 볼 때 공장을 건설하고 가동하는 것은 정당화될 수 있다.

13. 생명존중으로 경쟁적 현지관습에서 선택하기

간혹 홈 문화와 호스트 문화 양쪽의 관습이 문화초월 규범에서 테스트하면 똑같이 좋은 경우가 있다. 그때 우리는 어느 관습을 채택할지 결정해야 한다. 우리들 대부분은 에티켓, 의상, 감정을 토로하는 정도, 인사하는 형식과 같은 그런 관습은 똑같이 정당하다고 인식하고 있다. 이것은 때때로 분명히 '도덕적' 차원을 가지고 있다고 인식하고 있는 관습에도 해당된다. 친척의 구성원들을 고용해 달라는 요구에 관계된 사례를 다시 생각해 보자. X국은 비록 친척 가족의 구성원들이 다른 가족 구성원들의 경제적 복지를 보살펴야 하는 의무를 수반하여 친척을 인정하는 문화를 가지고 있다.

그러므로 가족 중 한 사람이 새로운 공장에 취직하면 그는 다른 식구들도 취직할 수 있게 돕도록 기대된다. 이것은 핵가족으로서 더 이상 관계가 없는 가족 구성원의 경제적 복지에 대해 훨씬 더 약한 의무감을 지는 서구 관습과는 많이 다르다. 비록 처음에는 X국의 관습을 연고주의라 하여 비난하는 경향이 있었다 할지라도, 그것이 도덕적으로 정당한 사회제도, 즉 친척의 일부이기 때문에 우리는 그것을 정당한 것으로 인정하게 될 것이다. 우리는 친척제도를 정당한 것으로 인정하고 적어도 그것이 경제적인 효율성에 심각하게 손실을 입히지 않는 한에 있어서 그것에 적응하기를 원할 수 있다.

두 가지 현지 관습이 충돌할 때에는 추정해 보면 호스트 국가의 관습을 택하는데 찬성해야 한다. 여기에는 몇 가지 이유가 있다. 첫째, 호스트 국가의 표준을 채택하면 보통 그 나라에서 더 쉽게 받아들여진다. 만일 기술자가 돈을 벌려고 하는 벤처 기업의 일원이라면, 관계자들이 호스트 국가 주민들에게 동의를 얻는다면 그 벤처는 호스트 국가에서 성공할 가능성이 매우 높으며, 판매 대리인들이 호스트 국가의 표준을 채택한다면 쉽게 판매하게 된다. 둘째, 현지 관습과 규범을 수용하는 것이 현지 문화를 존중하는 하나의 방식이다. 셋째, 호스트 국가의 규범과 생활방식을 채택하면 그 나라 사람들과의 의사소통이 더욱 효과적이다.

개신의 중도 길이 호스트 국가의 관습과 홈 국가의 관습 사이의 갈등을 해결하는 길을 제공하게 된다. 피고용인의 친척 구성원을 채용해 달라는 요청에 관련된 경우에 회사는 친척 중 한 명, 오직 한 명에 한하여만 채용하는 정책을 세울 수도 있다. 이것은 현지 관습을 인정하는 한 방법이 될 것이며, 동시에 그렇지 않았으면 소홀히 했을 경우에도, 그 일에 가장 적합한 사람을 고용할 필요와 그 일에 지원할 다른 사람들에게 공정해야 할 필요를 같은 체계로 보고하게 된다.

국경 없는 마을에 대한 윤리문화의 유형들의 적용과 갈등의 검토는 무엇보다 그것이 안산 지역 사회 공동체와 어떻게 결합할 수 있는가에 달려 있다고 해야 할 것이다. 예컨대, 2006년 조사에 따르면, 안산 시민들은 대체로 외국인 노동자들에 대해 중립적인 태도를 갖는 것으로 나타났지만, 원곡동이 안산 지역 주민들이 기피하는 문화적 오지로 전락하고 있는 실정이다.

이와 같은 문제들을 극복하기 위해서는 국경 없는 마을이 주로 공단 지역의 외국인 노동자들의 보편적 인권을 토대로 형성되었다는 점에 주목할 필요가 있다. 비록 공단 지역의 구성원들의 국적과 문화가 다르다고 하더라도, 그들이 안산 지역 및 사회 전체 구성원들의 삶과 공유하기 위해서는 공동체적 삶과 선의 실현을 목적으로 하는 공동체적 윤리문화의 사회의 특징을 내면화 및 습성화시켜야만 할 것이다.[19]

---

19) 태국 국적의 노동자들이 종교에 대한 관심과 참여가 가장 활발했다. 그들은 태국에서 종교와 세속이 분리된 삶을 영위하지 않았기 때문에, 종교적 삶을 세속적 삶의 연장선에서 이해한다. 이런 이유로 태국 국적의 노동자들은 자신들의 공동체 내부에서도 동시에 외부 공동체에 대해서도 종교적 문제로 갈등을 심하게 겪는다. 그러나 우즈베키스탄, 몽골, 중국 국적의 노동자들은 종교적 측면에서 태국 노동자들과는 전혀 다른 삶을 영위하고 있다. 그래서 이 조사 결과는 이주민 공동체를 동질적인 범주로 간주해서 과잉 일반화하는 오류, 나아가 한국적인 관점으로 일반화하는 것을 경고하고, '다문화' 개념에 대한 반성을 요구한다. 이와 관련한 주요 자료는 다음의 연구보고서를 참조. 사단법인 국경 없는 마을 다문화사회교육원, 「이주민 공동체의 문화다양성에 대한 조사연구: 다문화지도제작」(2007년 문화관광부 지원, 2007 이주민 온누리안 문화체험사업 학술연구보고서, (사)국경 없는 마을 홈페이지 자료실, www.bvillage.org 참조).

14. 생명존중으로 문화초월규범의 체계화

현지 규범이 문화초월 규범과 갈등을 일으킬 때는 보통은 문화초월 규범이 우세하지만, 여기서 조차도 여러 가지 일이 항상 그렇게 단순하기만 한 것은 아니다. 실제로 세계에서 문화초월 규범이 항상 우세한 것은 아니다. 사실 그것이 항상 우세해야 한다고 주장한다면 그것은 도덕적 엄격주의일 것이다. 여기서 문제를 복잡하게 만드는 원인은 문화초월 규범은 때때로 위반하지 않거나 전적으로 파기되지도 않으며, 단순히 침해될 수 있어 부분적으로 어기거나 일탈방식도 제한적일 수가 있다는 것이다.

예를 들면, 거주이전의 자유권은 전적으로 박탈되지 않고 부분적으로 제한될 수 있다. 또는 안전이 심각하게 위반된 것은 아니고 단지 어느 정도 손상을 입을 수가 있다. 문화초월 규범은 비교적 적게 침해받을 뿐이고, 현지 규범이 심각하게 위반될 때에는 무엇을 해야 할지가 분명하지는 않다. 어떤 장소에 공장을 짓는 것이 환경에는 해를 덜 주지만, 그 장소는 조상들이 묻혀있는 땅이다. 여기서는 경외심을 가지고 돌아가신 분들을 대하는 현지관습이 환경보호를 요구하는 문화초월 규범과 충돌할 수 있다. 현지 관습을 존중하기 위하여 환경에 관한 문화초월규범을 양보하더라도 체계이론 접근으로 체계화를 이루는 것이 요청된다.

15. 생명존중으로 문화초월 규범의 충돌조정

문화초월 규범들 간에 서로 갈등이 생길 수 있다. 한 공장은 X국에 매우 필요한 식량 공급을 증가시킴으로써 X국 복지에 공헌하는 비료를 생산할 수 있지만, 또한 그 공장은 환경을 오염시킬 수도 있다. 오염을 제거하는 것은 비료의 가격을 올리는 결과를 초래할 수 있어, 비료를 대부분의 X국 농부들이 접근할 수 없는 위치에 두게 된다. 즉, 건강과 환경에 관련된 문화초월규범이 충돌을 겪게 된다. 체계이론 접근으로 시스템을 구축하기 위해서는 충돌상황을 조정할 수 있는 매개적 접근이 요청된다. 어떤 회사가 생명을 위협하는 형태의 이질 치료약을 생산하고 있는데, 이 약은 그 자체로 극히 드물게 사망 또는 실명을 야기할 수 있다. 더 안전한 약이 있지만 대부분의 X국 사람들은 그것을 사용할 만큼 여유가 없다. 여기서는 동일한 행위가 건강과 안전과 관계있는 문화초월규범을 따르는 것과 위반하는 것의 역설관계에 대한 체계화가 요청된다고 할 것이다.

4. 공직부패와 부패척결

1. 공직부패의 원인

공직부패를 유발하는 원인으로는 부패행위를 다루는 법령과 제도 등 반부패정책이 제대로 갖추어져 있지 않은 현실에서 찾을 수 있다. 우리나라에는 부패관련자를 처벌할 수 있는 법률들은 많이 있다. 청렴의무를 규정한 국가공무원법과 지방공무원법, 수뢰 및 사전수뢰, 제3자 뇌물제공, 수뢰 후 부정처사 및 사후수뢰, 알선수뢰, 뇌물공여 등 공무원의 직무에 관한 죄를 명시한 형법, 뇌물죄의 가중처벌, 알선수재 등을 규정한 특정범죄가중처벌 등에 관한 법률, 중재, 알선수재, 금융알선, 저축관련 부당행위의 죄 등을 명시한 특정경제범죄가중처벌 등에 관한 법률 등이 그것이다.

이러한 법률들의 부패방지효과에 관한 체계적 평가가 없는 상태에서 이들 법률들이 부패를 방지하는데 효과적이었는지의 여부를 단정할 수 없다. 그러나 우리는 부패행위라고 추정되는 어떤 부당한 사건이 발생하였는데도 그것을 규제할 법적 근거가 없어 어쩔 수 없다는 보도를 듣곤 한다. 이는 곧 법률들이 우리나라에서 발생하고 있는 부패행위들을 다루는데 효과적이지 못한 측면을 내포하고 있다는 점을 반증하는 것이다.

공직부패 원인 중 또 하나는 부패통제의 정부기관들이 기능을 발휘하지 못하고 있는 데서 찾을 수 있다. 우리나라에는 부패문제를 다루는 사정기관들이 존재한다. 검찰과 경찰, 국세청, 국무총리행정조정실, 감사원과 그의 자문기관인 부정방지대책위원회, 정부에 설치되어 있는 자체 감사기구, 금융감독위원회 등은 모두 정부부문과 민간부문에서 일어나는 부패행위를 처리할 권한을 가지고 있다. 이들 사정기관들의 기능발휘를 제약하는 주요 요소는 이들 기관들이 그 업무수행에 있어 독립성을 확보하지 못하고 있다는 점을 지적할 수 있을 것이다.

아무리 좋은 법과 강력한 집행기구를 가지고 있다고 해도 그 기구가 법을 공정하고 일관성 있게 집행하지 않는다면 법의 실효성을 기대하기는 어렵다. 법이 실효성을 상실하면 이미 법으로서의 존재 의의를 상실한다. 과도한 정부규제 또한 부패의 원인으로 작용한다. 과도한 규제는 저개발 행정체계에서 보편적으로 관찰되는 형식주의의 소신이다. 국민이 따를 수 없는 많고 복잡한 규정들을 만들어 놓고, 그 집행은 일관성 없이 집행공무원의 편의에 따라 이루어진다. 집행공무원이 집행하고 싶은 시간, 적용하고 싶은 대상에 선별적으로 적용되는 것이다. 규제대상이 되어 단속된 사람은 자신의 잘못을 인정하기보다 누구나 단속될 수 있는 것인데 자신만이 운이 나빠 단속대상이 된 것으로 불평한다.

우리 사회에서 여전히 부패가 줄어드는 기미를 보이지 않는 것은 근본적으로 국민들의 가치관 혼란, 즉 인생을 올바르게 산다는 것의 의미에 대한 정확한 인식의 결여에 또한 그 원인이 있는 것으로 보인다. 과거 잘못과 그 잘못을 저지른 중심인물들에 대한 평가와 정리가 미흡한 것에도 그 원인을 찾을 수 있다.

부패는 자신의 소비수준을 자신보다 상대적으로 부유한 주위 사람들의 소비수준에 맞추려는 욕구에 의하여도 유발되는 것이다. 주위 사람들 중에는 자신과 같은 지역에 사는 사람들이라든지, 자신의 친구, 친척, 동기동창생, 직장동료 등을 포함한다. 그리고 부패의 유혹에 빠지도록 충동하는 역할은 대체로 공직자의 배우자이다. 공직자의 배우자가 뇌물을 받으라고 말하지는 않더라도, 주위의 부유한 사람들이 특히 최근에 사들인 값비싼 물건들을 자신들은 소유할 수 없는지를 불평할 것이다. 이는 부패에 들 수 있는 유혹의 효과를 나타낼 것이다.

1977년 미국의회는 특히 정부 관리가 뇌물수수를 금지하는 해외부패방지법을 통과시켰다. 전형적으로 뇌물은 공적 의무나 책임을 위반한 것에 대한 맞바꾸기로 정부 관리에게 바쳐진다. 예를 들면 뇌물지급은 어떤 관리가 물품을 그 물건의 장점을 근거로 구매하는 결정을 하지 않는 결과에 이르게 될 수 있다. 여기에 뇌물의 전형적 사례가 있다.[20)]

> A회사의 한 임원은 25대의 비행기를 X국의 국가 항공사에 팔기를 희망한다. 거래는 X국 교통부 장관의 승인을 요구한다. 그 임원은 정직하기로 명성이 높은 그 관리가 다른 곳에서 더 나은 조건의 거래를 할 수 있다는 점과, 그 관리 역시 개인적으로 금전적인 어려움을 겪고 있다는 사실을 알고 있다. 그래서 임원은 관리에게 A회사의 비행기 구매를 승인하도록 30만 달러를 제공하였다. 그 관리는 뇌물을 받아들이고 비행기들을 구매하라고 지시한다.

뇌물은 어떤 사람의 소속기관, 지위, 역할과 양립하지 못하는 특별한 배려를 제공하는 대가로 다른 사람에게 지불된다. 뇌물은 어떤 형태의 행위에 대한 어떤 형태의 맞교환이 있어야 한다는 합의를 전제하고 있

---

20) Chaeles E. Harris, Jr.Michael S.Pritchard, Michael J. Rabins, *Engineering Ethics, Concepts and Cases,* Belmont; Thomson Wadsworth, 2005. pp.263-7.

음을 명심해야 한다. 만약 이런 합의가 없다면, 선물 또는 포상에서 뇌물을 구별해 내는 것은 쉽지 않다. 뇌물은 주거나 받는 것이 전문직 헌장에 금지되어 있으며 충분한 사유가 있다.

1. 어떤 기술자가 뇌물을 받는다면, 그 자신의 전문 직업판단을 부패시키기 좋고 기술 전문직의 명성을 더럽히는 상황을 만들게 된다.
2. 만약 기술자가 뇌물을 제공한다면, 결국 발각되어 전문직업적 판단을 부패시키고 공공복지를 증진시킬 의무를 위반하는 행위에 관여할 것이다.
3. 뇌물수수는 뇌물을 받은 사람을 유혹해서 그의 고객이나 고용주의 이익을 위한 의무를 위반하여 부도덕한 행동을 하게 만든다. 예를 들면 뇌물은 시민의 최고의 관심사를 위한 의무를 어기도록 정부 관리를 유혹할 수 있다.
4. 뇌물수수는 최선이 아닌 가격으로 물품을 사도록 유혹하여, 시장의 기초를 붕괴시킬 수 있다.
5. 뇌물수수는 경쟁자보다 불공평한 이익을 줄 수 있으며, 이로써 정의와 공정한 게임의 기준을 위반한다.

반 뇌물 윤리가 점차적으로 많이 법에 구현되고 있다. 심지어 뇌물과 유사한 기부행위조차도 점차적으로 많은 혐의를 받고 있다. 비록 뇌물과 노예제도 사이에 근본적으로는 많은 차이점들이 있지만 노예제도는 한 때 받아들여졌다가 지금은 보편적으로 비난받는 것처럼, 뇌물수수를 비록 보편적으로 비난받지 않는다 하더라도 점점 더 많이 도덕적으로 수용될 수 없는 것이 되고 있다.

2. 공직부패의 갈취

뇌물수수처럼 보이는 많은 경우가 실제로는 갈취의 경우일 수 있다. 같은 임원이 그 국가의 항공사를 위한 구매를 인증하는 권리를 가진 X국의 관리에게 그가 비행기에 대한 최고의 계약을 제한하고 있다는 것을 안다고 가정해 보자. 그러나 그 임원은 그 관리가 만약 그가 관리에게 큰 현금지불을 하지 않는다면 그들과 계약을 하지 않을 것이라는 것을 알고 있다. 임원은 관리에게 금전 지불을 제공하고 그 관리는 비행기의 구입을 승인한다. 이것은 뇌물수수라기보다는 갈취이다.

'갈취(extortion)는 갈취 자가 아무런 우선권을 갖지 못한 이익을 얻기 위해 해로움을 가지고 누군가를 위협하는 행동이다.'[21]라고 하는데, 이 정의는 부적절하다. 왜냐하면 정의에 들어가지 않는 몇몇 행동들도 여전히 갈취이기 때문이다. 예를 들면 나에게 큰 금액의 돈을 지불하지 않으면 정부 관리의 업무상 비행을 드러내겠다고 한다면 이는 갈취에 속한다. 그러나 우리는 갈취에 대해 완벽하게 적합한 정의를 하는 것이 불가능하며 이 정의는 충분한 갈취의 조건을 부여한다.

사람이 지불하는 것이 뇌물인지 갈취인지 아는 것은 어려운 일이다. 상품의 선적을 인증하는 지불을 요구하는 한 검사관은 그 상품이 기분에 맞지 않다고 이의를 제기할 지도 모른다. 그가 거짓말을 하고 있는지를 아는 것은 어려우며 알아내려면 비용도 많이 든다. 이 경우에 회사는 그것이 뇌물인지 갈취인지 알 것 없이 지불하는 것을 결정할 수 있다. 회사가 진실이 찾아내려는 노력을 하지 않는 것도 무책임한 일이다.

1966년과 1970년 사이에 걸프 석유 회사는 400만 달러를 한국 여당인 민주공화당에 지불했다. 걸프사는 한국에서 지속적으로 번창하는 것은 이 지불에 달려있다고 믿게 되었다. 어떤 비판가들은 록히드사가 한국 관리에게 지불한 것이 뇌물 제공이라기보다는 갈취였을 것이라고 믿는다. 만약 이러한 지불이 보잉사보다 록히드사에게 특별한 이익을 주었다면 그것은 뇌물이었다. 만약 한국 관리들이 록히드사가 거절했을 경우 다른 두 회사의 어느 한쪽으로부터 돈을 요구하고 받았더라면 그 지불은 갈취로 분류될 수 있다. 뇌물수수에 대한 다섯 가지 고려논거가 보여주듯이 갈취라는 입장은 뇌물을 주고받는 것의 입장과 다르다.[22]

1. 갈취 지불은 보통 전문 직업 판단을 부패시키지 않는다.
2. 갈취 지불이 개인의 직업적 명성을 더럽힌다 할지라도 그것은 뇌물지불만큼 큰 일이 아닐 것이다.
3. 갈취 지불은 질이 떨어지는 제품을 선택함으로써 고용주나 고객의 최고의 이익에 반하는 행동을 야기하지는 않겠지만, 고객이나 고용주의 돈을 사용하는 데는 연루된다.
4. 갈취 지불은 저질 제품이나 더 비싼 제품들을 선택하여 시장의 효율성의 기초를 손상하지는 않는다. 그것은 자금 효율성을 해치게 된다.

---

21) John T. Noonan, *Bribery* (New York: Macmillan, 1984), p.73.

22) Chaeles E. Harris, Jr.Michael S.Pritchard, Michael J. Rabins, *Engineering Ethics, Concepts and Cases,* Belmont; Thomson Wadsworth, 2005. p.265.

5. 갈취 지불은 갈취를 지불하지 않는 경우를 제외하고는 다른 사람보다 불공정 이익을 얻도록 해주지는 않을 것이다. 그러나 갈취 지불의 가장 큰 문제점은 일종의 준절도 행위를 저지른다는 것이다.

3. 공직부패의 접대비

접대비는 세관을 통해 상품의 통과를 재촉하는 것과 같은 관료의 관례적 결정들을 쉽게 하려고 제공된다. 그들은 다른 사람들도 역시 지불을 한다고 가정하기 때문에 한 사람에게 다른 사람보다 불공정한 이익을 주지는 않는다. 그들은 종종 정부에 의해 암묵적으로 용인된다. 뇌물수수와는 달리 접대비는 누군가에게 그들의 임무를 위반하게 만들지는 않는다. 그들은 사소한 형태의 갈취이거나 혹은 아마도 서비스를 위한 요금이 될 뿐이다. 예를 들면 많은 국가에서 세관 공무원들은 적절한 봉급을 받지 못하고 있으며, 정부는 웨이터들이 팁을 받아서 봉급을 보충하는 것으로 고용주가 추정하듯이 그렇게 그들이 접대비를 받아 봉급을 보충하고 있다고 추정할 수도 있다. 그러나 접대비는 제거되고 더 적합한 봉급의 형태로 관리자들에게 전달될 수 있는 더 높은 요금으로 대체되는 것이 더 좋을 것이다. 이런 방식으로 지불하는 것이 비밀이 되어서는 안 될 것이다.

더욱이 접대비로부터 다른 사람들보다 특별한 배려를 얻기 위해 의도된 지급으로 이끄는 미끄러운 경사길이 있다. 이전에 지적된 것처럼 때때로 접대비는 세관을 통해 질이 못한 제품의 통과를 허용할 수도 있고 그래서 어떤 사람에게 접대비를 내지 않는 사람들보다 이익을 줄 수도 있다. 일선에 한 사람을 두고 6개월이 아니라 3주 만에 전화서비스를 얻기 위해서나 정부 관료를 통해 처리되는 허가를 얻기 위해 지불하는 것은 어떤 사람에게 다른 사람들보다 혜택을 준다.

4. 공직부패의 선물

어떤 문화권에서는 선물교환은 인간관계를 돈독히 하는 한 방법이다. 순서상 사업상의 관계는 개인적 관계를 바탕으로 형성된다. 더욱이 어떤 문화권에서는 공적인 권한에서 업무를 행하는 때에도 "친구"에 대한 편파성을 보이도록 기대된다. 많은 사회들이 서구적 업무처리의 비인격적 본질을-우정과 가족 유대와 분절되기 때문에-부자연스럽고 심지어는 무례하다고까지 생각한다. 가끔은 이러한 지출은 비록 법이 실행되지는 않지만 여전히 그 나라에서 불법일 수 있다. 이 딜레마에 대한 해답은 제프리 패디먼은 개인에게보다는 오히려 그 단체에게 선물하는 것이라고 제안한다.[23]

문화초월 규범은 물론 현지 규범보다 추정적인 우선권을 갖지만, 그것들을 적용하는 것은 그리 단순한 문제가 아니다. 이것은 모든 윤리적 원칙의 적용처럼 규범적용은 세분화와 균형이라는 두 가지 절차 중 하나 또는 모두에 관련된다. 세분화는 일반적인 규범을 일련의 특정한 조건에 적합하게 해준다. 세분화의 예는 미국 이외의 나라에서 선물 주기 정책에 관한 텍사스 인스트루먼트사의 진술에서 발견된다.[24]

> 텍사스 인스트루먼트는 보통 선물 주고받기를 지배하는 데에는 매우 보수적인 규칙을 따른다. 그러나 우리가 미국에서 과도한 선물이라고 생각하는 것이 세계의 다른 지역에서 현지 관습이 지배하는 것과 다를 수 있다. 우리는 보통 미국 달러화 기준으로 선물의 상한선을 정하지만 이는 국제적으로 사업할 때는 비실제적이다. 대신에 사업을 얻으려고 부장한 압력을 행사하거나 대가있는 보상을 암시하는 식으로 선물주기가 사용되어서는 안 된다는 지시를 따르도록 강조한다.

미국에서는 '과도한' 선물이 세계의 다른 부분에서는 과도하지 않을 수 있고 그러므로 뇌물과 선물에 관한 규범은 주어진 사회에서 문화적 조건에 적합하도록 채택되고 구체화되어야 한다. 이 과정은 세 단계를 포함한다. ① 주어진 문화권에서 선물 주기 관행을 조사하고, ② 선물 주고받기를 다스리는 원래의 규범의 목적을 살펴보고, ③ 이상의 두 가지 경우를 적절히 고려한 국제규범을 제안한다. 우리는 이 세 가지 단계의 각각이 어떻게 실제로 X국의 선물주기 문제에 적용될 것인지 검토할 수 있다.

1. X국의 수많은 사람들이 우정과 존중의 표시로 상당히 큰 선물을 일상적으로 주고받는다고 가정해보자. 일상적으로 선물을 주고받기 때문에 이것은 특별한 혜택을 의미하지 않는다. 이런 수준의 선물을 '정상적인' 것으로 부르고 이것은 특별한 혜택을 일으키는데 필요한 더 큰 선물과 구별할 수 있다.

---

23) J. A. Fadiman, "A Traveler's Guide to Gifts and Bribes," *Harvard Business Review,* July-Aug. 1986, pp. 122-126.

24) Chaeles E. Harris, Jr.Michael S.Pritchard, Michael J. Rabins, *Engineering Ethics, Concepts and Cases,* Belmont; Thomson Wadsworth, 2005. p.266-7.

2. '지나친' 선물을 금지하는 규범의 의도는 아첨하여 일종의 불공정 경쟁을 유발하는 선물 주기를 막자는 것이다. 그러나 홈 국가에서 '과도한' 선물이 X국에서는 '정상적인' 선물로 간주되며 또 그것은 특별한 아첨도 아니다. 따라서 X국에서는 그 나라의 기분에 따라 '정상적인' 선물 주기는 '과도한' 선물을 금지하는 규범의 목적을 위반한 것이 아니다.
3. 그러므로 X국의 기준에 의하려 '정상적인' 선물을 주는 것은 이 용어가 의도하는 방식에서는 '과도한' 선물이 아닐 것이다. 이 예는 세분화의 방법이 다른 문화권이나 환경에서 어떻게 규범의 원래 의도를 보존하도록 사용될 수 있는가를 보여준다. 모든 문화 초월 규범은 특별한 여건 하에서 그것을 적용할 때 이 사례와 비슷한 방법으로 세분화될 수 있다.

5. 부패척결과 의식각성

부패척결의 의지는 부패의 누적을 제거하려는 자각의식에서 그 돌파구를 찾을 수 있다. 역사적으로 중국에 건너온 보리달마는 9년의 침묵 속에서 자각의식을 언표하기를 거부했다. 중국의 2조 혜가와의 문답에서 문제를 만들어낸 화두참구에서 문제 해결의 열쇠를 보여주고 있다. 공직부패의 문제는 우리의 분별망상에 의해 이원적 착각구조를 제기한다. 달마는 이러한 착각구조의 실체를 투시하고 안심을 체득하게 된다는 자각의식의 선을 제시했다. 그것은 바로 부패를 초월하고, 환경집착을 버리며 진리세계에 사는 자각의식으로 돈오의 자각원리를 낳았다. 그런데 돈오점수의 '돈오'와 돈오돈수의 '돈오'는 그 차원이 다른 것으로 이해된다. 돈오점수의 돈오는 해오(解悟)[25]이며 돈오돈수의 돈오는 증오라고 한다.[26] 돈오점수는 흔히 해오점수라고 비판된다.[27] 이에 따라 *'해오+점수=증오(證悟)'*라고 풀이할 수 있다.

---

25) 普照思想硏究院 편,『普照全書』(서울 : 불일출판사,1989),p.123, '頓悟漸修 此約解悟'
26) 退翁性徹,『禪門正路』(장경각, 1993), pp.28~29 참조.
27) 같은 책, pp.158-160. 圭峰이나 普照또한 頓悟漸修의 頓悟를 解悟라고 하지만『禪門正路』와 다른 해석을 취한다. 성철선사는 화엄에서 설하는 '처음 발심이 깨달음'이라는 방편설은 바로 無心하여 頓證佛地하는 禪門宗旨와 어긋나며 중생교화를 위한 敎家的 입장임을 천명하고 있다. 이에 따라 見性은 究竟覺이므로, 十信初位를 근간으로 하는 解悟인 頓悟와 현격하게 구별되고 있다.

이처럼 돈오점수의 돈오가 궁극적 깨달음이 아닌 반면, 돈오돈수의 깨달음은 궁극적 깨달음(究竟覺)이라고 한다. 따라서 궁극적이지 못한 돈오점수의 돈오는 진정한 깨달음이 아니며, 돈오돈수만이 진정한 깨달음으로 간주되어 정통선의 맥락에서 돈오점수를 비판하게 되었다.

그림 3 퇴옹 성철(性徹)

정통법맥을 주장하는 퇴옹 성철(退翁性徹)은 선문정로평선(『禪門正路評釋』)에서는 궁극적 깨달음은 유식에서 설하는 제8아뢰야식의 활동인 미세망념(微細妄念)이 단진(斷盡)된 경계라고 한다.[28] 이처럼 돈오돈수는 깨달음과 닦음을 동시에 완성하는 것으로 이해할 수 있는데, 깨달음을 얻기까지 수행은 지속될 필요가 있다. 유식의 단계에서는 왜 유아(有我)에 집착하게 되는지 그 원인을 아뢰야식(阿賴耶識)과 말나식의 도입으로 해명하고 있다. 이때의 말나식은 폭포와 같이 흐르는 아뢰야식을 자기의식이라고 착각하여 윤회에서 벗어날 수 없기에, 자신에 대한 집착심의 근본적인 의식이 된다. 유식은 제8아뢰야식의 단진을 성불로 규정하고 3 아승지겁의 수행을 요하지만 선에서는 한 생애 동안의 성불 가능성을 말한다.

그것은 방법론에 있어서 화두에 의한 참구와 이에 따른 의식전환을 근간으로 삼고 있기 때문이다. 화두는 육조 이후 임제가풍에서 강조되며 궁극은 삼매의 경지이다.[29] 이러한 깨달음의 구조는 의식전환의 양태적 해명과 화두 자체에 대한 구조적 이해로 파악될 수 있다.[30] 먼저

---

28) 退翁性徹, 『禪門正路評釋』,(藏經閣 1993), pp.45-46. '三細中業相 十地終心金剛喩定都盡' 보살 8지는 여섯 거친 번뇌가 없고, 부처지위는 세 미세번뇌가 없다.

29) 화두는 불가의 수행자가 깨달음을 얻기 위해 참구(參究)하는 문제. 선종(禪宗)에서는 고칙(古則)·공안(公案)이라고도 한다. 공안은 조사(祖師)들이 정한 설(說)·언구(言句)·문답 등 불조(佛祖)와 인연된 종강(宗綱)을 수록하여 공안이라 하고, 선(禪)의 과제로 삼아 인연화두(因緣話頭)라고 한다. 간화선(看話禪)은 이 화두를 참구하여 오경(悟境)에 이르는 참선법이다.

30) 제6조(祖) 혜능(慧能)으로부터 남악(南嶽)·마조(馬祖)·백장(百丈)·황벽(黃檗)을 거쳐 임제(臨濟) 의현(義玄)에 이르러 일가(一家)를 이룬 종파이다. 의현은 황벽의 법통을 잇고, 당나라 선종(宣宗) 때 진주(鎭州)의 임제원(臨濟院)에 있던 승려로, 그의 선풍(禪風)은 특별히 준엄한 수단으로 학인들을 제접(提接)하여 종풍(宗風)을 떨쳤는데, 그의 6대 법손은 석상(石霜) 초원(楚圓)이 있고, 그 밑의 황룡(黃龍) 혜남(慧南)과 양기(楊岐) 방회(方會)가 두 파로 갈라졌다. 그들 후대에서 인물이 많이 나와 송나라 때는 그의 종풍이 더욱 번창하여, 원(元)·명(明)나라에까지 상당한 세력을 뻗쳤다. 한국의 선종은 대개가 이 임제풍으로 태고(太古) 보우(普愚)와 나옹(懶翁) 혜근(惠勤) 이후부터는 임제종의 법통을 이어받았다.

의식전환의 양태적 해명에 있어서는 깨달음 이전의 번뇌망상이 의식세계를 점유하되 깨달음에 의해 번뇌망상이 제거되는 현상에 주목할 필요가 있다. 현수기신론별기(『賢首 起信論別記』)에 의하면 번뇌망상을 두 가지 양태로 나누고 있다. '근본 무명이 진여본성을 움직여 세가지 미세한 망상을 이루니 '아뢰야'라고 한다. 그리고 여러 가지 경계를 반영하여 망식의 업해(業海)를 움직여 여섯 가지 번뇌를 다시 일으키니 이를 의식이라고 한다.'[31]

이처럼 번뇌 망상에는 분별이 없는 '세 가지 미세한 것'과 분별이 있는 '여섯 가지 거친 것'이 있어서 팔만사천의 한없는 번뇌를 파생하는 것으로 파악된다. 이로써 우리는 세 가지 미세한 번뇌와 여섯 가지 거친 번뇌가 생멸의 상대적 세계를 형성함을 보게 된다.[32] 『현수 기신론 별기』에는 '모든 생명체 가운데 칠지이하의 중생은 여섯 가지 거친 번뇌 속에 있고, 팔지 이상의 자재보살은 미세한 번뇌 가운데 있다.'고 주장한다.

깨침을 증득하기 위해서는 이러한 두 가지 종류의 번뇌를 제거하여야 된다고 할 것이다. 만약 여섯 가지 거친 번뇌만 제거하고, 세 가지 미세번뇌가 그대로 남아있으면 아직 깨달음에 이르지 아니한 자재보살의 경계에 머물러 있다. 세 가지 미세 번뇌는 제8아뢰야식의 번뇌 망상이 제거되지 아니하였음을 말한다. 우리가 마음이라고 부르는 것은 바로 이러한 제8아뢰야식을 지칭한다. 이에 따라 마음을 깨닫지 못하면 제8아뢰야식의 영향으로 생사윤회를 벗어날 수 없다는 결론에 이르게 된다.[33] 그런데 여섯 가지 거친 번뇌의 지상(智相)은 칠지(七地)에서 그 미혹을 벗어나게 되고, 세 가지 미세 번뇌의 마지막 업상은 십지의 마지막인 금강유정(金剛喩定)에서 제거되는 것으로 이해된다.

그러므로 몽중일여(꿈속에서 一如)인 화엄칠지는 아직 여섯 가지 거친 번뇌의 영역이고, 숙면일여인 자재위는 세 가지 미세한 번뇌의 영역이다. 선에서 이러한 세 가지 미세한 번뇌마저도 타파하지 않으면 무심에 이를 수가 없다. 결국 동정일여·몽중일여가 되어도 거친 번뇌의 세계에 속하며, 숙면일여가 되더라도 가무심(假無心)의 상태로 미세번뇌

---

31) 退翁性徹, 앞의 책, p.39. '以根本無明 動彼眞如 成於三細名爲梨耶 又以境界緣故 動彼心海 起於六鹿 名爲意識'

32) 金容煥,『만다라: 깨달음의 靈性世界』(열화당, 1994), p. 75 참조. '세속의 三妄執을 벗어 날 때, 비로소 세속을 떠난 마음이 발생하며, 三劫 시간을 요구한다.'

33) 退翁性徹, 『禪門正路』, 앞의 책, p.43-44.

는 아직 남아있게 된다. 이 미세번뇌가 남아 있는 한 윤회세계로부터 자유로운 상태에 이를 수는 없다.[34)]

이에 따라 아무리 지견이 높다 하더라도 깊은 잠에 들어가서 여전히 캄캄하면 이는 망식의 작용이며 실제 깨침이라고 말할 수는 없다. 따라서 자나 깨나 한결같은 오매일여(寤寐一如)의 경지를 투과할 과제가 남는다. 오매일여에는 앞에서 언급한 대로 몽중일여와 숙면일여의 두 종류가 있다. 꿈속에서도 일여인 몽중일여는 화엄칠지에 해당되고 꿈이 없는 깊은 잠에서의 일여인 숙면일여는 팔지 이상 자재보살을 칭한다. 『성유식론7』에 의하면, 제칠지 무상정(無想定)의 상태에서는 거친 번뇌 망상이 극복되어 꿈속에서도 어떠한 장애를 받지 아니한다. 반면에 성인의 경지는 멸진정(滅盡定), 수면(睡眠), 민절(悶絶)을 말하는 데, 부처와 팔지 이상 보살은 오직 멸진정만 있고 수면과 민절은 없다.[35)] 따라서 자재보살과 여래만이 여타 성인과 달리 멸진정에 이른다고 말할 수 있다. 그러나 자재보살의 멸진정은 거친 번뇌만 소멸된 가무심인데 반해서, 여래의 멸진정은 미세한 번뇌마저 제거된 진정한 무심이라고 할 것이다.

깨침은 식음(識陰)이 영원히 제거되어 안팎이 환히 밝은 내외명철(內外明徹)을 말한다. 이는 곧 '한번 뛰어 곧바로 여래의 지위에 들어감'(一超直入如來)으로 풀이하거나 '서쪽나라와 다름없다'고 말한다.[36)] 점

34) 圓融, 『看話禪』(藏經閣,1993), p.125. 寤寐一如인 無功用地인 自在菩薩지위에서 分段生死를 면하고 生死를 마음대로 바꿀 수 있는 變易生死의 능력을 지닌다.

35) 십지는 대승(大乘)보살(菩薩)수행 과정에서 거치는 10단계 경지(境地), 《화엄경》의 52위(位), 즉 보살이 수행해야 할 52단계에서는 이 십지가 제41~50위에 해당한다. 십지는 십바라밀(十波羅蜜)과 관련하여 보살의 이타자리행(利他自利行)의 단면을 분석한 의미도 지닌다. 십지는 곧 환희지(歡喜地)·이구지(離垢地)·발광지(發光地)·염혜지(焰慧地)·난승지(難勝地)·현전지(現前地)·원행지(遠行地)·부동지(不動地)·선혜지(善慧地)·법운지(法雲地) 열 가지를 가리킨다. ① 환희지란, 중도(中道)의 지혜를 깨달아 일체의 견혹(見惑)을 끊고 환희가 넘쳐나는 경지. ② 이구지란, 인간의 번뇌를 다 끊고 더러움을 씻어 깨끗해진 경지. ③ 발광지란, 명지(明地)라고도 하는데, 모든 번뇌를 끊어 지혜의 광명이 발현되는 경지. ④ 염혜지란, 염지(焰地)라고도 하는데, 번뇌가 사라지고 지혜가 불꽃처럼 솟아나는 경지. ⑤ 난승지란, 번뇌를 모두 끊음으로써 속지(俗智)와 진지(眞智)가 잘 조화를 이루게 된 경지. ⑥ 현전지란, 번뇌를 끊고 무위진여(無爲眞如)가 드러나는 경지. ⑦ 원행지란, 2승(二乘)의 각(覺)의 영역을 넘어서 원대한 진제(眞諦)의 세계에 이른 경지. ⑧ 부동지란, 완전한 진여(眞如)를 얻어 조금도 동요를 일으키지 않는 경지. ⑨ 선혜지란, 부처의 십력(十力)을 얻어 때와 경우[根機]에 따라 중생을 교화하는 지혜를 터득한 경지. ⑩ 법운지는 많은 공덕으로써 많은 이들에게 대비심(大悲心)과 같은 존재가 된 경지이다.

36) 退翁性徹 懸吐·編譯, 『敦煌本 六祖壇經』(藏經閣, 1993), p.76. '內外明徹 不異西方 不作此修'

차적으로 닦아가는 해오와는 근본적으로 차이가 난다. 흔히 '십주보살은 불성이 있는 줄은 알지만 어두운 밤에 보는 것과 같고 삼매의 힘이 약해 불성을 분명히 보지 못하며, 십지보살은 불성은 보지만 분명히 알지 못한다.'고 말한다. 십신(十信)과 십주(十住), 십회향(十廻向), 십지(十地)등을 원만히 뛰어 넘어야 위없는 불도를 성취하게 된다.[37]

화두에 대한 구조적 이해에 있어서는 '대무심지'를 깨닫기 위한 화두의 기능과 역할을 파악해야 될 것이다. 공안 화두법은 화두 일념의 지속을 요체로 구경에 이르러 확연하고 명확하게 *'대무심지'*를 아는 활연대오(豁然大悟)를 목적으로 삼는다. 잠깐이 아니라 일념으로 화두의심을 지속해야 확철대오에 이른다고 말한다.[38] 화두를 살피고 의심을 하고, 그렇게 계속하면 마침내 진의심(眞疑心)이 발동할 때가 있다.[39] 이처럼 염불과 독경, 그리고 관법 등의 다른 수행법이 없는 것이 아니지만, 화두를 참구하는 간화선이 최상승법으로 간주된다. 따라서 이에 따라 정진하면 견성(見性)이 가능하여 본래성품을 깨칠 수 있다고 말한다.[40]

마조선사는 마음(心)과 부처(佛: 깨달은 사람)와 도(道, 眞理)를 하나로 본다. 이러한 관점은 화엄경(『華嚴經』)의 "마음과 부처와 중생은 이 셋은 차별이 없다.(心佛及衆生 是三無差別)"의 입장과 일맥상통하며, 인식의 주객이 구분되지 않은 무분별의 근본적 차원에서 깨달음을 다루고 있음을 알 수 있다. 마조선(馬祖禪)의 핵심은 "작용즉성(作用卽性)"으로 요약할 수 있다.[41] 마조종지에 근거한 임제선은 묘각에 이르기까지 하나의 어구에 세 가지 현문(玄門)을 갖추도록 하며 하나의 현

---

37) 卍經 20, p.751 上.

38) 退翁性徹, 『本地風光』(藏經閣, 1993), pp. 259-263 참조. 木佛은 불을 건너지 못함이여 높고 높은 원음이 아름답고 아름답구나. 泥佛은 물을 건너지 못함이여 높고 높은 원음이 아름답고 아름답구나. 모름지기 손을 털고 바로 집에 돌아가야 하니 중도에서 헛되이 낭패하지 말라.

39) 宋西庵, 『혼구의 등,인생귀로』(불교영상회보사, 1992), pp.113-6. 주체와 객체가 일치되어 의심덩어리 상태자체이며 이를 疑團獨露, 銀山鐵壁이라고 한다.

40) 圓融, 『간화선』(장경각, 1993), p.69. 달마선종에 따라 간화선 차이점이 발견된다.
(1)달마의 『二入四行論』에서의 壁觀
(2)4조 도신의 '하나를 지켜 움직이지 않음(守一不移)'에 의한 入定
(3)5조 홍인의 '본래의 진실한 마음을 지킴(守本眞心)'에 의한 日觀
(4)6조 혜능의 '나고 죽음없는 여래청정선(如來淸淨禪)'의 一行三昧
(5)마조의 '닦지도 나지도 않음의 여래청정선(如來淸淨禪)'의 無住法
(6)임제의 '조사공안을 참구하여 분별의식을 초월하는 徑截'의 看話法

41) 이리야 요시타카 지음(1988), 박용길 옮김, 『마조어록』, 서울: 고려원. pp.5-6.

문에는 삼요(三要)를 제시하게 된다. 체중현(體中玄)은 교의로써 선문을 두드리는 것이며, 구중현(句中玄)은 집착을 깨치고 불법의 지해(知解)를 놓아 버리는 것이며, 현중현(玄中玄)은 양구(良久)·봉(棒)등으로 여락(濾落)한 지견까지 깨치는 것이다.[42] 임제선에 이르러 깨침방법은 한층 명료하게 체계화 되었다고 말할 수 있다.[43]

5. 국제적 노동착취와 공공시민성 정신

1. 국제적 노동착취

재형이라는 공학자는 어린 여성 노동자들이 하루에 800원을 받고 수출의류를 위해서, 고용된 공장에 새로운 장비를 설치하는 것을 지도하기 위해서 X국에 이제 막 파견될 참이었다. 이 사례의 이야기가 보여주는 것처럼 작업환경은 깨끗하고 안전하며 어린 여성 노동자들은 마을의 생활보다는 일하기를 원한다. 그럼에도 불구하고 제형은 과연 그 일을 맡아야 할지 의문이 생긴다.

많은 문화초월 규범들이 위반되고 있는 것으로 보이지는 않는다. 온정적 가부장주의, 뇌물수수, 호스트 국가의 문화적 전통과 법률 지키기, 호스트 국민들의 건강과 안전증진, 환경 보호나 호스트 국가의 기본 제도 증진에서나 별로 중대한 문제도 없다. 어쩌면 노동자들에게 그렇게 낮은 임금이 지불되고 있기 때문에 호스트 국가의 국민의 복지가 불리하게 영향을 받고 있다고 주장될 수 있을지도 모르지만, 의류제조업은 산업화에서 중요한 첫 단계이고, 나라 전체의 복지를 증진시킨 것이라는 반대 주장이 일어날 수 있다. 그래서 가장 일어나기 쉬운 위반사항은 ① 삶의 최저 기준에 대한 권리 ② 착취의 금지이다. 삶의 질이 "최소한"의 기준 이하인가 하는 것은 해결되기 어려운 흥미로운 질문이다. 주요 질문은 저임금이 착취로 간주될 수 있느냐 일 것이다.[44]

---

42) 白蓮禪書刊行會編, 『臨濟錄 · 法眼錄』(藏經閣, 1993), p.38. '제 1구는 생각을 붙이기도 전에 주객이 분명하며, 제 2구는 無著의 물음을 허용치 않으며, 제 3구는 무대 위의 꼭두각시에 불과하다.'

43) 임제선은 임제록에 근거하며 원명은 《진주임제혜조선사어록(鎭州臨濟慧照禪師語錄)》이다. 2권. 제자인 삼성(三聖) 혜연(慧然)이 편집하였다. 내용은 상당(上堂)·시중(示衆)·감변(勘辨)·행록(行錄)·탑기(塔記) 등으로 나누어진다.

그림 4 아동 노동착취

착취에는 몇 가지 기준이 충족된다고 말할 수 있다. 우선 H&J와 어린 여성들 사이에 힘의 불균형이 존재한다. 어린 여성들은 마을에서 생활을 벗어나 도시에서 살려면 그 회사로부터 받는 돈이 필요하다. 의류제조업체는 구걸이나 매춘 같은 바람직하지 못한 출처를 제외하면 아마 필요한 돈의 유일한 공급원일 것이다. 우리는 또한 어린 여성 노동자들에 대한 보상이 적절하지 않다고 인정하려고 할 수도 없다.

하지만 거기에는 의류회사가 의도적으로 어린 여성들에 대한 보상에 임의의 통제를 행사하였는가 하는 또 다른 의문이 남아있다. 의류제조업의 치열한 경쟁을 고려할 때 회사가 어린 여성들에게 더 지불할 여력이 있을까? 만일 있다면, 우리는 회사가 지금까지 어린 여성들에게 한 대우가 착취라고 간주해야만 한다. 만일 없다면 어린 여성을 그렇게 대우한 것은 적어도 착취의 범례는 아니다. 왜냐하면 여전히 여러 가지의 착취의 요소를 가지고 있다 할지라도 그것이 모든 조건을 다 실행하지는 않았기 때문이다.

만일 우리가 어린 여성들에 대한 H&J의 고용관계가 착취라고 결론을 내린다면, 그 다음에 그 착취가 정당화될 수 있느냐의 문제가 남게 된다. 그 정당화는 착취를 금하는 규범보다 우선권을 가진 다른 문화

44) Chaeles E. Harris, Jr.Michael S.Pritchard, Michael J. Rabins, *Engineering Ethics, Concepts and Cases*, Belmont; Thomson Wadsworth, 2005. p.208.

초월규범을 인용하는 것과 관련이 있다. 이 경우에 가장 유력한 후보는 앞에서 한 적이 있는 숙고로서 다섯 번째 문화초월 규범, 즉 대중의 복지 증진이다. 그러한 주장은 X국의 경제발전의 촉진이 그 국민들에 대한 그 정도의 착취를 정당화해 주리라는 것이다.[45]

두 가지 문화초월 규범의 충동을 해결할 때 중요하게 고려할 것은 그 위반이 얼마나 심각한가 묻는 것이라는 것을 기억해야 한다. 이러한 방식으로 우리는 어느 규범이 더 우세한가를 결정할 수 있다. 이 경우에 만일 착취는 비교적 부드럽고 의류업체에 대한 강제는 상당하고, X국의 경제발전에 미치는 의류제조업의 중요성도 상당하다면 착취는 정당화될 수 있을 것이다. 이 경우에 결정적인 문제는 도덕적 쟁점이지 사실적 쟁점이 아님을 주목해야 한다. 이에 따라 국제 공학전문가 정신이 요청되며 이는 세계윤리와 소통되는 원리를 공유하고 있다.

2. 공공시민성과 세계윤리 실천

공공시민성은 세계윤리에 토대를 두고 있다. 전문가를 지향하는 21세기의 지구는 근본적인 위기에 봉착해 있다. 세계윤리에서는 근본적인 위기의 원인을 도덕적 상실감에서 찾고 치유하기 위하여 최소한의 '근본적인 합의점' (fundamental consensus)을 모색한다. 세계윤리에 근거한 교육원리는 크게 두 가지로 집약된다.[46]

① 지구에 존재하는 모든 사람이 보다 나은 지구질서 구현에 책임이 있으며, 서로 다른 종교와 문화적 전통이 이 질서 구축에 더 이상의 걸림돌로 간주되지는 아니한다. 지구윤리는 지구 공동체 구성원들의 윤리적 합의를 근거로 삼고 있다.

② 【모든 인간이 인간답게 대우를 받아야 한다. (every human being must be treated humanely)】는 윤리가치를 기본원리로 삼는다. 이에 따라 이기주의 형태의 모든 신념들은 그것이 개인적 차원의 것이든, 집단적 차원의 것이든 배격을 받게 된다.

세계윤리는 지구 위의 모든 인간이 인간다운 보호를 받을 수 있는

---

45) *Ibid.*, p.268.

46) Küng Hans. "The Declaration Toward a Global Ethic", in *A Global Ethic* :The Parliament of the World's Religions. New York:Continuum. 1995,pp.18-24.

새로운 질서구현을 위한 지구공동체 윤리의식에 토대를 두고 교육의 네 가지 기본방향을 설정하고 있다.[47)]

① 세계윤리는 비폭력적 문화와 생명존중의 실천정신을 추구한다. 전통적으로 생명을 살상하는 행위는 악한 행위로 규정되어 있다. 이제는 적극적 의미에서 생명존중에 대한 실천정신을 윤리적 합의로 도출해내는 것이 필요하게 되었다. 이 정신은 생명 중심주의로 전환되면서 동식물에 이르기까지 광범위하게 확대되고 있다. 생태 지혜의 요소를 존중하며 모든 생명체들이 조화를 이루어 살아가도록 실천지침을 모색한다.

② 세계윤리는 연대성 문화와 공정한 경제 질서의 실천정신을 추구한다. 전통적으로 훔치는 행위는 악한 행위로 규정되어 있지만, 이제는 적극적 의미에서 공정하고 공평한 경제정신을 문화적 합의로 도출해가는 것이 필요하게 되었다. 공정한 기준의 경쟁을 통한 자본주의 장점과 공평한 분배의 질서를 추구하는 사회주의 장점을 함께 살린다.

③ 세계윤리는 관용의 문화와 진실추구의 정신을 추구한다. 전통적으로 거짓말하는 행위는 악한 행위로 규정되어 있지만, 이제는 적극적 의미에서 진실로 말하고 행동함으로써 지구의 정의를 실현해가는 것이 필요하게 되었다. 지구 공동체의 언론매체에 의한 왜곡, 이념적 편견, 정치적 술수를 거짓으로 배격하고 항상적으로 진실을 추구하도록 실천지침을 모색한다.

④ 세계윤리는 평등의 문화와 남녀 간의 동반자 정신을 추구한다. 전통적으로 부적절한 관계행위는 악한 행위로 규정되어 있지만, 이제는 적극적 의미에서 상호간의 존경과 사랑을 돈독히 함으로써 일방적인 지배가 아니라 동반자 관계를 확산시켜가는 것이 필요하게 되었다. 탐욕과 성적 탐닉을 배격하고 상호 관심과 화해를 구현하기 위한 실천지침을 모색한다.

이처럼 세계윤리는 전통적인 종교문화의 가치를 현대적 생활양식에 부합되도록 해석함으로써 이념적 쟁론에서 탈피하여 지구 공동체의 윤리적 합의를 도출하기 기본 방향을 유지하고 있다.[48)] 집단의 변화, 그

47) *Ibid.*, pp.24-34

48) 한스 큉은 인간의 내면적 가치, 양도할 수 없는 권리, 회피할 수 없는 책임의식은 윤리

리고 지구촌 구성원들이 국제적인 공학 전문가를 포함하여 '의식변용(consciousness transformation)'에 의한 삶의 질 개선에 주안점을 두고 있다.

세계윤리의 개념형성 범례에서는 인지적 도덕 기술을 함양시킬 뿐만 아니라 비판적인 추리 기능 증진시킬 수가 있다. 아울러 이들은 다양한 사회・문화 문제와 직면하여 자기성찰의 가치관을 개발시킬 수 있다. 게다가 이러한 과정을 통하여 다양한 종교전통에 함축된 윤리적 지침들을 비교하고 이해할 수 있는 능력을 개선시켜 주고 있다. 서양의 합리개념을 토대로 도덕 사유 방식이 형성되었기에, 동양 윤리에서 나타나는 자연친화 관점에 대해 취약할 뿐만 아니라 인간중심 사유를 위주로 한다.49)

또한 세계윤리의 해석담론 범례에서는 도덕적 덕성함양과 기술문제에 관하여 균형 잡힌 영역을 개발함이다. 이해의 차이점과 유사성에 대한 공감대를 통하여 문화적 편견에 대한 깊은 통찰을 낳게 되며 일종의 간주간적인(inter-subjective) 이해를 유도할 수 있다. 아울러 현대사회에서 문화다원주의(cultural pluralism)를 이해하고 명확한 도덕적 전망을 확보하게 한다. 문화적 차이점을 능동적으로 찾고 내재하는 보편성에 대해 눈뜰 수 있는 계기를 찾게 된다. 이러한 해석담론의 경우, 지나치게 포괄적인 시각을 강조함으로써 상대 문화적 특색을 왜곡시키거나 이론적 일관성에 매달려 개별요소를 발견하기가 어렵게 된다. 국제적 윤리안목을 통하여 광범위하면서도 깊은 이해의 폭을 가능하게 한다.50)

사회・문화 관점에서 이 범례와 연관된 주제를 열거해 보면, 사회정의의 실현, 성차별의 극복, 재화의 효율적 배분, 물리적 폭력의 효율적 대처 방안 등에 대한 해석의 틀이다. 폐쇄 관점에서 문제를 해석하기보다 오히려 열린 관점에서 문제를 파악하는 것에서 해석담론 범례의 장점이 유지될 수 있다.

와 가치영역에서 이루어지지 않으면 인류의 미래가 결코 밝지 않다고 주장한다.

49) Lovin, Robin W., and Frank E. Reynolds. "In the Beginning." In *Cosmogony and Ethical Order: New Studies in Comparative Ethics*. *Chicago:* University of Chicago Press,1985.pp.1-5.

50) Yearley, Lee H. "Bourgeois Relativism and Comparative Study of the Self." In *Tracing Common Themes: Comparative Courses in the Study of Religion*. Atlanta: Scholars Press.1991.pp.165-168.

그리고 세계윤리의 체계이론 범례에서는 철학적 성찰을 통해 다양한 문화전통에 내재되어 있는 윤리적 가르침에 눈뜰 수 있게 된다. 막스베버, 론 그린, 테일러 등이 이러한 방법론과 연관성이 있다고 할 것이다.[51] 다양한 문화 전통의 소통을 위한 상대주의 관점에서도 벗어나고 서로 다른 신념체계를 윤리체계로 흡수함에 있어 보완적이며 문화초월 규범의 입장으로 다루는 태도이다.

이러한 체계이론 접근방법에 대해여, 존 리드(John Reeder)는 '관점변형(transformation of view)'을 통하여 '미래세대에는 규범가치체계가 다시 새로운 의미를 지닐 때가 도래할 것'이라고 역설한 바 있다.[52] 국제적인 공학전문가 현장에서도 이들 장점을 살려나가야 될 것이다. 개념 형성 범례를 주관적 개념정립이라 한다면, 해석 담론 범례는 타인을 배려하는 대화방법이다. 그리고 체계 이론 범례는 자신과 타인을 동시에 벗어날 수 있는 문화초월 규범에 초점을 맞추고 있다. 해석담론 범례는 주객의 상호작용에 강조점을 두고 있는 데 반해, 체계 이론 범례는 우리 자신의 문화와 타자 문화를 넘어서서 문화초월 규범의 관점을 어떻게 확립하는가에 관심을 두게 된다.

그런데 개념 형성 범례에서는 경우에 따라 상대국 문화를 자국문화로 비추어서 바라보기 때문에 상대국의 전통 문화의 우수성을 왜곡시킬 위험이 있다. 해석 담론 범례에서는 문화왜곡 현상을 피할 수 있지만, 여전히 객관적인 안목을 지속하기가 어렵다. 문화특수성을 간과하여 자국 문화범주와 다른 문화와의 유사성 공유에 관심을 두며, 이 과정에서 윤리실천과 다원가치를 체계적으로 모색하게 되는 문화초월 규범 추구라는 전문 공학자 정신을 위하여 체계이론 범례를 요청하기에 이른다.

세계윤리 범례를 통해 개인차원에서, 【몸과 마음에 대한 배타적인 이분법적 데카르트학파의 사유는 바뀌어 인식범위를 통합하고 건강한 몸은 마음에 대한 적절한 집이 된다.】는 인식모델로 전환되어야 한다. 사회차원에서, 【개인의 창조적 추진력과 공동체의 공감대 사이에 풍부한

---

51) 체계이론의 정립에 있어 우리는 종교와 사회분야(Max Weber를 필두로 Ranciman, Zeitlin, Little), 종교와 윤리분야(Ron Green을 필두로 Kant, Stendahl, Zaehner), 세계종교와 윤리분야(P.Taylor을 필두로 Streng)을 손꼽을 수 있을 것이다.

52) Yearley, Lee H. "Education and the Intellectual Virtues." In *Beyond Classics? Essays in Religious Studies and Liberal Education*, edited by Frank E. Reynolds and Sheryl L. Burkhalter, Atlanta: Scholars Press. 1990. pp.89-92

상호작용】이 있어야 한다. 지구차원에서, 【우리는 안정되고 조화로운 지구와 인간과의 관계를 재정립하기 위해 토착 정신적 전통들로부터 많은 것을 배울 수 있음】이다. 우주차원에서, 【위대한 정신전통들의 지혜를 회복하는 노력을 해야 하며, 우리들 인간의 가슴과 마음 그리고 하늘의 길(天道, Way of Heaven) 감응에 대해 감사】하게 된다.

모든 추축시대(axial-age)의 문명들은 힌두교, 불교, 자이나교, 시크교, 동아시아의 유교와 도교, 그리스 철학, 중동의 유대교, 기독교와 이슬람 등을 포함하여 생태인식, 여권운동, 문화다원주의, 그리고 세계윤리에 대한 도전에 직면하고 있다. 따라서 지역적, 토착적, 공동적인 환경에 뿌리박고 있는 공학 기술자들은 지구 공동체에 환경파괴, 핵 위협, 빈곤 등 주요한 위협에 대응하여 사회적, 문화적, 도덕적, 정신적 에너지를 문화초월 규범으로 결집해야 한다. 국제규범의 상통, 통변, 통달을 통하여 새로운 과정을 변화시키고 풍요롭게 하기 위한 개신 노력이 필요하다. 문화초월 규범끼리 충돌이 있을 수 있지만, 전문가로서 정신을 살려야 한다.

공공시민성을 지닌 사람은 자신의 홈 국가와 다른 호스트 국가로 이동할 때 어려운 결정에 직면한다. 세계윤리 현장의 규범들을 해석하여 문화초월 규범을 살려내야 한다. 아울러 공공합당의 정신에 입각하여 방종주의와 엄격주의를 피하면서 맥락화용의 중도정신으로 끊임없이 실천할 필요가 있다.

참 고 문 헌

E. Lumsdaine, M. Lumsdaine & J. Shelnutt, 명지대 창의공학연구회 역, 『창의적 문제해결과 공학설계』서울; 파워북, 2001.

Chaeles E. Harris, Jr.Michael S.Pritchard, Michael J. Rabins, *Engineering Ethics, Concepts and Cases*, Belmont; Thomson Wadsworth, 2005.

Hans Küng, 『세계윤리 구상(*Global Responsibility. In Search of a New World Ethic*)』 (SCM Press, London / Continuum, New York. 1991.

Hans Küng Karl-Josef Kuschel (Eds), 『지구 윤리. 세계종교의회 선언문(*A Global Ethic. The Declaration of the Parliament of the World's Religions*)』(SCM Press, London / Continuum, New York 1993)

Hans Küng (Ed.), 『하나의 지구윤리에 대한 긍정적 대답(*Yes to a Global Ethic*)』 (SCM Press, London / Continuum, New York 1996)

Hans Küng, 『지구촌 정치와 경제에 대한 지구윤리(*A Global Ethic for Global Politics and Economics*)』(SCM Press, London 1997 / Oxford University Press, New York 1998)

Hans Küng-Helmut Schmidt (Eds), 『지구윤리와 지구적 책임 (*A Global Ethic and Global Responsibilities*)』 *Two Declarations* (SCM Press, London 1998)

색 인

NGO…………………………… 137, 154

(ㄱ)

가상공간‥ 201~203, 205, 207~209, 215~216, 218, 220~221

개신의 중도………… 221, 246, 265

개인윤리………………… 15, 16, 57

경제 시민(economy citizen)…… 142

공공(公共) '한'…………………… 90

공공시민성‥ 139~140, 150, 259, 261

공적 이성 ………………… 179, 181

공정한 이익 고려원칙…………… 91

공직부패……………… 254, 258, 260

공통선(共通善)…………………… 169

관용의 문화…………… 24, 65, 290, 235~236, 239, 262

광활(廣闊)……………………… 111

국가 시민(state citizen)………… 142

국가시민……… 21, 57, 126~127, 138

국제적 연대……………… 137,156

기……………………………… 48

(ㄴ)

뇌물……… 227, 231, 233, 237, 240, 241, 254~259

(ㄷ)

다국적 시민성(multinational citizenship) ……………………………… 142

다중매체 활용………………… 81

대기운화(大氣運化)……………… 48

대선율(對旋律, Counterpoint)…… 55

도구적 합리성………………… 200

도덕적 상상력……………… 97, 106

도덕적 행동…………… 79, 213~214

돈오(頓悟)……………………… 111

디오니소스(Dionysos)…………… 54

(ㄹ)

레비(Pierre Levey)……………… 220

롤즈……………………… 178,179, 181~188,192,194~200

(ㅁ)

만다라……………… 97, 98, 106~108

말나식……………………… 93, 255

매트릭스………………………… 205

맥락보편화용………………… 23, 68

무언(無言)……………………… 111

무지의 베일………………… 183, 196

문화다원주의(cultural pluralism) ………………… 173, 236, 263, 265

문화초월 규범… 221~222, 226~230

(ㅂ)

방종주의………… 221, 244, 247, 265

배려…… 6, 16, 67, 72, 74~75, 82, 90 106, 112~113, 133, 139, 147, 221, 245~255, 258, 270

병역거부권……………… 286~288

보편성(the universal)············148
보편화가능성(universalizability)·· 45
불공정 경쟁························ 260
불공정한 이익······················258
비폭력 문화···············24, 65, 230

(ㅅ)
사범대학 윤리교육···················83
사이버네틱스······201, 205, 210~211
사회성······························ 50
상징······97, 107, 109, 123, 150, 203
상호 무관심······················· 183
상호이해 ·············· 189, 190~200
생명································ 30
생명존중············· 21, 24~27, 65, 78, 230, 243~247, 262
생활의 최소 표준에 관한 권리·· 246
선물········· 234, 236~237, 240~241 256, 258, 259, 260
성불··························· 71, 261
세계 공동체················67, 68~70, 141~147, 155
세계시민···························· 7
세계시민성(world citizenship)··· 68
세계시민성의 이념················ 138
세계윤리 구상··················13, 51
세계윤리 헌장········· 227, 235, 265
세계주의(cosmopolitanism)······ 138
세계화··················· 9, 13~20, 25
소요(逍遙)························· 111
소유······35, 112, 137, 162, 165, 166 181, 205, 214, 219, 246, 247, 255
슈바이처···························30
시민불복종, 사(私)··········· 49, 182
신기································ 48
신기통(神氣通), 추측록(推測錄)··· 36

(ㅇ)
아롱(R. Aron)····················· 142
아뢰야식(阿賴耶識)····· 93, 255~256
아승지겁·························· 261
엄격주의··········221, 244, 247, 265
연대성···················24, 65, 210, 229~232, 234, 262
열린 마음(開心)··················· 110
오체불만족 ························ 113
외경································ 30
원초적 상황·············187, 194, 196
유식··························· 93, 255
윤기운화(倫氣運化)················ 32
윤회························· 255~256
은유··························· 97, 219
응취(凝聚)·························· 48
의사소통적 합리성·······12, 180, 200
의식변용(consciousness transformation) ···································· 262
이해가능성 ················ 195, 198
인터넷무역(Internet Trade)····· 128

(ㅈ)
자기애(나르시시즘)················ 165
자연(自然)························· 111
자유(自由)························· 111
자율성················· 49, 50, 80, 216
장 보드리야르(Jean Baudrillard) ··································· 216
전자결제시스템··················· 128
절대적 타자······················· 212
접대비························240, 258
정보통신기술······················ 123

정보화………………… 16, 25, 127, 129, 137~138, 143, 153
정복의 경제학………………… 165
정선율(定旋律, Cantus Firmus)‥ 55
조민유화(兆民有和)라는 세계윤리의 소통기준………………… 32
존재론적 차이(ontological difference) ………………… 212
주통(周通)………………… 36
지구 공동체………………… 134, 138, 144, 267, 268, 271
지구시민성(global citizenship)… 68
지구촌………………… 7
지배심리학………………… 55, 165
지성(intelligence)………… 213, 214
진리성………………… 195~198
진실성………… 97, 101, 195, 198
진실한 언행………………… 65

(ㅊ)
책임의 윤리………………… 218
처방성(prescriptivity)………… 45
체계이론 접근방법………………… 264
'추측'기의 '조리(條理)' 유행지리 (流行之理)………………… 48

(ㅋ)
칸트 ………………… 131
코뮤니티(community)………… 169
코웬………………… 201, 209~211, 213, 215~216, 218, 221

(ㅌ)
타당성………………… 43, 45, 145, 187, 189, 192~196, 198, 234
테일러 ………………… 14
텔레마케팅(Tele-marketing)…· 128
통………………… 32
통민운화………………… 32

(ㅍ)
평등의 문화………………… 65,262
평상심………………… 106, 110~111
풍류(風流)………………… 111

(ㅎ)
하버마스………………… 178, 189~200
하이데거…… 12, 201, 210~214, 221
한스 큉(Hans Kung)………… 58
합당성………………… 177, 178~200
허무주의(partial nihilism)…… 167
헤브라이즘(Hebraism)………… 213
헬레니즘(Hellenism)………… 213
형질………………… 48
호스트 국가………… 221, 224~228, 30, 235~238, 244~245
홈 국가………………… 224~225, 236~238, 246, 254~255
횡단매개………………… 12, 32~81
휴머니즘적 무신론………… 165, 167
히터(D. Heater)………………… 143

세계윤리교육

저 자 : 김용환
발행처 : 도서출판 개신 (충북대학교 출판부)
발행인 : 임동철
주 소 : (361-763) 충북 청주시 흥덕구 성봉로 410
전 화 : (043) 261-2952, 3014
팩 스 : (043) 274-1256
이메일 : presscbu@chungbuk.ac.kr
등 록 : 제1983-2001-7호
초판1쇄: 2009.08.30
인쇄처 : 삼성디자인기획 042-221-3111

이 저서는 2007년도 충북대학교 학술연구지원사업에 의하여 발행되었음.
(This work was supported by the research grant of the Chungbuk National University in 2007)

ISBN 978-89-7295-157-93190

값 18,000원